Alexander von Humboldt, 1806 (F. G. Weitsch)

Lateinamerika im Brennpunkt

Aktuelle Forschungen deutscher Geographen

**Ein Symposium
der Gesellschaft für Erdkunde zu Berlin
zum 125. Todestag
Alexander von Humboldts**

**Herausgegeben von
Erdmann Gormsen und
Karl Lenz**

Dietrich Reimer Verlag

CIP-Kurztitelaufnahme der Deutschen Bibliothek

Lateinamerika im Brennpunkt: aktuelle Forschungen
dt. Geographen / e. Symposium d. Ges. für Erdkunde
zu Berlin zum 125. Todestag Alexander von Humboldts.
Hrsg. von Erdmann Gormsen u. Karl Lenz. – Berlin:
Reimer, 1987.
    ISBN 3–496–00844–X

NE: Gormsen, Erdmann [Hrsg.]; Symposium zum
Hundertfünfundzwanzigsten Todestag Alexander von
Humboldts <1984, Berlin, West>; Gesellschaft für
Erdkunde <Berlin, West>

Gedruckt mit Unterstützung der
Fritz Thyssen Stiftung

© 1987 Dietrich Reimer Verlag
Dr. Friedrich Kaufmann
Unter den Eichen 57
1000 Berlin 45

Der vorliegende Band enthält 2 Klapptafeln

Inhaltsverzeichnis

Vorwort der Herausgeber 7

H. Wilhelmy
Humboldts südamerikanische Reise und ihre Bedeutung für die Geographie 9

E. Gormsen
Deutsche Geographische Lateinamerikaforschung. Ein Überblick über regionale
und thematische Schwerpunkte der letzten drei Jahrzehnte 25

W. Lauer
Mensch und Umwelt. Interdisziplinäre Forschung in Lateinamerika unter besonderer Mitwirkung der Geographie 65

G. Sandner
Regionalentwicklung und anwendungsorientierte Forschung — Konzepte und
Erfordernisse in den 80er Jahren 97

J. Bähr
Bevölkerungswachstum und Wanderungsbewegungen in Lateinamerika. Jüngere
Entwicklungstendenzen anhand eines Literaturüberblickes 111

G. Mertins
Probleme der Metropolisierung Lateinamerikas unter besonderer Berücksichtigung
der Wohnraumversorgung unterer Sozialschichten 155

E. Gormsen
Der Fremdenverkehr in Lateinamerika und seine Folgen für Regionalstruktur und
kulturellen Wandel 183

G. Kohlhepp
Siedlungs- und wirtschaftsräumliche Strukturwandlungen tropischer Pionierzonen
in Lateinamerika. Am Beispiel der tropischen Regenwälder Amazoniens 209

Kompendium deutscher geographischer Lateinamerikaforschung 237

Vorwort der Herausgeber

Zum Gedenken an Alexander von Humboldt (1769–1859) haben die von ihm beeinflußten Wissenschaften schon zahlreiche Tagungen durchgeführt und Publikationen vorgelegt. Erinnert sei an die Feierlichkeiten, die 1959 in Verbindung mit dem 32. Deutschen Geographentag in Berlin stattfanden. Zur Wiederkehr seines 125. Todestages, 1984, ehrte die Gesellschaft für Erdkunde zu Berlin den großen Naturforscher, hat er doch ihre Gründung angeregt und sie stets wohlwollend gefördert. In einem Symposium wurden aktuelle Forschungen deutscher Geographen zu übergreifenden Fragestellungen der Entwicklung Lateinamerikas vorgetragen und diskutiert. Sie setzen eine Tradition fort, die mit Humboldt begann und die Leistungen mehrerer Forschergenerationen einschließt.

Die überarbeiteten und mit ausführlichen Dokumentationen versehenen Beiträge werden hiermit vorgelegt. Hinzugekommen sind ein Bericht über deutsche geographische Untersuchungen der letzten Jahrzehnte und ein Kompendium derjenigen Geographen, die sich mit Lateinamerika befassen. Damit werden in diesem Band einige der vielfältigen Forschungsrichtungen dargestellt und ihre Schwerpunkte in thematischer und regionaler Hinsicht hervorgehoben. Eine solche Standortbestimmung sollte nicht nur der Zusammenfassung gewonnener Erkenntnisse dienen, sondern vor allem Anregungen vermitteln und vorhandene Lücken für weitere Arbeiten aufzeigen. Die Manuskripte sind von uns nicht verändert oder in der Form vereinheitlicht worden. Probleme der physischen Geographie wurden weitgehend ausgeklammert, da hierzu im gleichen Jahr 1984 eine Arbeitstagung in Bamberg stattgefunden hat (vgl. Garleff/Stingl 1985).

Dem Symposium schloß sich ein Festakt an, auf dem die Tradition der deutschen geographischen Lateinamerika-Forschung zum Ausdruck gebracht wurde. Im Mittelpunkt stand die Ehrung des Tübinger Geographen, Professor Dr. Herbert Wilhelmy, dem die Goldene Alexander-von-Humboldt-Medaille der Gesellschaft für Erdkunde zu Berlin verliehen wurde. Von Oskar Schmieder zu Untersuchungen in Südamerika angeregt, hat er in einem halben Jahrhundert eine Fülle von Themen aufgegriffen und Schüler zur Weiterführung der Arbeiten angeregt. Damit hat Herbert Wilhelmy die Tradition wesentlich bereichert. Die Gesellschaft für Erdkunde würdigte seine weit gespannten wissenschaftlichen Leistungen und Verdienste. In seinem Festvortrag stellte er die Bedeutung der Südamerika-Reise Alexander von Humboldts für die Naturwissenschaften und insbesondere für die Geographie heraus. Wir haben den Vortrag diesem Band vorangestellt. Eine eindrucksvolle Ausstellung über das Wirken Humboldts, die der Direktor der Kartenabteilung in der Staatsbibliothek, Dr. L. Zögner, besorgte, gab den Veranstaltungen einen würdigen Rahmen.

Wenn die Tagung gemeinsam von der Gesellschaft für Erdkunde und der Stiftung Preußischer Kulturbesitz durchgeführt wurde und in den Räumen der Staatsbibliothek stattfinden konnte, zeugt dies davon, daß beide Institutionen Alexander von Humboldt viel zu verdanken haben. Herr Professor Dr. W. Knopp, Präsident der Stiftung Preußischer Kulturbesitz, und seine Mitarbeiter haben das Vorhaben wohlwollend unterstützt.

Finanzielle Hilfen gewährten der Senat von Berlin und die Fritz Thyssen Stiftung, die auch diese Publikation großzügig förderte. Allen Beteiligten sind wir zu großem Dank verpflichtet. Dem Dietrich Reimer Verlag danken wir für die verständnisvolle Zusammenarbeit bei der Herausgabe des Bandes.

Für die Gesellschaft für Erdkunde
zu Berlin
Karl Lenz

Für die deutsche geographische
Lateinamerika-Forschung
Erdmann Gormsen

Herbert Wilhelmy
Tübingen

Humboldts südamerikanische Reise und ihre Bedeutung für die Geographie

Als sich Alexander v. Humboldt kurz vor seinem 30. Geburtstag am 5. Juni 1799 auf der spanischen Karavelle „Pizzaro" im Hafen von La Coruña zu seiner großen Reise in die „Äquinoktialgegenden des Neuen Kontinents" einschiffte, schrieb er in einem Abschiedsbrief an den Naturforscher v. Moll: „Ich werde Pflanzen und Fossilien sammeln, mit einem vortrefflichen Sextanten . . ., einem Quadranten . . . und einem Chronometer . . . werde ich nützliche astronomische Beobachtungen machen können. Ich werde die Luft chemisch zerlegen —, dies alles ist aber nicht der Hauptzweck meiner Reise. Auf das Zusammenwirken der Kräfte, den Einfluß der unbelebten Schöpfung auf die belebte Tier- und Pflanzenwelt, auf diese Harmonie sollen stets meine Augen gerichtet sein." Das war das *credo* Humboldts: Sorgfältige Beobachtung, dazu die Nutzung aller instrumentellen Möglichkeiten zur Erfassung der in der Natur meßbaren Erscheinungen und deren Verarbeitung zu einer naturwissenschaftlich fundierten Gesamtschau. Was er als Dreißigjähriger formulierte und was seine Lebensarbeit bestimmte, bringt er viele Jahrzehnte später im Vorwort zum „Kosmos" noch einmal klar zum Ausdruck: „Was mir den Hauptantrieb gewährte, war das Bestreben, die Erscheinungen der körperlichen Dinge in ihrem allgemeinen Zusammenhange, die Natur als ein durch innere Kräfte bewegtes und belebtes Ganzes aufzufassen."
Arbeitsmethoden und Zielsetzungen wissenschaftlicher Geländearbeit erscheinen uns heute — dank Humboldt — als Selbstverständlichkeit, um die Wende des 18. zum 19. Jh. waren sie dies jedoch noch keineswegs. Zwar gab es zu Humboldts Zeiten bereits ein beachtliches geophysikalisches Instrumentarium, aber die meisten der Geräte wurden stationär und noch nicht auf Reisen benutzt. Es war also etwas absolut Neues, daß Humboldt alle Arten von Instrumenten mit sich führte, die er für seine Zwecke einsetzen konnte, meist in doppelter Ausführung, insgesamt etwa 40 an der Zahl: für astronomische Ortsbestimmungen, zur Triangulation, für Luftdruck-, Temperatur- und Feuchtigkeitsmessungen, für die Ermittlung des Erdmagnetismus, der Luftelektrizität und die quantitative Erfassung zahlreicher anderer geophysikalischer Erscheinungen.
Schon 1643/44 hatte Torricelli seinen berühmt gewordenen Versuch mit einer in Quecksilber getauchten Röhre durchgeführt, aus dem das Quecksilberbarometer hervorging. Luftdruckschwankungen am Ort und abnehmender Luftdruck in der Höhe wurden entdeckt, so daß Jean André de Luc 1772 die ersten Tabellen für barometrische Höhenmessungen veröffentlichen konnte. Sie wurden in den folgenden Jahrzehnten von Ramond, La Place und Oltmanns erheblich verbessert, so daß Humboldt die Bearbeitung seiner eigenen Höhenmessungen Oltmanns anvertraute.
Höhenangaben sind jedoch ohne genaue Ortsbestimmungen nur von begrenztem Wert. Ortsbestimmungen waren seit der Mitte des 18. Jh. bereits mit bemerkenswerter Präzision möglich geworden. 1754 hatte Tobias Mayer die für geographische Längenbe-

stimmungen erforderlichen verbesserten Mondtabellen zusammengestellt, deren erste Berechnung auf Leonhard Euler zurückgeht (1746). Seit 1760 stand der von John Hadley erfundene, einem Sextanten ähnliche Spiegeloktant als zuverlässiges Beobachtungsinstrument zur Verfügung, dazu kam ein Jahr später Harrisons Seechronometer für Zeit- und Längenvergleiche. Humboldt hatte das Glück, in eine Zeit hineingeboren worden zu sein, die ihm die instrumentellen Hilfsmittel für einen erfolgreichen Vorstoß in neue Wissens- und Erkenntnisbereiche bot.

Seinen Höhenmessungen und astronomischen Ortsbestimmungen hat sich Humboldt mit ganz besonderer Sorgfalt gewidmet. Die beiden Quecksilberbarometer waren für ihn so wichtig, daß er für den Transport jedes der empfindlichen Instrumente einen besonders zuverlässigen Träger engagierte. Humboldts umsichtige Hütung des mitgeführten Instrumentariums vom Kompaß und künstlichen Horizont bis zum Mikroskop und Quecksilberbarometer erklärt sich aus der Tatsache, daß er gezwungen war, alle physisch-geographischen, d. h. letztlich kartographischen Unterlagen für seine eigentliche wissenschaftliche Arbeit selbst zu schaffen. Höhen- und Ortsbestimmungen waren daher für ihn kein Selbstzweck, sondern das Mittel, die relative Lage von Örtlichkeiten zueinander zu erfassen und aus dem Nebeneinander verschiedenartiger Erscheinungen deren innere Verknüpfung zu erkennen. Darin offenbart sich in zweifacher Hinsicht echt geographisches Denken: die Lage einer Örtlichkeit wird im wissenschaftlich-geographischen Sinn bewertet, und Lagebeziehungen werden in vergleichender Betrachtung untersucht.

Insgesamt hat Humboldt 700 astronomische Ortsbestimmungen und 459 Höhenmessungen in Süd- und Mittelamerika durchgeführt. Von vielen ihm wichtig erscheinenden Punkten waren die Koordinaten zuvor nur annäherungsweise bekannt, selbst über die exakte Lage großer Städte, wie Lima und Mexico, bestanden Unklarheiten. Humboldts Messungen, die meist nur wenig von den jetzt gültigen abweichen, korrigierten manche Werte um volle zwei Längengrade.

In dem — wie er sagte — „unermeßlichen Laboratorium" der Natur wollte er den wirksamen Kräften und den auf diese zurückzuführenden Erscheinungen einmal durch instrumentelle Messungen, zum anderen durch sorgfältige Beobachtungen nachgehen. Messung und Beobachtung waren für ihn gleichwertige Mittel, um Tatsachen gegen Vermutungen, Fakten gegen Theorien und Hypothesen zu setzen. Für geologische Beobachtungen war sein Auge durch seine fünfjährige Tätigkeit als preußischer Bergassessor vorzüglich geschult. Auch seine botanischen Kenntnisse waren beachtlich. Schon in jungen Jahren hatte ihn der Hausarzt der Familie in das Linnésche Pflanzensystem eingeführt; 1793 erschien seine Monographie über die Flora von Freiberg in Sachsen, die ihn bereits als kenntnisreichen Systematiker auswies. Er war sich bei Antritt seiner Reise voll bewußt, welche Bedeutung gerade der Beobachtung und Wertung biologischer Erscheinungen im Rahmen seines wissenschaftlichen Gesamtkonzeptes zukamen. So verpflichtete er sich als einzigen ständigen Reisebegleiter und Helfer den jungen französischen Arzt Aimé Bonpland, den er 1798 in Paris kennengelernt hatte. In ihm fand er den kenntnisreichen Botaniker und Zoologen, den er für sein großes Vorhaben brauchte. Man liest oft, Bonpland hätte völlig im Schatten Humboldts gestanden. Dies ist richtig und falsch zugleich. Bonpland war der geschulte Systematiker, ein für Humboldt unentbehrlicher Mitarbeiter, aber ihm fehlte die große synthetische Zusammenschau Humboldts. Auf dem Gebiete der Pflanzensystematik jedoch hat Bonpland Ungewöhnliches geleistet.

5.800, darunter 3.600 bis dahin unbekannte Pflanzenspezies wurden auf der Reise gesammelt. 4.500 Pflanzenarten sind von Bonpland und Humboldt noch unterwegs bestimmt und beschrieben worden, 4/5 der Ausbeute von Bonpland. 22 mexikanische Eichenarten, 12 Weinmanniaarten aus der Nebelwaldzone der südamerikanischen Anden, 7 neuweltliche Weidenarten, von denen Willdenow eine *Salix Humboldtiana* nannte, zahlreiche Palmenarten, besonders aus der zuvor völlig unbekannten Gruppe der Gebirgspalmen mit der zwischen 2.400 und 3.000 m gedeihenden Wachspalme, sind neben vielen anderen Spezies zuerst von Humboldt und Bonpland beschrieben worden.

Das Herbar — aus Sicherheitsgründen mit je drei Exemplaren der gleichen Pflanzenart — umfaßte 60.000 Bögen, die z. T. getrennt befördert und gelagert wurden. Die Bearbeitung dieses riesigen Materials und der umfangreichen geologischen Sammlungen, die in 30 großen Kisten trotz einiger schmerzlicher Verluste Europa erreichten, erforderte nach der Heimkehr 1805 nicht nur alle Kräfte Humboldts und Bonplands, sondern die Mitarbeit von zahlreichen weiteren Gelehrten, die Humboldt in Frankreich, Deutschland und England für dieses große wissenschaftliche Gemeinschaftswerk zu gewinnen verstand.

Humboldt war bis zu seinem Tode mit der Auswertung des Herbars beschäftigt, aber Bonpland hielt nicht durch und ließ die auf ihn entfallende Arbeit unvollendet. 1816, zwei Jahre nach dem Tode der Kaiserin Josephine, deren Gärten in Malmaison er neun Jahre lang betreut hatte, ging er zurück nach Südamerika. 1858, ein Jahr vor Humboldt, starb er in der Nähe von Corrientes in Argentinien, wo er — zeitweise auch in Paraguay — als Farmer und Pflanzenzüchter ein wechselvolles Schicksal hatte.

Man hat Humboldt den zweiten, den „wissenschaftlichen Entdecker Amerikas" genannt — so Carl Ritter — oder auch als „letzten großen Enzyklopädisten" bezeichnet. Beide Ehrentitel werden Humboldt nicht gerecht. Daß er kein Entdeckungsreisender im herkömmlichen Sinn war, wurde schon verdeutlicht. Ihn als wissenschaftlichen Entdecker der Neuen Welt zu bezeichnen, hieße jedoch die vorangegangenen Leistungen der frühen spanischen Chronisten, der Missionare verschiedenster Nationalität und der französischen Naturwissenschaftler und Astronomen der ersten Hälfte des 18. Jh. verkennen. Wenn auch Lateinamerika bis zu den Befreiungskriegen für nicht-iberische Forscher weitgehend verschlossen war und der junge Baron von Humboldt nur seiner gesellschaftlichen Stellung, seinen geologischen Fachkenntnissen, seinem Ideenreichtum und der Fürsprache des sächsichen Gesandten am spanischen Hof, Baron v. Forell, die Erlaubnis für seine Reise in die amerikanischen Kolonien Spaniens verdankte, so hatten doch dort schon vor ihm die berühmt gewordene französische Expedition zur Erdbogenmessung in Peru (1736–1744) unter La Condamine, Bouguer und Godin, dazu der Botaniker Jussieu, der Ingenieur und Kartograph Frézier und andere erfolgreich in den südamerikanischen Westküstenländern gearbeitet. Der von seiner katholischen Majestät ausgezeichnete preußische Kalvinist betrat also durchaus kein wissenschaftlich völlig unbekanntes Neuland. Übrigens beschränkten sich die von ihm bereisten Länder auf das nördliche Venezuela und die Orinoco-Region, auf den Andenraum zwischen Cartagena und Lima, auf Zentralmexico und die Insel Cuba. Sein 30bändiges Reisewerk, dessen Erscheinen sich über drei Jahrzehnte erstreckte, ist keine zusammenhängende Darstellung in chronologischer Abfolge der Ereignisse und Beobachtungen, sondern behandelt immer wieder in breit angelegten Exkursen die großen Zusammenhänge, um die es Humboldt ging. Dies gilt auch für den einzigen einer „Reisebeschrei-

bung" nahekommenden Teil des Humboldtschen Oeuvre, die „Reise in die Äquinoktialgegenden des Neuen Kontinents". Aber auch dort schalten sich immer wieder in die
erlebnisfrische, an Abenteuern reiche Reisebeschreibung lange Passagen mit Betrachtungen über das Wirkungsgefüge physisch- und anthropogeographischer Erscheinungen
und Darlegungen zu Problemen der allgemeinen Geographie ein. Es sind jene Ausführungen, in denen Humboldt mit kritischem Verstand aus der treffsicheren Zusammenschau unzähliger Einzelbeobachtungen bereits zu einer vergleichenden landschafts-
kundlichen Betrachtung und einer fundierten Raumbeurteilung vordringt — Bemühungen um die große Synthese, wie sie, in die Form einer Aufsatzfolge gegossen, schon
zuvor, 1807, in den „Ansichten der Natur" ihren meisterlichen Niederschlag gefunden
hatten. Diese Exkurse sind es denn auch, die die geographische Forschung nach Humboldt am stärksten befruchtet haben, die jedoch in vielen späteren, gekürzten Ausgaben der „Reise in die Äquinoktialgegenden", dem Rotstift der Herausgeber und
Lektoren zum Opfer fielen, um aus dem Werk eine der üblichen, von einem größeren
Leserpublikum gewünschten Reisebeschreibungen zu machen.
Von der Orinoco-Reise abgesehen, gibt es keine weiteren publizierten Aufzeichnungen
Humboldts, die sich nach der Reiseroute orientierten. Ein 4. Band, der die Reise in
den Andenländern zum Inhalt hatte, ist nicht erschienen. Der von Cartagena den
Rio Magdalena aufwärts über Bogotá, Quito, Trujillo nach Lima zurückgelegte

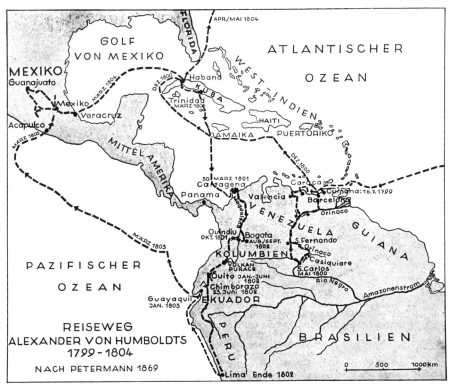

Der Reiseweg 1799–1804
(nach einer Karte von A. Petermann, in Petermanns Mitteilungen 1869,
Tafel 16. Zeichn. von W. Heinrichs)

Weg mußte daher von den Humboldt-Forschern nach Briefen, verstreuten Notizen und Aufsätzen stückweise rekonstruiert werden. Eine Hauptquelle dafür waren Humboldts „Kleinere Schriften", in denen er z. B. der Sabana von Bogotá ein spezielles Kapitel widmete und die Hochebene als einen alten Seeboden deutete. 1952 habe ich in der Sabana von Bogotá Umriß und Terrassen eines eiszeitlichen Hochlandsees nachweisen können und ihn nach seinem Entdecker Lago Humboldt benannt.

Die erste genaue Karte des Rio Magdalena verdanken wir Humboldt. Fünf Monate blieb er in Quito und nutzte die Zeit zu einer eingehenden Untersuchung der Vulkane Ecuadors, womit er die Grundlage für die Erforschung des andinen Vulkanismus schuf. Besonders stolz war er auf seine Besteigung des Chimborazo, den man damals für den höchsten Berg der Welt hielt. Er erreichte zwar nicht den 6.267 m hohen Gipfel, kam auch nicht bis 5.880 m, wie er aufgrund seiner Barometermessung glaubte. Spätere Forscher wiesen nach, daß Humboldts Geländebeschreibung nicht mit der tatsächlichen Situation dicht unter 6.000 m Höhe übereinstimmt und er nach den von ihm selbst geschilderten Details nur bis höchstens 5.400 m gekommen sein kann. Wahrscheinlich hatte ihn infolge des schlechten Wetters sein Barometer im Stich gelassen. Guten Glaubens und trotz der Fehlmessung berechtigt, hielt er sich lange Zeit – ich zitiere – „für denjenigen Sterblichen, der am höchsten in der Welt gestiegen ist". Um so größer seine Enttäuschung, als später der Chimborazo von dem reichlich 2 1/2 Tausend Meter höheren Mt. Everest und anderen Bergen des Himalaya entthront wurde. Für uns ist zwar weniger dieser temporäre Bergsteigerrekord Humboldts von Bedeutung als das von ihm aufgrund der Beobachtungen am Chimborazo entworfene Vegetationsprofil der tropischen Anden, auf das noch zurückzukommen ist.

Von Lima/Callao, wo er am 9. November 1802 den Merkur-Durchgang vor der Sonnenscheibe beobachten und damit die exakte geographische Länge der peruanischen Hauptstadt bestimmen konnte, segelte er über Guayaquil nach Acapulco. Auch von seinem knapp einjährigen Aufenthalt in Mexico gibt es keine den Reiserouten folgende Darstellung, ebenso wenig wie von Cuba, das er zu Anfang und am Ende seiner fünfjährigen Reise besuchte. Dafür schenkte er uns zwei für die künftige Entwicklung der Geographie höchst bedeutsame Werke: den vierbändigen „Essai Politique sur le Royaume de la Nouvelle Espagne" und den zweibändigen „Essai Politique sur l'Ile de Cuba". In diesen beiden Werken lernen wir den Naturwissenschaftler Humboldt als das Genie der Synthese, als den universalen Geist kennen, der es verstand, physischgeographische Erscheinungen mit anthropogeographischen zu einem großen wissenschaftlichen Gesamtgebäude zu vereinen. Humboldt kam aus Südamerika nach Mexico und war überrascht, im damaligen Neu-Spanien völlig andere Verhältnisse anzutreffen als in den Andenländern: mehr Wohlstand, stärkeres Bevölkerungswachstum, kulturelle Überlegenheit. Das veranlaßte ihn, mit besonderer Gründlichkeit den Ursachen für diese unterschiedliche Situation nachzuspüren, und dabei diente ihm der länderkundliche Vergleich als ein wichtiges Forschungsmittel. Dazu sagt er: „Es ist ein belohnendes, wenngleich schwieriges Geschäft der allgemeinen Länderkunde, die Naturbeschaffung entlegener Erdstriche miteinander zu vergleichen und die Resultate dieser Vergleichung in wenigen Zügen darzustellen." Klassische Beispiele für Humboldts landschaftskundliche Vergleiche sind sein Aufsatz „Über die Steppen und Wüsten" und auf länderkundlicher Ebene sein gerade durch die Fülle der Vergleiche so bedeutsam gewordener und immer lesenswert bleibender „Essai Politique sur la Royaume de la Nouvelle Espagne".

Der Wert der Vergleiche Humboldts beruhte auf seinem durch fundiertes Wissen abgesicherten klaren Urteil. Seine physisch-geographischen Kenntnisse der bereisten Länder beruhten vorwiegend auf eigenen Beobachtungen und instrumentellen Messungen, bei der Sammlung anthropogeographischer Materialien hingegen, der Beschaffung von Unterlagen zur Klärung wirtschafts- und verkehrsgeographischer Probleme war er weitgehend auf die Unterrichtung durch andere angewiesen. Humboldt ließ sich keine Gelegenheit zu einem Gespräch und einer Belehrung entgehen. Er befragte Eingeborene und Missionare, Pflanzer und Viehzüchter, Bergleute und Regierungsbeamte. Er ging in die Archive und Bibliotheken, beschaffte sich statistische Daten, ließ Auszüge und Abschriften anfertigen, wertete die Berichte der Konquistadoren, der Chronisten und der zeitgenössischen Autoren in den von ihm bereisten Ländern aus.

Humboldt erstattete, vor allem in Mexico, für staatliche Stellen Gutachten, die für die Verwaltung, für Bergbauinvestitionen, die Verkehrserschließung und ähnliche Planungsvorhaben praktische Bedeutung gewannen. Sie bildeten die Kernstücke seines „Versuchs über den politischen Zustand des Königreichs Neu-Spaniens", jenes Werkes, das für die Dauer eines halben Jahrhunderts der mexikanischen Regierung als zuverlässigster Ratgeber für alle wirtschaftspolitischen Entscheidungen diente und Humboldts unvergänglichen Ruhm in diesem Lande begründete.

Humboldts Essays über Mexico und Cuba sind, um in der heutigen Terminologie zu sprechen, wirtschaftsgeographische Länderkunden mit starkem sozialgeographischen Einschlag. Wenn sie auch über den behandelten wirtschaftsgeographischen Stoff hinaus z. B. Abschnitte über Staatshaushalt und Landesverteidigung bringen, so unterscheiden sie sich doch von den bis dahin üblichen, mit enzyklopädischem Wissensstoff angefüllten Staatenkunden durch ihre wissenschaftliche Fragestellung. Auf die Erkenntnis der wichtigsten Quellen des Volkswohlstandes kam es Humboldt an, und so untersucht er alle Bereiche des Wirtschaftslebens in ihren Beziehungen zu Mensch und Umwelt: Wechselwirkungen und kausale Abhängigkeiten, ohne jedoch diese Kausalitäten primitiv-mechanisch zu sehen oder gar einem oberflächlichen Determinismus zu erliegen. Dafür sah Humboldt viel zu klar die Vielfalt der Verflechtungen und Abhängigkeiten. Die beiden Essays über Neu-Spanien und Cuba sind die ersten modernen Länderkunden. Humboldt war nicht der letzte Enzyklopädist, wie manche meinen, sondern der erste große Länderkundler, freilich mit dem Rüstzeug eines Universalgelehrten.

Humboldt hat — wie wir gesehen haben — die Ergebnisse seiner Forschungen in vier Formen dargestellt: in seinem großen Reisewerk, in Aufsätzen, in von amtlichen Stellen erbetenen Gutachten, aus denen seine beiden Essays über Mexico und Cuba entstanden sind, und schließlich in der grandiosen geistigen Zusammenschau all seiner Lebenserfahrungen und Erkenntnisse im „Kosmos". Seine Aufsätze sind in einer großen Zahl von Zeitschriften verstreut, die wichtigsten in den „Ansichten der Natur" und in den „Kleineren Schriften" zusammengefaßt. Das Motto, das für alle seine Schriften gilt: „Die Natur ist für die denkende Betrachtung Einheit in der Vielheit, Verbindung des Mannigfaltigen in Form und Mischung, Inbegriff der Naturdinge und Naturkräfte als ein lebendiges Ganzes. Das wichtigste Resultat des Forschens ist daher dies: In der Mannigfaltigkeit die Einheit zu erkennen, von dem Individuellen alles zu umfassen, was die Entdeckungen der letzten Zeitalter uns darbieten, die Einzelheiten prüfend zu sondern und doch nicht ihrer Masse zu unterliegen ... Der erhabenen Bestimmung des Menschen eingedenk, den Geist der Natur zu ergreifen, welcher unter der Decke der Erscheinungen verhüllt liegt." Es ging Humboldt nicht um eine „Weltformel", sondern um ein „Weltbild".

Das Reisewerk, die beiden Essays und die meisten anderen Veröffentlichungen sind in französischer, teils auch in lateinischer Sprache geschrieben. 18 Jahre hat Humboldt in Paris gelebt, wo er im Kreise einer großen Anzahl bedeutender Wissenschaftler ein breites Wirkungsfeld fand. Aber sein Lieblingswerk, die „Ansichten der Natur", und den schon in jungen Jahren konzipierten „Kosmos", der erst in seinen drei letzten Lebensjahrzehnten Gestalt annahm, dieser geniale Versuch, Erde und Weltall in einer Zusammenschau des gesamten Wissensstoffes seiner Epoche darzustellen, sind in deutscher Sprache geschrieben, und zwar ganz bewußt. Die Aufsätze in den „Ansichten" enthalten zum großen Teil Schilderungen, die wörtlich den deutsch geschriebenen Tagebüchern entnommen sind. Und der 1845–1858 in vier umfangreichen Oktavbänden erschienene „Kosmos" ist hervorgegangen aus der berühmten Vortragsreihe in der Berliner Singakademie 1827/28, wo er sich vor einem deutschen Auditorium naturgemäß der Muttersprache bediente. Er ist leider wie das Reisewerk ein gigantischer Torso geblieben.

Eine Bilanz aus Humboldts Leistung für die Geographie zu ziehen, ist naturgemäß ein kühnes Unterfangen. Der Umfang des Humboldtschen Lebenswerkes und die Fülle der Probleme, mit denen er sich beschäftigt hat, erlauben nur eine Anzahl von Schwerpunkten zu setzen. Wissenschaftsmethodisch sind wichtig:

1. Der mit Humboldts Reise in die Äquinoktialgegenden des Neuen Kontinents erfolgte Übergang von der traditionellen Entdeckungsreise, die mehr oder weniger die Tilgung „weißer Flecken" auf der Landkarte zum Ziele hatte, zur modernen wissenschaftlichen Forschungsreise, zur Erfassung der gesamten geographischen Komplexität der bereisten Gebiete. Hervorragende Beobachtungsgabe, instrumentelle Messungen und ein ungewöhnlicher Spürsinn für die Erfassung von Zusammenhängen ermöglichten ihm die Erarbeitung erkenntnisreicher länderkundlicher Synthesen.

2. Humboldt studierte geographische Sachverhalte nicht nur in zwei, sondern in drei Dimensionen. Mit derselben Sorgfalt und Ausdauer, mit der er seine Aufnahmen im Gelände durchführte, um die dingliche Erfüllung des Raumes im zweidimensionalen Kartenbild festzuhalten, widmete er sich der Darstellung der dritten Dimension in Profilen, die er über das einfache topographische Profil hinaus zu Landschafts- und Länderprofilen fortentwickelte. Sein „Naturgemälde der Anden", von Richard Bitterling 1954 in Petermanns Mitteilungen in einem schönen Faksimiledruck erneut reproduziert, ist das großartigste dieser Landschaftsprofile. Die Klima- und Vegetationsstufen des tropischen Hochgebirges zwischen 10° nördlicher und 10° südlicher Breite einschließlich der Verbreitungsgrenzen der Tierwelt und der Anbauzonen der Kulturgewächse lassen bis dahin unbeachtet gebliebene Verbreitungszusammenhänge erkennen. Von Botanikern durchgeführte pflanzengeographische Höhenstufengliederungen und Entwürfe entsprechender Profile gab es zwar schon vor Humboldt, aber dies mindert nicht sein Verdienst, die dreidimensionale Betrachtungs- und Darstellungsweise in die geographische Wissenschaft eingeführt und deren Bedeutung immer wieder betont zu haben. Carl Troll in seinen zahlreichen Arbeiten zur Geographie der Hochgebirge, Hermann Lautensach in seinem „Geographischen Formenwandel" und viele andere haben in Humboldt'schem Geiste weitergearbeitet. Höhenquerschnitte sind zu einem unerläßlichen Forschungs- und Darstellungsmittel geworden.

3. Humboldt verarbeitete erstmals klimatologische Beobachtungsdaten zu einer graphischen Darstellung. 1817 „erfand" er die Isotherme, indem er die mittlere Jahrestemperatur von 58 Stationen berechnete und Orte gleicher auf den Meeresspiegel reduzierter Werte durch Kurven in Abständen von 5° zu 5° miteinander verband. Eine Isothermen*karte* hat er jedoch nicht entworfen, nur eine Gradnetzdarstellung der Nordhalbkugel mit den wichtigsten Stationen und Ländernamen (ohne Umrisse der Kontinente), aber auf seine genaue Anleitung geht die 1838 im Berghaus'schen „Physikalischen Atlas" erschienene erste Isothermenkarte zurück. Eine andere Isolinien-Karte, Halleys Isogonenkarte, war zwar schon zuvor, 1701, erschienen, aber der entscheidende Impuls für die Darstellung meteorologisch-klimatologischer Sachverhalte ging von Humboldts Isothermen aus. Die neuen Möglichkeiten der kartographischen Umsetzung einer kaum überschaubaren Fülle von Meßwerten schufen die Voraussetzung für die Entstehung und Entwicklung eines ganz neuen Wissenschaftsgebietes, der Klimatologie bzw. Klimageographie.

4. Um die Bevölkerungsverhältnisse von Ländern unterschiedlicher Größe miteinander vergleichen zu können, forderte Humboldt die Berechnung von Bevölkerungsdichtewerten durch Bildung des Quotienten aus der Zahl der Menschen und der von ihnen bewohnten Fläche. Er selbst stellte planimetrisch die Größe Mexicos fest und errechnete dessen Bevölkerungsdichte. So gab er durch die Schaffung von abstrakten Begriffen, wie Isotherme und Bevölkerungsdichte, nachhaltige Anregungen für die Thematische Kartographie.

5. Humboldts großartige Begabung zur geistigen Zusammenschau aller beobachteten Einzelerscheinungen findet ihren Ausdruck in der physiognomischen Erfassung von Landschaften. Er begründet dies mit den Worten: „So wie man an einzelnen organischen Wesen eine bestimmte Physiognomie erkennt ..., so gibt es auch eine Naturphysiognomie, welche jedem Himmelsstriche ausschließlich zukommt." Jede Landschaft ist für Humboldt eine Individualität, geprägt durch dominierende Faktoren, die er herauszuarbeiten sucht, und über die Erfassung der landschaftlichen Individualitäten in ihrem „Totalcharakter" führte sein Weg zur vergleichenden Betrachtung von Landschaftstypen.

6. Um mit dem methodischen Teil abzuschließen, noch einmal ein Hinweis auf Humboldts geglückten Ersatz der traditionellen Staatenkunde durch eine moderne, sowohl physisch- wie auch kulturgeographisch orientierte Länderkunde – unbelastet durch das „Länderkundliche Schema", das es noch nicht gab, sondern eine echte Problem-Länderkunde, wie wir sie uns heute nicht anders wünschen.

Zu einer Würdigung der wichtigsten wissenschaftlichen Sacherkenntnisse Humboldts könnten hier Fachvertreter der verschiedenartigsten Disziplinen das Wort nehmen. Ich muß mich auf solche Gebiete beschränken, die die Geographie unmittelbar berühren und zu deren Weiterentwicklung wesentlich beigetragen haben, d. h. der Geologie und Geomorphologie, der Klimatologie, der Biogeographie und Anthropogeographie. Dabei sei am Rande vermekt, daß in der umfangreichen Literatur eine ganze Reihe von Erkenntnissen Humboldt zugeschrieben werden, die er jedoch gar nicht für sich beansprucht hat. Humboldt war mit dem Wissensstand seiner Zeit vertraut und baute auf ihm auf. Nur solche Erkenntnisse sollen hier angesprochen werden, die die Forschung zweifelsfrei als Humboldt'sches Gedankengut erkannt hat.
Humboldt ging als Neptunist nach Südamerika und kehrte als Plutonist zurück. Hing

er noch vor seiner Ausreise den neptunistischen Vorstellungen seines Lehrers Abraham Gottlob Werner (1750–1817) an, daß sich alle Urgesteine als Niederschläge aus wäßrigen Lösungen, d. h. aus heißen Urozeanen gebildet hätten, so überzeugten ihn seine vulkanologischen Studien auf Teneriffa und in den kolumbianisch-ecuadorianischen Anden bald von der vor allem von James Hutton (1726–1797) und Leopold v. Buch (1774–1853) vertretenen plutonistischen Auffassung. Humboldts Stellungnahme überwand endgültig den Neptunismus. Er erkannte die Kontaktmetamorphose und die Anordnung der Vulkane auf tektonischen Linien, so der Vulkanreihe am Südrand des mexikanischen Hochlandes auf einer vom Stillen zum Atlantischen Ozean verlaufenden Kluft. Was uns heute selbstverständlich erscheint, daß Mineralien und Gesteine unabhängig von geographischer Breite und Meereshöhe in gleicher Ausbildung über die ganze Erde verbreitet sind, – im Gegensatz zu Pflanzen und Tieren – ist eine Erkenntnis Humboldts. Von ihm stammen die Begriffe endogen und exogen, Kammhöhe und mittlere Höhe der Kontinente. Er entwickelte ein klares Bild von der morphologischen Großgliederung Südamerikas und arbeitete die klimatischen Unterschiede zwischen Ost- und Westseiten der Kontinente heraus. Sie gaben ihm eine Erklärung für die unterschiedliche polare Verbreitungsgrenze der Korallenbauten.

Über die Erosionsleistung des fließenden Wassers machte er sich Gedanken, die von vielen späteren Geomorphologen übersehen wurden. Er schreibt: „Sitzt man am Ufer des Orinoco und betrachtet die Felsdämme, an denen sich der Strom donnernd bricht, so fragt man sich, ob die Fälle im Laufe der Jahrhunderte nach Gestaltung und Höhe sich verändern werden. Ich bin nicht sehr geneigt, dem Stoße des Wassers gegen Granitblöcke und dem Zerfressen kieselhaltigen Gesteins solche Wirkungen zuzuschreiben. Die nach unten sich verengenden Löcher, die Trichter, wie man sie in den Raudales und bei so vielen Wasserfällen in Europa antrifft, entstehen nur durch die Reibung des Sandes und das Rollen der Quarzgeschiebe." Das ist die klare Erkenntnis, daß kein Fluß ohne Erosions*waffen* sein Bett tiefer legen kann, wie gesagt, eine Erkenntnis, die noch lange Zeit nach Humboldt nicht jedem Morphologen geläufig war.

Humboldt erkannte die klimatische Asymmetrie Nord- und Südamerikas. Durch seine zahlreichen Luftdruckmessungen wurde er zum Entdecker der äquatorialen Tiefdruckrinne. Er erklärte die Entstehung der Zenitalregen und hat die landesüblichen Begriffe der klimatischen Höhenstufengliederung in den tropischen Hochgebirgen Lateinamerikas *(Tierra caliente, T. templada, T. fria)* in die wissenschaftliche Terminologie eingeführt. Humboldt stellte bereits fest, daß in den tropischen Andenländern die tägliche Temperaturschwankung größer ist als die jährliche und stieß schon in die Richtung einer Unterscheidung zwischen Tageszeiten-und Jahreszeitenklima vor, wenn er meinte: „Die Vergleichungen des Klimas in sehr verschiedenen Breitengraden mit dem Klima der Hochebenen der Tropen-Zone sind ihrer Natur nach wenig befriedigend." Damit meinte er vor allem die unzulässige Gleichsetzung des Klimas der andinen *Tierra fria* mit dem der gemäßigten Breiten. Auch die Unterscheidung zwischen Land- und Seeklima stammt von Humboldt. Auf seine Anregung geht die Schaffung eines Weltnetzes für klimatologische Beobachtungen und Schweremessungen zurück.

Über die Erfassung des Wesens der großen südamerikanischen Pflanzenformationen: Savanne, Hyläa, Selva, Bergwald, Páramo und deren horizontale und vertikale Verbreitung ist Humboldt zum Schöpfer der modernen vergleichenden Pflanzengeographie und damit auch der ökologischen Vegetationsgeographie geworden. Die floristische Klassifizierung war für ihn nur Mittel zum Zweck, nämlich vorzudringen zu einer

Physiognomik der Gewächse, zur Erkennung von Pflanzengemeinschaften in ihrer gegenseitigen Abhängigkeit und in ihrer Bedeutung für das Landschaftsbild. Seine „Ideen zur Geographie der Pflanzen" hat er Goethe gewidmet. Seine Llanos-Schilderungen gehören zu den klassischen Landschaftsschilderungen der Weltliteratur.

Von den vielen bedeutenden, noch immer erstaunlich modern anmutenden vegetationsgeographischen Erkenntnissen Humboldts seien nur zwei genannt. Humboldt fand, daß es in klimatisch ähnlichen, aber weit voneinander entfernten Gebieten der Alten und Neuen Welt konvergente, d. h. physiognomisch ähnliche Pflanzenarten ganz anderer systematischer Zuordnung gibt und sagt dazu: „Das Ersetzen, die Wiederholung ähnlicher, fast gleicher Formen in Gegenden, welche durch Meere oder weite Länderstrecken getrennt sind, ist ein wundersames Naturgesetz." Dem Individuenreichtum der Wälder in den gemäßigten Breiten stellte er den Artenreichtum des Tropenwaldes gegenüber. Mit anderen Worten: Er fand heraus, daß der tropische Regenwald reich an den verschiedenartigsten Baumarten, aber arm an Reinbeständen ist, was ja bekanntlich seine forstliche Nutzung sehr erschwert, daß mit der Zunahme der geographischen Breite der Artenreichtum allmählich schwindet, bis schließlich in der nördlichen Nadelwaldzone nur noch ein oder zwei Baumarten geschlossene Bestände in großer Individuenzahl bilden. In dieser Feststellung wird ein weiterer bemerkenswerter Wesenszug Humboldts deutlich, nämlich das Bestreben, Naturerscheinungen und Lebensvorgänge durch „Vergleichung der Zahlenverhältnisse" mathematisch zu erfassen. Er versuchte sich in einer „arithmetischen Botanik", indem er interessante Überlegungen und Berechnungen über das Zahlenverhältnis der Pflanzenarten in den verschiedenen Klimazonen anstellte, um allgemeingültige Gesetze daraus abzuleiten. Ähnliche Berechnungen führte er über die Verbreitung der Tierarten durch. So fand er z. B., daß die Vögel und mehr noch die Reptilien von den gemäßigten Breiten zur Tropenzone hin stärker zunehmen als die Säugetiere. Überhaupt sind Humboldts tiergeographische Studien noch von hohem Reiz, so sein großartiger Aufsatz über „Das nächtliche Tierleben im Urwald" und seine Betrachtungen zur Verbreitung und Naturgeschichte der Zitteraale, des Lamas und Kondors. Geirrt hat sich Humboldt – wie auch später noch Albrecht Penck – in der Beurteilung der Fruchtbarkeit tropischer Regenwaldböden. Der üppige Pflanzenwuchs täuschte ihm eine weit größere Ertragsfähigkeit vor, als tatsächlich vorhanden ist. Erst durch die jüngeren, besonders bodenkundlichen Forschungen, wissen wir, daß sich praktisch der gesamte Nährstoffgehalt tiefgründig verwitterter Tropenböden in dieser mächtigen Vegetationsdecke befindet. Wird sie vernichtet und das Rodungsland agrarisch genutzt, erschöpfen sich die bescheidenen Nährstoffvorräte in wenigen Jahren.

Von den hydrographischen Problemen hat Humboldt besonders das der Schwarzwasserflüsse interessiert. Er beschrieb das Phänomen, vermochte es aber noch nicht richtig zu deuten. Zur Bestimmung der Lage der Orinoco-Quellen hat er einen wichtigen Beitrag geliefert, und die Bifurkation des Casiquiare hat er zwar nicht entdeckt – Humboldt selbst betonte, daß der spanische Jesuit Manuel Ramón 1744 die eigenartige Flußgabelung zwischen Orinoco und Rio Negro gefunden habe –, aber er hat sie als erster wissenschaftlich beschrieben und kartographisch aufgenommen. Humboldts Karte war aus einem bestimmten Grunde eine wissenschaftliche Sensation. Im 18. Jh. hatte sich die von dem französischen Geographen und Kartographen Philippe Buache vertretene Auffassung durchgesetzt, daß jedes Strom- und Flußsystem durch ausgeprägte Wasserscheiden von einem anderen getrennt sei, was ja im Prinzip richtig, aber, wie Humboldt zeigte, kein absolutes Gesetz ist. Buaches Lehre vom „Erdgezimmer" kam den zeitgenössischen Kartographen insofern gelegen, als zwar die großen Flüsse in ihrem Verlauf recht gut bekannt waren, jedoch topographische Kenntnisse des Geländes zwischen den einzelnen Stromgebieten weitgehend fehlten. Also füllte man die Leerräume auf den Karten einfach mit mehr oder weniger phantastisch gestalteten Gebirgszügen aus. Humboldts Casiquiare-Karte bewies aber, daß es zwischen Orinoco und Rio Negro keine solche Gebirgswasserscheide gibt, daß das Relief der Erde fortan nicht mehr am Kartentisch aus Flußverläufen deduziert, sondern nur durch Kartenaufnahmen im Gelände wirklich erkannt werden konnte.

Die Ozeanographie verdankt Humboldt frühe Kenntnisse der Vertikalzirkulation des Meereswassers, wichtige Beobachtungsgrundlagen aus dem Sargasso-Meer, vom Golfstrom und vor allem von dem nach ihm benannten Kaltwasserstrom an der chilenisch-peruanischen Küste. Gegen die Bezeichnung „Humboldt-Strom" protestierte er allerdings nachdrücklich. An Heinrich Berghaus schrieb er: „Die Strömung war 300 Jahre vor mir allen Fischerjungen von Chile bis Payta bekannt; ich habe bloß das Verdienst, die Temperatur des strömenden Wassers zuerst gemessen zu haben." Der Name Humboldt-Strom hat sich trotz seines Protestes durchgesetzt.

Man hat Humboldt nachgesagt, er sei eitel und ruhmsüchtig gewesen. Daß er auf viele seiner Leistungen stolz war und Anerkennung ihn freute, ist verständlich. Er brauchte sich nicht um Ruhm und Nachruhm zu sorgen oder mit falschen Federn zu schmücken. Seine Leistungen sprachen für sich selbst. Er wurde vielfach ausgezeichnet, zum ersten Kanzler der Friedensklasse des Ordens Pour le mérite gewählt, kurz: er war eine „Institution" im öffentlichen und geistigen Bereich. Seine bahnbrechenden Erkenntnisse lagen fraglos auf dem Gebiet der physischen Geographie. Aber es wäre falsch, das Humboldtsche Weltbild nur unter naturwissenschaftlichen Aspekten zu sehen. Zu seinen wichtigen anthropogeographischen Entdeckungen gehört die Feststellung, daß die Neue Welt keine Hirtenvölker kannte. Trotz der „Möglichkeit, den Bison zu zähmen", sagt er, „trotz der vielen Milch, die er gibt, trotz der Herden von Lamas in den peruanischen Cordilleren fand man bei der Entdeckung von Amerika kein Hirtenleben, keine Hirtenvölker". Und an einer anderen Stelle der „Ansichten" stellt er fest: „Blieb demnach das Hirtenleben, diese wohltätige Mittelstufe, welche nomadische Jägerhorden an den grasreichen Boden fesselt und gleichsam zum Ackerbau vorbereitet, den Urvölkern Amerikas unbekannt, so liegt in dieser Unbekanntschaft selbst der Grund von der Menschenleere der südamerikanischen Steppen." Humboldts bedeutsame Beobachtung widerlegte die bis zu dieser Zeit herrschende Dreistufen-Theorie, die Auffassung einer allgemeinen Entwicklung der Menschheit vom Jägertum über das Hirtentum zum Feldbau. In der Neuen Welt hat sich der Ackerbau, wie wir seit Humboldt wissen, ohne die Zwischenstufe der Viehzucht entwickelt.

Auch im Menschen sieht Humboldt nichts anderes als ein Glied des Naturganzen. Gerade die Wechselwirkungen zwischen Raum und Mensch, Mensch und Raum sucht er aufzuzeigen. Seine beiden Essays über Mexico und Cuba bezeugen dies. In ihnen treten anthropogeographische Fragestellungen entschieden in den Vordergrund, und zu den politischen und wirtschaftlichen Verhältnissen, die er in den bereisten Ländern antraf, nimmt er ohne Scheu vor einer andersdenkenden Öffentlichkeit Stellung. Er sympathisiert mit dem Freiheitsbegehren der in den spanischen Kolonien lebenden Menschen, äußert sich scharf gegen die Sklaverei und schließt sich der Antisklavereibewegung an. Schonungslos kritisiert er Rückständigkeit und Korruption in der staatlichen Verwaltung. Humboldt war seit seiner Jugendfreundschaft mit Georg Forster liberal gesinnt und zutiefst von seinem Humanitätsideal durchdrungen. In den politisch freigewordenen südamerikanischen Tropenländern — er dachte vor allem an Mexico — seinen Lebensabend zu verbringen, war sein jahrzehntelang gehegter Wunsch. Er ging nicht in Erfüllung. Am 6. Mai 1859 starb er hier in Berlin, im gleichen Jahr, in dem auch der andere große zeitgenössische Geograph, Carl Ritter, die Augen schloß.

Vor 25 Jahren haben wir in der Kongreßhalle des 100. Todestages Alexander von Humboldts gedacht. Es war wohl die letzte in der Reihe zahlreicher Gedenkfeiern, die seit April 1959 in allen Kulturländern der Erde veranstaltet worden sind. Ich selbst gehörte als damaliger Vorsitzender des Deutschen Humboldt-Komitees einer Gruppe deutscher Wissenschaftler an, die als Vertreter der Bundesrepublik an den Humboldt-Feiern in Venezuela, Kolumbien, Kuba, El Salvador und Mexico teilgenommen hat. Eine zweite Gruppe war gleichzeitig in Argentinien, Chile, Peru, Bolivien und Ecuador. Beide von Sonderbotschaftern begleiteten Missionen vereinigten sich in Mexico und erlebten dort am Todestag, am 6. Mai, den Staatsakt zu Ehren Humboldts mit.

Diese und alle anderen Gedächtnisveranstaltungen rückten uns eindringlich ins Bewußtsein, wie tief und nachhaltig die Rückwirkungen dieses Mannes, nicht nur seines wissenschaftlichen Lebenswerkes, sondern seines gesamten öffentlichen Wirkens auf Lateinamerika waren. Humboldts Bild nimmt Ehrenplätze in Universitäten und Akademien ein, Humboldt-Denkmäler findet man in fast allen südamerikanischen Hauptstädten, ja selbst auf der Plaza kleiner Orte im Inneren der Länder. Die Häuser, in denen er wohnte, tragen Erinnerungstafeln, Straßen sind nach ihm benannt, Berge, Flüsse und Buchten, wissenschaftliche Gesellschaften und Schulen. Mexico verlieh ihm als einzigem Ausländer den Titel eines Benemérito de la Patria, eines „Wohltäters des Vaterlandes".

Humboldt und Bonpland am Chimborazo (F. G. Weitsch)

Humboldtdenkmal vor der Staatsbibliothek in Mexiko-Stadt,
Blumenschmuck anläßlich des 100. Todestages 1959
(Foto H. Wilhelmy)

In einer solchen Atmosphäre tiefer Verehrung gedachten die südamerikanischen Völker des 100. Todestages Alexander von Humboldts. Ich vermag den unvergeßlichen Eindruck, den die Feiern auf uns machten, nur in dürftigen Worten zu schildern. Staatsakte in den Opernhäusern, festliche Akademiesitzungen, Kranzniederlegungen an den Humboldt-Denkmälern, Enthüllungen von Erinnerungstafeln fanden breitesten Widerhall in der Öffentlichkeit. Presse, Rundfunk und Fernsehen feierten den „Barón Alejandro de Humboldt", den großen deutschen Gelehrten. In Caracas wurde der Grundstein zu einem „Humboldt-Planetarium", in Bogotá der zu einem naturhistorischen Museum „Alejandro de Humboldt" gelegt. Die schon von Humboldt vorgeschlagene Fernverkehrsstraße Mexico – Jalapa – Veracruz, die 1959 gerade fertiggestellt war, erhielt den Namen „Carretera Humboldt". In Venezuela wurde ein am 6. Mai von beiden Kammern verabschiedetes Gesetz zur Wiederaufforstung unter den Namen des ersten Landschaftsökologen Humboldt gestellt. Der Kongreß in Caracas versammelte sich am gleichen Tag zu einer Festsitzung und verlieh Humboldt einen Titel eines „Servidor Eminente de Venezuela", eines „Großen Dieners Venezuelas". Aufgrund eines Staatsdekretes wurde am 6. Mai in allen Schulen Kubas, selbst in Volksschulen auf dem flachen Lande, eine Humboldt-Gedenkstunde durchgeführt. In

Mexico-City hielten vor dem mit Blumen aus Xochimilco geschmückten Humboldt-Denkmal an der Staatsbibliothek, deren Umgebung für den öffentlichen Verkehr gesperrt war, Abordnungen aller hauptstädtischen Schulen und vieler anderen Institutionen in halbstündiger Ablösung die Ehrenwache. Im öffentlichen Bewußtsein Lateinamerikas ist Humboldt bis zum heutigen Tag lebendig geblieben. Mögen wir Deutsche den Südamerikanern darin nicht nachstehen!

Resumen

Esta conferencia trata las numerosas metas de investigación que Alexander de Humboldt propusó durante su viaje de cinco años hacia el Norte de Sudamérica, México y Cuba. No es posible repetir los numerosos y diferenciados conocimientos geográficos que obtuvo y describió en la gran obra sobre su viaje y en los dos ensayos sobre México y Cuba.

Me limitaré a una caracterización de los principios e ideas dominantes, que fueron importantes en un senso metodológico para la investigación científica posterior:

1. El "Viaje a los regiones equinoctales del Mundo Nuevo" de Humboldt marca la transición del viaje de descubrimiento tradicional que tuvo como meta la cancelación de los "planos blancos" en los mapas, al viaje científico moderno, proponiendo el registro total de la complejidad geográfica de las zonas recorridas. Síntesis regionales sustanciales le fueron posibles a través de su excelente capacidad de observación, a mediciones instrumentales exactas, y a su extraordinaria sagacidad respecto a la comprensión de relaciones.

2. Humboldt estudió objetos geográficos no solo en dos sino tambien en tres dimensiones. Con el mismo cuidado reprodujó la realidad geográfica en mapas — es decir en forma bidimensional — y trató de transmitir la tercera dimensión en perfiles que él desarrolló de perfiles topográficos a perfiles integrales de paisajes y paises.

   Su "cuadro natural de los Andes" que fue reproducido por Richard Bitterling en "Petermanns Mitteilungen" en el año 1954, es el perfil mas espectacular entre ellos. Relaciones hasta este momento desconocidas fueron visibles a través de su representación de los niveles climáticos y vegetacionales que incluyeron la extensión de la fauna y de los cultivos en la montaña tropical entre $10°$ Norte y $10°$ Sur. Es cierto que ante Humboldt existieron clasificaciones hipsométricas de las plantas investigadas por botánicos y tambien ensayos de perfiles correspondientes, pero este no disminuye sus méritos siendo introducidos la observación y siendo acentuadas la importancia de la demonstración tridimensional a la ciencia geográfica. En su senso continuaron trabajando Carl Troll con sus numerosos trabajos sobre la geografia de la alta montaña, Hermann Lautensach con su "cambio geográfico de formas" y muchos otros.

3. Humboldt transformó por primera vez datos climatologicos a una representación gráfica. En el año 1817 él inventó la "isoterma" calculando la temperatura media anual de 58 estaciones y uniendo los lugares con mismos valores (reducidos al nivel del mar) a través de curvas en distancias de $5°$ a $5°$.

   Sin embargo él no alcanzó a elaborar un mapa de isotermas. Pero el primer mapa de isotermas, que apareció en el año 1838 en el atlas físico de Berghaus, fue elaborado según sus detalladas instrucciones. Otro mapa de isolineas — el mapa de "isogonas" de Halley — ya apareció en 1701, pero la representación meteorológica y climatológica fue decesivamente impulsada solamente por las isotermas de Humboldt. Las nuevas posibilidades referentes al traslado cartográfico de una inmensa cantidad de datos crearon la condición para el desarrollo de una nueva disciplina científica — la climatología ó la geografía climática.

4. Para comparar las condiciones demográficas de paises de diferentes tamaños, Humboldt reclamó la calculación de datos de la densidad demográfica a través del cuociente de la cantidad de personas y el área que habitan. El mismo constató el área de México y calculó su densidad demográfica. En este sentido él estimuló a través de conceptos abstractos (isotermas, densidad demográfica) la cartografía tématica.

5. La capacidad impresionante de la síntesis ingeniosa de Humboldt encuentra su expresión en el análisis fisionómico de paisajes. Su motivo fue el siguiente: "Como se reconoce una cierta fisionomía en cada individualidad orgánica, así existe una fisionomía natural que posee cada región de mundo en forma exclusiva." Para Humboldt cada paisaje es una individualidad, creada de factores dominantes. El trató de encontrar estos factores. Su camino científico lo trató a través del análisis de individualidades regionales hacia la comparación de tipos de paisajes.

6. A Humboldt le resultó el reemplazo de la descripción tradicional de estados por una moderna geografía regional con implicación de la geografía física y humana. El — en su tiempo — no era dependiente del "esquema regional" desarrollado por Kirchhoff y Hettner, que — por suerte — aún no existía. El creó verdaderas geografías regionales modernas, como hasta hoy día podemos desearlas.

Erdmann Gormsen
Mainz

Deutsche Geographische Lateinamerika-Forschung
Ein Überblick über regionale und thematische Schwerpunkte
der letzten drei Jahrzehnte

Die deutsche geographische Forschung über Lateinamerika hat in den letzten Jahrzehnten einen derartigen Aufschwung genommen, daß es kaum noch möglich ist, die Literatur in ihrer regionalen und thematischen Vielfalt zu überblicken (vgl. Pfeifer 1971, Lauer 1976 b). Dabei konnte sie freilich an eine lange Tradition wissenschaftlicher Auseinandersetzung mit diesem Kulturerdteil anknüpfen, denn diese erfolgte — auch nach Alexander von Humboldt — unter wesentlicher Beteiligung von deutschen Gelehrten.

Geographische Forschung in der Nachfolge Humboldts

Ihre inhaltsreichen Reiseberichte verbanden vielfältige Beobachtungen im Gelände mit historischen Quellen und statistischen Daten zu fundierten länderkundlichen Darstellungen und, durch die Schilderung des persönlichen Erlebens, oft auch zu einer spannenden Lektüre für die „gebildeten Kreise". Dabei verfolgten viele Forscher auf ihren meist mehrjährigen Reisen oder längeren Aufenthalten spezielle Fragestellungen, sei es zur Pflanzen- oder Tierwelt, zur Geologie und Lagerstättenforschung, zur Völkerkunde und Wirtschaftsentwicklung oder auch zur Erkundung von Siedlungsmöglichkeiten für deutsche Auswanderer.

Sievers hat in seiner Länderkunde ([2] 1903, S. 23—47) eine ausgezeichnete Zusammenfassung der Reisen nach Süd- und Zentralamerika gegeben, sowie eine Würdigung der entsprechenden Berichte für den Fortschritt der geographischen Kenntnisse über diesen Kontinent. Für Mexiko kommen hinzu J.Burkhart (1825—34), E.Mühlenpfordt (ab 1827), E. Sartorius (ab 1824) und F. Ratzel, der 1874—75 als Journalist das Land bereiste (vgl. auch Schmieder 1962).

In der ersten Hälfte dieses Jahrhunderts erfolgte zwar eine gewisse Konzentration auf thematische Schwerpunkte. Doch ein Blick in die umfangreichen Literaturberichte von Sievers, Quelle und Berninger im Geographischen Jahrbuch (1913, 1926, 1939/1940/1941) läßt erkennen, daß die meisten Geographen, die sich intensiv mit Problemen Lateinamerikas auseinandergesetzt haben, auf eine Region oder ein Land spezialisiert waren, wozu sie dann die verschiedensten Beiträge mit natur- oder kulturgeographischer Fragestellung verfaßt haben. Hervorzuheben sind Karl Sapper, der Altmeister der Geographie der Tropen, der über Jahrzehnte hinweg wesentliche Arbeiten zu fast allen Aspekten Mittelamerikas und Mexikos geleistet hat, vom Vulkanismus bis zur Völkerkunde (vgl. Termer 1948), Franz Termer, der auf die Ethnologie Mesoamerikas spezialisiert war, und doch umfassende Regionalstudien lieferte (Guatemala 1936/1941;

Yucatan 1954) sowie Oskar Schmieder und Carl Troll (s. u.). Berninger (1940) hat die deutsche geographische Südamerika-Forschung der Zwischenkriegszeit zusammenfassend dargestellt.

Der Grund für die regionale Ausrichtung lag gewiß teilweise in den begrenzten Reise- und Finanzierungsmöglickeiten. Sehr häufig bestand aber das eigentliche Ziel der Bemühungen in einer länderkundlichen Darstellung. Tatsächlich begann sich gegen Ende des 19. Jahrhunderts eine systematischere Länderbeschreibung durchzusetzen, etwa von Alfred Hettner (Die Kordillere von Bogotá, 1892), der ja durch sein „länderkundliches Schema" über lange Zeit ein methodisches Fundament für die regionale Geographie gelegt hat. Umfassende Länderkunden, zunächst über die Andenländer und dann über den ganzen Subkontinent hat Sievers um die Jahrhundertwende vorgelegt. Ausgezeichnete Zusammenfassungen des Kenntnisstandes um 1930 boten die Beiträge von Maull, Kühn, Knoche, Troll sowie Termer und Hagen in den Bänden Südamerika (1930) und Nordamerika (1933) von Klutes Handbuch der Geographischen Wissenschaft. Gleichzeitig hat Schmieder seine Länderkunde über Süd-, Mittel- und Nordamerika in drei Bänden (1932–34) vorgelegt, in der er auf der Basis einer naturräumlichen Großgliederung eine Darstellung nach kulturlandschaftsgenetischen Kriterien liefert. Das immer noch grundlegende Werk wurde 1962/63 in völlig neubearbeiteter Fassung unter dem Titel „Die Neue Welt" wiederaufgelegt und auch ins Spanische übersetzt (Mexico 1965).

Die Wiederaufnahme deutscher geographischer Forschung in Lateinamerika nach dem Zweiten Weltkrieg

Oskar Schmieder (1891–1980) gehörte also zu den deutschen Geographen, die eine Weiterführung der Forschung nach dem letzten Krieg gewährleistet haben. Nachdem er 1919 bis 1925 an der National-Universität in Córdoba (Argentinien) gelehrt und geforscht hatte, arbeitete er später auch in Mexiko und (mit Wilhelmy) im Gran Chaco. Schon 1951 wurde er zur 400-Jahr-Feier der Universität Mexiko eingeladen und 1958/59 nahm er eine Gastprofessur an der Universität von Chile wahr. Durch Schüler und Mitarbeiter (z. B. Blume, Lauer) hat er wichtige Anregungen zur weiteren Forschung gegeben (vgl. Bähr 1981).

Eine entscheidende Rolle für die Kontinuität und das internationale Ansehen deutscher Lateinamerika-Forschung über die kriegsbedingte Unterbrechung hinweg hat Carl Troll (1899–75) gespielt, obwohl er nach seinem zweieinhalb-jährigen Aufenthalt in den Andenländern (1926–29) nur noch drei kürzere Reisen im Zusammenhang mit Kongressen nach Mexiko (1953), Brasilien (1956) und, im Rahmen der Humboldtfeiern 1959, nach Südamerika unternommen hat. Doch hat er hier grundlegende Vorstellungen zur Landschaftsökologie, zur vergleichenden Geographie der Hochgebirge und zur Klimaklassifikation entwickelt, deren Konzepte er während der Kriegsjahre ausarbeitete, nachdem er in den 30er Jahren auch die wichtigsten Gebirge Afrikas und das Nanga-Parbat-Gebiet bereist hatte. Er hat diese Gedankengänge nach dem Krieg in zahlreichen Publikationen, in internationalen Gremien, als Präsident der Internationalen Geographischen Union und durch seine Schüler (Lauer, Monheim, Paffen, Weischet u. a.) weiterentwickelt und zu einer Gesamtschau der vergleichenden Geographie ausgebaut (vgl. Lauer 1976a).

Trotz seines frühen Todes, kurz nach der Rückkehr aus zwölfjähriger Emigration in den USA und Brasilien, hat Leo Waibel (1888–1951) durch sein Werk und durch seine Schüler (Pfeifer, Schmithüsen) einen wichtigen Beitrag zur Weiterführung deutscher wissenschaftlicher Arbeit in Lateinamerika geleistet. Aufgrund seiner Forschungen in Chiapas (1933) entwickelte er das Konzept der Wirtschaftsformation und damit eine wesentliche Basis für eine allgemeine Agrargeographie. Als Regierungsberater für Regionalplanung sowie als Forscher und Lehrer hat er (1946–50) einen entscheidenden Einfluß auf die Geographie in Brasilien gehabt. Eine ganze Generation bedeutender brasilianischer Geographen (Valverde, L. u. N. Bernardes, Faissol, Geiger, O'Reilly, Sternberg u. a.) ist durch ihn geschult worden, vor allem auch in den Methoden geographischer Feldforschung, die in Lateinamerika immer noch vernachlässigt werden. So betonte Nilo Bernardes (1983, S. 17–18) in seiner Schlußansprache der Latin American Regional Conference der International Geographical Union 1982 in Rio de Janeiro, daß Waibel neue Richtungen einer problem-orientierten Forschung in der brasilianischen Geographie eingeleitet hätte. Und das blieb nicht ohne Wirkung auf die deutschen Forschungsperspektiven nach dem Krieg (vgl. Pfeifer/Kohlhepp (1984) mit Schriftenverzeichnis S. 118–123).

Wichtige Impulse für die geographische Lateinamerika-Forschung sind von Gottfried Pfeifer (1901–85) ausgegangen. Aufgrund seines engen persönlichen Verhältnisses zu Waibel erhielt er bereits 1950 die Möglichkeit zu einem Forschungsaufenthalt in Brasilien. Er leitete eine enge Kooperation mit dem Instituto Brasileiro de Geografia e Estatistica (Valverde u. a.) und später dem Centro de Pesquisas do Brasil (O'Reilly, Sternberg, Becker, Correa Galvao, u. a.) ein und legte damit die Grundlage für langfristige Forschungsvorhaben, die von Kohlhepp weitergeführt wurden. Doch schon im Rahmen seiner Lehrtätigkeit an der University of California in Berkeley (1929–32) unternahm Pfeifer mit Carl O. Sauer eine halbjährige Reise nach Sinaloa und Sonora in Nordwest-Mexiko und verfaßte hierüber einen länderkundlichen Bericht (1939). In diesem Zusammenhang traf er den Ethnologen Paul Kirchhoff, der ihn gut 30 Jahre später als Mit-Initiator des Mexiko-Projektes der Deutschen Forschungsgemeinschaft gewann (s. u.). Auf dieser Basis bot sich für zahlreiche deutsche Geographen die Möglichkeit zur Durchführung von Feldforschungen, zunächst im Raum Puebla-Tlaxcala, dann auch in anderen Teilbereichen Mexikos (vgl. Kohlhepp 1981 a).

Auf ein halbes Jahrhundert Forschungsarbeit über Lateinamerika kann Herbert Wilhelmy zurückblicken, der 1936/37 zum ersten Mal mit Schmieder im Gran Chaco und in den randtropischen Regenwäldern in Argentinien und Paraguay gearbeitet hat, wobei Fragen der Agrarkolonisation im Mittelpunkt standen (1941). Doch schon auf dieser Reise sammelte er Material und Beobachtungen über Stadtgestalt und Stadtentwicklung, die dann zur Grundlage seines umfassenden Werkes „Südamerika im Spiegel seiner Städte" (1952) wurden. Es wurde erst durch die zweibändige Neubearbeitung (mit Borsdorf 1984/85) ersetzt. Seit der zweiten Reise 1952 mit dem Schwerpunkt in Kolumbien hat Wilhelmy fast alle Länder Lateinamerikas besucht und einen überaus reichen wissenschaftlichen Ertrag daraus gewonnen (vgl. Wilhelmy 1980, S. 21–26). Die Themen reichen von der tropischen Transhumance am Beispiel Kolumbiens und des Amazonas über die Landschaftsökologie des Großen Pantanal bis zur klassischen Länderkunde der La Plata-Länder (1963, z. T. basierend auf den Arbeiten von Rohmeder) und zu dem großen Werk über Welt und Umwelt der Maya (1981), in dem er aus geographischer Sicht versucht, einen Beitrag zur Klärung des Aufstiegs und Untergangs dieser bedeutenden vorspanischen Hochkultur zu leisten (vgl. Kohlhepp 1980b).

Aufgrund der angedeuteten wissenschaftlichen und persönlichen Voraussetzungen konnte schon in den 50er Jahren die geographische Forschungsarbeit in Lateinamerika wieder aufgenommen werden, und zwar durch Einzelforscher wie Helbig 1953 in Mexiko und Zentralamerika, Gerstenhauer 1954 in Mexiko, Sandner 1958 in Costa Rica, Otremba 1953 und Gormsen 1959 in Venezuela, Sick 1957 in Ecuador, Monheim 1954 in Peru und Bolivien, Schmithüsen 1953 und Weischet 1955 in Chile, Paffen 1951 in Brasilien, Blume 1959 in den Westindischen Inseln.

Lauer konnte 1953/54 am Instituto Tropical de Investigaciones Científicas (ITIC) in San Salvador arbeiten und leitete 1956–58 den Aufbau des Geographischen Instituts an der neugegründeten Universidad Austral de Chile in Valdivia, das Weischet 1959 übernahm. Gierloff-Emden ging 1954/55 an das ITIC. Eine Gruppe angesehener Geographen (Machatschek, Czajka, Fochler-Hauke, Hueck) entfaltete nach dem Krieg in Tucumán (Argentinien) eine fruchtbare Lehr- und Forschungstätigkeit. Schon diese Aufzählung macht einen erfreulichen Aufschwung in breiter regionaler Streuung deutlich, eine Tendenz, die sich in den folgenden Jahrzehnten außerordentlich verstärkt hat, vielfach durch Schüler oder Mitarbeiter der oben genannten „ersten Generation".

Forschungen der letzten dreißig Jahre in regionaler Gliederung

Eine Zusammenfassung der Forschungsergebnisse der Nachkriegszeit wird angesichts der Fülle der Literatur den vielfältigen Fragestellungen nur unvollkommen gerecht werden und daher hie und da auf Kritik stoßen. Die schematische Übersicht der Hauptarbeitsgebiete (Tabelle) anhand von regionalen und thematischen Aspekten läßt immerhin einige Schwerpunkte nach der Zahl der Beteiligten und der Dauer bzw. Intensität ihrer Untersuchungen erkennen und weist darüber hinaus auf die Lücken in einigen Teilgebieten hin. Sie zeigt aber auch, daß nur wenige Forscher eine übergreifende Fragestellung im Vergleich mehrerer Länder oder des gesamten Subkontinents bearbeitet haben. Die Mehrzahl ist nach wie vor auf ein Land oder eine Region konzentriert bei gleichzeitiger Spezialisierung auf relativ eng begrenzte Problembereiche und entsprechende Methoden. Dies gilt nicht nur für die heute fast durchgängige Trennung in natur- und kulturgeographische Arbeitsrichtungen, sondern auch innerhalb der beiden Zweige.

Die Gründe dafür sind vielfältiger Art. Sie liegen einerseits in den spezifischen Interessen der einzelnen Forscher. Andererseits haben sie mit der Anlage des jeweiligen Forschungsvorhabens und mit seiner Finanzierung zu tun. Die Institutionen der Forschungsförderung verlangen im allgemeinen eine wohl-definierte Fragestellung, gerade auch in methodischer Hinsicht, und bei größeren Projekten wird der Aufgabenbereich des einzelnen Mitarbeiters notwendigerweise eingeschränkt bleiben. Ähnliches gilt für die allmähliche Erweiterung eines Forschungsprogramms durch Schüler oder Institutsmitarbeiter. Daher können in einer summarischen Übersicht auch nicht alle Beteiligten eines Projektes namentlich genannt werden. Bei der notwendigen Beschränkung auf eine relativ kleine Auswahl der Literaturangaben wurden einerseits die Vorschläge der Autoren berücksichtigt, andererseits die jeweils neuesten Publikationen zitiert, aus deren Bibliographien frühere Arbeiten erschlossen werden können.

Das umfangreichste regionale Schwerpunktprogramm war das Mexiko-Projekt der Deutschen Forschungsgemeinschaft. Mit dem in den 30er Jahren nach Mexiko emigrierten Mexikanisten Paul Kirchhoff als Initiator und dem Ethnologen Termer haben von Anfang an die Geographen Pfeifer und Lauer die Gestaltung dieses Vorhabens entscheidend geprägt, und zwar schon durch ihre Explorationsreise 1962. Auf Anregung Pfeifers hat Tichy (seit 1962) durch kartographische und andere Arbeiten eine organisatorische und landeskundliche Basis für das Gesamtprojekt im Raum Puebla-Tlaxcala geschaffen (1968) und vor allem die Siedlungsstrukturen bearbeitet (mit Tyrakowski, Popp, Storck), wobei er den Einfluß kosmologischer Vorstellungen auf die Orientierung des vorspanischen Siedlungsnetzes aufdeckte und auch außerhalb des Projektgebietes untersuchte (Tichy 1976). Gormsen hat sich (seit 1964) mit der Entwicklung der Städte und zentralen Orte sowie insbesondere dem System periodischer Märkte befaßt. Seele hat (seit 1966) agrargeographisch gearbeitet und später mit Tyrakowski die Wochenmarktstudien weitergeführt. Lauer hat (seit 1968) mit Mitarbeitern (Ern, Klaus, Klink u. a.) eine systematische Analyse von Klima und Vegetation Mexikos vom Hochland bis zur Golfküste vorgenommen (1973) und humanökologische Aspekte der Besiedlung und Wirtschaft herausgearbeitet (1981a sowie Lauer/ Klaus 1983). Heine hat geomorphologische Untersuchungen durchgeführt. Nickel und Ewald haben sich mit historisch-geographischen Fragen der mexikanischen Hacienda und der ländlichen Bevölkerung auseinandergesetzt, Trautmann mit dem Wandel der Agrar- und Siedlungsstruktur nach der Conquista, Sander mit der heutigen Sozialstruktur im ländlichen Raum (vgl. Lauer im vorl. Band sowie Lauer (Ed.) 1976d, Tyrakowski 1979).

Ausgehend von Erfahrungen im Puebla-Projekt, das 1978 offiziell beendet wurde, haben einzelne Mitarbeiter andere Themenkreise in Mexiko aufgegriffen: z. B. Ewald (1985) über die Entwicklung der Salzindustrie von 1560 bis 1980; Gormsen (1977) über den Wandel der Agrarstruktur am Ostabfall des Hochlandes sowie (mit Mitarbeitern) über den Einfluß des Tourismus auf Regionalstruktur und kulturellen Wandel (vgl. Gormsen im vorl. Band); Lauer und Seele (1984) über die frühe Besiedlung in Quintana-Roo; Sander (1983) über die Stadt Mexiko.

Wesentliche Arbeiten über Mexico wurden aber völlig unabhängig von diesem Schwerpunktprojekt geleistet. Gerstenhauer (1966, 1983) hat, z. T. mit Mitarbeitern (Wenzens), morphologisch gearbeitet und sich vor allem mit Karstphänomenen befaßt. Er hat aber auch kulturgeographische und landeskundliche Studien getrieben (1961, 1962). Helbig hat nach verschiedenen länderkundlichen Beiträgen (1961) eine zweibändige Regionalgeographie von Chiapas (1976) in spanischer Sprache herausgebracht, die im Lande hochgeschätzt wird. Jüngste Untersuchungen zur Stadtplanung stammen von Buchhofer. Gierloff-Emden hat im Anschluß an eine Monographie über Baja California (1964) die umfassendste Länderkunde Mexikos (1970) der neueren Zeit geschrieben.

Zentralamerika wurde von zwei Standorten aus intensiv untersucht. Einerseits eröffnete das oben genannte ITIC in den 50er Jahren Lauer (1956) und Gierloff-Emden (1959) die Möglichkeit zu eingehenden Studien über El Salvador, aber auch zu natur- und kulturgeographischen Übersichten über die ganze Landbrücke. Andererseits verschaffte sich Sandner (mit Nuhn und Spielmann) durch langjährige Forschungs- und Regionalplanungsarbeit (Sandner 1968; Nuhn 1975, 1978) am Instituto Tierras y Colonización (ITCO) in Costa Rica eine hervorragende Basis für Untersuchungen zur

Agrarkolonisation (Sandner 1961), zur Stadtentwicklung (Sandner 1969, Nuhn 1981), zu Fragen der Migration und der Zentralen Orte in Guatemala (Spielmann) sowie zur Problematik der wirtschaftlichen und geopolitischen Situation des zentralamerikanisch-karibischen Raumes (1985). Unabhängig davon hat Helbig, ausgehend von detaillierten Feldforschungen in Nordost-Honduras (1959), ebenfalls den Gesamtraum bearbeitet (1966).

Venezuelas langjährige Spitzenstellung als Erdölexporteur und die von der Regierung geförderte europäische Einwanderung der 50er Jahre sowie die Eisenerzförderung und Industrialisierung in Guayana veranlaßten Otremba zur Untersuchung der daraus erwachsenen Wandlungen der Kulturlandschaft. Ausgehend von einer Monographie über Barquisimeto (1963) befaßt sich Gormsen (1975) mit regionalen Strukturwandlungen und regte Waldt zur Untersuchung des Gemüseanbaus als Indikator sozio-ökonomischer Veränderungen unter europäischem Einfluß an. Eine kontinuierliche Beschäftigung mit Venezuela verdanken wir aber Borcherdt, der seit über 20 Jahren mit Schülern und Mitarbeitern (Kulinat, Mayer, Pachner u. a.) die unterschiedlichsten Aspekte der Regionalstruktur im Hinblick auf eine umfassende Länderkunde eingehend untersucht und in zahlreichen Publikationen veröffentlicht hat (z. B. 1973, 1985).

In Kolumbien hat nach dem Krieg zunächst Wilhelmy gearbeitet, und zwar überwiegend in den nördlichen und westlichen Küstentiefländern. Sein Schüler Brücher (1968) untersuchte die Kolonisation am Fuß der kolumbianischen Anden und befaßte sich dann mit der Industrie- und Stadtentwicklung. Dabei arbeitete er teilweise mit Mertins (1978) zusammen und regte Mittendorf zu einer Monographie über Bogotá an. Mertins (1969, 1979) hat umfangreiche agrargeographische Studien im nördlichen Kolumbien durchgeführt, und zwar im Rahmen des 1964 gegründeten interdisziplinären Instituto Colombo-Alemán de Investigaciones Científicas in Santa Marta, einer Außenstelle des Tropeninstituts der Universität Gießen und der Universidad de los Andes in Bogotá. Über den ländlichen Raum der Ostkordillere berichtet Mohr. Der nach Kolumbien ausgewanderte Ernst Guhl hat die Geographie des Landes wesentlich beeinflußt.

Zur physischen Geographie am Nordrand Südamerikas wurde von Deutschen wenig gearbeitet. Wilhelmy (1954) und Ochsenius (1983) haben das Trockengebiet studiert, Bartels die Morphologie der Sierra de Santa Marta. Herrmann und Schrimpff (1975) führten hydrologische Untersuchungen in Kolumbien durch, letzterer arbeitet neuerdings (1984) auch zur Luftverschmutzung.

Ecuador wurde allerdings von der deutschen Geographie noch stärker vernachlässigt. Immerhin hat Sick (1963) in seiner sehr inhaltsreichen Wirtschaftsgeographie eine ausgezeichnete Darstellung des damaligen Entwicklungsstandes gegeben. Erst neuerdings liegen Arbeiten von Ummenhofer über Industrialisierungsbestrebungen, von Stadel (1985) über die Höhenstufung und von Jordan (1983 a) über Glaziologie vor.

Sehr umfangreich und differenziert sind dagegen die Untersuchungen über Peru und Bolivien, die durch Felix Monheim eingeleitet wurden (vgl. Zschocke 1981) und zunächst vor allem der Klimatologie und Hydrologie des Titicacabeckens dienten (1956). Diese Richtung wurde durch Kessler in zahlreichen Studien fortgesetzt. Der zweite Schwerpunkt lag in der Agrargeographie einschließlich der Probleme der Agrarreform und der Indianerkolonisation (1968, 1977), die mit Schülern weitergeführt wurden (Schoop 1970, Köster/Monheim 1982). Diese haben darüber hinaus umfangreiche Arbeiten zur Stadtgeographie vorgelegt (Köster 1978, Schoop 1980). Die langjährigen Erfahrungen dieser Arbeitsgruppe konnte Schoop in ein Programm einbringen, das zusammen mit Lauer und anderen das Gebiet der Kallawaya-Indianer in den bolivianischen Anden untersucht (Schoop 1982 a; Mahnke 1985; vgl. Lauer 1982 und im vorl. Band). Außerhalb größerer Projekte arbeitet Mikus seit einigen Jahren in Peru, und zwar überwiegend mit industriegeographischen Fragestellungen.

Die physische Geographie der mittleren und südlichen Anden ist in jüngerer Zeit intensiv bearbeitet worden. Dies zeigt allein schon die Übersichtskarte mit der räumlichen Verteilung jener Untersuchungen, die im Symposium über Geomorphologie und Paläoökologie des jüngeren Quartärs in Bamberg 1984 vorgestellt wurden (vgl. Garleff/ Stingl 1985), und die hier nicht im einzelnen referiert werden können. Schon in den 50er Jahren wurden zahlreiche Studien von Czajka und Fochler-Hauke durchgeführt. Später folgten Arbeiten von Fischer (1976, 1985) über die Morphogenese des Gesamtgebietes; Abele über schnelle Massenbewegungen (1981) und über die morphologische und hygrische Höhenstufung im peruanisch-chilenischen Grenzgebiet (1982); Stingl/ Garleff über tertiäre und pleistozäne Reliefentwicklung (1984) sowie über Gletscherschwankungen (1985) in den argentinischen Anden; Gerold (1985) über Badland-Entwicklung in Südbolivien; Brunotte (1985) über Landschaftsgenese des Piedmont in Nordwest-Argentinien; Ochsenius (1982) über die pleistozäne Ökologie der Atacama.

Äußerst detailliert ist das Buch von Schweigger (1959) über die Westküste (vgl. auch Gierloff-Emden 1959). Weischet (1960) hat über die Folgen des großen Erdbebens in Südchile berichtet. Beiträge zur Glazialmorphologie, Vegetation, Klimatologie und Ökologie Chiles wurden von Schmithüsen (1956), Lauer (1968), Weischet (1955, 1968) und jüngst von seinem Schüler Endlicher (1985) geliefert, auf der argentinischen Seite von Werner (1974) und vor allem von Eriksen (1983 b), der sich auch mit der Bedeutung der schon relativ früh eingerichteten Nationalparks (1971) befaßt hat.

Lauer hat zu verschiedenen Aspekten der Entwicklung Chiles Stellung genommen (1976 u. a.), darunter dem Landschaftswandel in Südchile seit der Kolonialzeit (1961 b), der später umfassender von seinem Schüler Golte (1973) dargestellt wurde. Von Lauer angeregt, hat Bähr zahlreiche Arbeiten zur Anthropogeographie und zur Landeskunde vorgelegt, insbesondere zur Migration (1975) und Großstadtentwicklung (1978) aber auch zur Wirtschaftsgeographie im Norden (1974). Dagegen hat sich Borsdorf (1976) mit Mittelstädten und mit den Entwicklungsmöglichkeiten Westpatagoniens (1985) beschäftigt. Studien zur Agrarstruktur und zum Fremdenverkehr hat Rother erarbeitet. Länderkundliche Monographien über Chile wurden von Weischet (1970/1974) und Bähr (1979) verfaßt.

Zur Kulturgeographie und Länderkunde Argentiniens liegen wiederum mehrere Beiträge von Fochler-Hauke aus den 50er Jahren vor. Im übrigen haben sich die deutschen Forschungen auf verschiedene Teilräume konzentriert. Im Anschluß an Wilhelmys Arbeiten über den Gran Chaco und Nordargentinien (1954) hat Bünstorf über Landerschließung (1976 a), Landwirtschaft (1976 b) und Indianerpolitik (1980) dieser Regionen geschrieben. Die Kolonisation Ostpatagoniens wurde von Eriksen (1970) und Liss (1979) untersucht. Eriksen hat darüber hinaus eine Reihe von Arbeiten über die Waldnutzung (1973), den Fremdenverkehr (1974) und andere Aspekte verfaßt. Das Problem der Stadtentwicklung wurde von Fochler-Hauke (1952), Czajka (1959) und Bähr (1979) überwiegend am Beispiel von Buenos Aires dargestellt. Eine regionalgeographische Zusammenfassung bietet Eriksen (1978). Die noch immer grundlegende Länderkunde der La Plata-Länder von Wilhelmy/Rohmeder (1963) umfaßt auch

Uruguay und Paraguay, die lange Jahre fast unbeachtet blieben. Erst in jüngster Zeit hat Kohlhepp (1984 b) Untersuchungen zur räumlichen Erschließung Ostparaguays sowie zur heutigen Situation der Mennonitensiedlungen (1980 a) angestellt.
Im Verhältnis zur Größe und Bedeutung Brasiliens haben sich relativ wenige deutsche Geographen intensiv damit auseinandergesetzt. Pfeifer hat, abgesehen von einigen Feldforschungsberichten, eine Reihe grundlegender Aufsätze zur kulturgeographischen Entwicklung des Landes vorgelegt (vgl. Pfeifer 1981 mit Schriftenverzeichnis S. 18–21). Kohlhepp hat sich zunächst mit der Bedeutung der deutsch-stämmigen Besiedlung Südbrasiliens für die Industrialisierung befaßt (1968, vgl. auch Rönick 1981). Ausgehend von Untersuchungen zur Agrarkolonisation im Bereich der randtropischen Pionierzone des Kaffee-Anbaus (1975) hat er, z. T. mit Schülern (Lücker, Coy, Karp u. a.), mehrere Studien zum agrar- und sozial-räumlichen Wandel Brasiliens durchgeführt. In den letzten zehn Jahren hat er sich, abgesehen von verschiedenen Beiträgen zur Anthropogeographie Brasiliens, intensiv mit der Erschließung und den Entwicklungsstrategien des Amazonasgebietes und ihren kritischen Folgen sozio-ökonomischer und ökologischer Art, auch außerhalb Brasiliens, auseinandergesetzt, und zwar in größeren Forschungsvorhaben, deren erstes auf die Kooperation Pfeifers mit brasilianischen Kollegen zurückging und an dem sich zeitweise auch Glaser und Bremer beteiligten. Auf dieser Basis entstanden auch anwendungsorientierte Analysen zur Bewertung großer Entwicklungsprojekte als Gutachten für öffentliche Stellen (vgl. Kohlhepp 1986). Außerdem bestehen Kontakte mit dem langjährigen limnologisch-ökologischen Amazonasprojekt von Sioli. P. Müller hat eine ganze Reihe von biogeographischen und ökologischen Arbeiten zum Amazonasgebiet und anderen Landesteilen vorgelegt. Rohdenburg und Semmel haben in den letzten Jahren Untersuchungen zur Boden- und Reliefentwicklung, einschließlich Bodenerosion in Nordost- und Südbrasilien durchgeführt.
Den Kakao-Anbau und einige andere Aspekte Brasiliens hat Matznetter untersucht. In jüngster Zeit haben Mertins (1983) und Rönick (1985 b) Beiträge zum besonderen Problemgbiet im Nordosten Brasiliens unter dem Gesichtspunkt moderner Entwicklungsstrategien vorgelegt. Die zentralen Landesteile sind bei diesen Forschungen bisher weitgehend ausgespart worden; dies gilt erstaunlicherweise auch für die Stadtentwicklung einschließlich der städtischen Metropolen mit Ausnahme kürzerer Beiträge über Brasilia von Pfeifer (1962), Rönick (1985 a) und Kaiser, sowie über Rio de Janeiro von Friedrich (in Kohlhepp (Hrsg.) 1986). Eine Länderkunde Brasiliens von J. Müller ist seit 1984 verfügbar.
Die Guayana-Länder wurden, wohl wegen ihrer kolonialen Sonderstellung, seit den Reisen der Brüder Schomburgk (1835–44) von deutschen Geographen kaum zur Kenntnis genommen. Von kleinen länderkundlichen Studien (M. Kessler 1984, Scherm 1985) abgesehen, hat Scherm (1982) bisher die einzige umfassendere Arbeit über Guyana und Surinam unter dem Gesichtspunkt ihrer Abhängigkeit vom Bauxitbergbau geschrieben.
Die Westindischen Inseln sind nach dem Krieg zunächst von Herbert Lehmann (1964) und Schülern (Gerstenhauer 1967, später Pfeffer 1975) zur Untersuchung des Karstformenwandels im Vergleich mit den benachbarten Festlandgebieten (Chiapas, Yucatán, Florida) besucht worden. Zur Landwirtschaftsgeographie hat seit der Vorkriegszeit vor allem Gerling (1935, 1954) gearbeitet, der sich später auch mit dem Problem der Amerikanisierung im karibischen Raum (1969) auseinandergesetzt hat.

Eine kontinuierliche Beschäftigung mit der westindischen Inselwelt nach den verschiedensten geographischen Aspekten erfolgte aber durch Blume. Diese Arbeit trug übrigens wesentlich zu seinem großen Werk über die Geographie des Zuckerrohrs (1985 a) bei. In seiner Länderkunde (1968 a) ist es ihm gelungen, diesen naturlandschaftlich, kulturhistorisch und politisch außerordentlich zersplitterten Raum in allen seinen Teilen zu analysieren und doch auch in einem synthetischen Überblick zusammenzufassen. Blumes langjährige Forschungen (vgl. sein Schriftenverz. in Tübinger Geogr. Stud. 80, S. 11–19) wurden durch seinen Schüler Haas vor allem hinsichtlich der Industriegeographie (1976), der Bauxitwirtschaft und der wirtschaftlichen Außenbeziehungen (1985) weitergeführt, wobei auch die Guayana-Länder, Belize und andere Gebiete des weiteren karibischen Raumes einbezogen wurden.

Thematische Forschungsschwerpunkte

Diese durchaus nicht vollständige Zusammenstellung der deutschen geographischen Lateinamerika-Forschung fordert mit ihrer breiten regionalen Streuung und ihrem facettenreichen thematischen Spektrum die Frage nach übergreifenden methodischen Konzepten und größeren räumlichen Vergleichen heraus. Letzteres erscheint besonders wichtig, wenn man die außerordentlichen Kontraste bedenkt, die nicht nur zwischen den Naturlandschaften in Mexiko, im Amazonasbecken und in Feuerland bestehen, sondern gerade auch zwischen den zahlreichen Volksgruppen, ihren Sprachen und kulturellen Ausprägungen; und dies gilt trotz der nun schon fast 500jährigen Überformung durch die spanische und portugiesische Kultur, die zu manchen Gemeinsamkeiten „lateinamerikanischer" Verhaltensmuster geführt hat, und trotz der nivellierenden Beeinflussung durch die Industriegesellschaft nordamerikanischer Prägung.

Die Gegensätze sind besonders kraß im zentralamerikanisch-karibischen Raum, der seit der Entdeckung durch die Europäer immer ein Konfliktgebiet wirtschaftlicher und politischer Mächte gewesen ist. Sandner (1985) hat in seiner groß angelegten historisch-geographischen Analyse die bisher weithin vernachlässigten Verflechtungen zwischen dem zentralamerikanischen Festland und dem westlichen karibischen Meer mit seiner wenig bekannten Inselwelt nach politisch-strategischen, wirtschaftlichen und soziokulturellen Gesichtspunkten aufgearbeitet.

Sandner (1973) ist auch der einzige, der es nach Schmieder unternommen hat, eine Länderkunde für den gesamten lateinamerikanischen Raum zu schreiben, wobei er gemeinsam mit dem Soziologen Steger und anderen Mitarbeitern, ein erheblich anderes Konzept zugrunde gelegt hat. Es soll vor allem zum Verständnis der aktuellen Spannungen politischer, gesellschaftlicher und wirtschaftlicher Art aus ihren räumlichen und zeitlichen Bezügen heraus beitragen und legt dementsprechend besonderen Wert auf die Erkenntnis regional ungleichwertiger Entwicklungen im gesamten Subkontinent und in seinen Teilräumen. Die Großgliederung erfolgt daher nicht in erster Linie nach den naturlandschaftlichen Einheiten, sondern nach kulturräumlichen Kriterien.

In der Folgezeit hat Sandner immer wieder Themen aufgegriffen, die einen großräumigen Vergleich übergeordneter, im wahren Sinne „kultur"-geographischer Zusammenhänge gegenüber der gewiß auch notwendigen mikroregionalen und methodisch eng begrenzten Spezialisierung in den Mittelpunkt rücken, so etwa in dem Aufsatz über

Wachstumspole und regional polarisierte Entwicklung im Wirtschaftsraum am Beispiel lateinamerikanischer Erfahrungen (Sandner 1975) oder auch in seinem Beitrag im vorliegenden Band. Leider mangelt es an vergleichbaren Bemühungen anderer deutscher Geographen. Es ist daher nicht von ungefähr, daß sich Sandner ganz überwiegend auf lateinamerikanische oder andere Literatur stützt.

In anderer Weise, aber nicht weniger bedeutend, hat sich Fochler-Hauke (z. B. 1974/ 1985) verdient gemacht, und zwar durch die Herausgabe großer länderkundlicher Werke für ein breiteres Publikum, wofür er zahlreiche kompetente Kollegen als Mitarbeiter gewinnen konnte. Dabei gelingt es ihm mit seinen flüssig geschriebenen Formulierungen, die kontinentweiten Übersichten trotz der natur- und kulturgeographischen Kontraste und der sozialen und politischen Dynamik wissenschaftlich fundiert und doch allgemein verständlich darzustellen. Auf diesem Felde liegt gewiß auch für die Zukunft eine wichtige Aufgabe geographischer Arbeit. Und dies gilt für länderkundliche Monographien ebenso wie für entsprechende Aufsätze, auch außerhalb der engen Fachgrenzen.

Aber auch in der problemorientierten thematischen Forschung besteht nach wie vor die Notwendigkeit zur synthetischen Zusammenschau und zum regionalen Vergleich. Dieses Ziel stand von Anfang an hinter den Fragestellungen, die Troll mit seinen Untersuchungen zur Landschaftsökologie der Hochgebirge zunächst am Beispiel der zentralen Anden aufgegriffen hat (1968, 1975). Er hat daraus ein außerordentlich fruchtbares, umfassendes Konzept entwickelt, das von Lauer in verschiedenen Feldforschungsprojekten sowie u. a. in dem langfristigen Erdwissenschaftlichen Programm der Mainzer Akademie der Wissenschaften weitergeführt wurde (Lauer/Troll 1978, Lauer 1984). Es geht auch ihm dabei um übergreifende Fragen, etwa zum „Wesen der Tropen" (1975), oder um das Verhältnis „Mensch und Umwelt" im Rahmen eines raum-zeitlichen Natur- und Kulturlandschaftswandels (1984). Lauers langjährige Forschungserfahrungen in vier Räumen der großen Kordillerenregion (Mexiko, El Salvador, Bolivien, Chile) kommen diesen Programmen zugute (vgl. Eriksen 1983 a).

Eine wichtige Grundlage für die landschaftsökologische Forschung bilden die Untersuchungen, die Hueck von Tucumán aus über die Wälder in verschiedenen Teilen Südamerikas durchgeführt hat, und die ihren Niederschlag in einer Waldkarte des Subkontinents gefunden haben. Ein übergreifendes Problem hat auch Weischet (1977) aus den Erkenntnissen seiner südamerikanischen wie auch seiner allgemeinen klimatologischen Forschungen abgeleitet, nämlich das „ökologische Handicap" der Tropen, ein Thema, das im Zusammenhang mit der Frage nach der Tragfähigkeit der Erde in ihren verschiedenen Regionen (vgl. Borcherdt/Mahnke 1973) von größter Bedeutung für die Entwicklung der tropischen Länder in der Dritten Welt ist.

Von ähnlicher Brisanz ist das von Wilhelmy schon 1952 aufgegriffene Thema der Stadtstruktur und Stadtentwicklung in Südamerika, obwohl zu seiner Zeit die ungeheure Dynamik der Verstädterungsprozesse nur in Ansätzen erkennbar war. Zahlreiche Einzelstudien, die auch kleinere und mittlere Städte berücksichtigen, wurden mit den Methoden geographischer Feldforschung und der Auswertung von Luftbildern, Statistiken, historischen Daten, Befragungen usw. durchgeführt und bilden eine gute Basis für eine vergleichende Stadtforschung, zu der Bähr (1976), Bähr/Mertins (1981), Gormsen (1981) und schließlich wieder Wilhelmy (mit Borsdorf 1984/85) ihre Beiträge geleistet haben (vgl. dort angegebene Literatur). Zunächst standen Stadtstrukturmodelle im Mittelpunkt, wobei allerdings die Gefahr besteht, die beachtlichen regionalen Unterschiede, schon zwischen Südamerika und Mexiko, mehr noch zwischen den ehemals spanischen und portugiesischen Bereichen zu unterschätzen, zumal über brasilianische Städte noch sehr wenig geforscht wurde. Ein anderes zentrales Problem betrifft die Wohnraumversorgung (vgl. Mertins im vorl. Band), während Gormsen (1986 a) die Frage der Erneuerung kolonialer Stadtkerne in ihren unterschiedlichen Ansätzen aufgegriffen hat.

Trotz der umfangreichen empirischen und theoretischen Forschung über Zentrale Orte in Mitteleuropa, sind die Stadt-Umland-Beziehungen in Lateinamerika von deutschen Geographen relativ wenig bearbeitet worden. Immerhin ist aus den Untersuchungen zu einem Teilaspekt des funktionalen Raumgefüges, nämlich dem Netz periodischer Märkte (vgl. Gormsen 1971, Schoop 1982 b, Seele/Tyrakowski/Wolf 1983), eine weitreichende Initiative im Rahmen der Internationalen Geographischen Union entstanden: die 1973 von Gormsen und R. H. T. Smith (Vancouver) gegründete und bis 1984 gemeinsam geleitete Working Group on Market-Place Exchange Systems mit über 180 Mitgliedern. In diesem Rahmen hat Gormsen (1985 b) einen Literaturbericht über Wochenmarktstudien in Lateinamerika gegeben.

Es ist verständlich, daß das mit der Verstädterung so eng verknüpfte Problem der rapiden Bevölkerungszunahme und insbesondere der Wanderungen nicht im gleichen Maße bearbeitet wurde wie die Städte selbst, obwohl die „Bevölkerungsexplosion" der Nachkriegszeit mit jährlichen Wachstumsraten von über 3 % zuerst in lateinamerikanischen Ländern spürbar wurde. Das Problem für die bevölkerungsgeographische Forschung bestand aber einerseits in der weithin mangelhaften, räumlich nicht genügend differenzierten Statistik, andererseits in den Schwierigkeiten bei der Anwendung repräsentativer Befragungstechniken, die sich erst in jenen Jahren durchsetzten. Trotzdem wurden auch von deutschen Geographen in zunehmendem Maße entsprechende Beiträge zu diesem Fragenkreis in einzelnen Ländern oder Regionen geleistet, insbesondere von Bähr (1973), doch gibt es bisher nur wenige Versuche (z. B. Kohlhepp 1982) einer tiefgreifenden regional vergleichenden Analyse der natürlichen Bevölkerungsentwicklung und der Migrationsprozesse für ganz Lateinamerika, wie sie der nachfolgende Aufsatz von Bähr bietet.

Ähnliches läßt sich für die außerordentlichen regionalen Strukturwandlungen sagen, die durch die spontane und gelenkte Agrarkolonisation der letzten Jahrzehnte nicht nur im brasilianischen Amazonasgebiet, sondern in fast allen tropischen und subtropischen Waldregionen des Kontinents vorangetrieben wurden. Per Saldo wurden dadurch in vielen Fällen mehr ökologische Schäden als ökonomische Gewinne erzielt. Ganz abgesehen davon haben sich die damit verknüpften Bestrebungen der dauerhaften Ansiedlung kleinbäuerlicher Kolonisten, verbunden mit einer nennenswerten Verminderung der Land-Stadt-Wanderung, kaum irgendwo erfüllt. Diese Problemstellung hat unter der Überschrift „Landerschließung an der Pioniergrenze" in der deutschen Geographie eine lange Tradition, wobei in früheren Jahren die Agrarkolonisation durch europäische Siedler im Mittelpunkt des Interesses stand (Schmieder/Wilhelmy 1938, Waibel 1955). In der Nachkriegszeit wurden zahlreiche Untersuchungen über die ländliche Entwicklung und den agraren Strukturwandel durchgeführt, und in einigen Regionen konnten die Veränderungen über Jahrzehnte verfolgt werden (Monheim 1977, Sandner/Nuhn 1971, Kohlhepp 1975, 1986, Lücker 1986). Sie sind zu einer zunehmend kritischen Einschätzung der Vorgänge im oben genannten Sinne gekommen. Eine Bewertung dieses Problemkreises wird in diesem Band von Kohlhepp vorgelegt.

Schließlich hat der Tourismus, der oft eher beiläufig im Rahmen länderkundlicher Studien behandelt wird, von zwei völlig entgegengesetzten Seiten aus eine systematische Aufarbeitung nach verschiedenen methodischen Gesichtspunkten erfahren. Eriksen hat sich mit Formen des überwiegend nationalen Fremdenverkehrs in den argentinischen Anden und seinen Folgen für die Regionalstrukturen der Erholungsgebiete befaßt, die in vieler Hinsicht mit europäischen Beispielen vergleichbar sind. Gormsen hat (mit B. Müller, Kreth u. a.) am Beispiel von Mexiko die Bedeutung des Tourismus für den sozio-ökonomischen und kulturellen Wandel untersucht und daraus einige methodische und regional vergleichende Aspekte zum Tourismus in der Dritten Welt abgeleitet, die auch in einem interdisziplinären Symposium des Internationalen Amerikanisten-Kongresses 1982 diskutiert wurden (Gormsen (Ed.) 1985 a). Aus der Kombination beider Forschungsansätze und in Verbindung mit der sonstigen Literatur ergibt sich (im vorliegenden Band) die Möglichkeit zu einer zusammenfassenden Darstellung des Fremdenverkehrs in Lateinamerika mit seinen erheblichen Unterschieden nach Art und Umfang von Angebot und Nachfrage sowie den daraus resultierenden Folgen für die Zielgebiete.

Die Position der deutschen geographischen Lateinamerika-Forschung

Fragen wir zum Schluß nach der Stellung der deutschen geographischen Lateinamerika-Forschung, so sollten drei Aspekte berücksichtigt werden:
— ihre Rolle im Rahmen der allgemeinen Lateinamerika-Forschung,
— ihre Stellung im Verhältnis zu entsprechenden Forschungen im Ausland,
— ihre Bedeutung für die erforschten Länder und Regionen selbst.
Es ist klar, daß hierzu keine eindeutige Antwort im Sinn einer umfassenden Bewertung der insgesamt respektablen Ergebnisse gegeben werden kann. Bei der Vielfalt der Fragestellungen und der untersuchten Regionen könnte die jeweilige Position recht unterschiedlich ausfallen. Die Fragen sollten eher dazu anregen, sich einige Gedanken über die eigenen Zielsetzungen, über Forschungsstil und verwendete Methoden sowie über die Möglichkeiten der Umsetzung im Rahmen einer im weitesten Sinne angewandten Forschung zu machen (vgl. die Thesen von Sandner im vorl. Band).
Lateinamerika-Forschung betraf bis zum letzten Krieg im wesentlichen zwei Richtungen: einerseits die traditionelle Amerikanistik mit Ethnologie, Archäologie und Linguistik, sowie Kolonialgeschichte; andererseits die Geographie mit ihren Teilbereichen im Rahmen einer umfassenden länderkundlichen Aufgabenstellung. In den letzten Jahrzehnten traten dazu die Sozialwissenschaften, die sich den aktuellen Problemen des gesellschaftlichen Wandels, der wirtschaftlichen Entwicklung und der häufig wechselnden innen- und außenpolitischen Prozesse widmen. Viele der oben genannten Forschungsvorhaben, etwa in der Stadt-, Bevölkerungs- und Tourismusforschung oder bei der kritischen Wertung der Agrarkolonisation, haben entsprechende Fragestellungen aufgegriffen und dabei auch weiterführende Beiträge zu entwicklungstheoretischen Ansätzen geleistet, die ja wesentliche Impulse aus der eigenständigen lateinamerikanischen Sozialforschung empfangen haben. Insofern fügt sich die Geographie mit anderen Fachrichtungen in thematisch gegliederte Forschungsfelder ein. Im Rahmen der

stark sozialwissenschaftlich orientierten Arbeitsgemeinschaft Deutsche Lateinamerika-Forschung (ADLAF) besteht seit Jahren ein reger Gedankenaustausch und teilweise eine direkte Zusammenarbeit mit benachbarten Disziplinen. Dies zeigte sich u.a. in der hohen Beteiligung von Geographen an den ADLAF-Tagungen über Bevölkerungsentwicklung in Eichholz 1984 (vgl. Benecke u. a. 1986) sowie über ökologische Probleme Lateinamerikas in Tübingen 1986.

Nach wie vor hat die Geographie ihre Strärke aber auch in der durchaus nicht überholten, unter lateinamerikanischen Geographen aber immer noch vernachlässigten Methode geographischer Feldforschung. Diese führt zu Erkenntnissen über flächenhaft wirksame Prozesse und ist damit, ebenso wie die adäquate Auswertung statistischer Daten auf allen Maßstabsebenen, ein wesentliches Hilfsmittel zur räumlichen Differenzierung, die ihrerseits zur Bewertung von regionalen Entwicklungen unerläßlich ist; denn ein erheblicher Teil von Mißverständnissen und Fehlinterpretationen über einzelne Länder, Teilregionen und größere Räume basiert auf unzulässigen Pauschalierungen. Die Geographie bleibt demgegenüber im allgemeinen konkret raumbezogen, und mit dieser idiographischen Seite ihrer Forschung verfolgt sie auch heute noch das Ziel einer problemorientierten Länderkunde. Sie betreibt mit ihrer synthetischen Sicht der Dinge Grundlagenforschung für die Bewertung von ablaufenden und in die Zukunft gerichteten Strukturwandlungen; sie dient aber auch einer breiteren Öffentlichkeit zum Verständnis räumlicher Zusammenhänge im oben genannten Sinne.

Die Wirkungen der deutschen geographischen Forschung in den betroffenen Ländern sind freilich sehr unterschiedlich. Dies liegt einerseits daran, daß die deutsche Sprache außerhalb nicht mehr zur Kenntnis genommen wird und Finanzmittel zur Übersetzung im allgemeinen fehlen. Umso erfreulicher sind manche Bemühungen zur Überwindung dieses Problems. Die Wirkung hängt aber auch mit den direkten Kontakten im Lande zusammen, die ein gewisses Maß an Kontinuität erfordern. Diese gestaltet sich für Einzelforscher relativ schwierig, wenn man zur empirischen Forschung nur gelegentlich für einige Wochen oder Monate im Arbeitsgebiet bleibt. Größere Vorhaben bieten bessere Möglichkeiten, vor allem wenn sie eine institutionalisierte Basis im Lande haben, wie dies z.T. bei französischen Projekten im Zusammenhang mit Kulturinstituten der Fall ist. Hierzu bestehen im Rahmen der deutschen Kulturpolitik keine Parallelen. So wird noch heute von mexikanischen Kollegen der verschiedensten Fächer lebhaft bedauert, daß 1978 der Stützpunkt des Mexiko-Projektes geschlossen wurde.

Dazu kommt, daß der Entwicklungsstand eigenständiger geographischer Forschung in den lateinamerikanischen Ländern sehr unterschiedlich ist. Voll ausgestattete Institute, an denen die Forschung neben der Lehre eine gleichrangige Position innehat, sind selten. Solide Ansätze zu regionaler Strukturforschung, auch in Verbindung mit staatlicher Planung, bestehen immerhin in Mexiko, Brasilien, Chile und Venezuela (insb. Merida). Häufig bleibt die Geographie aber beschränkt auf die Ausbildung von Erdkundelehrern, und der Geograph findet seine Partner eher in anderen sozialwissenschaftlichen oder geowissenschaftlichen Disziplinen. Ein Teil der Umsetzung geographischer Forschungsergebnisse erfolgt allerdings im Rahmen von regionalen Planungsmaßnahmen, sei es aufgrund einer offiziellen Kooperation oder persönlich angeknüpfter Beziehungen mit entsprechenden Institutionen. Insgesamt zeigt sich, daß — trotz gewisser Tendenzen zu einer strengeren Reglementierung ausländischer Forschungen von Seiten der Gastländer — im allgemeinen eine positive Einstellung gegenüber einzelnen Forschern wie auch größeren Projekten besteht, die gelegentlich zu lang andauernder Zusammenarbeit geführt hat.

Der vorliegende Bericht hat versucht, einen Überblick über den Beitrag deutscher Geographen zur Lateinamerika-Forschung zu geben. Die dabei gewonnenen vielfältigen Einzelergebnisse erlauben einerseits die zusammenfassende Darstellung regionaler Strukturwandlungen sowie andererseits die Formulierung von Thesen zu den damit verbundenen spezifischen Fragestellungen. Solche übergreifende Erkenntnisse sind in einer ganzen Reihe der genannten Publikationen enthalten; sie konnten freilich in diesem kurz gefaßten Bericht nur andeutungsweise vorgestellt werden. Doch die folgenden Aufsätze vermitteln, entsprechend der Zielsetzung des Berliner Humboldt-Symposiums 1984, Einblicke in einige der wichtigsten aktuellen Problemkreise. Sie machen gleichzeitig deutlich, daß hier, ebenso wie in anderen Teilgebieten, auch für die Zukunft wesentliche Aufgaben geographischer Forschung liegen.

Übersicht über thematische und regionale Arbeitsgebiete der Lateinamerika-Forschung deutscher Geographen seit 1950*

Themenbereiche: Regionalstudien Länderkunde; Geomorphologie Quartär; Klima Hydrologie; Ökologie Biogeographie; Bevölkerung Sozialgeographie; Siedlung Kolonisation; Landwirtschaft Agrarreform; Stadtforschung Zentrale Orte; Industrie Bergbau Verkehr; Tourismus; Historische Geographie.
Arbeitsperioden: 1=50er, 2=60er, 3=70er, 4=80er Jahre.

Themenbereiche / Arbeitsperioden	Reg 1234	Geom Quart 1234	Klima Hydr 1234	Ökol Bio 1234	Bev Soz 1234	Siedl Kol 1234	Agr ARef 1234	Stadt Z.O. 1234	Ind Bergb 1234	Tour 1234	Hist Geogr 1234
Gesamtgebiet, größere Räume											
Bähr					**			**			
Borsdorf								**			
Fochler-Hauke	***								*		
Gormsen								*		*	
Hueck				*							
Kohlhepp	**				*		*				
Lauer	**		* **	*							
Mertins								**			
Pfeifer	* *										*
Sandner	**					**		**			
Schmieder	*				*						
Troll			***	***							
Weischet	**		**								
Wilhelmy	**		*		*	*		****			
Mexiko											
Buchhofer								*			
Ern				*							
Ewald						*	*		*		**
Friedrich							*				
Gerstenhauer	*	* *							*		
Gierloff-Emden	**										
Gormsen	**					*	*	***		**	

38

Themen-bereiche Arbeitsperioden	Reg 1234	Geom Quart 1234	Klima Hydr 1234	Ökol Bio 1234	Bev Soz 1234	Siedl Kol 1234	Agr ARef 1234	Stadt Z. O. 1234	Ind Bergb 1234	Tour 1234	Hist Geogr 1234
Heine		**									
Helbig	***		*								
Klink				**							
Kreth										**	
Lauer	**		**	**							
Müller, B.								*		**	
Nickel					*	*					*
Pfeifer	*										
Popp						*		*			
Sander					*			*		*	
Seele					*	*	**	**			
Storck								*			*
Tichy	**				*	***	*				***
Trautmann	*					***	**	*			***
Tyrakowski					**	**		**		*	
Wenzens		*					*				
Wilhelmy	*	*									*
Zentralamerika											
Gierloff-Emden	*	*									
Helbig	**										
Lauer	**		**	**	*						
Nuhn	***				*	***		*	*		
Sandner	***				*	****	*	***			***
Spielmann					*		*	**			
Stadel	*							*			
Venezuela											
Borcherdt	***				*	*	***	***	***		
Gormsen	**				*			*			
Kulinat									**		
Mayer				*							
Ochsenius		**									
Otremba	* *						*	*			
Pachner					*			**			
Schnütgen		*		*							
Waldt							*				
Kolumbien											
Bartels		*									
Brücher						**		*	*		
Herrmann			*								
Mertins	**			*	*	*	***	**		*	
Mittendorf								*			
Mohr							*				
Schrimpff		**	*	***			*				
Stadel								*			
Wilhelmy	*	*		**			*		*		

Themenbereiche Arbeitsperioden	Reg 1234	Geom Quart 1234	Klima Hydr 1234	Ökol Bio 1234	Bev Soz 1234	Siedl Kol 1234	Agr ARef 1234	Stadt Z. O. 1234	Ind Bergb 1234	Tour 1234	Hist Geogr 1234
Ekuador											
Jordan			*								
Sick	**						*				
Stadel				*			*				
Ummenhofer									*		
Peru											
Abele			**								
Fischer			**								
Kessler								*			
Mikus				*	*				**		
Monheim	**				*	***	**				
Schweigger	*										
Bolivien											
Jordan			**	*							
Garleff		*									
Gerold		*		*							
Kessler		*	***								
Köster							*	*	**		
Lauer		*	*	*							
Mahnke								*			
Monheim	**		**		*	**					
Schoop						**	*	*			
Stingl		*									
Chile											
Abele			**								
Bähr	*				**	*	*		**	*	
Borsdorf	*					*	*		**		
Endlicher			*	*	*						
Golte					*						
Lauer	*		*	*	*						
Ochsenius			**								
Rother							*	*		*	
Schmithüsen					*						
Weischet	* *		**	*			*		*		
Argentinien											
Bähr								*			
Brunotte		*									
Bünstorf					*	*	**		**		
Czajka	* *	**						*			
Eriksen	*		**	***		**	*		*		**
Fischer		*									
Fochler-Hauke	**	*		*	*			*			
Hueck				*							
Kroß										*	
Liss		*			*						

Themen-bereiche / Arbeitsperioden	Reg 1234	Geom Quart 1234	Klima Hydr 1234	Ökol Bio 1234	Bev Soz 1234	Siedl Kol 1234	Agr ARef 1234	Stadt Z. O. 1234	Ind Bergb 1234	Tour 1234	Hist Geogr 1234
Werner		*		*							
Wilhelmy	**	*	*			*	**				
Paraguay/Uruguay											
Kohlhepp						*	*	*			
Wilhelmy	*										
Brasilien											
Bork		**									
Bremer		**									
Coy						*	*				
Czajka		*									
Glaser							*		**		
Karp						*	*				
Kohlhepp	***			*	* *	***	**	*	***		**
Lücker						*	*				
Matznetter						*	*	*			
Mertins					*		*				
Müller, J.	*										
Müller, P.				***							
Ochsenius		*									
Paffen				*							
Rönick	*				*	*		*			
Rohdenburg		**			*	***		*	*		*
Pfeifer	****				*	***		*	*		
Schacht						*					
Semmel		**									
Sioli				****							
Waibel					*						
Wilhelmy	* *										
Karibischer Raum											
Blume	**	*					***		*	*	
Gerling	**				*		*				
Haas	*						*		**		
Lehmann		*									
Pfeffer		**									
Sandner	*										***
Guayana-Länder											
Gormsen	*										
Kessler, M.	*										
Scherm	*						**				

* Diese Darstellung basiert in erster Linie auf bibliographischen Angaben der Autoren. Sie berücksichtigt auch Publikationen, die im Verzeichnis der ausgewählten Literatur nicht enthalten sind. Monographien und andere größere Publikationen sind * **fett** gedruckt.

Resumen

La investigación geográfica Alemana sobre América Latina
Una reseña temática y regional de las últimas tres décadas

Este artículo pretende dar una visión general sobre las investigaciones de los geógrafos alemanes en América Latina a partir de la Segunda Guerra Mundial.

En la introducción se hace referencia a los pioneros científicos, quienes lograron sentar unas bases bien fundamentadas, tanto gracias a sus viajes de investigación en el siglo XIX, siguiendo las huellas de Alejandro de Humboldt, como en el siglo XX mediante estudios regionales sistemáticos. Se presentan también de forma más detallada algunos geógrafos, quienes garantizaron la continuidad de dichas investigaciones en el tiempo comprendido entre la preguerra y los años 50 y 60.

Oscar Schmieder (1891–1980) no sólo fue el autor de un completo tratado de geografía de todo el continente, traducido también al español, sino que también dió impulsos importantes a través de discípulos y colaboradores.

Carl Troll (1899–1975) con tan sólo dos años de permanencia en los paises andinos pudo desarrollar las bases para sus conceptos sobre ecología regional y geografía comparativa de la alta montaña. A través de sus numerosas publicaciones, de su posición como presidente de la Unión Geográfica Internacional, así como por sus muchos discípulos adquirió una influencia considerable.

Leo Waibel (1888–1951) sentó los principios metodológicos para una geografía agraria moderna en base a sus investigaciones en 1926/27 en Chiapas. De los doce años de su emigración dedicó cuatro por encargo del gobierno de Brasil a la realización de investigaciones para la planeación regional en dicho país. Por sus contactos estrechos con muchos geógrafos brasileños influyó decisivamente el desarrollo de las Ciencias Geográficas en Brasil.

Como alumno de Waibel, Gottfried Pfeifer (1901–1985) desarrolló las relaciones con Brasil y a través de ello dió las bases para los proyectos de investigación a largo plazo en la cuenca del Amazonas y otras regiones. En los años 60 fue uno de los iniciadores del proyecto de Puebla-Tlaxcala en México.

Siendo colaborador de Schmieder Herbert Wilhelmy comenzó hace ya más de medio siglo sus investigaciones en el Gran Chaco habiendo trabajado desde entonces en muchas otras zonas de América Latina, aplicando en ellas distintas metodologías científicas. Son de resaltar su libro sobre las ciudades suramericanas, su tratado de Geografía de los paises del Río de la Plata, así como su libro sobre el auge y la decadencia de la cultura Maya desde el punto de vista geográfico.

Un resumen de los resultados científicos de postguerra nunca podrá ser completamente justo si se tiene en cuenta la gran cantidad de las publicaciones realizadas así como la variedad de las cuestiones planteadas.

La relación esquemática de las principales áreas de trabajo, ordenadas según criterios regionales y temáticos, permite reconocer algunos de los puntos centrales según el número de participantes, así como la duración o intensidad de sus investigaciones.

Por otra parte este esquema indica también vacios en algunos aspectos temáticos, mostrando a su vez, que sólo algunos investigadores se han dedicado a estudios globales realizando comparaciones entre los distintos paises o incluso a nivel de todo el subcontinente. La mayoría sigue aún hoy dedicándose a un solo país o una región especializándose al mismo tiempo en problemas muy determinados y en su correspondiente metodología.

Estos se desglosan en el cuadro en once categorías (véase pags. 38 a 41).

1. estudios regionales; 2. geomorfología y estudios del quarternario; 3. clima e hidrología; 4. ecología y biogeografá; 5. población y estructura social; 6. asentamientos y colonización; 7. agricultura, ganadería y reforma agraria; 8. urbanismo y sistemas de lugares centrales; 9. indústria y minería, 10. turismo; 11. estudios de geografía histórica.

Se puede obtener una visión general del tipo y de las proporciones de los trabajos realizados considerando juntamente con este esquema la selección bibliográfica adjunta.

La mayor parte de las investigaciones geográficas alemanas siguen aún hoy realizándolas bien una sola persona o grupos muy reducidos, siendo los grandes proyectos todavía raros. Una excepción a la regla la conforma el proyecto interdisciplinario de Puebla-Tlaxcala en México de la Fundación Alemana para la Investigación Científica, en el que los geógrafos han colaborado de manera decisiva (véase la contribución de Lauer en este tomo).

Literatur-Auswahl

Die vorliegende Literatur-Auswahl berücksichtigt, so weit wie möglich, folgende Aspekte: 1. die Vorschläge der Autoren; 2. die allgemeine Bedeutung bestimmter Themenkreise; 3. die relativ leichte Zugänglichkeit; 4. ein neues Erscheinungsdatum, um aus den Bibliographien der genannten Publikationen auch frühere Arbeiten der Verfasser erschließen zu können. 5. Eine Reihe von Übersetzungen oder größeren Zusammenfassungen in Spanisch, Portugiesisch oder Englisch wurde ebenfalls aufgenommen, um ausländischen Interessenten den Zugang zu erleichtern.

Abkürzungen: DFG = Deutsche Forschungsgemeinschaft; DGT = Deutscher Geographentag, Tagungsbericht und Wissenschaftliche Abhandlungen; GR = Geographische Rundschau; GZ = Geographische Zeitschrift; GZ B = GZ Beihefte (= Erdkundliches Wissen); IAA = Ibero-Amerikanisches Archiv; Jb. Gesch. LA = Jahrbuch für Geschichte von Staat, Wirtschaft und Gesellschaft Lateinamerikas; LA-Stud = Lateinamerika-Studien; NF = Neue Folge; PM = Petermanns Geographische Mitteilungen; IGU = International Geographical Union; Z = Zeitschrift.

Abele, G. 1981 a: Trockene Massenbewegungen, Schlammströme und rasche Abflüsse; dominante morphologische Vorgänge in den chilenischen Anden. Mainz (= Mainzer Geogr. Studien 23).
— 1981 b: Zonificación altitudinal morfológica e higrica de la vertiente andina occidental en la región limitrofe chileno-peruana. En: Revista de Geografía Norte Grande 8, 3–25.
— 1982 a: Geomorphologische und hygrische Höhenzonierung des Andenwestabfalls im peruanisch-chilenischen Grenzgebiet. In: Erdkunde 36, 266–278.
— 1982 b: El lahar Tinguiririca: su significado entre los lahares chilenos. En: Informaciones Geográficas, 21–34.
Bähr, J. 1973: La emigración de las areas rurales en América Latina. In: Ibero-Americana (Inst. of Latin American Stud., Stockholm) III (2), 33–54.
— 1974: Probleme der Oasenlandwirtschaft in Nordchile. In: Z. f. Ausländ. Landwirtschaft 13, 132–147.
— 1975: Migration im Großen Norden Chiles. Bonn (= Bonner Geogr. Abhandlungen 50).
— 1976 a: Siedlungsentwicklung und Bevölkerungsdynamik an der Peripherie der chilenischen Metropole Groß-Santiago. Das Beispiel des Stadtteils La Granja. In: Erdkunde 30, 126–143.
— 1976 b: Neuere Entwicklungstendenzen lateinamerikanischer Großstädte. In: GR 28, 125–133.

- 1977: Rural Exodus in Oasis Regions; the Example of North Chile. In: Applied Science and Development 10, 146–163.
- 1978: Santiago de Chile. Eine faktorenanalytische Untersuchung zur inneren Differenzierung einer lateinamerikanischen Millionenstadt. Mannheim (=Mannheimer Geogr. Arbeiten 4).
- 1979 a: Chile, Länderprofile. Stuttgart (2. Aufl. 1981).
- 1979 b: Groß Buenos Aires. Zur Bevölkerungsentwicklung der argentinischen Metropole. In: Innsbrucker Geogr. Studien 5, 151–172.
- 1980: Migración en el Norte Grande de Chile. En: Revista de Geografía Norte Grande 7, 3–20.
- 1981: Oskar Schmieders länderkundliches Lebenswerk (mit Schriftenverzeichnis). In: Kieler Geogr. Schr. 52, 1–10.
- 1985: Agriculture, Copper Mining, and Migration in the Andean Cordillera of Northern Chile. In: Mountain Research and Development 5(3), 279–290.
- 1986: Diferenciación socio-espacial en las zonas de vivienda de las clases sociales bajas en las metrópolis latinoamericanas; el caso de Lima. En: Benecke et al (Eds.), 323–341.
Bähr, J. & W. Golte 1976 a: Una regionalización demográfica y económica de Chile. En: GZ B 42, 1–33.
- 1976 b: Entwicklung und Stand der Agrarkolonisation in Aysen unter dem Einfluß der Verstädterung. In: GZ B 42, 88–118.
Bähr, J. & Kh. Paffen & R. Stewig 1979: Entwicklung und Schwerpunkte der Amerikaforschung am Kieler Geogr. Institut. In: Kieler Geogr. Schr. 50, 431–471.
Bähr, J. & Mertins, G. 1981: Idealschema der sozialräumlichen Differenzierung lateinamerikanischer Großstädte. In: GZ 69, 1–33.
- 1982: A Model of the Social and Spatial Differentiation of Latin American Cities. In: Applied Geography and Development 19, 22–45.
Bähr, J. & G. Klückmann 1985: Sozialräumliche Differenzierung von Wohngebieten unterer Einkommensgruppen in lateinamerikanischen Metropolen: Die Beispiele Santiago de Chile und Lima. In: IAA NF 3, 283–314. .
Bähr, J. & R. Riesco 1981: Estructura urbana de las metropolis Latinoamerianas. El caso de Santiago. En: Revista de Geografía Norte Grande 8, 27–55.

Bartels, G. 1970: Morphologische Höhenstufen der Sierra Nevada de Santa Maria (Kolumbien). Gießen (= Gießener Geogr. Schr. 21).

Benecke, D.W., K. Kohut, G. Mertins, J. Schneider, A. Schrader (Eds.) 1986: Desarrollo demográfico, migraciones y urbanización en América Latina. Regensburg (= Eichstätter Beiträge 17, Abt. Lateinamerika 1).

Bernardes, N. 1983: Address Delivered on the Occasion of the Closing Session of the 2nd Latin-American Regional Conference at Rio de Janeiro on 20 August 1982. In: IGU Bulletin 33 (1–2), 12–22.

Berninger, O. 1939/40/41: Südamerika (1927–38). In: Geogr. Jahrbuch, Gotha, 54, 449–554; 55, 633–759; 56, 159–252.
- 1940: Deutsche geographische Forschung in Südamerika seit dem Weltkrieg. In: GZ 46, 369–376.

Blume, H. 1961 a: Die britischen Inseln über dem Winde (Kleine Antillen). Grundbesitz und Betriebsformen in ihrem Einfluß auf das Bild der Kulturlandschaft. In: Erdkunde 15, 265–287.
- 1961 b: Die gegenwärtigen Wandlungen in der Verbreitung von Groß- und Kleinbetrieben auf den Großen Antillen. In: Schr. d. Geogr. Inst. d. Univ. Kiel 20, 75–123.
- 1963: Westindien als Fremdenverkehrsgebiet. In: Die Erde 94, 47–72.
- 1967: Types of Agricultural Regions and Land Tenure in the West Indies. En: Revista Geográfica (Rio de Janeiro) 67, 7–20.
- 1968 a: Die Westindischen Inseln. Braunschweig (2. Aufl. 1973).
- 1968 b: Agrarlandschaft und Agrarreform in Kuba. GZ 56, 1–17.
- 1971: Die kulturräumliche und wirtschaftsgeogr. Gliederung der Antillen. In: Hamburger Geogr. Stud. 24, 335–347.
- 1974: The Caribbean Islands. London (Longman).

44

– 1985 a: Geography of sugar cane; environmental, structural and economical aspects of cane sugar production. Berlin.
– 1985 b: Kuba – die Karibische „Zuckerinsel". In: GR 37, 286–294.
– 1985 c: Kubas Zuckerwirtschaft vor und nach der Revolution. In: H. Nuhn (Hrsg.): Krisengebiet Mittelamerika; Zentrale Probleme, weltpolitische Konflikte. Braunschweig 243–254.

Borcherdt, Ch. 1968: Die neuere Verkehrserschließung in Venezuela und ihre Auswirkungen in der Kulturlandschaft. In: Die Erde 99, 42–76.
– (Hrsg.) 1973: Geographische Untersuchungen in Venezuela. Stuttgart (=Stuttgarter Geogr. Stud. 85).
– 1975: Ciudad Guayana – Kristallisationskern eines neuen Wirtschaftsraumes im südöstlichen Venezuela. In: GZ B 41, 190–211.
– 1979: Typen landwirtschaftlicher Betriebsformen in den lateinamerikanischen Tropen – Das Beispiel: Venezuela. In: Innsbrucker Geogr. Studien 5, 293–309.
– 1980: Probleme der Industrialisierung Venezuelas. In: LA-Stud. 7, 217–241.
– 1982: Venezuela – Las grandes regiones. En: Hispanorama 32, 97–101.
– (Hrsg.) 1985: Geographische Untersuchungen in Venezuela II. Stuttgart (=Stuttgarter Geogr. Stud. 103).
Borcherdt, Ch. & H. P. Mahnke, 1973: Das Problem der agraren Tragfähigkeit, mit Beispielen aus Venezuela. In: Stuttgarter Geogr. Stud. 85, 1–93.
– 1982: El problema de la capacidad resistencial demográfica-agraria con ejemplos de Venezuela. Bogotá (= Universidad Nacional de Colombia, Sociologia 30).
Borcherdt, Ch. & S. Schaer-Guhl, 1985: Agrarkolonisation und Agrarreform in Venezuela. In: Stuttgarter Geogr. Stud. 103, S. 9–141.
Borcherdt, Ch. & Kulinat, K. u. H. Schneider, 1985: Die Städte der venezolanischen Llanos. In: Stuttgarter Geogr. Stud. 103, S. 143–238.

Bork, H.-R. & H. Rohdenburg, 1983: Untersuchungen zur jungquartären Relief-Bodenentwicklung in immerfeuchten tropischen und subtropischen Gebieten Südbrasiliens. In: Z. Geomorph. NF, Suppl. 48, 155–178.
– 1984: Zur Bilanzierung jungholozäner Bodenumlagerungen im Einzugsgebiet des Rio Ribeira (Südbrasilien). In: Zentralblatt Geol. Paläont., Teil I, Stuttgart, 1445–1454.

Borsdorf, A. 1976: Valdivia und Osorno. Strukturelle Disparitäten und Entwicklungsprobleme in chilenischen Mittelstädten. Ein geographischer Beitrag zu Urbanisierungserscheinungen in Lateinamerika. Tübingen (=Tübinger Geogr. Stud. 69).
– 1980 a: Zur Raumwirksamkeit dependenztheoretischer Ansätze am Beispiel chilenischer Mittelstädte 1970–73. In: 42. DGT Göttingen 1979, Wiesbaden, 509–512.
– 1980 b: Population Growth and Urbanization in Latin America. Some Comments on Demographic Development and Urban Structural Change. In: GeoJournal 2(1), 47–60.
– 1980 c: Conceptions of Regional Planning in Latin America. In: Applied Geography and Development 15(1), 28–40.
– 1985: Grenzen und Möglichkeiten der räumlichen Entwicklung in Westpatagonien am Beispiel der Region Aisen. Natürliches Potential, Entwicklungshemmnisse und Regionalplanungsstrategien in einem lateinamerikanischen Peripherieraum. Habil. Tübingen (erscheint in Tübinger Geogr. Stud.).
– 1986: El papel de las ciudades medianas en América Latina. En: Benecke et al (Eds.), 273–286.
– siehe auch Wilhelmy/Borsdorf 1984/85.

Bremer, H. 1973: Der Formungsmechanismus im tropischen Regenwald Amazoniens. In: Z. Geomorph. NF, Suppl 17, 195–222.
Bremer, H. & Schnütgen, A. 1984: Relief-, Bodenentwicklung und Vegetationsverbreitung in der Gran Sabana (Südost-Venezuela). In: Biogeographica 19, 21–40.
– 1985: Die Entstehung von Decksanden im oberen Rio Negro-Gebiet. In: Z. Geomorph. NF, Suppl. 56, 55–67.

Brücher, W. 1968: Die Erschließung des tropischen Regenwaldes am Ostrand der kolumbianischen Anden – Der Raum zwischen Rio Ariari und Ecuador. Tübingen (=Tübinger Geogr. Stud. 28).

45

– 1975: Probleme der Industrialisierung in Kolumbien unter besonderer Berücksichtigung von Bogotá und Medellin. Tübingen (=Tübinger Geogr. Stud. 61).
– 1977: Formen und Effizienz staatlicher Agrarkolonisation in den östlichen Regenwaldgebieten der tropischen Andenländer. In: GZ 65, 2–22.
Brücher, W. & G. Mertins 1978: Intraurbane Mobilität unterer sozialer Schichten, randstädtische Elendsviertel und sozialer Wohnungsbau in Bogotá/Kolumbien. In: Marburger Geogr. Schr. 77, 1–130.
Brücher, W. & W. Korby 1979: Zur Standortfrage von integrierten Hüttenwerken in außereuropäischen Entwicklungsländern. In: GZ 67, 77–94.

Brunotte, E. 1985: Zur Landschaftsgenese des Piedmont an Beispielen von Bolsonen der mendociner Kordilleren (Argentinien). Habil. Göttingen (erscheint in Göttinger Geogr. Abh.).

Buchhofer, E. 1982: Stadtplanung am Rande der Agglomeration von Mexiko-Stadt; der Fall Nezahualcoyotl. In: GZ 70, 1–34.
– 1984: Minatitlan (Mexiko); zur Sozialtopographie einer company town in der Dritten Welt. In: GZ 72, 159–178.
– 1986: Los centros secundarios en la política de descentralización mexicana. En: Benecke et al (Eds.), 287–304.

Bünstorf, J. 1971 a: Tanningewinnung und Landerschließung im argentinischen Gran Chaco. In: GZ 59, 177–204.
– 1971 b: Formen der Viehwirtschaft im argentinischen Gran Chaco. In: GR 23, 462–471.
– 1976 a: Die Landerschließungs-Sukzessionen im argentinischen Gran Chaco. In: Göttinger Geogr. Abh. 66, 91–105.
– 1976 b: Die Ackerbauzone im argentinischen Gran Chaco. Ein Betrag zum Problem der Anbaugrenze in den wechselfeuchten Subtropen. In: GR 28, 144–154.
– 1980: Indianer im argentinischen Gran Chaco – Integration oder Segregation? In: D. Benecke, M. Domitra, M. Mols (Hrsg.): Integration in Lateinamerika. München, 323–350.

Coy, M. 1986: Junge Pionierfrontentwicklung in Amazonien. Tübingen (= Tübinger Geogr. Stud. 93).

Czajka, W. 1954: Un establecimiento aborigen en la parte desertica de la Puna. Estudio antropogeográfico realizado a orillas del Salar de Arizaro. En: Revista de la Facultad de Filisofía y Letras, Univ. Nac. de Tucumán II(4), 115–129.
– 1957 a: Die Reichweite der pleistozänen Vereisung Patagoniens. In: Geol. Rundschau 45, 634–686.
– 1957 b: La glaciación de la Patagonia extra-andina. En: INQUA, V Congrès Int., Résumés des Communications. Madrid-Barcelona, 36–37.
– 1957 c: Das Inselbergproblem auf Grund von Beobachtungen in Nordost-Brasilien. In: PM, Erg. Heft 262 (Machatschek-Festschrift), 321–336.
– 1959 a: Buenos Aires als Weltstadt. In: Festschr. z. 32. Deutschen Geographentag Berlin. Berlin, 159–202.
– 1959 b: Schutthäufung, Sedimentumlagerung und Ausräumung zwischen der Hohen Kordillere und dem Bolson von Fiambala (Prov. Catamarca, Arg.). In: PM 103, 244–256.
– 1959 c: Estudios geomorfológicos no Nordeste Brasileiro. En: Revista Brasileira de Geografía (Rio de Janeiro) XX, 135–180.
– 1966: Tehuelche Pebbels and extra-andean glaciation of East-Patagonia. En: Quaternaria (Roma) VIII, 245–252.
– 1968: Los perfiles vegetales de las Cordilleras entre Alaska y Tierra del Fuego. In: Colloquium Geographicum 9, Bonn, 117–121.
Czajka, W. & Vervoorst, F. 1956: Die naturräumliche Gliederung Nordwest-Argentiniens. In: PM 100, 89–102 u. 196–208.

Endlicher, W. 1983 a: Zur Witterungsklimatologie der Winterregen-Subtropen Chiles. In: Erdkunde 37, 258–268.
– 1983 a: Investigación geocientífica chilena con imagenes de satelites. En: Atenea (Concepción) 448, 23–37.

- 1985: Geoökologische Untersuchungen zur Landschaftsdegradation im Küstenbergland von Concepción/Chile. Habil. Freiburg.

Endlicher, W. & Mäckel, R. 1985 a: Studien zur Fluß- und Talentwicklung im südlichen Zentral-chile. In: Z. f. Geomorph. NF. Suppl. 56, 89–108.

- 1985 b: Natural Resources, Land Use and Degradation in the Coastal Zone of Arauco and the Nahuelbuta Range, Central Chile. In: GeoJournal 11, 43–60.

Endlicher, W. & W. Weischet 1985: Rasgos fisiográficos de Chile. En: J. Frutos (Ed.) Geología y Recursos Minerales y Energéticos de Chile. Universidad de Concepción.

Eriksen, W. 1970: Kolonisation und Tourismus in Ostpatagonien. – Ein Beitrag zum Problem kulturgeographischer Entwicklungsprozesse am Rande der Ökumene. Bonn (= Bonner Geogr. Abhandl. 43).

- 1971: Der argentinische Nationalpark Nahuel Huapi als Wirkungsfeld raumdifferenzierender Kräfte und Prozesse. In: GR 23, 24–30.

- 1973: Waldnutzung und Forstwirtschaft in Argentinien. – Ein Beitrag zur Forstgeographie des La Plata-Landes. In: GZ 61, 268–294.

- 1974: Regionalentwicklung und Fremdenverkehr in Argentinien; zur Problematik der Er-schließung peripherer Räume. In: Frankfurter Wirtsch.- u. Sozialgeogr. Schr. 17, 327–345.

- 1975: Disruptions in the ecosystems of the steppe and forest regions of Patagonia by climate and man. In: Applied Science and Development 6, 127–142.

- 1978: Argentinien: Der Naturraum – Die Erschließung des Naturraumes – Bevölkerungs- u. Stadtentwicklung. In: J. A. Friedl Zapata (Hrsg.): Argentinien. Tübingen (= Erdmann-Länder-monographien 10), 3–83.

- 1979: Aspectos de la colonización agraria en la Patagonia. En: GAEA (Buenos Aires) 17, 189–200.

- 1981: Estudios geológicos recientes en los Andes patagonicos. En: Patagonica Documental (Bahia Blanca) 7, 12–16.

- 1983 a: Wilhelm Lauer zum 60. Geburtstag. In: Colloquium Geographicum 16, Bonn, 9–14.

- 1983 b: Aridität und Trockengrenzen in Argentinien. Ein Beitrag zur Klimageographie der Trockendiagonale Südamerikas. In: Colloquium Geographicum 16, Bonn, 43–68.

- 1983 c: Der Landschaftsschutz in Argentinien. Geographische Aspekte seiner Voraussetzun-gen, Praxis und Probleme. In: LA-Stud. 12, 259–269.

Ern, H. 1972: Estudio de la vegetación en la parte oriental del México Central. Comunicaciones (Proyecto Puebla-Tlaxcala) 6, 1–6.

- 1974: Zur Ökologie und Verbreitung der Koniferen im östlichen Zentralmexiko. In: Mitt. d. Dt. Dendrolog. Ges., 67, 164–198.

- 1976: Descripción de la vegetación montañosa en los estados mexicanos de Puebla y Tlaxcala, con un apéndice "Las Plantas Mexicanas en el Herbario Willdenow de Berlin-Dahlem". Willde-nowia (= Mitt. aus dem Botan. Garten u. Botan. Museum Berlin-Dahlem), Beih. 10.

- siehe auch Klink/Lauer/Ern 1973.

Ewald, U. 1976: Estudios sobre la hacienda colonial. Las propiedades rurales del Colegio Espirito Santo. Wiesbaden (= Das Mexico-Projekt der DFG IX).

- 1977: The von Thünen Principles and Agricultural Zonation in Colonial Mexico. In: Journal of Historical Geography 3, 123–133.

- 1985: The Mexican Salt Industry, 1560–1980. A Study in Change. Stuttgart/New York.

Fischer, K. 1974: Die pleistozäne Vergletscherung und die Frage der Landsenkung im Bereich des Chonos-Archipels/Südchile. In: Eiszeitalter u. Gegenwart 25, 126–131.

- 1976: Untersuchungen zur Morphogenese der Patagonischen Anden zwischen 41° und 49° Süd. In: Z. f. Geomorph. NF 20, 1–27.

- 1985: Grundzüge der jungtertiären Geomorphogenese der mittleren Anden. In: Erdkunde 39, 248–259.

Fochler-Hauke, G. 1951: Corología Geográfica: El paisaje como objeto de la Geografía regional, con un ejemplo explicatorio: El Campo de Velazco/Argentina. Tucumán.

- 1956: Besiedlungsgang und Wirtschaftsprobleme in Feuerland. In: PM 100, 102–104.

– 1957: Vorgänge der Bodenzerstörung in Argentinien. In: PM Erg. Heft 262 (Machatschek-Fest-schrift), 311–319.
– 1969: Bibliografía de investigaciones y trabajos geográficos publicados en lengua alemana y referentes al Oeste Sudamericano. En: Homenaje al Dr. Rohmeder. Tucumán.
– (Hrsg.) 1974: Länder, Völker, Kontinente (3 Bände). Gütersloh (Neubearbeitung 1985).
– 1983: Der argentinisch-britische Konflikt im Südatlantik (S. 87–95) und Lateinamerika – aus-gewählte politische und wirtschaftliche Aspekte (S. 95–103). In: Fochler-Hauke. G. u. a. (Hrsg.): Der Fischer Weltalmanach. Frankfurt.

Friedrich, J. 1968: Die Agrarreform in Mexiko; Bedeutung und Verbreitung des Ejido-Systems in den wichtigsten Anbaugebieten des Landes. Nürnberg (Nürnberger Wirtschafts- u. Sozialgeogr. Arb. 7).

Garleff, K. & Stingl, H. 1984: Neue Befunde zur Jungquartären Vergletscherung von Cuyo und Patagonien. In: Berliner Geogr. Abh. 36, 105–112.
– (Hrsg.) 1985: Südamerika – Geomorphologie und Paläoökologie des jüngeren Quartärs. In: Zentralblatt Geol. Paläontol. T.I. Stuttgart, 1431–1775.
– siehe auch Stingl/Garleff 1984 u. 1985.

Gerling, W. 1935: Die wirtschaftsgeogr. Entwicklung der Insel Kuba unter besonderer Berücksich-tigung der Zuckerwirtschaft und des Problems Kapitalismus und Landschaft. Solingen-Ohligs.
– 1958/59: Westindische Inseln. Wandlungen ihrer Wirtschaftsstruktur. In: Geogr. Taschenbuch, 458–462.
– 1969: Die Vereinigten Staaten von Amerika im karibischen Raum, Vorgänge und Probleme der Amerikanisierung. Würzburg.

Gerold, G. 1985: Untersuchungen zur Badlandentwicklung in den wechselfeuchten Waldgebieten Südboliviens. In: Geoökodynamik 6, 35–70.

Gerstenhauer, A. 1961: Zentralmichoacan. Ein Beitrag zur Landeskunde Mittelmexikos. In: Frankfurter Geogr. Hefte 37, 227–296.
– 1962: Struktur u. Entwicklungsprobleme der mexikanischen Landwirtschaft. In: Giessener Geogr. Schr. 2, 82–96.
– 1966: Beiträge zur Geomorphologie des mittleren und nördlichen Chiapas (Mexiko) unter be-sonderer Berücksichtigung des Karstformenschatzes. Frankfurt (= Frankf. Geogr. Hefte 41).
– 1967: Geomorphologische und klimatische Forschungen: Ein karstmorphologischer Vergleich zwischen Florida und Yucatan. In: DGT Bad Godesberg 1967, Wiesbaden, 332–344.
Gerstenhauer, A. & Radtke, U. & Mangini, A. 1983: Neue Ergebnisse zur quartären Küstenentwick-lung der Halbinsel Yucatán (Mexiko). In: Essener Geogr. Arb. 6, 187–199.

Gierloff-Emden, E. 1959 a: Die Küste von El Salvador. Eine morphologisch-ozeanographische Monographie. Wiesbaden.
– 1959 b: Der Humboldtstrom und die pazifischen Landschaften seines Wirkungsbereiches. In: PM 103, 1–17.
– 1964: Die Halbinsel Baja California. Ein Entwicklungsgebiet Mexikos. Hamburg (= Mitt. d. Geogr. Ges. Hamburg 55).
– 1967: Mittelamerika, Land und Wirtschaft. Informationen z. Polit. Bildung 125, Bonn.
– 1970: Mexiko. Eine Landeskunde. Berlin.

Glaser, G. (Hrsg.) 1971: Beiträge zur Geographie Brasiliens. Heidelberg (= Heidelberger Geogr. Arb. 34).

Golte, W. 1973: Das südchilenische Seengebiet. Besiedlung und wirtschaftliche Erschließung seit dem 18. Jh. Bonn (= Bonner Geogr. Abh. 47).
– siehe auch Bähr/Golte 1976.

Gormsen, E. 1963: Barquisimeto, eine Handelsstadt in Venezuela. Heidelberg (= Heidelberger Geogr. Arb. 12).
– 1966 a: Barquisimeto, una ciudad mercantil en Venezuela. Caracas.
– 1966 b: Apuntes sobre el desarollo de pequeñas ciudades en la Mesa Central Mexicana. En:

48

La Geografía y los Problemas de Población. Unión Geográfica Internacional, Conferencia Latino-Americana, (México) 598–616.

– 1971 a: Zur Ausbildung zentralörtlicher Systeme beim Übergang von der semiautarken zur arbeitsteiligen Gesellschaft: ein Vergleich historischer Abfolgen in Mitteleuropa mit heutigen Verhältnissen in Entwicklungsländern insbesondere am Beispiel Mexikos. In: Erdkunde 25, 108–118.

– 1971 b: Wochenmärkte im Bereich von Puebla; Struktur und Entwicklung eines traditionellen Austauschsystems in Mexiko. In: Jb. Gesch. LA 8, 366–402.

– 1973: Sistemas funcionales en el intercambio urbano-rural de la región Puebla-Tlaxcala. En: Comunicaciones (Proyecto Puebla-Tlaxcala) 7, 147–150.

– 1975/76: Bevölkerungs- und Wirtschaftsstruktur in Venezuela. In: Geogr. Taschenbuch, Wiesbaden, 171–193.

– 1977: Factores socio-económicos como base para inovaciones agropecuarias; un perfil por la vertiente oriental de México. In: Actes du XLII Congrès International des Americanistes, Paris, 415–433.

– 1978 a: La zonificación socio-económica de la Ciudad de Puebla. Cambios por efectos de la metropolización. En: Comunicaciones (Proyecto Puebla-Tlaxcala) 15, 7–20.

– 1978 b: Weekly markets in the Puebla Region of Mexico. In: R.H.T. Smith (Ed.): Market-Place Trade. Vancouver, 240–253.

– 1981 a: Die Städte im spanischen Amerika ein zeit-räumliches Entwicklungsmodell der letzten hundert Jahre. In: Erdkunde 35, 290–303.

– 1981 b: Le tourisme internacional, un nouveau „front pionier" dans les pays tropicaux. En: Travaux & Mémoirs, 34, Institut des Hautes Etudes de L'Amérique Latine, Paris 329–345.

– 1981 c: Cambios en la estructura espacial de la población de Venezuela en función de los cambios en la especialización económica regional durante el siglo XX. En: Revista Geográfica (Mérida/Venezuela), Número Extraordinario, Vol XVI–XIX, 145–177.

– 1983: Der Internationale Tourismus, eine neue „Pionierfront" in Ländern der Dritten Welt. In: GZ 71, 149–165.

– (Ed.) 1985 a: The Impact of Tourism on Regional Development and Cultural Change, Papers of Symposium MULT.SY 11, 44th Intern. Congress of Americanists, Manchester 1982, Mainz (= Mainzer Geogr. Stud. 26).

– 1985 b: Market-Place Studies in Latin America; A Review of Main Research Topics in the Literature up to 1982. In: Gormsen, E. (Ed.): Market-Place Research; Newsletter No. 15 of the IGU Working Group on Market-Place Exchange Systems. Mainz (Geogr. Inst. d. Univ.) 7–24.

– 1986 a: Interessenkonflikte bei der Stadterneuerung lateinamerikanischer Kolonialstädte. In: Eichstätter Beiträge 18, Abt. Lateinamerika 2, 207–225.

– 1986 b: Crecimiento y movilidad de la población en México como expresión del cambio socio-económico regional. En: Benecke et al (Eds.), 153–172.

Haas, H.-D. 1975: The Influence of Bauxite Mining on the Economic Process in Jamaica. In: Natural Ressources and Development 2, 106–118.

– 1976: Die Industrialisierungsbestrebungen auf den Westindischen Inseln unter besonderer Berücksichtigung von Jamaika und Trinidad. Tübingen (= Tübinger Geogr. Stud. 68).

– 1980: Die Bewässerungswirtschaft als Mittel einer wirtschaftlichen Inwertsetzung arider und semiarider Gebiete im Karibischen Raum. In: Tübinger Geogr. Stud. 80, 321–351.

– 1981: The Effectiveness of the Industrial Estate Concept in Developing Nations, Taking the Caribbean Countries as an Example. In: Applied Geography and Development 17, 17–28.

– 1985 a: Die Karibischen Staaten; Wirtschaftsentwicklung zwischen traditioneller Außenorientierung und Integrationsbestrebungen. In: GR 37, 276–285.

– (Hrsg.) 1985 b: Karibische Klein- und Mittelstaaten. Wirtschaftliche Außenabhängigkeit und Integrationsbestrebungen. Tübingen.

Haas, H.-D. & Scherm, G. 1985: Der Bauxitbergbau als Entwicklungsfaktor untersucht am Beispiel der lateinamerikanischen Rohstoffländer. München (= Münchener Stud. z. Soz. u. Wirtsch. geogr. 28.).

Heine, K. 1973: Variaciones importantes del clima durante los ultimos 40.000 anos en México. En: Comunicaciones (Proyecto Puebla-Tlaxcala) 7, 51–58.

- 1975: Studien zur jungquartären Glazialmorphologie mexikanischer Vulkane – mit einem Ausblick auf die Klimaentwicklung. Wiesbaden (= Das Mexiko-Projekt der DFG VII).
- 1978: Mensch und geomorphodynamische Prozesse in Raum und Zeit im randtropischen Hochbecken von Puebla-Tlaxcala, Mexiko. In: 41. DGT Mainz 1977, Wiesbaden, 390–406.
- 1983 a: Ein außergewöhnlicher Gletschervorstoß in Mexiko vor 12.000 Jahren. In: Catena 10, 1–25.
- 1983 b: Bodenabtragung in Mexiko: Messungen – Extrapolationen – geomorphologisch-sedimentologische Befunde. In: GZ 71, 28–40.
- 1984: The classical Late Weichselian climatic fluctuations in Mexico. In: Proceedings of the Second Nordic Symposium on Climatic Changes and Related Problems. Reidel-Dordrecht.

Helbig, K. 1959 a: Die Landschaften von Nordost-Honduras. Gotha (= PM Erg. Heft 268).
- 1959 b: Der Chapala-See in Mexico und seine Austrocknung. In: PM 103, 18–38.
- 1961: Die Landschaft Soconusco im Staate Chiapas, Süd-Mexiko, und ihre Kaffeezone. In: Deutsche Geogr. Blätter Bremen 49, 1–131.
- 1966: Die Wirtschaft Zentralamerikas. Hamburg.
- 1976: Chiapas; Geografía de un Estado Mexicano. 2 Vols. Tuxtla Gutierrez (Mexico).

Herrmann, R. 1970: Vertically Differentiated Water Balance in Tropical High Mountains; Special Reference to the Sierra Nevada de Santa Marta. In: Proceedings Int. Ass. of Scientific Agrology, 1970, 262–273.
- 1971: Zur regionalhydrologischen Analyse und Gliederung der nordwestlichen Sierra de Santa Marta (Kolumbien). Giessen (= Giessener Geogr. Schr. 23).

Hettner, A. 1892: Die Kordillere von Bogota. Gotha (= PM Erg. Heft 104).

Hueck, K. 1953: Urlandschaft, Raublandschaft und Kulturlandschaft in der Provinz Tucuman im nordwestlichen Argentinien. Bonn (= Bonner Geogr. Abh. 10).
- 1966: Die Wälder Südamerikas. Ökologie, Zusammensetzung und wirtschaftliche Bedeutung. Stuttgart.

Jordan, E. 1979: Grundsätzliches zum Unterschied zwischen tropischem und außertropischem Gletscherhaushalt unter besonderer Berücksichtigung der Gletscher Boliviens. In: Erdkunde 33, 297–309
- 1983 a: Die Vergletscherung des Cotopaxi, Ecuador. In: Z. f. Gletscherk. und Glazialgeol. 19, 55–89
- 1983 b: Die Verbreitung von Polylepis-Beständen in der Westkordillere Boliviens. In: Tuexenia. Mitt. d. Florist.-soziol. Arbeitsgem. NF 3, Göttingen, 101–116
- 1983 c: Los arenales recientes de Bolivia en su multiple diferenciación. En: Ecología en Bolivia (La Paz) 3
- 1983 d: The utility of the glacier inventory for developing countries like Bolivia. In: Quarternary of South America and Antarctic Peninsula (Proceedings of the INQUA-Meeting Neuquén, Argentina 1982). Rotterdam 1, 125–134.
- 1984: Möglichkeiten u. Grenzen der Herstellung u. synchronen Auswertung biowissenschaftlicher Verbreitungskarten aus Luftbildern mit dem Kartiersystem STEREOCORD am Beispiel Boliviens. In: Ges. f. Ökologie, Verh. 12. Jahrestagung Bern 1982. Göttingen.

Karp, B. 1986: Agrarkolonisation, Landkonflikte und disparitäre Regionalentwicklung im Spannungsfeld ethnosozialer Gruppen und externer Beeinflussung in West-Parana (Brasilien). In: Tübinger Geographische Studien 93.
- 1986: Migração interna e desenvolvimento regional no oeste do Parana. Em: Benecke et al (Eds.), 119–139.

Kessler, A. 1966 a: Junge Laufänderungen des Desaguadero und die Entstehung des Uru-Uru-Sees, ein Beitrag zur klimabedingten Morphogenese eines Endseebeckens (Boliv. Altiplano). In: Erdkunde 20, 194–204.
- 1966 b: Puno sobre el Lago Titicaca. En: Boletín de la Sociedad Geográfica de Lima 85, 72–80.
- 1968: Puno am Titicacasee. In: Beiträge zur Landeskunde von Peru und Bolivien. In: GZ B 20, 55–89.

- 1971: Sera posible pronosticar las variaciones de nivel de las aguas del Lago Titicaca? En: Boletín de la Sociedad Geográfica de Lima 90, 5–10.
- 1981: Wasserhaushaltsschwankungen auf dem Altiplano in Abhängigkeit von der atmosphärischen Zirkulation. In: Aachener Geogr. Arb. 14, 111–122.
- 1984: The Paleohydrology of the late Pleistocene Lake Tauca on the Southern Altiplano (Bolivia) and Recent Climatic Fluctuations. In: J. C. Vogel (Ed.), Late Cainozoic Palaeoclimates of the Southern Hemisphere. Rotterdam-Boston, 115–122.
- 1985: Zur Rekonstruktion von spätglazialem Klima und Wasserhaushalt auf dem peruanisch-bolivianischen Altiplano. In: Z. f. Gletscherkunde u. Glazialgeol. 21, 107–114.

Kessler, M. 1984: Surinam – Probleme eines Südamerikanisch-karibischen Staates auf dem Wege zur Selbständigkeit. In: Z. f. Wirtschaftsgeogr. 28, 37–46.

Klink, H.-J. 1973: Die natürliche Vegetation und ihre räumliche Ordnung im Puebla-Tlaxcala-Gebiet (Mexiko). In: Erdkunde 27, 213–224.
- 1981: Das Tehuacantal – ein Trockengebiet im südlichen Mexiko. In: Aachener Geogr. Arb. 14, 193–241.
Klink, H.-J. & W. Lauer 1978: Die räumliche Anordnung der Vegetation im östlichen Hochland von Zentralmexiko. In: Pflanzengeographie. Darmstadt (= Wege der Forschung CXXX), 472–506.
Klink, H.-J., W. Lauer & H. Ern 1973: Erläuterungen zur Vegetationskarte 1:200.000 des Puebla-Tlaxcala-Gebietes. In: Erdkunde 27, 225–229.

Klute, F. (Hrsg.) 1930/1933: Handbuch der geographischen Wissenschaft; Bände Südamerika (1930) mit Beiträgen von Maull, Kühn, Knoche, Troll, und Nordamerika (1933) mit Beiträgen von Termer, Hagen. Wildpark-Potsdam.

Köster, G. 1978: Santa Cruz de la Sierra (Bolivien). Entwicklung, Struktur und Funktion einer tropischen Tieflandstadt. Aachen (=Aachener Geogr. Arb. 12).
- 1981: Räumliche Mobilität in Bolivien. In: Aachener Geogr. Arb. 14, 603–637.
- 1983: Santa Cruz de la Sierra: desarrollo, estructura interna y funciones de una ciudad en los llanos tropicales. Centro Portales, Cochabamba.
- 1986: La valorización de los llanos tropicales y su significado para la migración y redistribución regional de la población; el ejemplo de Bolivia. En: Benecke et al (Eds.), 101–118.
Köster, G. & F. Monheim 1982. Die wirtschaftliche Erschließung des Departements Santa Cruz (Bolivien) seit Mitte des 20. Jahrhunderts. Wiesbaden 1982 (= GZ B 56).

Kohlhepp, G. 1968: Industriegeographie des nordöstlichen Santa Catarina (Südbrasilien). Ein Beitrag zur Geographie eines deutsch-brasilianischen Siedlungsgebietes. Heidelberg (=Heidelberger Geogr. Arb. 21).
- 1975: Agrarkolonisation in Nord-Parana. Wirtschafts- und sozialgeographische Entwicklungsprozesse einer randtropischen Pionierzone Brasiliens unter dem Einfluß des Kaffeeanbaus. Wiesbaden (=Heidelberger Geogr. Arb. 41).
- 1976: Planung und heutige Situation staatlicher kleinbäuerlicher Kolonisationsprojekte an der Transamazonica. In: GZ 64, 171–211.
- 1978: Wirtschafts- und sozialgeographische Aspekte des brasilianischen Entwicklungsmodells und dessen Eingliederung in die Weltwirtschaftsordnung. In: Die Erde 109, 353–375.
- 1979: Brasiliens problematische Antithese zur Agrarreform: Agrarkolonisation in Amazonien. Evaluierung wirtschafts- und sozialgeographischer Prozeßabläufe an der Peripherie im Lichte wechselnder agrarpolitischer Strategien. In: H. Elsenhans (Hrsg.): Agrarreform in der Dritten Welt. Frankfurt/New York, 471–504.
- 1980 a: Bevölkerungs- und wirtschaftsgeographische Entwicklungstendenzen in den mennonitischen Siedlungsgebieten des Chaco boreal in Paraguay. In: Tübinger Geogr. Stud. 80, 367–405.
- 1980 b: Der Beitrag von Herbert Wilhelmy zur geographischen Lateinamerika- und Tropenforschung (mit Schriftenverzeichnis). In: H. Wilhelmy: Geographische Forschungen in Südamerika. Berlin (= Kleine Geographische Schriften 1), 7–15 und 16–21.
- 1980 c: Analysis of State and Private Regional Development Projects in the Brazilian Amazon Basin. In: Applied Geography and Development 16, 166–199.
- 1980 d: Contribuição da população teuto-brasileira ao processo de colonização e ao desenvolvi-

51

mento económico do Brasil Meridional. Em: Colóquio de Estudos Teuto-Brasileiros Porto Alegre III, 63–76.

- 1981 a: Die Forschungen Gottfried Pfeifers zur Kulturgeographie der Neuen Welt (mit Schriftenverzeichnis). In: G. Pfeifer: Beiträge zur Kulturgeographie der Neuen Welt. Berlin (= Kleine Geographische Schriften 2), 7–17 und 18–21.
- 1981 b: Ocupação e valorização económica de Amazonia. Estratégias de desenvolvimento do governo brasileiro e empresas privadas. En: Revista Geográfica (México) 94, 67–88.
- 1982: Bevölkerungswachstum und Verstädterung in Lateinamerika. In: Lateinamerika. Kohlhammer – TB 1059, Stuttgart, 60–96.
- 1983 a: Strategien zur Raumerschließung und Regionalentwicklung im Amazonasgebiet. Zur Analyse ihrer entwicklungspolitischen Auswirkungen. In: Internat. Gegenwart 5. Paderborn u. a., 175–193.
- 1983 b: Interessenkonflikte in der lateinamerikanischen Agraproduktion. In: Mitt. d. Geogr. Ges. München 68, 141–173.
- 1983 c: Problems of Dependent Regional Development in Eastern Paraguay. With Special Reference to the Brazilian Influence on the Pioneer Zone of the Amambay Plateau. In: Applied Geography and Development 22, 7–45.
- 1984 a: Der tropische Regenwald als Siedlungs- und Wirtschaftsraum. Am Beispiel jüngster Entwicklungsprozesse im brasilianischen Amazonasgebiet. In: W. Engelhardt und E. J. Fittkau (Hrsg.): Tropische Regenwälder – eine globale Herausforderung. München (= Spixiana, Suppl. 10), 131–157.
- 1984 b: Räumliche Erschließung und abhängige Entwicklung in Ost-Paraguay. In: LA-Stud 14, 203–253.
- 1984 c: Development Planning and Practices of Economic Exploitation in Amazonia. Recent Trends in Spatial Organization of a Tropical Frontier Region in Brazil (1966–1981). In: Monographiae Biologicae 56, 649–674.
- 1984 d: Colonización y desarrollo dependiente en el oriente Paraguayo. En: Revista Geográfica (México) 99, 5–33.
- 1985: Regional development strategies and economic exploitation policies in Amazonia. In: MISRA, R. P. et al. (eds.): Regional development in Brazil. The Frontier and its people. Nagoya/Japan, (=United Nations Centre for Regional Development Monograph), 1–34.
- 1986 a: Itaipu. Geopolitische und energiewirtschaftliche Rahmenbedingungen, sozioökonomische und ökologische Folgen von Großkraftwerk und Stausee Itaipu am Rio Parana (Brasilien/Paraguay). Stuttgart (= GZ B).
- (Hrsg.) 1986 b: Brasilien. Beiträge zur regionalen Struktur- und Entwicklungsforschung. Tübingen (= Tübinger Geogr. Stud. 93).
- 1986 c: A emigração brasileira para o leste do Paraguai; uma análise de causas, evolução e conseqüẽncias. En: Benecke et al (Eds.), 207–224.

Kohlhepp, G. & M. Coy 1986: Conflicts of interest and regional development planning in colonizing the Brasilian Amazon: The case of Rondonia. In: Boletin de Estudios Latinamericanos y del Caribe. Amsterdam.
- siehe auch Pfeifer/Kohlhepp 1984.

Kreth, R. 1985: Some Problems Arising from the Tourist Boom in Acapulco and the Difficulties in Solving them. In: Mainzer Geogr. Stud 26, 47–59.

Kross, E. 1972: Mar del Plata – ein südamerikanisches Seebad. In: Göttinger Geogr. Abh. 60, 549–571.
Kross, E. und andere 1981: Lateinamerika. In: H. H. Blotevogel/H. Heineberg (Hrsg.). Bibliographie zum Geographiestudium 4, Paderborn, 269–329.

Kulinat, D. 1980: Die industriegeographische Struktur der wirtschaftlichen Kernregion Venezuelas. In: LA-Stud 7, 243–258.
- 1982: Venezuela – desarollo por medio de la industrialización? En: Hispanorama 32, 119–123.
- 1983: Venezuela. Industrialisierung als problemlose Strategie für kapitalreiche Entwicklungsländer? In: GR 35, 333–339.
- siehe auch Borcherdt/Kulinat/Schneider 1985.

Lauer, W. 1952: Humide und aride Jahreszeiten in Afrika und Südamerika und ihre Beziehung zu den Vegetationsgürteln. Bonn (= Bonner Geogr. Abh. 9).

- 1956: Vegetation, Landnutzung und Agrarpotential in El Salvador (Zentralamerika). Kiel (= Schr. d. Geogr. Inst. d. Univ. Kiel 16(1)).
- 1961 a: Oskar Schmieder – zu seinem 70. Geburtstag. In: Schr. d. Geogr. Inst. d. Univ. Kiel 20, 9–14.
- 1961 b: Wandlungen im Landschaftsbild des südchilenischen Seengebietes seit Ende der spanischen Kolonialzeit. In: Schr. d. Geogr. Inst. d. Univ. Kiel 20, 227–276.
- 1968: Die Glaziallandschaft des südchilenischen Seengebietes. In: Acta Geographica 20(16), 215–236, Helsinki.
- 1964/65: Die Bevölkerungs- und Wirtschaftsstruktur Zentralamerikas. In: Geogr. Taschenbuch. Wiesbaden, 213–236.
- 1974: Nature Process, Ecological Balance, and Cultural Landscape in the Tropics: Central America as an Example. In: Proceedings of the Comission on Regional Aspects of Development of the International Geographical Union, Hayward, I, 473–500.
- 1975: Vom Wesen der Tropen. Klimaökologische Studien zum Inhalt und zur Abgrenzung eines irdischen Landschaftsgürtels. In: Akad. d. Wiss. u. d. Lit. zu Mainz 3, Wiesbaden, 5–52.
- 1976 a: Carl Troll – Naturforscher und Geograph. In: Erdkunde 30, 1–9.
- 1976 b: Deutsche Lateinamerikaforschung. In: Jahrbuch Stiftung Preuß. Kulturbesitz 1974/75, Berlin, 71–86.
- (Hrsg.) 1976 c: Landflucht und Verstädterung in Chile. Wiesbaden (= GZ B 42).
- (Ed.) 1976 d: El Proyecto México de la Fundación Alemana para la Investigación Científica, Bibliografía (1964–1976). Wiesbaden (Franz Steiner Verlag).
- 1978: Tipos ecológicos del clima en la vertiente oriental de la meseta mexicana. Comentario para una carta climática 1:500.000. En: Comunicaciones (Proyecto Puebla-Tlaxcala) 15, 235–248.
- 1979 a: Puebla-Tlaxcala – A German-Mexican Research Project. In: GeoJournal 3(1), 97–105.
- 1979 b: La posición de los páramos en la estructura del paisaje de los Andes tropicales. En: Salgado L, M. L. (Ed.): El medio ambiente páramo; Actas del Seminaro de Mérida, Venezuela, 5–12 de Noviembre 1978. Caracas, 29–45.
- 1981 a: Klimawandel und Menschheitsgeschichte auf dem mexikanischen Hochland. Wiesbaden (= Akad. d. Wiss. u. d. Lit. zu Mainz 2).
- 1981 b: Ecoclimatological conditions of the Paramo Belt in the Tropical High Mountains. In: Mountain Research Development 1, 209–221.
- 1982: Zur Ökoklimatologie der Kallawaya-Region (Bolivien). In: Erdkunde 36, 223–247.
- (Hrsg.) 1984 a: Natural Environment and Man in Tropical Mountain Ecosystems. Wiesbaden, Stuttgart (= Erdwissensch. Forsch. 18).
- 1984 b: Natural Potential and Land Use System of the Kallawaya in the Upper Charazani Valley (Bolivia). In: Erdwiss. Forsch. 18, 173–196.
- 1984 c: Acerca de la ecoclimatología de la región de Callahuaya. En: Gisbert et al (Eds.): Espacio y Tiempo En El Mundo Callahuaya. La Paz, 9–34.

Lauer, W. & C. Troll (Hrsg.) 1978: Geoökologische Beziehungen zwischen der temperierten Zone der Südhalbkugel und den Tropengebirgen. Wiesbaden (= Erdwissensch. Forsch. 11).

Lauer, W. & P. Frankenberg 1978: Untersuchungen zur Ökoklimatologie des östlichen Mexiko. Erläuterungen zu einer Klimakarte 1:500.000. Bonn (= Colloquium Geographicum 13).

Lauer, W. & D. Klaus 1983: Humanökologische Aspekte der vorspanischen Besiedlungsgeschichte, Bevölkerungsentwicklung und Gesellschaftsstruktur im Mexikanischen Hochland. In: Jb. Gesch. LA 20, 85–120.

Lauer, W. & E. Seele 1984: Geographische Beobachtungen zu einer frühen Besiedlung in Quintana-Roo (Mexiko). In: TRIBUS, Jahrb. d. Lindenmuseums 33, Stuttgart, 133–142.

- siehe auch Klink/Lauer/Ern 1973.

Lehmann, H., Krömmelbein K. & Lötschert, W. 1956: Karstmorphologische, geologische und botanische Studien in der Sierra de los Organos auf Cuba. In: Erdkunde 10, 185–204.

Liss, C. C. 1979: Die Besiedlung und Landnutzung Ostpatagoniens unter besonderer Berücksichtigung der Schafestancien. Göttingen (= Göttinger Geogr. Abh. 73).

– 1980: Die Bedeutung der Staatslandpacht bei der Landnahme und Kolonisation Ostpatagoniens. In: 42. DGT Göttingen 1979, Wiesbaden 375–377.

Lücker, R. 1982: Agrarer Strukturwandel unter dem Einfluß des Sojaweltmarktes. In: GR 34(8), 368–373.

– 1986: Agrarräumliche Entwicklungsprozesse im Alto-Uruguai-Gebiet (Südbrasilien). Analyse eines randtropischen Neusiedlungsgebiets unter Berücksichtigung von Diffusionsprozessen im Rahmen modernisierender Entwicklung. Tübingen (= Tübinger Geogr. Stud. 94)

Mäckel, R. siehe Endlicher/Mäckel.

Mahnke, L. 1982: Zur indianischen Landwirtschaft im Siedlungsgebiet der Kallawaya (Boliv.). In: Erdkunde 36, 247–254.

– 1984: Formas de adaptación en la agricultura indígena de la zona de los Callahuayas. En: Gisbert et al (Eds.): Espacio y Tiempo en el Mundo Callahuaya. La Paz, 60–71.

– 1985: Anpassungformen der Landnutzung in einem tropischen Hochgebirge – Der agrare Wirtschaftsraum der Kallawaya-Indianer (Bolivien). Diss. TH Aachen.

– 1986: Das Coca-Problem in Bolivien; Anbau, Verkmarktung und Bedeutung eines illegalen Exportproduktes. In: Aachener Geogr. Arb. 17.

Matznetter, J. 1981: O sistema urbano no norte e nordeste do Brasil e a influencia das novas estradas. En: Revista Brasileira de Geografia (Rio de Janeiro) 43(1), 99–122.

– 1983: Metropolen und Agglomerationen in Brasilien. In: Z. f. Lateinamerika 24, Wien, 21–41.

– 1984: Die Erschließung peripherer Binnenräume in Brasilien – Agrarkolonisation und Kakaoanbau in Rondonia. In: Z. f. Wirtsch. geogr. 28, 31–49.

Mayer, E. 1979: Die Llanos des Orinoco – Prototyp einer Savanne oder untypischer Sonderfall? In: Stuttgarter Geogr. Stud. 93, 163–177.

Mertins, G. 1969: Die Bananenzone von Santa Marta, Nordkolumbien; Probleme ihrer Wirtschaftsstruktur und Möglichkeiten der Agrarplanung. Giessen (= Giessener Geogr. Schr. 17).

– 1970: La zona bananera de Santa Marta; problemas de su estructuración y posibilidades del planeamiento agrario. En: Revista de la Camara de Comercio Colombo-Alemana (Bogotá) 44, 15–21.

– 1977: Bevölkerungswachstum, räumliche Mobilität und regionale Disparitäten in Lateinamerika. Das Beispiel Kolumbien. In: GR 29, 66–71.

– 1977/78: Zur Bevölkerungs- und Wirtschaftsstruktur Kolumbiens. In: Geogr. Taschenbuch, Wiesbaden, 114–148.

– 1979: Konventionelle Agrarreformen – moderner Agrarsektor in Südamerika. Die Beispiele Ecuador und Kolumbien. In: H. Elsenhans (Hrsg.): Agrarreform in der Dritten Welt. Frankfurt, 401–431.

– 1983: Agrarförderung als geplanter Schritt gegen eine eigenständige Entwicklung? Sozioökonomische Konsequenzen im Agreste Nordostbrasiliens. In: H.-D. Evers/D. Senghans/H. Wienholtz (Hrsg.): Auf dem Wege zu einer Neuen Weltwirtschaftsordnung? Bedingungen und Grenzen für eine eigenständige Entwicklung. Baden-Baden, 191–205.

– 1986: Fases espacio-temporales de las migraciones intraurbanas de los estratos sociales bajos en las metrópolis latinamericanas. Ein Benecke et al (Eds.), 305–322.

Mertins, G. & W. Brücher 1981: Los barrios de vivienda de los estratos bajos en el modelo ideal de las grandes ciudades latinoamericanas. El ejemplo de Bogotá. En: Revista Geográfica (México) 94, 7–40.

Mertins, G. & J. Bähr 1983: Un modelo de la diferenciación socio-espacial de las metropolis de América Latina. En: Revista Geográfica (México) 98, 41–54.

– siehe auch Brücher/Mertins 1978 und Bähr/Mertins 1981.

Mikus, W. 1974: Probleme der regionalen Steuerung der Nahrungswirtschaft an der Costa Perus. In: GZ 63, 204–232.

– 1978: Regional development of transport systems in the Peruvian highlands. In: Baseler Beiträge zur Geographie 26, 295–307.

– 1983: Die grundbedürfnisorientierte Regionalanalyse – Schwächen der Arbeitsmarktstruktur Lateinamerikas unter besonderer Berücksichtigung von Peru. In: GZ 72, 87–106.

– 1984 a: Die Industrie als Entwicklungsfaktor – zur Kontroverse von Entwicklungsstrategien mit Beispielen aus Peru. In: Z. f. Wirtschaftsgeogr. 28, 199–217.
– 1984 b: La planificación de los parques industriales. En: Boletín de Lima 31, 38–48.
– (Hrsg.) 1985 a: Struktur- und Entwicklungsprobleme der Industrie Perus. Heidelberg (= Heidelberger Dritte Welt Studien 20).
– 1985 b: Problems resulting from misinterpretations of natural resources and natural hazards in tropical countries. The example of Peru. In: GeoJournal 11, 103–109.
– 1986: La explosión demográfica y el desarrollo sectorial del mercado de trabajo; el ejemplo del Perú. En: Benecke et al (Eds.), 77–98.

Mittendorf, R. 1984: Das Zentrum von Bogota. Kennzeichen, Wandlungen und Verlagerungstendenzen des tertiären Sektors. Saarbrücken/Fort Lauderdale (= Sozialw. Studien z. Intern. Problemen 89).

Mohr, B. 1981: Betriebs- und Bodennutzungssysteme in Minifundiengebieten Kolumbiens, erläutert an Beispielen aus der Ostkordillere. In: Länderkunde u. Entwicklungsländer. Festschr. f. J. Schramm, Salzburg, 155–184.

Morello, J. & G. Hortt 1985: Changes in the Areal Extent of Arable Farming, Stock Raising and Forestry in the South American Chaco. In: Applied Geography and Development 25, 109–127.

Monheim, F. 1956: Beiträge zur Klimatologie und Hydrologie des Titicacabeckens. Heidelberg (= Heidelberger Geogr. Arb. 1).
– 1965: Junge Indianer-Kolonisation in den Tiefländern Ostboliviens. Braunschweig 1965.
– 1968: Agrarreform und Kolonisation in Peru und Bolivien. Ergebnisse einer Reise 1966. In: GZ B 20, 1–53.
– 1977: Zwanzig Jahre Indianerkolonisation in Ostbolivien. Wiesbaden. GZ B 48.
– 1981: Die Entwicklung der peruanischen Agrarreform 1969–79 und ihre Durchführung im Departamento Puno. Wiesbaden. (= GZ B 55).
– 1982: Der Raum Santa Cruz (Bolivien) als ein neues Siedlungsgebiet der Mennoniten. In: GZ B 59, 90–102.
– siehe auch Köster/Monheim 1982.

Müller, B. 1983: Fremdenverkehr und Entwicklungspolitik zwischen Wachstum und Ausgleich: Folgen für die Stadt- und Regionalentwicklung in peripheren Räumen (Beispiele von der mexikanischen Pazifikküste). Mainz (= Mainzer Geogr. Stud. 25).
– 1984 a: Politik mittlerer Zentren in Mexiko: Zur Umsetzungsproblematik räumlicher Entwicklungsstrategien. In: Trialog 2/84, 16–20.
– 1984 b: Tourism – Paving the Way for an Integrated Development in Peripheral Regions in Mexico? In: Mainzer Geographische Studien, 26, 37–46.

Müller J. 1984: Brasilien, Länderprofile. Stuttgart.

Müller, P. (Hrsg.) 1972: Zweites Symposium über „Biogeographische und landschaftsökologische Probleme Südamerikas". Saarbrücken (= Mitt. Biogeogr. Abt. Univ. Saarland 3).
– 1973 a: Historisch-biogeographische Probleme des Artenreichtums der südamerikanischen Regenwälder. In: Amazonia 4, 229–242.
– 1973 b: The Dispersal Centres of Terrestrial Vertebrates in the Neotropical Realm. In: Biogeographica (Den Haag) 2, 1–244.
– 1974: Economy and Ecological Equilibrium. In: Geoforum 18, 3–5.
– 1979: Campo Cerrado – Forest or Savanna? In: GeoJournal 3(1), 15–25.
Müller, P. & J. Schmithüsen 1970: Probleme der Genese südamerikanischer Biota. In: Deutsche Geogr. Forschung in der Welt von Heute, Festschr. f. Erwin Gentz. Kiel, 109–122.

Nickel, H. J. 1978: Soziale Morphologie der mexikanischen Hacienda. Wiesbaden (= Das Mexiko-Projekt d. DFG XIV)
– 1979: Die Hacienda im 19. und 20. Jahrhundert. Ein Forschungsbericht zum Fall Mexiko. In: G. Siebenmann (Hrsg.): Die lateinamerikanische Hacienda. Diessenhofen, 61–103.
– 1979: Peonaje e inmovilidad de los trabajadores agrícolas en México. En: Anuario de Estudios Americanos (Sevilla) 36, 287–349.

- 1982: Landarbeiter in der mexikanischen Revolution (1910–1940); Hypothesen und Befunde zu ihrer unterschiedlichen Beteiligung im Hochland von Mexiko. Bayreuth (= Forschungsmaterialien der Universität, Fachgruppe Geowissenschaften 6).
- 1984: The Food Supply of Hacienda Labourers in Puebla-Tlaxcala during the Porfiriato: A first Approximation. In: R. Buve (ed.): Haciendas in Central Mexico from the Late Colonial Times to the Revolution. Amsterdam (Centre for Latin American Research and Documentation) 113–159.

Nuhn, H. 1973: Regionalización de Costa Rica para la planificación del desarrollo y la administración. San José.
- 1975: Zentralamerika. Karten zur Bevölkerungs- und Wirtschaftsstruktur. Hamburg (= Beitr. z. Geogr. Regionalforsch. in Lateinamerika 1).
- 1978: Regionalisierung und Entwicklungsplanung in Costa Rica. Ein Beitrag zur Angewandten Geographie und Regionalplanung unter Einsatz von EDV. Hamburg (= Beitr. z. Geogr. Regionalforsch. in Lateinamerika 2).
- 1978/79: Atlas preliminar de Costa Rica. San José.
- 1981: Struktur und Entwicklung des Städtesystems in den Kleinstaaten Zentralamerikas und ihre Bedeutung für den regionalen Entwicklungsprozeß. In: Erdkunde 36, 303–320.
- 1982: The evolution of transport systems and socio-economic integration in the small states of Central America. In: Economics 26, 87–108.
- 1983: Zentralamerika – Kleinstaatlichkeit, ökonomische Integration, politische Konflikte. In: GR 35, 488–496.
- (Hrsg.) 1985: Krisengebiet Mittelamerika; Zentrale Probleme, weltpolitische Konflikte. Braunschweig.
- siehe auch Sandner/Nuhn 1971.

Ochsenius, C. 1982 a: Atacama: The Hologenesis of the Pacific Coastal Desert in the Context of the Tropical South American Quaternary. In: The Geol. Story of the World's Deserts, (= Striae 17), Uppsala, 112–131.
- 1982 b: Biogeographie und Ökologie der Landmegafauna Südamerikas und ihre korrelativen Landschaften im Jung-Quartär. Habil. Saarbrücken.
- 1983: Aridity and Biogeography in Northernmost South America during the late Pleistocene. In: Zentralblatt Geol. Paläont. Teil I, 264–278.

Otremba, E. 1954 a: Entwicklung und Wandlung der venezolanischen Kulturlandschaft unter der Herrschaft des Erdöls. In: Erdkunde 8, 169–188.
- 1954 b: Die venezolanische Stadt. In: GR 6, 54–64.
- 1958: Die landwirtschaftlichen Betriebsformen in Venezuela und das Problem der Agrarkolonisation durch Europäer. In: Wiss. Veröff. d. Dt. Inst. f. Länderkunde Leipzig NF 15/16, 5–50.
- 1973: Venezuela. El Centro y el Interior. In: GR 25, 1–12.

Pachner, H. 1977: El barrio, estación de transito en el proceso de urbanización. En: Nueva Sociedad (Caracas) 30, 15–21.
- 1982 a: Hüttenviertel und Hochhausquartiere als Typen neuer Siedlungszellen der venezolanischen Stadt. Sozialgeogr. Studien zur Urbanisierung in Lateinamerika als Entwicklungsprozeß von der Marginalität zur Urbanität. Stuttgart (= Stuttg. Geogr. Stud. 99).
- 1982 b: El desarollo demográfico de Venezuela en relación con el cambio en las disparidades regionales. En: Hispanorama 32, 106–110.
- 1983 a: Rural settlements in Venezuela in the field of tension between town and country. In: Applied Geogr. and Developm. 21, 118–127.
- 1983 b: Nuevos tipos de poblaciones en América Latina. La urbanización en colonias espontáneas y planificadas en el caso de Venezuela. En: Universitas 21(2), 141–150.
- 1985: Bevölkerungsentwicklung und räumliche Kontraste in Venezuela. In: Nachr. d. Deutsch-Venezolanischen Ges. 3, 132–137.
- 1986: La urbanización de barrios urbanos periféricos en Caracas. En: Benecke et al (Eds.), 399–416.

Paffen, K. H. 1952: A Geografia cientifica na Alemanha de hoje. Em: Boletin Paulista de Geografia 13, 19–30.

56

- 1956: Caatinga, Campos und Urwald in Ostbrasilien. Ein Beitrag zum Savannenproblem. In: DGT Hamburg 1955, Wiesbaden, 214–226.
- 1959: Das Problem der „Cerrados" in den Tropen. In: Compt. Rend. du XVIII. Congr. Int. de Géogr. Rio de Janeiro 1956, Actes du Congr. I. Rio de Janeiro, 315–317.
- siehe auch Bähr/Paffen/Stewig 1981.

Pfeffer, K.-H. 1975: Zur Genese von Oberflächenformen in Gebieten mit flachlagernden Carbonatgesteinen. Wiesbaden.
- 1979: Morphodynamiques en terrains calcaires et karstique. En: Actes du Symposium International sur l'erosion karstique, Nimes. Memoire no. 1 de l'Association Française de Karstologie, 215–224.
- 1984: Relationen zwischen Formenschatz und Gestein im Südwesten Jamaikas. In: Die Höhle, 3/4, 247–252.

Pfeifer, G. 1939: Sinaloa und Sonora. Beiträge zur Landeskunde und Kulturgeographie des nordwestlichen Mexico. In: Mitt. Geogr. Ges. Hamburg 46, 289–458.
- 1952: Brasiliens Stellung in der kulturgeographischen Entwicklung der Neuen Welt (Kolonialzeit). In: Erdkunde 6, 85–103.
- 1956/57: Städtische und ländliche Bevölkerung in Brasilien und die Binnenwanderungsbewegung. In: Geogr. Taschenbuch, Wiesbaden, 392–402.
- 1962 a: Brasilia. In: Hermann v. Wissmann-Festschrift. Tübingen, 289–320.
- 1962 b: Brasilien als Entwicklungsland. Beobachtungen im Hinterland von Rio, in Espirito Santo, Minas Gerais, Goias und Amazonien. In: Westfäl. Geogr. Stud. 15, Münster, 125–194.
- 1966 a: Atlantische Welt. Probleme der Gestaltung neuweltlicher Kulturlandschaften am Beispiel Brasiliens. Würzburg (= Würzburger Geogr. Arb. 18).
- 1966 b: The Basin of Puebla-Tlaxcala in Mexico. In: Revista Geográfica (Rio de Janeiro), 64, 85–107.
- 1971: La Geografía en América Latina: de Alexander von Humboldt a la investigación en proyectos modernos (mit Schriftenverzeichnis). In: Informationsdienst der Arbeitsgem. Deutsche Lateinamerikaforschung (= Boletin ADLAF, Sonderheft), Hamburg, 6–48.
- 1981: Beiträge zur Kulturgeographie der Neuen Welt. (Hrsg. v. G. Kohlhepp) Berlin (= Kleine Geogr. Schriften 2).
Pfeifer, G. & Kohlhepp, G. (Hrsg.) 1984: Leo Waibel als Forscher und Planer in Brasilien (mit Schriftenverzeichnis). Stuttgart (= GZ B 71).

Popp, K. 1976: Der Kulturlandschaftswandel in Becken von Atlixco/Puebla. Diss. Erlangen.
- 1985: Privatwirtschaftliche Baulanderschließungen (fraccionamientos) im Zuge der Stadterweiterung mexikanischer Städte, aufgezeigt am Beispiel der Stadt Puebla/Pue. In: Erdkunde 39, 144–152.
Popp, K. & Tyrakowski, K. 1977: Der Caserio Metepec/Atlixco. Zur Entwicklung einer frühen Industriesiedlung in Mexiko. In: IAA NF 3, 266–280.

Quelle, O. 1926: Das Romanische Amerika 1913–25. In: Geogr. Jahrbuch 41, Gotha, 360–424.

Rohdenburg, H. 1982: Geomorphologisch-bodenstratigraphischer Vergleich zwischen dem nordbrasilianischen Trockengebiet und immerfeucht-tropischen Gebieten Südbrasiliens. In: Catena Suppl. 2, 73–122.
- siehe auch Bork/Rohdenburg 1983 und 1984 sowie Semmel/Rohdenburg 1979.

Rönick, V. 1981: Das nordöstliche Rio Grande do Sul. Naturräumliche Gliederung und wirtschaftliche Bewertung. Münster (= Münstersche Geogr. Arb. 13).
- 1983: Ländliche Regionalentwicklung in Nordost-Brasilien. Das Beispiel der Serra da Ibiapaba. In: GZ 71, 50–61.
- 1985 a: Urbanisierung u. Regionalentwicklung im Großraum Brasilia. In: GR 37, 176–182.
- 1985 b: Ursachen der Armut und Hindernisse bei der Erfüllung der Grundbedürfnisse im ländlichen Raum Nordost-Brasiliens. Habil. Münster (erscheint in Münstersche Geogr. Arb.).

Rother, K. 1974: Zum Fortgang der Agrarreform in Chile. In: Erdkunde 28, 312–315.
- 1975: Eine mittelchilenische Agrarlandschaft. Der Sonderkulturanbau von Peumo am Rio Cachapoal. In: Die Erde 106, 228–242.

- 1977 a: Der agrarstrukturelle Wandel in Chile zwischen 1965 u. 1975. In: LA-Stud 3, 135–153.
- 1977 b: Gruppensiedlungen in Mittelchile. Erläutert am Beispiel der Provinz O'Higgins. Düsseldorf (= Düsseldorfer Geogr. Schr. 9).

Rother, K. & B. Rother 1979: Beobachtungen zur Geographie des chilenischen Fremdenverkehrs. In: Innsbrucker Geogr. Stud. 5, 437–466.

Sander, H. J. 1976: Sozialökonomische Klassifikation der kleinbäuerlichen Bevölkerung im Gebiet von Puebla-Tlaxcala (Mex.). Bonn (= Bonner Geogr. Abh. 56).
- 1980: Reorganizing and Improving Environmental Conditions in the High Valley of Mexico: The „Texcoco Plan". In: Applied Geogr. and Developm. 16, 105–116.
- 1981: Beziehungen zwischen Tourismus, ländlichem Kunsthandwerk und Agrarstruktur in einigen Dörfern Zentralmexikos. In: Erdkunde 35, 201–209.
- 1983: Mexiko-Stadt. Köln (= Problemräume der Welt 3).

Sandner, G. 1961: Agrarkolonisation in Costa Rica. Siedlung, Wirtschaft und Sozialgefüge an der Pioniergrenze. Kiel (= Schr. d. Geogr. Inst. Kiel 19).
- 1964: Die zentralamerikanische Kartographie, ihre Entwicklung und ihre Bedeutung für Wirtschaft und Planung. In: Kartogr. Nachrichten 14, 37–51.
- 1966: Planeamiento regional y geografía aplicada en los paises centroamericanos. Situación actual, problemas y experiencias en un centro de geografía aplicada en Costa Rica. En: Union Geográfica Internacional, Conferencia Regional Latinoamericana, México II, 171–178.
- 1967: La individualidad nacional de las capitales centroamericanas. En: Revista Geográfica (Rio de Janeiro) 66, 7–18.
- 1968: Die Bedeutung der thematischen Landesaufnahme für die Regionalentwicklung in Lateinamerika. In: Kartogr. Nachrichten 18, 203–213.
- 1969: Die Hauptstädte Zentralamerikas, Wachstumsprobleme, Gestaltwandel u. Sozialgefüge. Heidelberg.
- 1970: Population pressure upon resources in Costa Rica. In: W. Zelinsky, L. A. Kosinski, R. M. Prothero (Eds.): Geography and a Crowding World. New York, 535–555.
- 1971: Die Hauptbasen der wirtschaftlichen Entwicklung in Lateinamerika in ihrer Beziehung zur Raumerschließung. In: Hamburger Geogr. Stud. 24, 311–334.
- 1975: Wachstumspole und regionale Polarisierung der Entwicklung im Wirtschaftsraum. Ein Bericht über lateinamerikanische Erfahrungen. In: GZ B 41, 78–90.
- 1981 a: Politisch-geographische Raumstrukturen und Geopolitik im Karibischen Raum. In: GZ 69, 34–56.
- 1981 b: Estructuración espacio-politico-geográfica y la geopolitica en la región Caribe. En: Revista Geográfica de América Central 13/14, 41–66.
- 1982 a: Notas criticas acerca de los problemas de conceptualización e información y la planificación. En: Revista Interamericana de Planificación 16(62), 54–61.
- 1982 b: Spatial Interaction within the Caribbean. In: Beiträge zur Soziologie und Sozialkunde Lateinamerikas (München) 21, 65–75.
- 1983: Nicaragua – Regionalprobleme und Regionalpolitik. In: GR 35, 524–533.
- 1985: Zentralamerika und der Ferne Karibische Westen. Konjunkturen, Krisen und Konflikte 1503–1984. Stuttgart.
- 1986: Presión demográfica y capacidad demográfica territorial en el área rural de América Latina; Contribuciones a una reinterpretación en base de la situación actual. En: Benecke et al (Eds.), 29–44.

Sandner, G. & H. Nuhn 1971: Das nördliche Tiefland von Costa Rica. Geographische Regionalanalyse als Grundlage für die Entwicklungsplanung. Berlin/New York (= Abh. a. d. Geb. d. Auslandskunde 72).

Sandner, G. & H. A. Steger (Hrsg.) 1973: Lateinamerika. Frankfurt (= Fischer-Länderkunde 7).

Schacht, S. 1980: Agrarkolonisation in der Zona da Mata Nordostbrasiliens am Beispiel der Kolonie Pindorama. In: GZ 68, 54–76.
- 1981: Agricultural Colonization of the Zona da Mata of North-East Brazil – The Example of Pindorama. In: Applied Geography and Development 17, 71–90.

Scherm, G. 1982: Guyana und Surinam. Wirtschaftgeographische Probleme der Rohstoffabhän-

58

gigkeit bauxitexportierender Entwicklungsländer. München (= Wirtschaftswiss. Forschung u. Entwicklung 79).
- 1985: Die Guayana-Länder – Entwicklungstendenzen und Entwicklungsstrategien im Vergleich. In: GR 37, 306–313.
- siehe auch Haas/Scherm 1985.

Schmieder, O. 1926: The East Bolivian Andes South of the Rio Grande or Guapay. In: Univ. of Calif. Publ. in Geogr., Berkeley 2, 85–210 (Zusammenfassung in GZ 32, 1926, 393–405).
- 1928: Die Entwicklung der Pampa als Kulturlandschaft. In: 22. DGT Karlsruhe. Breslau, 76–86.
- 1929: Das Pampaproblem. In: PM 75, 246–47.
- 1930: Settlements of the Tzapotec and Mije Indians. Berkeley (= Univ. of Calif. Publ. in Geogr. 4).
- 1932: Länderkunde Südamerikas. Leipzig–Wien.
- 1933: Länderkunde Nordamerikas. Leipzig–Wien.
- 1934: Länderkunde Mittelamerikas: Westindien, Mexico, Zentralamerika. Leipzig–Wien.
- 1962: Die Neue Welt, 1. Teil, Mittel- und Südamerika. Heidelberg–München.
Schmieder, O. & H. Wilhelmy 1938: Deutsche Ackerbausiedlungen im südamerikanischen Grasland. Pampa und Gran Chaco. Leipzig (= Wiss. Veröffentl. d. Museums f. Völkerkunde NF 6).

Schmithüsen, J. 1956: Die räumliche Ordnung der chilenischen Vegetation. Bonn (= Bonner Geogr. Abh. 17).
- siehe auch Müller/Schmithüsen 1970.

Schnütgen, A. 1981: Der Aufbau der Sedimente des oberen Rio Negro am Beispiel eines Profils bei San Carlos (Venezuela). In: Sonderveröffentl. d. Geol. Inst. Köln 41, 331–339.
- siehe auch Bremer/Schnütgen 1985.

Schoop, W. 1970: Vergleichende Untersuchungen zur Agrarkolonisation der Hochlandindianer am Andenabfall und im Tiefland Ostboliviens. Wiesbaden (= Aachener Geogr. Arb. 4).
- 1975: The Potential and Limits of Bolivian Agriculture. In: Economics 12, 34–62.
- 1980: Die bolivianischen Departementzentren im Verstädterungsprozeß des Landes. Wiesbaden (= Acta Humboldtiana, Series Geogr. et Etnogr. 7).
- 1981: Ciudades Bolivianas. En: Enciclopedia Boliviana, La Paz – Cochabamba.
- 1982 a: Güteraustausch und regionale Mobilität im Kallawaya-Tal (Bolivien). In: Erdkunde 36, 254–266.
- 1982 b: Wanderungsverhalten und Warenangebot mobiler Händler; Ergebnisse einer Untersuchung auf den Wochenmärkten im Becken von Cochabamba, Bolivien. In: Mainzer Geogr. Stud. 21, 49–62.

Schrimpff, E. 1975: Ein mathematisches Modell zur Vorhersage von Abflußereignissen im Bereich der Anden Kolumbiens. Diss. Math.-Nat. Fak. Köln.
- 1984: Air Pollution Patterns in two Cities of Colombia, According to Trace Substances Content of an Epiphyte (Tillandsia recurvata L.). In: Water, Air and Soil Pollution 21, 279–315.

Schweigger, E. 1959: Die Westküste Südamerikas im Bereich des Perustroms. Heidelberg.

Seele, E. 1968: Die Agrarlandschaften der Gegenwart im Becken von Puebla-Tlaxcala. In: Tichy, F. (Hrsg.): Das Mexiko-Projekt der DFG, Bd. I. Wiesbaden, 153–169.
- 1970: Jüngere Wandlungen in der Agrarlandschaft im Hochland von Mexiko. In: DGT Kiel 1969, Wiesbaden, 563–568.
- 1981: Agrarstrukturen im Hochland von Mexiko. In: Frankfurter Beitr. z. Didaktik d. Geogr. 5, 217–230.
Seele, E. & F. Wolf 1976: Mapas estadísticos de México medinate equipo electrónica. Comunicaciones Proyecto Puebla-Tlaxcala, Suplemento 1.
Seele, E. & K. Tyrakowski & F. Wolf 1983: Mercados semanales en la región de Puebla-Tlaxcala/ Mex. Comunicaciones Proyecto Puebla-Tlaxcala, Suplemento 9.
Seele, E. & Tyrakowski, K. 1985: Cuescomate y Zencal en la región Puebla-Tlaxcala (Mex.). Comunicaciones Proyecto Puebla-Tlaxcala, Suplemento 5.
- siehe auch Lauer/Seele 1984.

Semmel, A. 1978: Braun – Rot – Grau. „Farbtest" für Bodenzerstörung in Brasilien. In: Umschau 16, 497–500.
– 1982: Catenen der feuchten Tropen und Fragen ihrer geomorphologischen Deutung. In: Catena Suppl. 2, 123–140.
Semmel, A. & Rohdenburg, H. 1979: Untersuchungen zur Boden- und Reliefentwicklung in Südbrasilien. In: Catena 6, 203–217.

Sick, W. D. 1963: Wirtschaftsgeographie von Ecuador. Stuttgart (= Stuttgarter Geogr. Stud. 73).
– 1966: El mejoramiento de la estructura agrária del Ecuador, desde el punto de vista geográfico. Conf. reg. latinoam. de la IGU, II, Mexico 546–559.
– 1969: Geographical Subsistance. In: Biogeography and Ecology in South America. 2, The Hague (= Monographiae Biologicae 19) 449–474.

Sievers, W. 1893: Mittel- und Südamerika. Leipzig und Wien (^{2}1903, ^{3}1914).
– 1913: Das Romanische Amerika 1907–12. In: Geogr. Jahrbuch 36, Gotha, 329–364.

Sioli, H. 1956: Über Natur und Mensch im brasilianischen Amazonasgebiet. In: Erdkunde 10, 89–109.
– 1983: Grundlagen der Ökologie des größten tropischen Waldlandes. Stuttgart.

Spielmann, H. 1973: Ursachen, Merkmale und Bedeutung der Bevölkerungsverschiebungen in Guatemala. Hamburg.
– 1977: El sistema de lugares centrales en Guatemala. Guatemala.
– 1984: Comercio y servicios en el proceso de desarrollo urbano-regional de Guatemala Occidental. Hamburg.

Stadel, C. 1975 a: Guatemala – geographische und wirtschaftshistorische Aspekte seiner Entwicklung. In: Lateinamerika Aspekte 7, 1–15.
– 1975 b: Colombia. In: Jones, R. (ed.): Essays on World Urbanization. London, 238–262.
– 1985 a: Environmental stress and human activities in the tropical Andes (Ecuador). In: Eichstätter Beiträge, Geographie 12, 235–263.
– 1985 b: Del Valle al Monte. Landnutzung und Höhengliederung im Raum Patate-Pelileo Ekuador. In: Die Erde 116, 7–25.

Stingl H. & Garleff K. 1984: Tertiäre und pleistozäne Reliefentwicklung an der interozeanischen Wasserscheide in Südpatagonien (Gebiet von Rio Turbio, Argent.). In: Berliner Geogr. Abh. 36, 113–118.
– 1985: Glacier Variations and Climate of the Late Quaternary in the Subtropical and Midlatitude Andes of Argentina. In: Z. f. Gletscherk. u. Glazialgeol. 21, Innsbruck, 225–228.
– siehe auch Garleff/Stingl 1984.

Storck, K.-L. 1984: Die zentralen Orte im Becken von Oaxaca (Mex.) während der Kolonialzeit. München (= LA-Stud 16).

Termer, F. 1936/1941: Zur Geographie der Republik Guatemala. In: Mitt. Geogr. Ges. Hamburg 44, 1936, 89–276 und 47, 1941, 7–262.
– 1948: Karl Sapper. In: PM 92, 193–195.
– 1954: Die Halbinsel Yucatan. Gotha (=PM Erg. Hefte 253).

Tichy, F. 1966: Politischer Umsturz und Kulturlanschaftswandel im Hochland von Mexiko. In: Heidelberger Geogr. Arb. 15, 99–114.
– (Hrsg.) 1968: Das Mexiko-Projekt der Deutschen Forschungsgemeinschaft I, Berichte über begonnene u. geplante Arbeiten. Wiesbaden.
Darin:
– Das Hochbecken von Puebla-Tlaxcala u. seine Umgebung, 6–24.
– Karte und Luftbild als Grundlage der Regionalforschung, 25–26.
– Die Entwicklung der Agrarlandschaften seit der vorkolumbianischen Zeit, 145–152.
– 1973 a: die Umweltgestaltung im Hochbecken von Mexiko in der Sicht Alexander von Humboldts und die Umweltprobleme der Gegenwart. In: GZ B 33, 334–351.
– 1973 b: Los paisajes culturales en el area de Puebla-Tlaxcala a fines del siglo XVIII y el

desarrollo histórico hasta la epoca actual. En: Comunicaciones (Proyecto Puebla-Tlaxcala) 7, 121–125.

– 1976: Ordnung u. Zuordnung von Raum und Zeit im Weltbild Altamerikas. Mythos oder Wirklichkeit? In: IAA NF 2, 113–154.

– 1979 a: Genetische Analyse eines Altsiedellandes im Hochland von Mexiko. Das Becken von Puebla-Tlaxcala. In: J. Hagedorn, J. Hövermann, H.-J. Nitz (Hrsg.): Gefügemuster der Erdoberfläche. (= Festschr. z. z. 42. Dt. Geogr. tag) Göttingen, 339–373.

– 1979 b: Pueblos, haciendas y ranchos en el area de Puebla-Tlaxcala a fines del siglo XVIII. Aportación a la geografía histórica sobre los asentamientos del altiplano mexicano. En: B. Dahlgren (Ed.): Mesoamérica. Homenaje al Doctor Paul Kirchhoff. INAH México D. F., 159–164.

– 1983 a: Die Mexiko-Reise Alexander von Humboldts 1803–1804. In: LA-Stud 13, 963–988.

– 1983 b: Observaciones del sol y calendario agrícola en Mesoamérica. In: A. F. Aveni & G. Brotherston (Eds.): Calendars in Mesoamérica and Peru, Native American computations of time; Proceedings 44th International Congress of Americanists Manchester 1982. (= BAR International Series 174) Oxford, 135–143,

– 1983 c: El patrón de asentamientos con sistema radical en la Meseta Central de México. „Sistemas ceque" en Mesoamérica? In: Jb. Gesch. LA 20, 61–84.

Trautmann, W. 1973 a: Formen der Landnutzung im präkolonialen Mexico. In: Jb. Gesch. LA 10, 1–15.

– 1973 b: Los cultivos de humedad en la historia mexicana. En: Boletín del Instituto Nacional de Antropología e Historia (México) 5, 43–48.

– 1975: Agrarstruktur u. rezente Wandlungen in der Henequen-Landschaft Yucatans. In: Z. f. Wirtsch. geogr. 6, 172–181.

– 1978: El cambio económico y social de los pueblos de Tlaxcala en la epoca colonial. En: Comunicaciones (Proyecto Puebla-Tlaxcala) 15, 93–97.

– 1980: Catalogo histórico-crítico de los nombres de lugar relativos a Tlaxcala. Comunicaciones (Proyecto Puebla-Tlaxcala) Suplemento VIII.

– 1981: Las transformaciones en el paisaje cultural de Tlaxcala durante la epoca colonial. Una contribución a la história de México bajo especial considerción de aspectos geografico-economicos y sociales. (= Das Mexico-Projekt der Deutschen Forschungsgemeinschaft XVII), Wiesbaden.

– 1983: Der kolonialzeitliche Wandel der Kulturlandschaft in Tlaxcala. Ein Beitrag zur historischen Landeskunde Mexikos unter besonderer Berücksichtigung wirtschafts- und sozialgeographischer Aspekte. Essen (= Essener Geogr. Arb. 5).

Troll, C. 1931: Die geographischen Grundlagen der andinen Kulturen und des Incareiches. In: IAA 5, 1–37.

– 1943: Die Stellung der Indianer-Hochkulturen im Landschaftsaufbau der tropischen Anden. In: Mitt. d. Ges. f. Erdk. Leipzig 1943, 93–128.

– (Hrsg.) 1968 a: Geo-Ecology of the Mountainous Regions of the Tropical Americas. Bonn (= Colloquium Geographicum 9).

– 1968 b: The Cordilleras of the Tropical Americas. Aspects of climatic, phytogeographical and agrarian ecology. In: Colloquium Geogr. 9, 15–56.

– 1974: Der dreidimensionale Landschaftsaufbau der Erde. In: Akad. d. Wiss. u. d. Lit. Mainz 1949–1974, Wiesbaden, 54–69.

– 1975: Vergleichende Geographie der Hochgebirge der Erde in landschaftsökologischer Sicht. Eine Entwicklung von dreieinhalb Jahrzehnten Forschungs- und Organisationsarbeit. In: GR 27, 185–198.

– Verzeichnis der Wissenschaftlichen Veröffentlichungen. In: Erdkunde 13, 1959, 252–258; Colloquium Geographicum 12, 1970, 18-27; Erdkunde 30, 1976, 7–9.

Tyrakowski, K. 1975: Ländliche Siedlungen im Becken v. Puebla-Tlaxcala (Mex.) und ihre Entwicklung im 19. und 20. Jh. Berlin (= Bibl. Iberoamericana 21).

– 1978: Cartografía lugareña. Un ejemplo contemporáneo del pueblo de San Juan Cuautinchan, Pue. En: Comunicaciones (Proyecto Puebla-Tlaxcala) 15, 143–150.

- 1979: El Proyecto México de la Fundación Alemana para la Investigación Científica; Bibliografía (1976–1979). En: Comunicaciones (Proyecto Puebla-Tlaxcala) 16, 303–316.
- 1980: Quien sale ganando en el tianguis de Tepeaca? Oberservaciones acerca del nivel de precios y de beneficios en el mayor mercado semanal del Estado de Puebla. En: Rutas de intercambio en Mesoamerica y norte de México. Sociedad Mexicana de Antropología, XVI Mesa Redonda, Saltillo, Coahuila I, 277–285.
- 1982: Aspekte einer touristischen Inwertsetzung des kirchlich-archäologischen Komplexes von San Miguel del Milagro und Cacaxtla im Staat Tlaxcala, Mex. In: IAA NF 8, 373–402.

Tyrakowski, K. & H. Haufe 1981: Die Hacienda Santa Agueda, Tlaxcala. Zur Genese eines Mustergutes der Profiriatszeit. In: IAA NF 7, 111–136.
- siehe auch Popp/Tyrakowski 1977; Seele/Tyrakowski/Wolf 1983; Seele/Tyrakowski 1985.

Ummenhofer, S. M. 1983: Ecuador; Industrialisierungsbestrebungen eines kleinen Agrarstaates. Saabrücken/Fort Lauderdale (= Sozialw. Stud. zu Intern., Problemen 78).

Veit, H. & Veit, H. 1985: Relief, Gestein und Boden im Gebiet von Conceicao dos Correiras (S-Brasilien). Frankfurt (= Frankfurter Geow. Arb. 5).

Waibel, L. 1933: Die Sierra Madre de Chiapas. In: Mitt. Geogr. Ges. Hamburg 43, 12–162.
- 1955: Die europäische Kolonisation Südbrasiliens. Bonn (= Colloquium Geographicum 4).

Waldt, H.-O. 1978: Sonderkulturen in Venezuela, eine agrargeographische Untersuchung unter besonderer Berücksichtigung der Standortproblematik. Mainz (= Mainzer Geogr. Studien 15).
- 1981: La Horticultura – reflejo del desarrollo de la economía Venezolona. En: Revista Geográfica (Mérida/Venezuela) 16–19, 199–215.

Weischet, W. 1958: Studien über den glazial bedingten Formenschatz der südchilenischen Längssenke im West-Ost-Profil beiderseits Osorno: In: PM 102, 161–177.
- 1959: Geographische Beobachtungen auf einer Forschungsreise in Chile. In: Erdkunde 13, 6–21.
- 1960: Die geographischen Auswirkungen des Erdbebens vom 22. Mai 1960 im Kleinen Süden Chiles. In: Erdkunde 14, 273–288.
- 1966: Zur Klimatologie der nordchilenischen Wüste. In: 35. DGT Bochum 1965, Wiesbaden, 336–339.
- 1968: Die thermische Ungunst der südhemispärischen hohen Mittelbreiten im Sommer im Lichte neuerer dynamisch-klimatologischer Untersuchungen. In: Regio Basiliensis 9, 170–189.
- 1970: Chile, Länderkundliche Individualität und Struktur. Darmstadt.
- 1974: Agrarreform und Nationalisierung des Bergbaus in Chile. Darmstadt.
- 1977: Die ökologische Benachteiligung der Tropen. Stuttgart ([2]1980).
- 1985: Climatic Constraints for the development of the Far South of Latin America. GeoJournal 11, 79–87.

Weischet, W. & E. Schallhorn 1974: Altsiedelkerne und frühkolonialer Ausbau in der Bewässerungskulturlandschaft Zentralchiles. In: Erdkunde 28, 295–303.

Wenzens, G. 1974: Morphologische Entwicklung ausgewählter Regionen Nordmexikos unter besonderer Berücksichtigung des Kalkkrusten-, Pediment- u. Poljeproblems. Düsseldorf (= Düsseldorfer Geogr. Schr. 2).
- 1978: Zur Genese von Schwemmfächern und Pedimenten in den Basin and Range-Landschaften Nordamerikas. In: Z. f. Geom. NF Suppl. 30, 74–92.

Werner, D. J. 1978: Höhenstufen als Gesellschaftskomplexe, ihre pflanzensoziologische Abgrenzung und Kartierung am Ostrande der argentinischen Puna. In: Tüxen, R. (Hrsg.): Assoziationskomplexe (Sigmenten). Berichte der Intern. Symposien der Intern. Vereinig. f. Vegetationskunde. Rinteln 1977, Vaduz, 223–239.

Wilhelmy, H. 1941: Die deutschen Siedlungen in Mittelparaguay. Kiel (= Schr. d. Geogr. Inst. d. Univ. Kiel 11(1)).
- 1952: Südamerika im Spiegel seiner Städte. Hamburg.
- 1954: Die klimamorphologische und pflanzengeographische Entwicklung des Trockengebietes am Nordrand Südamerikas seit dem Pleistozän. In: Die Erde 85, 244–273.

— 1956: Ein Vegetationsprofil durch die feuchttropischen Anden von Kolumbien. In: Kosmos 10, 478–484.

— 1958: Das Große Pantanal in Mato Grosso. Ein Beitrag zur Landeskunde tropischer Schwemmlandebenen. In: DGT Würzburg 1957, Wiesbaden, 45–71.

— 1966: Tropische Transhumance. In: Heidelberger Geogr. Arb. 15, 198–207.

— 1979: Karstformenwandel und Landschaftsgenese der Halbinsel Yucatan. In: Innsbrucker Geogr. Studien 5, 131–149.

— 1980: Geographische Forschungen in Südamerika. Ausgwählte Beiträge (Hrsg. v. G. Kohlhepp). Berlin (= Kleine Geogr. Schriften 1).

— 1981: Welt und Umwelt der Maya. München.

Wilhelmy, H. & W. Rohmeder 1963: Die La Plata-Länder. Argentinien – Paraguay – Uruguay. Braunschweig.

Wilhelmy, H. & A. Borsdorf 1984/1985: Die Städte Südamerikas. Teil 1: Wesen und Wandel, Berlin/Stuttg. 1984; Teil 2: Die urbanen Zentren und ihre Regionen, Berlin/Stuttg. 1985.

— siehe auch Schmieder/Wilhelmy 1938.

Zschocke, R. 1981: Felix Monheim. Lebensweg und wissenschaftliches Wirken (mit Schriftenverzeichnis). In: Aachener Geogr. Arb. 14, 1–14.

Wilhelm Lauer
Bonn

Mensch und Umwelt
Interdisziplinäre Forschung in Lateinamerika unter besonderer
Mitwirkung der Geographie

1. Bemerkungen zur Entwicklung der deutschen Lateinamerikaforschung
nach dem Zweiten Weltkrieg

Die deutsche Lateinamerikaforschung wurzelt bereits in der spanischen und portugiesischen Kolonialzeit, doch konnte sie sich erst mit der Loslösung von den iberischen
Mutterländern und der Entwicklung von Nationalstaaten entfalten, als sich zwischen
Deutschland und einzelnen Staaten Lateinamerikas engere kulturelle und wirtschaftliche Beziehungen anbahnten. Deutsche Forschungsreisende und Wissenschaftler waren
maßgeblich daran beteiligt, daß die weißen Flecke auf der Landkarte Lateinamerikas
immer kleiner wurden. Sie schufen dadurch Voraussetzungen für die Erschließung
weiter Gebiete. Europäische Siedlerströme, die sich bereits Mitte des 19. Jahrhunderts in die leeren Räume der randtropischen und außertropischen Landschaften der
ABC-Staaten (Argentinien, Brasilien, Chile) ergossen, regten besonders die wissenschaftliche Erkundung an. Die Erdwissenschaften und die historischen Disziplinen im
weitesten Sinne und besonders alle Fachgebiete, die heute unter dem Sammelbegriff
,,Amerikanistik`` oder besser ,,Hispanistik`` zusammengefaßt sind, hatten maßgeblichen
Anteil daran. Unter den vielen Unternehmungen ragen freilich die großen Expeditionen
der klassischen Naturforscher heraus, deren Ergebnisse im europäischen Schrifttum
weite Verbreitung fanden und den Leser nicht nur wegen ihres wissenschaftlichen
Ertrages, sondern auch durch die Exotik der unbekannten Neuigkeiten beeindruckten.
Insbesondere nach den Reisen des ausgehenden 18. und besonders des 19. Jahrhunderts entstanden als Folgewirkung der vielen, Expeditionscharakter tragenden Unternehmungen Sammlungen, Bibliotheken und Museen, die allerdings erst in der ersten
Hälfte des 20. Jahrhunderts institutionelle Formen im Sinne von Forschungsstätten
annahmen.[1]
Die große Tradition deutscher Lateinamerikaforschung im 19. und im beginnenden
20. Jahrhundert soll hier nicht noch einmal beschworen werden. Der Zweite Weltkrieg
hatte sie einschneidend abreißen lassen. Es bedurfte einer sehr mühevollen Aufbauarbeit, um alte Kontakte wieder aufzunehmen und wissenschaftliche Verbindungen
zu beleben.
Hinsichtlich multidisziplinärer, schließlich auch interdisziplinärer Aktivitäten räumlich
orientierter Wissenschaftszweige, wie der Erdwissenschaften und der lateinamerika-
bezogenen biologischen Forschungen verdient die Initiative des Hamburger Natur-
philosophen Adolf Meyer-Abich besonders hervorgehoben zu werden. Er suchte
schon bald nach dem Zweiten Weltkrieg in Anlehnung an sein eigenes Vorbild einer
Institutsgründung in den 30er Jahren in der Dominikanischen Republik für Natur-

wissenschaftler, vor allem für Biologen und Erdwissenschaftler, nach Möglichkeiten, in lateinamerikanischen Ländern wieder ein Betätigungsfeld zu finden.

Als erste, in den Forschungszielen an einheimischen Notwendigkeiten orientierte Forschungsstätte entstand in enger Bindung an den Partner das „Instituto Tropical de Investigaciones Científicas" (ITIC) in San Salvador (El Salvador), an der junge Wissenschaftler aus Deutschland, aber auch aus anderen europäischen Ländern und den USA als Gastforscher arbeiten konnten. Dieses Tropeninstitut nahm zwischen 1951 und 1960 ca. 70 Wissenschaftler zu kürzeren und längeren Forschungsaufenthalten auf, zu denen auch Geographen gehörten.[2] Meyer-Abich hat auch Möglichkeiten ausgelotet, jüngere deutsche Wissenschaftler an lateinamerikanische Universitäten zu vermitteln und dort zu interdisziplinärer Zusammenarbeit anzuregen. Das augenscheinlichste Beispiel hierfür war die Mitarbeit deutscher Professoren beim Aufbau der „Universidad Austral de Chile" in Valdivia, wo ab 1955 besonders Erdwissenschaftler und Biologen, später auch Landbau- und Forstwissenschaftler wirkten und zum Teil bis heute tätig sind.[3] Abgesehen von der Lehre war die Forschung ganz auf die Erfordernisse der Entwicklung des land- und forstwirtschaftlich bedeutsamen südchilenischen Seengebietes, insbesondere hinsichtlich der erdwissenschaftlichen und biologischen Substanz dieses Landstriches, gerichtet.

Ähnliche wissenschaftliche Aufbauarbeit leisteten deutsche Limnologen am Amazonas, wo 1969 in Manaos durch ein offizielles Convenium zwischen der Max-Planck-Gesellschaft und dem brasilianischen nationalen Forschungsrat besiegelt ein Tropenforschungsinstitut entstand.[4] Von der Idee gemeinsamer Arbeit verschiedener naturwissenschaftlicher Disziplinen getragen war auch die Gründung des Instituto Colombo-Alemán in Santa Marta (Kolumbien) unter Beteiligung von Geographen 1963.[5]

Die institutionellen Voraussetzungen multi- und interdisziplinärer Zusammenarbeit haben sich mit steigendem wirtschaftlichen Wachstum in der Bundesrepublik durch staatliche wie durch private Initiativen auch im Bereich der Lateinamerikaforschung verbessert, jedoch nicht in erwünschtem Maße, da Lateinamerika in der offiziellen deutschen Außenpolitik erfahrungsgemäß hinter Afrika und den asiatischen Ländern zurücksteht. Diesem Mangel versuchten die Wissenschaftler dadurch abzuhelfen, daß sie sich als Einzelforscher Lateinamerika als Forschungsfeld auswählten. Nach überschlägigen Schätzungen dürfte die Zahl der Einzelforscher mehr als 1000 betragen, die im Rahmen der Erdwissenschaften (einschließlich Geographie), der historischen, sprach-, literatur- und sozialwissenschaftlichen Fächer (letztgenannte unter der Bezeichnung „Hispanistik") innerhalb und außerhalb der Hochschulen angesiedelt sind. (Die Aktivitäten der praktischen Entwicklungshilfe sind hier nicht einbezogen.)

Bei den einzelnen Forschungsrichtungen gibt es traditionsgemäß regionale Schwerpunkte. Sie lagen bei den klassischen Fächern — insbesondere bei der Geologie und Geographie — früher in den ABC-Staaten. In der jüngsten Zeit verlegten sich die Schwerpunkte besonders in die Andenländer, die heute mehr als die großen Flächenstaaten den Charakter von Entwicklungsländern tragen und besonders durch ihre schwache sozio-ökonomische Struktur eine große Zahl von Studien zur Entwicklungsländerproblematik herausforderten. Archäologie und Ethnologie haben ihr Hauptbetätigungsfeld in den Ländern der alten Hochkulturen: in Mexiko, Guatemala, Perú, Bolivien, Ecuador und Kolumbien.

Als Versuch, die Lateinamerikaforschung vor allem im weiten Bereich der nach dem Zweiten Weltkrieg hinzugekommenen Sozialwissenschaften in der Bundesrepublik übersichtlich und durchsichtig zu machen mit dem Bestreben, sie auch zu koordinieren, ist die Gründung der „Arbeitsgemeinschaft Deutsche Lateinamerika-Forschung" (ADLAF) zu verstehen. Sie war zunächst als Zusammenschluß von Sozial- und allenfalls geisteswissenschaftlichen Instituten innerhalb und außerhalb des Hochschulbereiches gedacht, die sich mit Lateinamerika beschäftigen. 1964 gegründet, umfaßt sie heute 22 Institute und Seminare und ca. 150–200 Einzelforscher, darunter 26 Geographen.[6] Die ADLAF veranstaltet jährlich interdisziplinäre Tagungen über lateinamerikanische Themen unter reger Beteiligung von Geographen.

Die ADLAF entwickelte seit 1971 eigene Forschungsprojekte multidisziplinären Charakters. Eines dieser Projekte mit Beteiligung von Geographen mit der Bezeichnung „Entwicklungsprobleme im außertropischen Lateinamerika in historischer, geographischer und regionalpolitischer Sicht – Modellstudie Chile" wurde 1972 begonnen und ist 1976 erfolgreich beendet worden. Das Projekt war institutionell im Raum Köln-Bonn konzentriert und wurde von Mitarbeitern des Geographischen Instituts der Universität Bonn, der lateinamerikanischen und iberischen Abteilung des Historischen Seminars der Universität Köln und des Forschungsinstituts der Friedrich-Ebert-Stiftung in Bonn-Bad Godesberg durchgeführt.[7]

Die wirtschaftsgeographische Abteilung des Instituts für Geographie und Wirtschaftsgeographie der Universität Hamburg war beteiligt an einem 1974 eingerichteten Projekt über Urbanisierung, Industrialisierung und Regionalentwicklung außerhalb der großen Ballungsgebiete Lateinamerikas: Fallstudie Zentralamerika.[8]

In vielen Fällen haben sich auch aus der sehr regen Tätigkeit der Einzelforschung, die hier nicht behandelt werden soll, örtliche Schwerpunkte regionaler oder sachbezogener Art sowie Diskussionskreise gebildet. Die Erdwissenschaften, insbesondere die Geologie, deren Arbeitsschwerpunkte über ganz Südamerika verstreut sind, haben ein geowissenschaftliches Lateinamerika-Kolloquium eingerichtet, das im Jahre 1966 erstmals und 1986 zum 10. Male tagt. Auch hier sind Geographen mit einzelnen Arbeiten vertreten.

Biogeographische und landschaftsökologische Forschungen in Südamerika mit Schwerpunkt Amazonien werden seit 1970 alljährlich im Rahmen eines Kolloquiums, abwechselnd gestaltet vom Max-Planck-Institut für Limnologie, Abt. Tropenökologie, in Plön, und vom Geographischen Institut, Abt. Biogeographie, der Universität Saarbrücken, diskutiert und die Ergebnisse veröffentlicht.[9] Auch im Bereich des Faches Geographie hat sich seit 1975 ein Zusammenschluß aller Lateinamerikaforscher angebahnt, dessen Funktion aber über die gegenseitige Information und den Austausch von Ergebnissen nicht hinausgekommen ist. Auch die räumliche Konzentration von Einrichtungen der Lateinamerika-Forschung an verschiedenen deutschen Universitäten (u. a. in Berlin, Hamburg, Köln, Bonn, Erlangen, Heidelberg, Eichstätt) und zentrale Einrichtungen außeruniversitärer Institutionen, die zugleich institutionelle Mitglieder der ADLAF sind, haben ebenfalls zur Formung von Diskussionsgruppen geführt, an deren Tagungen, Symposien und Kolloquien Geographen regen Anteil nehmen. Auch besuchen Geographen meist unter Organisierung eigener Symposien den alle zwei Jahre stattfindenden Amerikanistenkongreß, die größte lateinamerikaspezifische Veranstaltung internationaler Art.

An zwei Beispielen möchte ich den Anteil geographischer Forschung an jüngeren interdisziplinären Forschungsprojekten darlegen.

2. Das Mexiko-Projekt
Ein deutsch-mexikanisches Forschungsprojekt im Raum von Puebla und Tlaxcala[10]

Die Deutsche Forschungsgemeinschaft unterstützte seit 1962 ein interdisziplinäres und bilaterales Schwerpunktprogramm im Hochland von Mexiko im Bereich der Städte Puebla, Tlaxcala und Cholula. Die Geländearbeiten wurden durchweg im Jahre 1978 beendet. Die Auswertearbeiten ziehen sich bis heute hin. Seit 1968 sind 19 Monographien in deutscher bzw. spanischer Sprache erschienen.[11]
Ebenso berichten seit 1970 die Mitarbeiter des Projektes im Rahmen einer eigens gegründeten Zeitschrift, um vor allem den mexikanischen Partner rasch zu informieren. Die Zeitschrift in spanischer Sprache umfaßt derzeit 17 Bände zu je 5–10 Aufsätzen und weiterhin 9 Supplementbände.[12]
Eine Bibliographie, die aus Anlaß des Internationalen Amerikanistenkongresses 1976 in Paris zusammengestellt wurde, umfaßt ca. 400 Titel.[13] Seitdem sind weitere ca. 100 bis 200 Aufsätze hinzugekommen. Die Zahl der in der Bibliographie erfaßten Aufsätze von Geographen beträgt ca. 150. Im Puebla-Tlaxcala-Projekt waren im ganzen 105 Wissenschaftler beider Nationen tätig, der überwiegende Anteil Kulturwissenschaftler, nämlich 77, gegenüber 27 Erd- und Biowissenschaftlern. Nach Fachgebieten geordnet ergibt sich folgende Übersicht:
Archäologen 20, Kulturgeographen 20, Ethnologen 18, Wirtschafts- und Sozialhistoriker 9, Bodenkundler 8, Geologen (einschl. Paläontologen, Mineralogen) 7, physische Geographen 6, Botaniker 5, Soziologen 4, Kunsthistoriker 3, Sprachwissenschaftler 3, Dendrochronologen 1.
Der Untersuchungsraum des Mexiko-Projektes war das mexikanische Hochbecken um die Städte Puebla-Tlaxcala, östlich der Vulkanketten des Popocatepetl und des Ixtaccihuatl, ca. 150 km östlich der Hauptstadt, in einem Gebiet mit einer Ausdehnung von ca. 150 x 150 km, in dem eine frühe Seßhaftwerdung des Menschen vermutet wurde, ein zentraler Kreuzungspunkt von Kulturströmungen mit einer kontinuierlichen menschlichen Besiedlung von den Anfängen bis heute (Abb. 1).
Historische und raumbezogene Disziplinen waren die tragenden Wissenschaften: Vorgeschichte, Archäologie, Anthropologie, Kultur-, Wirtschafts- und Sozialgeschichte, Kunstgeschichte, verschiedene Zweige der Geographie, insbesondere die geographische Kulturlandschafts- und Siedlungsforschung, ebenso die Ethnohistorie sowie die Wirtschafts- und Sozialgeographie. Die erdwissenschaftliche Grundlagenforschung wurde von physischen Geographen mit ihren Fachrichtungen Klimatologie, Pflanzengeographie und Geomorphologie durchgeführt, ebenso von Geobotanikern, Geologen und Bodenkundlern.
Die Hauptpartnerinstitution in Mexiko war das *Instituto Nacional de Antropología e Historia* (INAH). Weitere Partner waren darüber hinaus Wissenschaftler der *Universidad Nacional Autónoma de México* (UNAM), des *Colegio de México* und vielen weiteren staatlichen Institutionen. Von deutscher Seite waren Forscher von 10 Universitäten beteiligt.
Der Forschungsgegenstand war äußerst komplex, denn das anspruchsvolle Ziel war es, die Menschheitsgeschichte in einem fest umschriebenen Raum in ihrem Wechselspiel mit dem Umweltgeschehen von den Anfängen der Menschheit bis zur Gegenwart zu erforschen. Durch die Verzahnung von historischen, raumbezogenen Arbeitsweisen

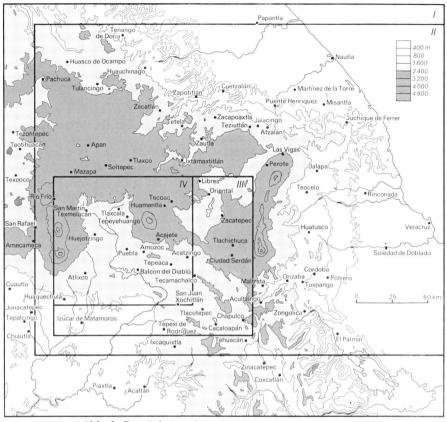

Abb. 1 Das Arbeitsgebiet des Mexiko-Projektes (Lauer)
Verschiedene Kartenausschnitte: I. Klimakarte 1:500.000; II. Vegetationskarte 1:1 Mio; III. Vegetationskarte 1:200.000; Klimakarte 1:500.000; IV. Topographische Karte 1:200.000; Bodenkarte 1:200.000; Geologische Karte 1:200.000; Siedlungs- und weitere Karten in verschiedenen Maßstäben.

wurde nicht nur ein Bild der Evolution von Ereignissen erarbeitet, sondern auch angestrebt, die räumlichen Zusammenhänge in verschiedenen Epochen deutlich zu machen. Als Ziel galt nicht nur, die besonderen Höchstleistungen der Kultur zu erfassen, wie sie sich in den steinernen Zeugen der großen Pyramiden oder in den kolonialzeitlichen Monumenten äußern, sondern auch den allgemeinen kulturellen, wirtschaftlichen und sozialen Rhythmus der Bevölkerung auf dem flachen Lande und deren materielle Kultur näher kennenzulernen. Räumlich hieß dies, die weiten Siedlungsgebiete zwischen den auffallenden Pyramiden im einzelnen zu studieren.

Ausgehend vom Bild der menschenlosen Naturlandschaft am Ende der Eiszeit sollte der Wandel deutlich werden, den der Mensch als Gestalter der Erde seiner Umwelt in verschiedenen Epochen seiner Geschichte aufgeprägt hat. Zum historischen Ablauf der Ereignisse sollten vor allem in den einzelnen wichtigen Epochen räumliche Zustandsbilder hinzugefügt werden. Die Karte als räumliches Arbeitsmittel sollte dazu verhelfen, historische und geographische Forschungsmethoden zu integrieren.

Die *erdwissenschaftliche Grundlagenforschung* nahm im Mexiko-Projekt einen breiten Raum ein, um einerseits die Transformation der Naturlandschaft in eine Kulturlandschaft vollständig darstellen und andererseits notwendige Hilfe zur Erklärung manchen

kulturwissenschaftlichen Sachverhaltes leisten zu können, zum Beispiel bei der Datierung von Kulturschichten. Sodann hat sie sich wirkungsvoll einschalten können, um den Landschaftswandel von den Anfängen der Menschheit, d. h. seit der Eiszeit, aufdecken zu können als Beitrag von naturwissenschaftlicher Seite zur Gesamtthematik des Mexiko-Projektes. Hierbei waren Kartengrundlagen zur physischen Umwelt ebenso nötig wie Kataloge zur Archäologie, Kunstgeschichte und Siedlungsverteilung. Die erdwissenschaftliche Bestandsaufnahme erstreckte sich jedoch in erster Linie auf Kartierungen in Maßstäben 1 : 500.000 bis 1 : 200.000. Sie betrafen die geologischen Verhältnisse,[14] die Böden,[15] die Geomorphologie,[16] das Klima,[17] die Vegetation.[18] Spezialuntersuchungen betrafen den Boden- und den Grundwasserhaushalt.[19] Außerdem wurden Studien gemacht zur Bodenerosion, insbesondere im Zusammenhang mit der unsachgemäßen Landwirtschaft und des ausgedehnten Landbaus im Untersuchungsgebiet.[20] In diesen Zusammenhang gehören auch die Studien zum Wasserhaushalt in einzelnen Teillandschaften und zur ökologischen Belastung des Gebietes in Folge der Winderosion, der Trübung der Atmosphäre. Geoökologische Untersuchungen betrafen die Waldgrenze an den Vulkanen,[21] die thermische Zirkulation im Untersuchungsgebiet,[22] außerdem wurde die Stadt Puebla klimatologisch bearbeitet.[23] Die Studien zur Palynologie[24] sowie die Erarbeitung einer allgemeinen Stratigraphie der vulkanischen Schichten[25] und der Versuch der Rekonstruktion des Klimas aufgrund klimatologischer Untersuchungen,[26] besonders aber die glazialmorphologischen Studien an den großen Vulkanen[27] in Verbindung mit den klimatologischen und vegetationskundlichen sowie paläontologischen Untersuchungen gaben den wichtigen Aufschluß über den Wandel von Klima und Landschaft seit der Eiszeit.[28]
Letztgenannte Studien waren insbesondere im Zusammenhang mit den archäologischen Forschungen von großer Bedeutung. Abgesehen von den einzelnen größeren Grabungen zur Erfassung der materiellen Kultur in den einzelnen präkolonialen indianischen Epochen stand vor allen Dingen ein gründlicher Oberflächensurvey über das ganze Projektgebiet im Vordergrund der Bemühungen.
Die Archäologen haben im Arbeitsgebiet des Mexiko-Projektes für die letzten 4000 Jahre Zeugen einer kontinuierlichen Besiedlung festgestellt.[29] Für einen Vergleich zwischen Klima, geomorphologischer Entwicklung, Böden und der Darstellung der allgemeinen Kulturlandschaftsentwicklung war der Oberflächensurvey von A. Garcia Cook am ergiebigsten. Durch seine Studien konnte das ausgewiesene Gebiet von Tlaxcala in sieben Siedlungsphasen zwischen 1600 v. Chr. und 1521 n. Chr. gegliedert werden.[30] Gestützt auf die geomorphologischen und bodenkundlichen sowie tephrostratigraphischen, pollenanalytischen, klimatologischen Untersuchungen und der darauf basierenden Rekonstruktion des Landschaftsbildes einiger wesentlicher Klimaepochen konnte eine Synopse der nacheiszeitlichen Entwicklung der Landschaft im Gebiet von Puebla-Tlaxcala gegeben werden.[31] (Vgl. auch Anmerkung 24—28.)

Die Tabelle (Abb. 2, nach S. 72) zur nacheiszeitlichen Entwicklung im Gebiet von Puebla-Tlaxcala stellt eine Synopse dar, die auf den oben genannten Studien basiert. Es würde zu weit führen, die Tabelle im einzelnen zu erläutern, sie spricht für sich selbst. Es zeigte sich an diesem Beispiel, daß Ergebnisse und Erkenntnisse zutage gefördert wurden, die nur durch ein integrierendes Bemühen verschiedener kultur- und naturwissenschaftlicher Disziplinen gewonnen werden konnten. Die physischen

Geographen hatten gerade an diesen, das Mexiko-Projekt in seiner Gesamtformulierung und seinen Gesamtanliegen betreffenden Aspekten einen großen Anteil.

Als Ergebnis interdisziplinärer Zusammenarbeit ließ sich schließlich formulieren, daß der Mensch den Hochlandraum um Puebla-Tlaxcala seit den Anfängen, sei es in Phasen oder kontinuierlich, umgestaltete. Das rekonstruierte Siedlungs- und Flurbild und die Erforschung der jeweiligen materiellen Kultur der dort lebenden Völker ließen deutlich die Grundzüge einer von Epoche zu Epoche andersartigen Raumbeherrschung und Bevölkerungsmobilität erkennen, die sich in zeitlich klar definierten Sequenzen in Form differenzierter kultureller Phasen fassen ließ. Die Studien zeigten, daß die Natur des Landes und die kulturlandschaftliche Entwicklung in einem korrespondierenden Verhältnis zueinander stehen, da die Geschichte des Menschen immer eng verknüpft ist mit der Geschichte der Natur. Räumliche Aktivität des Menschen heißt nichts anderes als ständige Veränderung der Naturlandschaft. Formung einer Kulturlandschaft bedeutet Eingriff in den Naturhaushalt, aber auch Abhängigkeit von natürlichen Bedingungen sowohl von der physischen als auch von der biotischen Substanz des vorgegebenen Raumes.

Das Studium der Vergangenheit der Menschheit in dem untersuchten Hochbecken der mexikanischen Meseta hat uns gelehrt, daß durchaus auch in früheren Epochen starke Umwälzungen in der natürlichen Umwelt erfolgt sein müssen, die einerseits bereits Züge des menschlichen Eingriffs tragen, andererseits durch Klimaänderungen und den damit verbundenen Wandel des Vegetationskleides bedingt waren. Die Forschungen der Archäologengruppe haben klar erwiesen, daß die Meseta zwischen Malinche und der Sierra Nevada ein zentraler Kreuzungspunkt von Kulturströmungen sowie auch eine Region unterschiedlich starker Besiedlung gewesen ist. Besonders die geologischen und geomorphologischen Prozesse, bedingt durch das Klima und seinen Wandel, haben im Ablauf der Erdgeschichte seit der letzten Eiszeit die Landschaft umgestaltet. Alle diese Vorgänge haben zu einer unterschiedlichen Verteilung von Wald und offenem Land geführt. Es konnte für diesen Raum durch die verschiedenen Studien der einzelnen Disziplinen gezeigt werden, daß in früheren Jahrhunderten der Mensch durch die Entwicklung extensiver Nutzungsformen oder durch die Anlage kunstvoller Bewässerungssysteme den natürlichen Haushalt der Landschaft verändert und ihn zum Teil bereits überbelastet hat. Selbst in prähistorischen Epochen wurden Überpopulationen auf kleinem Raum gezwungen, ihren Lebensraum zu verändern oder durch Wanderung neue Räume zu erschließen. Die Studien haben auch erbracht, daß die soziokulturelle Dynamik im Hochland von Puebla-Tlaxcala in vielen Zeiten recht intensiv gewesen sein muß, aber mit ruhigeren Kulturepochen abwechselten.[32] Niedergang und Aufschwung, Einwanderung und Abwanderung von Völkern sowie Wandel und Beharren im Raum sind nicht nur Folge kultureller und sozio-ökonomischer Prozesse gewesen, sondern Konsequenzen einer Überbeanspruchung des Lebensraumes. Natürliche Klimaschwankungen, wie sie ermittelt werden konnten, haben diesen Vorgang häufig provoziert, fast immer aber forciert. Meist haben solche Vorgänge entweder eine Epoche beendet oder schließlich Innovationen in Gang gesetzt. Vergleicht man die Studien zum Klimawandel seit der letzten Eiszeit auf dem mexikanischen Hochland mit denen in anderen Regionen der Erde untereinander, so wird es immer klarer, daß mit Eintritt in das Holozän, das allgemein bei ca. 9000 Jahren v. h. angesetzt werden kann, eine Entwicklung begann, die auf der Erde nicht nur die menschliche Seßhaftwerdung förderte, sondern auch zur Vergrößerung der trockeneren Räume geführt hat. Daß der Mensch möglicherweise an dieser Veränderung in Richtung auf ein Trocknerwerden des Klimas teilhat, ist heute erwiesen. Ebenso kann es als sicher gelten, daß die menschliche Aktivität neue Oberflächenformen und Prozesse eingeleitet hat, wozu vor allem die Bodenerosion, die heutige Geisel des ländlichen Raumes, in ihren vielen Ausprägungen als Leitform gehört.

Wenn offenbar bis zum Beginn der Neuzeit der Mensch in die Nahrungskette Pflanze-Tier-Mensch als ein natürlicher Faktor eingebettet war und die Ökosysteme weniger einseitig belastete, hat die rapide Bevölkerungsvermehrung und die industrielle Technologie heute zu einer überdimensionalen Inanspruchnahme des Naturpotentials geführt, die das Gleichgewicht der Ökosysteme sprengt. In den letzten Jahrzehnten fällt im Untersuchungsraum der mexikanischen Meseta das natürliche Pflanzenkleid nahezu einer völligen Vernichtung zum Opfer unter Förderung irreversibler Prozesse und irreparabler Schädigungen. Die sichtbaren Zeichen sind eine fortschreitende Desertifikation, die in der Moderne begleitet ist von einer exponentiell zunehmenden Luftverschmutzung.

Ein weiterer Arbeitsschwerpunkt wurde umschrieben mit dem Titel „Strukturen im Wandel".[33] Dieser betraf einerseits archäologische und ethnohistorische sowie siedlungsgeographische Studien zum Postklassikum und zur frühen Kolonialzeit.[34] Außerdem umfaßten die Studien auch die Bevölkerungsentwicklung des gesamten Raumes, Arbeiten zur städtischen und ländlichen Gesellschafts- und Wirtschaftsstruktur während der frühen und späten Kolonialzeit[35] und den Akkulturationsprozeß im Bereich des Kunstschaffens,[36] des Religiösen, der gewerblichen Wirtschaft und des Handels.[37] Geographen hatten sich insbesondere in die Problematik der Siedlungsentwicklung im Postklassikum und der frühen Kolonialzeit einschalten, ebenso sich Arbeiten zur Siedlungs- und Flurentwicklung während der gesamten Kolonialzeit und des 19. wie des 20. Jahrhunderts widmen können.[38]

Für den Raum Tlaxcala wurden anhand von Archivalien und durch Anwenden der Methoden der Wüstungsforschung die kulturlandschaftlichen Änderungen im ausgehenden Postklassikum und in der frühen Kolonialzeit bearbeitet.[39] In der postklassischen Epoche — etwa nach 700 n. Chr. —, als neue Bevölkerungsgruppen vom Hochland und der Küste in das Gebiet des Blockes von Tlaxcala einwanderten, wandelte sich die Landschaft erheblich. Zu den großen Dörfern der Niederungen gesellten sich Schwarm- und Streusiedlungen in höheren Hanglagen. Siedler drangen offensichtlich während eines klimatischen Optimums an den Hängen bis 3000 m hinauf. Die eifrige Rodetätigkeit blieb aber nicht ohne Folgen. Tiefe Kerben und Runsen, die heute sichtbar sind, verschnitten die Randhöhen des Beckens. Scherbenfunde von Gebrauchskeramik aus dieser Epoche fanden sich in korrelaten Ablagerungen der Schwemmfächer im Inneren des Beckens wieder,[40] deren Erosionsbahnen im postklassischen Höhensiedlungsbereich ihren Ursprung haben. Manche Fluren dieser agrarischen Risikoräume wurden im späten Postklassikum nach 1300 wieder verlassen. Auch haben andere Geographen im Mexiko-Projekt im Bereich westlich von Cholula unter einer Tuffschicht und einer Waldbedeckung verborgen im Postklassikum benutzte Ackerfluren wieder entdeckt.[41] Wir kennen die Gründe für den Bevölkerungsrückgang und die Wüstungsphase im ausgehenden Postklassikum in den Jahrhunderten zwischen 1300 und 1500, also unmittelbar vor der Conquista, nicht genau, aber soziale und wirtschaft-

EROSIONSPHASEN	BODENNUTZUNG	SIEDLUNGSPHASEN (nach Garcia Cook)	BEWÄSSERUNGSFORMEN (nach Abascal)	KULTUR – PHASEN			KULTUREPOCHEN	ZEITSKALA vor/nach Chr. Geb.
				TLAXCALA (nach A.Garcia)	HUEJOTZINGO (nach P. Schmidt)	CHOLULA (nach F. Muller)		
Barranca-Bildung an Waldgrenze	Entwaldung der Hänge Maismonokultur Großviehzucht	Zunahme Bevölkerung Rückgang Anbaufläche Rückgang Bevölkerung Auflassen Siedlungen		COLONIAL		CHOLUTECA III		— 2000
Akkumulation Barranca-Bildung	Phase stärkerer Entwaldung	Ausweitung der Landw. Zunahme d. Siedlungen und Bevölkerung		TLAXCALA	HUEJOTZINGO	CHOLUTECA II	POST- spät. KLASSI- mittel. KUM früh.	— 1000
				TEXCALAC		CHOLUTECA I CHOLULA IV		
Boden Bildung-Stabilitäts-phase				TENANYECAC	TRINIDAD MEXTLA	CHOLULA III	KLASSIKUM	
		Stagnation der Bevölkerung		TEZOQUIPAN	LADRILLERA	CHOLULA II	PROTOKLASSIKUM	— 0
	Anbau z.T. mit Bewässerung (Mais-Bohnen Chile)	Siedlungskonzentration Beginn Kultstättenbau		TEXOLOC	ZACATEPEC	CHOLULA I	SPÄTES PRÄKLASSIKUM	
Barranca-Bildung		Bevölkerungszunahme Ausweitung der Landwirtschaft		TLATEMPA	ALAILA		MITTLERES PRÄKLASSIKUM	— 1000
Puebla-Becken Stabilität Erosion Akkumulation in ariden Regionen	Mais-Anbau	Frühe Kolonisationsphase		TZOMPANTEPEC			FRÜHES PRÄKLASSIKUM	
	seßhafte Gruppen mit Landbau							— 2000
								— 3000
							JUNGSTEINZEIT	
								— 4000
	Beginn des Mais-Anbaus (Tehuacantal) Amaranthus z.T. Halbnomaden							— 5000
							SPÄTE ALT-STEINZEIT	— 6000
Becerra-Schichten mit Fossilien (Tepexpanman)								— 7000
								— 8000
							FRÜHE ALT-STEINZEIT	— 9000
								— 10 000
EROS. u. AKKUM. STABILITÄT EROS. u. AKKUM. STABILITÄT (n. Heine)	Jäger und Sammler							— 11 000
Hoch-land Hänge							ARCHÄIKUM	— 12 000

Bewässerungsformen (nach Abascal): intensive Bewässerung – beginnende Bewässerung. Fluß, Sumpf, Chinampas (Erdinseln in Seen), Atlazompa (Hufen in Seen), mit Kanal im mittleren Teil, mit Kanal am Ende. Camellones – Chinampas – Kulturterrassen.

...entwicklung im zentralmexikanischen Hochland
...ko-Projektes (Lauer 1981)

ZEIT–SKALA B.P.	GEOMORPHOLOGIE nach Heine(fBo) u.Miehlich(C)	14 C	KLIMA IM VERGLEICH ZUR GEGENWART	KLIMASCHWANKUNGEN kalt-trocken / heutiger Zustand / warm-feucht	Schneegrenze Waldgrenze Zun.+ Abn.– / Höhe m	VEGETATIONSENTWICKLUNG (z.T.nach Straka/Ohngemach) Hochland (2200-2400m) vorherrschende Vegetation	Vegetationstyp	Malinche (3100m) vorherrschende Vegetation	Vegetationstyp
0	Moräne MV / Bodenbildung (1C)		feuchter –1,7°kälter		W.G. 4100 S.G. 5000 W.G.3800 S.G.4700 S.G.4200	starker Maydeae-Anteil / Quercus-Pinus	Kulturlandschaft Eichen-Mischwald-Zeit	Pinus hartwegii, Abies Alnus, Quercus Abnahme Quercus	Kiefern-Tannen-Zeit
1000	Barranca Flußterrassen des Atoyac	1500 ±85 / 1800 ±460	feuchter postklassisches Klimaoptimum –1,5° trockener wärmer		+100 S.G. 5200	Qercus, Pinus Liquidambar, Alnus Gramineae, Maydeae	Eichen, Kiefern-Mischwald-Zeit Anbau	Pinus, Quercus mit Abies Zunahme Quercus	Kiefern-Mischwald-Zeit
2000	Bodenbildung Moräne M IV fluviale Sedimente	2880 ±45	feuchter trockener kälter		–500 W.G. 3700 –300 S.G. 4600	Pinus, Quercus Zunahme Maydeae	Kiefern-Mischwald-Zeit	Pinus, Abies, Alnus (Max. Abies)	Tannen-Erlen-Zeit
3000	Bodenbildung (Schlammstrom Malinche)	3095 ±750	feuchter			Pinus, Quercus	Kiefern-Eichen-Zeit	Gramineae und Pinus hartwegii	Kiefern-Grasland-Zeit (Zacatonales)
4000	Bodenbildung (2C)		trockener			Pinus, Quercus Abies, Alnus	Kiefern-Mischwald-Zeit	Pinus hartwegii und Abies Zunahme Abies	Kiefern-Tannen-Zeit
5000						Abnahme der mesophytischen Florenelemente	Kiefern-Eichen Mischwald-Zeit (warm feucht)	Pinus, Quercus, Alnus Carpinus, Liquidambar	Kiefern-Mischwald-Zeit
6000			feuchter wärmer Klimaoptimum –1-2°		+200 W.G. 4300 S.G. 5200	Pinus mit mesophyten und mesothermen Laubbäumen		Juglans-Maximum (semihumid) Pinus Vorstoß	
7000	Bodenbildung (fBo 3)	6910 ±45 Malinche-Boden / 7645 ±80 / 7715±80	Seenphase			Pinus hartwegii	Kiefern-Zeit	Pinus, Alnus, Abies Carpinus, Liquidambar	Erlen-Zeit
8000	Grenze zwischen Pleistozän und Holozän		trockener starke Erwärmung					Pinus hartwegii — Verschwinden der Picea	Kiefern-Zeit
9000	3. Phase (z.T. Blockmoräne) / 2.Phase Moräne M III	(becerra) 9640	feuchter Seenphase –4° kälter		–600 3800 –400 4100 3.Phase Gletscher bis 2800–3100 –800 W.G. 3300 –600 S.G. 4200	Pinus, Abies, Picea (Quercus)		„Zacatonales" mit Pinus, Picea, Abies und Gramineae	Fichten-Kiefern-Hohengrasland-Zeit
10000	1.Phase		feuchter			Compositeae		Pinus hartwegii und Picea	
11000	Bodenbildung (fBo 2)/(3C)		so feucht wie heute –2,0° trockener kälter				Fichten-Kiefern-Zeit		
12000	Moräne M II	12060 ±165	feuchter Hochstand der Hochlandseen –5,5° kälter		–1200 W.G. 2600 S.G. 3800	Pinus hartwegii Picea		Zacatonales (Gramineae)	Hohengrasland Zeit
13000									
14000									

Temperatur / Niederschlag

Abb. 2 Synopse der spät- und postglazialen Landschaf[t] auf der Basis der Studien des Me[...]

liche Veränderungen und möglicherweise eine Abkühlung des Klimas dürften Gründe hierfür gewesen sein.

Die spanischen Eroberer forcierten nach 1519 den Wüstungsvorgang. Sie konzentrierten aus Sicherheitsgründen die zerstreut lebende Indianerbevölkerung in geschlossenen Dörfern, denen sie einen schematischen, flächigen Grundriß gaben, der bis heute persistiert. Die Unbilden allzu plötzlichen Umbruchs beim Zusammentreffen der einander fremdartigen Kulturen verursachten einen ungewöhnlich hohen Bevölkerungsschwund. Besonders hoch war das Ausmaß des Wüstungsprozesses im Nordosten von Tlaxcala. 90 % der für 1557 belegten Dörfer existieren heute nicht mehr.[42]

Das Terrain der wüst gefallenen Siedlungen und Fluren belegte der spanische Großgrundbesitz. Er verwandelte es vornehmlich in Weidegründe für das aus Europa eingeführte Großvieh. Alle Neusiedlungen wurden nach den altindianischen Ordnungssystemen errichtet. Kirche und Dorf, neugegründete Haciendas und Ranchos, alte Ruinenfelder und Pyramidenreste, ja sogar wüst gefallene Orte wurden in die alten Muster der vorkolonialen Indianerlandschaft eingeordnet.

Erst die Bodenreform im Gefolge der Revolution von 1910, teilweise auch schon im 19. Jahrhundert, vor allem aber die Stadtentwicklung mit ihrer neuzeitlichen Industrialisierung zerstörten die alten Strukturen oder hoben sie ganz auf.

Zu den bedeutendsten Ergebnissen des Mexiko-Projektes zählen die Studien zur genetischen Analyse der Raummuster des Altsiedellandes im Becken von Puebla-Tlaxcala[43] (Abb. 3). Dorfgrundrisse, das Wege- und Parzellennetz der Feldfluren in der Umgebung von Cholula sind nahezu in gleiche Himmelsrichtungen orientiert, ebenso die Stadt mit ihrer Pyramide. Der gesamte Beckenbereich des Puebla-Tlaxcala-Gebietes erweist sich als einheitlich geordnetes und planmäßig vermessenes, aufgeteiltes Rodungsland. Da das System jedoch nicht regelmäßig genug ist, muß man annehmen, daß es aus vorkolumbischer Zeit stammt und im Zusammenhang mit den Pyramidenbauten steht. Vermutlich ist das regelmäßig angeordnete Siedlungsnetz in der klassischen Epoche der Hochlandindianer entstanden (100–650 n. Chr.). Die Orientierung der Siedlungsstrukturen ist nur im Zusammenhang mit anderen Äußerungen mesoamerikanischer Kultur zu verstehen, vor allem mit den teilweise noch lebendigen kosmologischen Vorstellungen. Die Hauptrichtungen im Horizont sind nicht wie bei uns Osten, Westen, Norden und Süden, sondern Zwischenrichtungen, die aus den extremen Sonnenständen zur Zeit der Sonnenwenden, der Solstitien, resultieren. Sonnenbeobachtungen in der Zeit der Zenitstände der Sonne im Mai und im Juli erlaubten einen Sonnenkalender aufzustellen. Kultstätten und Siedlungen sind zu den Sonnenständen am Horizont an bestimmten Tagen im Jahr, die meistens religiöse Festtage waren, ausgerichtet. Hieran konnte man den allgemeinen Beginn der Regen- und Trockenzeit und damit zugleich den Beginn der Aussaat oder den Tag der Ernte festlegen. Der kolonialzeitliche Kirchenbau folgte diesen Raummustern in ihrer Lage und Orientierung.

Spanische Baumeister schufen seit Mitte des 16. Jahrhunderts ein regelmäßiges, rechtwinkliges Straßennetz. Alle Bauwerke folgten in ihrer Ausrichtung den Fluchtlinien der präspanischen Pyramide. Auch die Dorfgrundrisse und Wege sowie das Parzellennetz der Feldfluren in der näheren und weiteren Umgebung bleiben einheitlich orientiert. Es erwies sich bei den Studien des ländlichen Raumes auch, daß Architektur und soziale Gliederung im Raume sich gleichfalls diesen Kulturvorstellungen unterordneten. Da das spanische Maßsystem sehr gut in die alte kosmologische Vorstellung

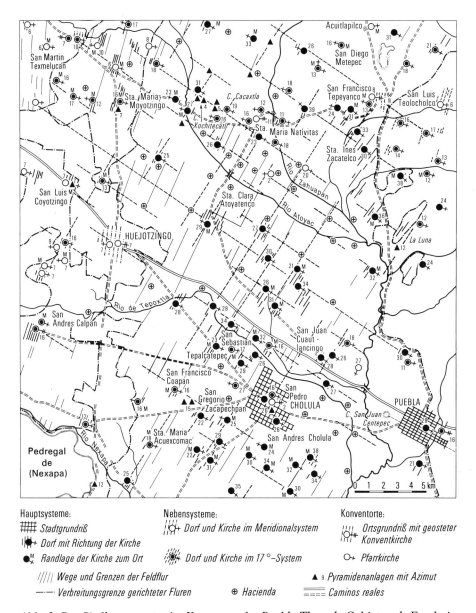

Abb. 3 Das Siedlungsmuster im Kernraum des Puebla-Tlaxcala-Gebietes als Ergebnis
vorspanischer Planung und Kosmologischer Ordnung (Tichy 1979)

hineinpaßte, lehnten die Spanier ihre Raumgliederung den vorhandenen Strukturen
an. Altindianische Feste wurden mit christlichen Kalendertagen, sogar mit bedeutenden
Festen in Übereinstimmung gebracht. Die Siedlungsnetze blieben zum Teil bis heute
erhalten. Nur Klostergründungen und die Entwicklung seit der mexikanischen Revolution knüpften nicht mehr an die vorspanische Tradition an.
In der Gegenwart wird auf die überkommenen indianischen Traditionen im Bereich
der ländlichen Siedlung und ihrer Fluren keine Rücksicht mehr genommen. Dies ist vor

allem die Folge der Agrarreform durch die Revolution 1910–1917. Die heutigen Formen in der Agrarlandschaft tragen den Charakter einer streng vermessenen Kulturlandschaft, die meist in längere rechteckige Streifen aufgeteilt ist (Ejido-Flur) und mit den alten kosmologisch bedingten Strukturen nichts mehr gemein hat.

Auch die Errichtung landwirtschaftlicher Einzelsiedlungen, der kleine Rancho und die größere Hacienda, veränderten das Siedlungs- und Flurbild während der Kolonialzeit bereits erheblich. Die Ausbreitung des Großgrundbesitzes ist durch den starken Rückgang der Bevölkerung natürlich sehr erleichtert worden.[44]

Wichtige Studien von Geographen betrafen auch die kolonialzeitliche und neuzeitliche Umstrukturierung des ländlichen Raumes, für die ich aber auf die Literatur verweisen muß.[45]

Es versteht sich von selbst, daß im Rahmen des Mexiko-Projektes die Geographen sich auch mit den räumlichen Problemen der Gegenwart befaßt haben. Die Thematik nannte sich hier „Landschaft und Gesellschaft der Gegenwart" mit Arbeiten zur städtischen und ländlichen Siedlungs-, Wirtschafts- und Sozialstruktur.[46] Hierin einbegriffen waren Studien zum gegenwärtigen Industrialisierungsprozeß, zu den Auswirkungen der Agrarreform und zum zentralörtlichen System des Puebla-Tlaxcala-Gebietes, zu den Märkten und zum Gewerbe im ländlichen Raum. Diese Studien wurden in der Hauptsache von Siedlungs-, Agrar-, Wirtschafts- und Sozialgeographen durchgeführt. Die Schwerpunkte lagen auf den modernen Tendenzen in der Landwirtschaft sowie auf den sozialen und ökonomischen Problemen des ländlichen Raumes. Schließlich wurde sehr intensiv über die Stadtregion von Puebla, besonders im Zusammenhang mit der Industrialisierung, gearbeitet, wobei das Spannungsverhältnis zwischen Stadt und Land in zunehmendem Maße nicht mehr als Gegensatz, sondern als ein aufeinander bezogenes und aufeinander angewiesenes System interpretiert wird.[47] Schwerpunkte der ethnologischen Untersuchungen zur Gegenwart waren auf das Studium des rapiden Wandels der Lebensformen und des sozialen Gefüges bei bislang noch stärker isoliert lebenden ethnischen Gruppen bezogen.[48]

Zu den Gegenwartsproblemen gehörte aber auch eine Reihe von Erscheinungen in der Landschaft, die nicht im Sinne eines Fortschritts als Wandel der Naturlandschaft in eine Kulturlandschaft verstanden werden können, sondern als ein massiver Eingriff in den Haushalt der Natur aufgefaßt werden müssen. Der Mensch entnimmt der Natur die Rohstoffe, die er nutzt und mit denen er adäquate Lebensbedingungen für sich schafft. Diese Eingriffe hinterlassen Spuren, die in der Landschaft allzu deutlich sichtbar werden. Erosion, Entwaldung, Kontamination sind Negativprozesse, die vom Menschen ausgelöst werden. Mit der Behandlung solcher Thematik wurde auch in der Gegenwart erneut die Gesamtfragestellung des Projektes aufgegriffen, die wiederum darin mündete, die wechselseitige Beziehung zwischen Mensch und Umwelt herauszuarbeiten (vgl. Anmerkung 20).

3. Das Bolivien-Projekt
Ökosystem und Mensch im Gebiet der Kallawaya Bergbevölkerung

An einem zweiten Projekt, das sich auf kleinerem Raum mit der Problematik „Mensch-Umwelt" befaßt, möchte ich gleichfalls den interdisziplinären Verbund der Geographie mit anderen Wissenschaften belegen. Seit 1979 unterstützt die Deutsche Forschungsgemeinschaft ein Projekt, das sich umschreiben läßt „Ökosystem und Mensch im Gebiet der Kallawaya-Bergbevölkerung in Bolivien".[49] Vertreter mehrerer Disziplinen widmen sich im Rahmen dieses Projektes dem Studium der Lebensformen und der Umwelt der indianischen Bevölkerungsgruppe der Kallawaya, um an diesem Beispiel den Einfluß des Menschen auf Hochgebirgsökosysteme zu erforschen. Das ausgewählte Gebiet, von *P. Seibert,* München (Geobotanik), 1976 vorgeschlagen, ist deshalb von besonderem Reiz und Interesse, weil sich der Lebensraum dieser Bevölkerungsgruppe über mehr als 1500 m (zwischen 2700 und 4300 m) Höhendistanz erstreckt und daher klimatische, pflanzengeographische, bodenkundliche, geomorphologische und im Gefolge dieser Voraussetzungen auch agrare und sozioökonomische, vertikale Differenzierungen aufweist. Der Raum ist gekennzeichnet durch eine vielseitige Landnutzung, nämlich Ackerbau auf terrassierten Hängen (zum Teil mit Bewässerung) und einer von altersher geübten Weidewirtschaft mit Lamas und Alpacas. Die ansässige, Ketschua-sprechende Bevölkerung inmitten eines durch das „Aymara" geprägten Kulturraumes weist noch viele Merkmale in der Lebensweise, Landnutzung und Sozialstruktur aus altindianischer, aber auch kolonialer Zeit auf. Eine weitere Besonderheit besteht darin, daß Angehörige dieses Stammes als Heilpflanzenkundige und Medizinmänner, nicht nur innerhalb ihres Stammes selbst, sondern auch bei den umgebenden Bergvölkern und noch heute bis an die Grenzen des alten Inkareiches und darüber hinaus eine hervorragende Position einnehmen.

Ziel der Arbeiten ist es, eine Bestandsaufnahme der traditionsgebundenen Lebensformen, des sozialen Gefüges sowie der natürlichen Voraussetzungen durchzuführen und die Zusammenhänge zwischen menschlicher Aktivität und dem natürlichen Ökosystem zu untersuchen, ehe eine moderne Infrastruktur die Grundzüge bisherigen präkolonial und kolonial geprägten Lebensraumes und Landschaftshaushaltes vollends zu verschleiern, aufzulösen und damit auszulöschen beginnt. Es sollen die Ökosysteme, die Agrarsysteme und deren Wechselwirkungen untereinander studiert und erklärt werden. Dieses Ziel kann nur über einen interdisziplinären Forschungsansatz erreicht werden. Hierfür wurde bereits nach der ersten Exploration im Herbst 1977 durch den Münchener Botaniker Paul Seibert, Initiator und Koordinator des Projektes, und den Bonner Geographen Wilhelm Lauer ein Forschungsplan erarbeitet, der über die bloße Aneinanderreihung von Einzelstudien hinausgeht und die Zielsetzung interdisziplinärer Forschung bereits in der Planungsphase voranstellt.[50]

Als erster Schritt wurde eine Zustandsanalyse geplant, die inzwischen im Rahmen der Geobotanik und der physischen Geographie sowie im Bereich der Agrargeographie vor einem Abschluß steht. Die Zustandsanalyse ist die Basis für alle vergleichenden und quantifizierenden weiteren Untersuchungen, die noch folgen. Die Analyse erstreckt sich einerseits auf das gesamte Untersuchungsgebiet, andererseits auf zu testende Teilflächen und kleine Probeflächen. Es wurde ein Themenkatalog aufgestellt, in dem die vorgesehenen Forschungsthemen den zuständigen Fachrichtungen zugeordnet wurden, und dann Fächer aufgefordert, an diesem Projekt teilzunehmen. Als Beispiel für die Systemanalyse wurde eine schematische Darstellung erarbeitet in Anlehnung an das ökonomisch-ökologische System nach B. und P. Messerli.

Die bisherigen Arbeiten erstrecken sich auf die Fachgebiete Geobotanik, physische Geographie (mit ihren Teildisziplinen Klimatologie und Geomorphologie), Bodenkunde, Agrargeographie, Wirtschaftsgeographie und Ethnohistorie.

Die Bearbeitung der Vegetation auf floristisch-soziologischer Grundlage im engeren Arbeitsgebiet mit einer Kartierung in Transekten 1:10.000 sowie einer zusammenfassenden Darstellung im Maßstab 1:50.000 steht vor ihrem Abschluß.[51] In den gleichen Räumen haben seit 1979 klimatologische und geomorphologische Untersuchungen stattgefunden mit dem Ziel, in den aufgenommenen Vegetationsflächen das Mikroklima, einschließlich des Bodenklimas zu erfassen und die klimatischen Parameter für die Verteilung der Vegetation in der gesamten Talschaft zu messen und zu interpretieren.[52] Im Bereich der Geomorphologie werden die dynamischen Prozesse des Bodenabtrags in Abhängigkeit von Vegetation, Klima und Böden sowie dem Einfluß der Ackerbau und Viehzucht treibenden Bevölkerung untersucht.[53] Flankiert wurden diese Studien durch bodenkundliche Analysen im Hinblick auf die beeinflussenden Parameter der Bodenentwicklung, zugleich aber auf Bodenfruchtbarkeit im Rahmen des Agrarsystems.[54] Im Bereich der Agrargeographie wurde das System der Landnutzung und ihrer Anpassungsformen an den tropischen Hochgebirgsraum erfaßt und dargestellt.[55] Dabei wurden vor allen Dingen die Kallawaya-Indianer als Träger traditioneller Lebensformen einschließlich ihrer regionalen Mobilität dargestellt.[56]

Als Ergebnis der Bestandsaufnahme kann nach mehrjähriger Arbeit festgestellt werden, daß Naturraum, Kulturlandschaft und die Landwirtschaft in diesem Gebiet durch enge Verflechtungen untereinander verknüpft sind und eine starke Mensch-Umwelt-Beziehung im Bereich der Kallawaya-Kultur gegeben ist, die sich durch besondere und hochentwickelte Adaptationsformen auszeichnet. Auch im Kallawaya-Gebiet sind inzwischen erhebliche Störungen im Ökosystem der Natur durch die starke Inanspruchnahme des Raumes durch den Menschen festzustellen. Doch kann im Vergleich zu anderen Bereichen Boliviens gesagt werden, daß die zentrale Ackerbaustufe des Kallawaya-Gebietes im ganzen sich als relativ stabiles Ökosystem erweist, sofern die bisherige indianische Wirtschaftsweise, verbunden mit den aus der Spanierzeit stammenden Innovationen, beibehalten bleibt; allerdings garantieren nur gemeinschaftliche Regelungen zur Bewirtschaftung der Flächen, wie sie bisher geübt werden — nämlich ein Flurzwang im Zelgensystem — auch eine gute Stabilisierung der natürlichen Gegebenheiten, bei der z. B. die Erosion durch vielfältige Arbeiten im Bereich der Terrassen im Rahmen gehalten wird. Die angepaßte Wirtschaftsweise würde auf jeden Fall durch den Anbau von marktorientierten Kulturpflanzen und Verkürzung der Bracheperioden geschädigt werden und mittelfristig zu Ernteeinbußen führen. Der Risiko-Minimierung ist der Vorrang vor einer Gewinn-Maximierung zu geben. Eine Reform im letztgenannten Sinne könnte durch massiven Eingriff in den Naturhaushalt eher schädigen als nützen. Natürlich kann durch landschaftsschützende Kulturtechniken sowie angepaßte Verteilungs- und Transportsysteme ein Ausbau der Vorratswirtschaft und durch die Gemeinschaftsleistung im Bereich der Agrarlandschaft eine agrarische Vielfalt erhalten bleiben, die im Zusammenhang mit den Naturökosystemen die günstigsten Voraussetzungen für ein Gleichgewicht in der Landschaft darstellen würde.

Auf einige Untersuchungen, die im Rahmen der geographischen Forschungen in diesem Projekt durchgeführt wurden, sei hier etwas ausführlicher hingewiesen.

Klimatologische Untersuchungen (vgl. Anmerkung 52)

Während die vegetationskundlichen Arbeiten von der Botanikergruppe Seibert (München) durchgeführt wurden, hat sich eine Bonner Geographengruppe dem Klima und der Geomorphologie gewidmet. Das Arbeitsgebiet des Projektes liegt im Norden des bolivianischen Ostkordillerensystems im Bereich des Muñecas-Berglandes, am Südende der Apolobamba-Kordillere im Talsystem des oberen Rio Charazani (Abb. 4). Dessen weit verzweigte Quellflüsse werden teils von den Gletscherbächen der Apolobamba-Kordillere, teils von den niedrigeren unvergletscherten Höhen der schmalen Wasserscheide zwischen dem Muñecas-Bergland und dem Titicaca-Becken gespeist. Dieser Gebirgsfluß durchbricht in einem tief eingeschnittenen, streckenweise trockenen Durchbruchstal den an dieser Stelle aufgelösten Kordillerenzug und fließt über den Mapiri-Fluß dem Rio Beni und damit dem Amazonas-System zu. Der Lebensraum der Kallawaya ist außerordentlich reliefbetont und liegt oberhalb der Waldgrenze in der subandinen Höhenstufe zwischen 2700 und 4300 m. Die Indios haben deshalb an den steilen Hängen künstliche Terrassen angelegt, auf denen sie ihre Feldfrüchte anbauen. Die Dörfer liegen auf Spornen, Verebnungen und an weniger steilen Hängen inmitten der Fluren, die durch viele Pfade erschlossen sind. Nur die Bezirkshauptstadt Charazani mit 2000 Einwohnern ist auf einer geschotterten Straße mit modernen Verkehrsmitteln zu erreichen.

Eine vergleichende Übersicht der Höhengliederung nach natürlichen und kultürlichen Parametern der Landschaft zeigt den Umfang der Studienobjekte und zugleich den Anteil der von Geographen studierten Sachgebiete in diesem Projekt (Abb. 5). Im Bereich der Klimatologie wurden vor allem die geländeklimatischen Grundzüge untersucht. Der vertikale Klimawechsel in seiner vielfältigen Ausprägung hat eine Höhenstufung der Vegetation und des Anbaus zur Folge. Die klimatische Höhengliederung ist in erster Linie thermisch bedingt. Die Strahlungsexposition schafft thermische Unterschiede auf kleinstem Raum. Die thermische Höhengliederung interferiert außerdem

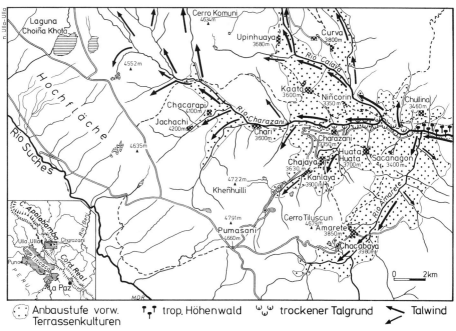

Abb. 4 Der Lebensraum der Kallawaya Indianer am Fuße der Apolobamba Kordillere (Lauer 1982)

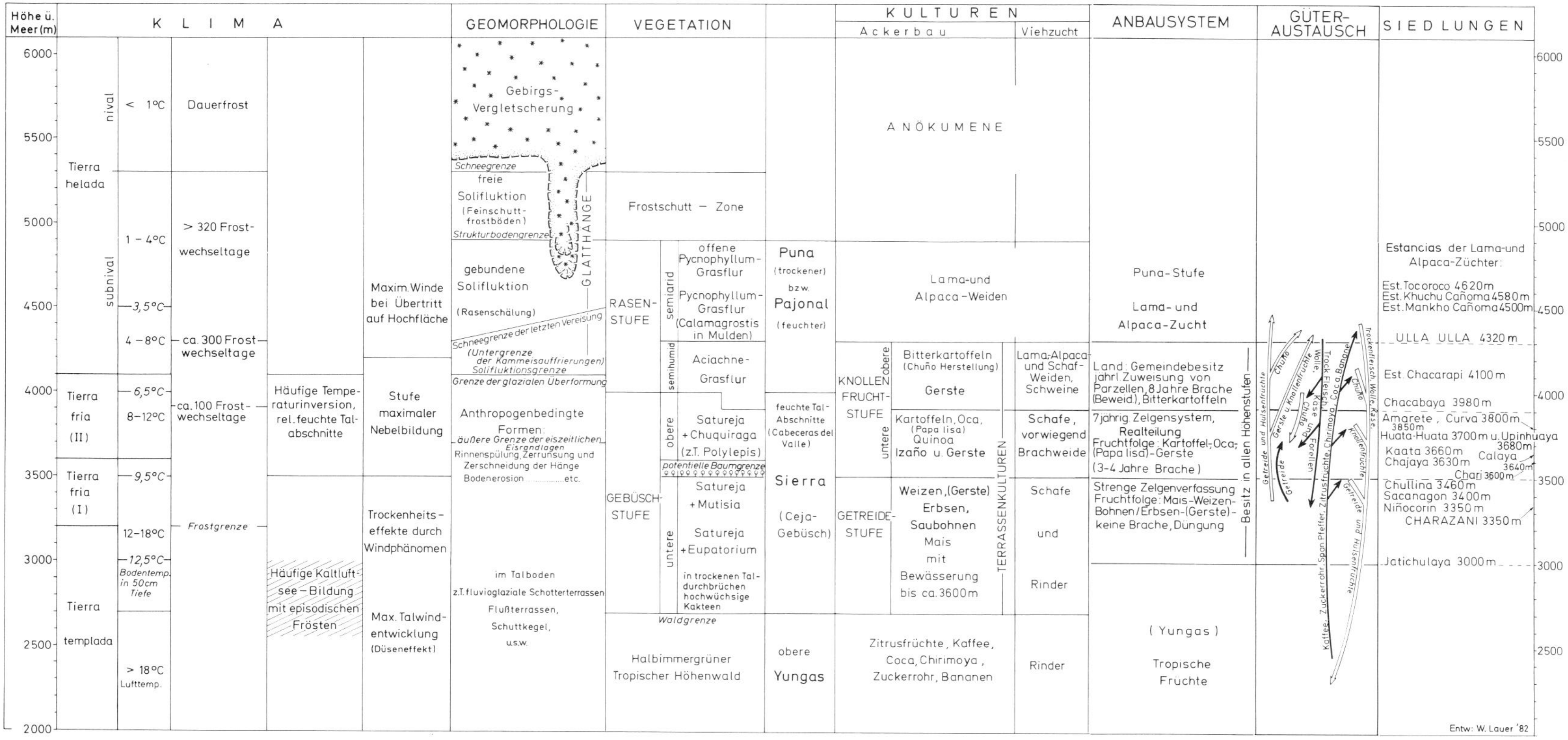

Abb. 5 Geoökologische Höhengliederung und Nutzungsstufen im Kallawaya Bergland (Lauer 1983)

Entw. W. Lauer '82

Höhe ü. Meer (m): 6000 – 5500 – 5000 – 4500 – 4000 – 3500 – 3000 – 2500 – 2000

K
- nival: Tierra helada
- subnival: Tierra fria (III)
- Tierra fria (II)
- Tierra fria (I)
- Tierra templada

K (Temperatur):
- < 1°C
- 1–4°C
- –3,5°C
- 4–8°C
- –6,5°C / 8–12°C
- –9,5°C
- 12–18°C
- –12,5°C Bodentemp. in 50cm Tiefe
- > 18°C Lufttemp.

K L I M A
- Dauerfrost
- > 320 Frostwechseltage
- ca. 300 Frostwechseltage
- ca. 100 Frostwechseltage
- Frostgrenze
- Maximum Winde bei Übertritt auf Hochfläche
- Stufe maximaler Nebelbildung
- Häufige Temperaturinversion, rel. feuchte Talabschnitte
- Trockenheitseffekte durch Windphänomene
- Max Talwindentwicklung (Düseneffekt)
- Häufige Kaltluftsee-Bildung mit episodischen Frösten

GEOMORPHOLOGIE
- GLATTHÄNGE
- Gebirgs-Vergletscherung
- Schneegrenze
- freie Solifluktion (Feinschutt-frostböden)
- Strukturbodengrenze
- gebundene Solifluktion (Rasenschälung)
- Schneegrenze der letzten Vereisung
- (Untergrenze der kommesauffrierungen) Solifluktionsgrenze
- Grenze der glazialen Überformung
- Anthropogen bedingte Formen: äußere Grenze rezentzeitlicher Eiszragungen, Rinnerosion, Zerrufung und Zerschneidung der Hänge, Bodenerosion etc.
- im Talboden z.t. fluvioglaziale Schotterterrassen, Flußterrassen, Schuttkegel, usw.

VEGETATION
- Frostschutt – Zone
- offene Pycnophyllum-Grasflur
- Pycnophyllum-Grasflur (Calamagrostis in Mulden)
- RASENSTUFE
- Puna (trockener bzw. Pajonal (feuchter)
- Aciachne-Grasflur
- semiarid / semihumid
- Satureja + Chuquiraga (z.T. Polylepis)
- potentielle Baumgrenze / Waldgrenze
- Satureja + Mutisia
- Satureja + Eupatorium
- obere / untere
- GEBÜSCH-STUFE
- in trockenen Taldurchbrüchen hochwüchsige Kakteen
- Halbimmergrüner Tropischer Höhenwald
- Sierra (Ceja-Gebüsch)
- obere Yungas
- (Yungas)

KULTUREN

Ackerbau:
- ANÖKUMENE
- Lama- und Alpaca-Weiden
- OBERE KNOLLENFRUCHT-STUFE: Bitterkartoffeln (Chuño Herstellung)
- UNTERE KNOLLENFRUCHT-STUFE: Kartoffeln, Oca (Papa lisa) Quinoa, Izaño u. Gerste
- GETREIDE-STUFE: Weizen, (Gerste) Erbsen, Saubohnen, Mais mit Bewässerung bis ca. 3600 m
- TERRASSENKULTUREN
- Zitrusfrüchte, Kaffee, Coca, Chirimoya, Zuckerrohr, Bananen

Viehzucht:
- ANÖKUMENE
- Lama-, Alpaca- und Schaf-Weiden, Schweine
- Gerste
- Schafe, vorwiegend Brachweide
- Schafe und Rinder
- Rinder

ANBAUSYSTEM
- Puna-Stufe / Lama- und Alpaca-Zucht
- Land Gemeinbesitz, jährl. Zuweisung von Porzellen, 8 Jahre Brache (Beweid.), Bitterkartoffeln
- 7 jährig Zelgensystem, Realteilung, Fruchtfolge: Kartoffel-Oca-Papa lisa)-Gerste (3–4 Jahre Brache)
- Strenge Zelgenverfassung, Fruchtfolge: Mais-Weizen-Bohnen/Erbsen-(Gerste)- keine Brache, Düngung
- Tropische Früchte
- Besitz in allen Höhenstufen

GÜTER-AUSTAUSCH
- Trockenfleisch, Wolle, Käse
- Chuño
- Trockenfrüchte
- Getreide und Hülsenfrüchte
- Kaffee, Zuckerrohr, Span. Pfeffer, Zitrusfrüchte, Chirimoya, Coca, Bananen
- Trock. Fleisch, Käse und Forellen
- Wolle, Käse und Forellen
- Chuño
- Getreide u. Knollenfrüchte
- Kartoffeln
- Getreide und Hülsenfrüchte

SIEDLUNGEN
- Estancias der Lama- und Alpaca-Züchter:
- Est. Tacoroco 4620 m
- Est. Khuchu Cañoma 4580 m
- Est. Mankho Cañoma 4500 m
- ULLA ULLA 4320 m
- Est. Chacarapi 4100 m
- Chacabaya 3980 m
- Amarete · Curva 3800 m
- Huata-Huata 3700 m u. Upinhuaya 3680 m
- Kaata 3660 m · Calaya
- Chajaya 3630 m · Chari 3600 m
- Chullina 3460 m · Sacanagon 3400 m
- Niñocorin 3350 m · CHARAZANI 3350 m
- Jatichulaya 3000 m

79

mit einer Feuchtigkeitsabstufung, die zugleich eine Asymmetrie an den Talhängen hervorruft. Die aktuelle Waldgrenze liegt im Bereich der Charazani-Talung bei ca. 2700 m Höhe. Die potentielle Obergrenze des Waldes dürfte aber bei 3400 bis 3600 m Höhe anzusiedeln sein. Die Höhenstufung der natürlichen Vegetation und des Landbaues folgt im wesentlichen den thermischen Bedingungen. Durch Meßfahrten mit einer Temperatur- und Feuchtigkeitssonde konnte der Höhenwandel der Lufttemperaturen und der relativen Feuchte festgestellt werden. Drei Phänomene dieser vertikalen Temperaturgliederung prägen den Raum: 1. eine Kaltluftseenbildung vor der Talenge in ca. 2800 bis ca. 3000 m, 2. eine Temperatur- und Feuchtigkeitsinversionsschicht unterschiedlicher Dicke im Höhenintervall zwischen 3400 und 4100 m mit wechselnder Höhengrenze. 3. schwankt die tägliche Frostgrenze in Höhen zwischen 3600 und 4100 m, je nach Wetterlage und Jahreszeit.

Das thermische Geländeklima wurde im Bereich der Charazani-Talung durch Messungen der Bodentemperaturen und der Oberflächenstrahlungstemperaturen ermittelt. Räumlich ist vor allem der vertikale Wandel ausschlaggebend. Der jährliche Sonnengang beeinflußt bereits das Geländeklima in charakteristischer Weise. In der winterlichen Trockenzeit sind nordexponierte Hänge stark bestrahlt, in der sommerlichen Regenzeit steht die Sonne zweimal senkrecht über der Region, so daß hier fast alle Hänge ähnliche Strahlungsverhältnisse aufweisen. An Beispielen wurde die Abhängigkeit der Wärmeparameter von der Exposition, der Neigung und der Höhe näher untersucht.

In den Vegetations-Transekten der Botaniker wurde auch die Bodentemperatur und die Bodenfeuchte gemessen. Dabei erwies sich die Bodentemperatur als ein außerordentlich günstiges ökologisches Wärmemaß. Gemessen unter beschatteten, ebenen Flächen beschreibt sie annähernd den mittleren Temperaturwert, wie er auch in der Wetterhütte registriert wird, ohne größere Zeitverzögerung. Alle der Sonne günstig ausgesetzten Expositionen und Hangneigungen sind in der sonnenfernsten Jahreszeit bis 5° wärmer, alle ungünstig der Sonne ausgesetzten Expositionen und Hangneigungen bis zu 5° kühler als die Normaltemperatur der ebenen, beschatteten Flächen. Die Differenzen verringern sich beim Zenitstand der Sonne auf ca. 1°C. Isothermenkarten der 50 cm Bodentemperatur zeigen bei gegebenem Sonnenstand eindeutig Abhängigkeiten von der Topographie.

Die Dauer der winterlichen Bodenfröste limitiert eindeutig die Ackerbaustufe und grenzt sie gegen die Weidestufe ab. Mit Hilfe des winterlichen Frostwechsels nach der Erntezeit der Knollenfrüchte in den Monaten Juni bis August können diese einem Konservierungsverfahren unterzogen werden (Abb. 6). Die Vorrichtungen für diese Konservierungstechnik finden sich im Gebiet der Kallawaya in den Höhenbereichen zwischen 3900 und 4300 m (vgl. Fußnote 55).

Einen merklichen Einfluß auf das Geländeklima des Tales haben auch die täglichen Tal- und nächtlichen Bergwinde. Sie steuern maßgeblich die Feuchtigkeitsverhältnisse in breiten und engen Talquerschnitten, indem sie über breiteren Talungen Absinkbewegungen unterliegen, die Trockenheit verursachen oder aber in engeren Talpartien aufsteigen und eine Wolken- bzw. Nebelbildung an den Hängen favorisieren.

Arbeiten zur Geomorphologie (vgl. Anmerkung 53)

Die Untersuchungen zur Geomorphologie betrafen insbesondere die Prozesse der Abtragung in den einzelnen Höhenstufen zwischen der oberen Waldgrenze und dem

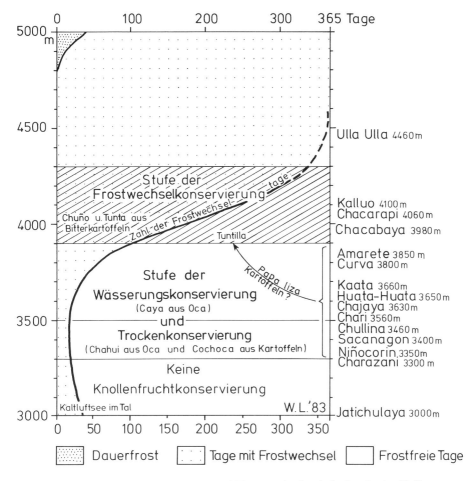

Abb. 6 Knollenfruchtkonservierung und Frostwechselverhältnisse in der Kallawaya-Region (Bolivien), (Lauer 1982)

nivalen Bereich. Hierzu wurden quantitative Beobachtungen erfaßt. In der Ackerbaustufe konzentrieren sich die Abtragungsvorgänge aufgrund der jährlichen Niederschlagsverteilung fast ganz auf die sommerlichen Regenzeitmonate. In der Weidestufe dagegen wird der Bodenversatz in der winterlichen Trockenzeit durch den täglichen Frostwechsel besonders begünstigt und weist die höchsten Werte in den Talregionen auf, in denen häufig Nebel fallen. Während in der Ackerbaustufe vorwiegend südexponierte, also der Sonne abgewandte Hänge durch ihren ständig höheren Feuchtigkeitsgehalt zur Erosion neigen, sind in der Weidestufe die nach Nordost exponierten Hänge am stärksten erosionsgefährdet.

Eine starke Wirkung auf die Erosionsrate übt jeweils der Viehbesatz aus. Überdies zeigt die Hanglabilität starke Abhängigkeit vom Gesteinsuntergrund. Die Beweidung hat den stärksten Einfluß auf die Destabilisierung der agrarisch genutzten Hänge. Eine Pflege der Terrassierung ist geboten. Die Formendynamik in der Höhenstufe des Ackerbaus ist also vorwiegend anthropogen bestimmt und besteht in kräftiger Bodenabspülung mit Bildung von Erosionsrinnen und kleinräumigen Bodenversetzungen.

In der Weidestufe, die identisch ist mit der subnivalen Höhenstufe der geomorphologischen Formenprozesse, ist eine klare Gliederung in Stufen gebundener, gehemmter und freier Solifluktion festzustellen, wobei gleichermaßen die Expositionsverhältnisse, die Art der Pflanzendecke und das Gestein für die Ausbildung der Solifluktion ausschlaggebend sind. Alle drei Formen haben in den jeweiligen optimalen Auftrittsbereichen unterschiedliche Anteile und treten nur selten als übereinander angeordnete klimatische Höhenstufen auf.

Da die Eiszeit mit ihren Vorrückphasen der Gletscher markante Ausdrucksformen bis in die Siedlungsbereiche der Kallawaya hervorgerufen hat, widmeten sich die Geographen auch einer Kartierung der jungpleistozänen Vergletscherung und ihren Nachwirkungen im Holozän.[57]

Agrar- und Wirtschaftsgeographie

Die Arbeitsgruppe aus Aachen unter Leitung von W. Schoop widmete sich einerseits der Agrargeographie, andererseits dem Güteraustausch und der regionalen Mobilität im Bereich des Charazani-Tales.[55, 56]

Siedlungszone und Agrarraum der Kallawaya liegen in der hygrothermischen Höhenstufe der tierra fría oberhalb der Waldgrenze, in der das semihumide bzw. semiaride Klima mit sommerlicher Regenzeit von ca. 350 bis 500 mm Niederschlag noch einen Ackerbau erlaubt. Die gesamte Anbaustufe ist vertikal dreigegliedert. Man kann eine untere, mittlere und obere Nutzungsstufe unterscheiden, für deren Eigenheiten sowohl klimaökologische als auch sozioökonomische Gründe maßgebend sind. Die agrarische Höhenstufe kann durch klimatische Parameter wie Temperatur, Frost, Niederschlag, Bodenfeuchte und ebenso durch die potentielle natürliche Vegetation beschrieben werden. Zwischen dem Nutzungssystem und dem Naturpotential im Kallawaya-Tal bestehen deutlich ausgeprägte kausale Verknüpfungen.[55]

Durch das Funktionieren des räumlich dreistufigen landwirtschaftlichen Systems sind die Kallawaya relativ autark in ihrer Ernährung. Das Ernterisiko wird durch die vertikale Erstreckung des Anbaugebietes vermindert. Es findet zwischen dem dreigestuften Lebensraum der Kallawaya einerseits und dem darüber liegenden Raum der Viehzüchter auf der Puna-Hochfläche sowie der darunter liegenden Höhen- und Bergwaldstufe der Yungas ein reger vertikaler Güteraustausch statt, der die Bewohner jeder Höhenstufe mit den lebensnotwendigen Ersatzgütern versorgt.[56]

Die enge Interaktion zwischen den verschiedenen Faktoren, wie sie im Kallawaya-Gebiet auftreten, ist in Abb. 7 dargestellt. Es sind folgende Phänomene, die das Landnutzungssystem und das natürliche Potential eng miteinander verbinden.

1. Das Anbaugebiet der Kallawaya ist besonders aus Gründen der Wärmestufung mit der Höhe auf drei natürliche Höhenräume verteilt.
2. Die Lage und Nutzung der Fluren haben enge Beziehungen zur Strahlung und Besonnung und damit zu den Wärmebedingungen der jeweiligen Talhänge. Sie haben ebenso aber einen engen Bezug zum Feuchtigkeitsregime des Raumes.

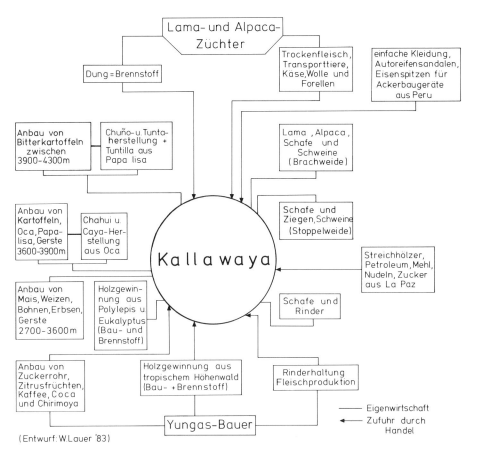

Abb. 7 *Das dreidimensionale Nutzungssystem der Kallawaya (Lauer 1984)*

3. Die verschiedenen Fruchtfolgen und Brachsysteme werden in den drei Höhenstufen von thermischen und hygrischen Gegebenheiten gesteuert.

4. Die Kultivierung und Konservierung der Knollenfrüchte stehen in enger Abhängigkeit von der Wärmehöhenstufung und insbesondere dem Frostwechsel.

5. Das agrarische Jahr wird bestimmt durch die Verteilung der Regen- und Trockenperiode. Der Anbau der Nahrungsmittel wie Getreide und Knollenfrüchte auf künstlichen Terrassen zeigt ebenfalls eine ökologische Anpassung an das Relief des Gebietes. Terrassen schützen vor Bodenerosion und halten das Regenwasser fest.

6. Auch der Grabstockanbau ist eng angepaßt an die geringe Bodenentwicklung in diesen Höhen.

Es besteht heute die Gefahr, daß sich durch Veränderungen soziokultureller Art auch die sozioökonomischen Bedingungen grundlegend wandeln. Gegebenenfalls kann auch hier eine Agrarreform, die auf Anbau von Marktüberschüssen abzielt, eine negative Wirkung ausüben. Zumindest kann trotz deutlicher Landschaftsschäden das Anbausystem der Kallawaya als optimal an den Naturraum angepaßt gelten. Es wäre bedauerlich, wenn eine falsch verstandene Entwicklungspolitik diesem System durch einen radikalen Wandel mit Gewalt ein Ende bereiten würde.

4. Schlußbetrachtung
Geographie und Interdisziplinarität

Innerhalb eines Berichtes wie diesem könnte man die Frage aufwerfen, inwieweit größere Gemeinschaftsprojekte mehrerer Disziplinen „interdisziplinär" genannt werden können und welchen Stellenwert sie im Verhältnis zur Einzelforschung haben.

Jedes Forschungsprojekt, ob von einem oder mehreren betrieben, hängt von der Formulierung des Forschungsziels ab. Man wird zugeben müssen, daß sich die heutigen Forschungsbedingungen gegenüber den früheren unterscheiden. Der reisende Naturforscher mit Begleiter gehört der Vergangenheit an. Doch nimmt er heute häufig als Fachspezialist an größeren Unternehmungen mit übergeordneten Fragestellungen mit einer gezielten Detailstudie teil. Er hat aber gleichwohl, auch heute noch, ohne Einordnung in ein größeres Projekt, seinen Stellenwert, da es gewisse Fächergruppen – vor allem in den Geisteswissenschaften, auch in der Geographie – gibt, in denen Einzelstudien den alleinigen Weg zum Forschungserfolg garantieren. So kommt es, daß die Einzelforschung, wenn auch häufig eingebettet in ein Gesamtkonzept, noch immer den größten Anteil an der Lateinamerikaforschung hat und bei weitem nicht den aufwendigsten. Da sich viele zu bewältigende Forschungsthemen aber nur noch unter Mithilfe vieler Einzelwissenschaften sinnvoll bearbeiten und lösen lassen, ist in den letzten zwanzig Jahren der Ruf nach *interdisziplinären Projekten* oder wenigstens *multidisziplinärer* Zusammenarbeit immer stärker geworden. Größere Projekte werden vorwiegend unter diesem Gesichtspunkt geplant und beurteilt. Worin besteht Interdisziplinarität? Interdisziplinäre Kompetenz setzt disziplinäre Kompetenz voraus. Nur wer diese besitzt, kann auch interdisziplinär forschen. Interdisziplinarität ist mehr als ein Aneinanderreihen von disziplinären Einzelarbeiten. Die einzelnen Disziplinen müssen ihre Grenzen öffnen, ineinandergreifen, ineinanderfließen. Interdisziplinarität ist nur möglich im Zusammenwirken einzelner Wissenschaften durch Forscher, die den Willen zur gemeinsamen Arbeit in der Sache wie persönlich ständig unter Beweis stellen, um Fragen zu lösen, die eine einzelne Disziplin sich noch nicht stellen konnte, um zu lernen, was die eigene Disziplin noch nicht weiß. Es liegt vielmehr am Menschen als an der Sache, in welcher Weise Interdisziplinarität zustande kommt. Sie kann nicht einfach angewandt oder formuliert werden. Sie wird nur wirksam in der ständigen gemeinsamen Aussprache.

Geographen waren in beiden Projekten geeignete Wissenschaftler, den interdisziplinären Charakter mitzutragen, den Gedankenaustausch zu fördern und für die durch die Formulierung der Projektziele vorgegebene Zusammenarbeit wichtige Beiträge zu leisten. Die Aufgaben der Geographen z. B. im Mexiko-Projekt waren sehr vielfältig. Ihre Arbeit erstreckte sich nicht nur auf das Studium der gegenwärtigen Probleme; sie haben auch maßgeblichen Anteil gehabt an der Erforschung der Vergangenheit, indem sie an der Erfassung und Deutung des Siedlungsgefüges mitarbeiteten und durch morphologische, vegetationskundliche und klimatologische Studien an dem Versuch beteiligt waren, den Klimaablauf der Vergangenheit und damit das Bild der Landschaft während der verschiedenen Menschheitsepochen zu rekonstruieren und das Wechselspiel von Naturentwicklung und Menschheitsgeschichte deuten zu helfen. Schließlich fiel dem Geographen, als Koordinator des gesamten Projektes die Aufgabe zu, über Jahre die kultur- und naturwissenschaftlichen Arbeiten im Gelände zu koordinieren und die wissenschaftliche Synthese zu formulieren. Es darf hier durchaus die These gewagt werden, daß das Fach Geographie in einem umfassenden Regionalprojekt durch seine weit verzweigten Arbeitfelder sehr geeignet ist, den Verbund innerhalb vieler Wissenschaften herzustellen. Als Fach, das zu seinen Aufgaben zählt, die Phänomene im Raum, seien sie abiotischer, biotischer oder anthropogener Natur, miteinander zu verknüpfen und in einem systemaren Zusammenhang zu sehen, vermag die Geographie in räumlich definierten wissenschaftlichen Großprojekten einen wirksamen Beitrag zu leisten.

Resumen

El Hombre y el Medio Ambiente
Investigaciones interdisciplinarias en Latinoamérica con especial partipación de la geografía

La presente contribución trata principalmente dos proyectos interdisciplinarios realizados en el último tiempo en Latinoamérica en los cuales los geógrafos han tenido una participación considerable. En la introducción se presenta brevemente el desarrollo de diversas instituciones que se dedican a investigaciones sobre Latinoamérica después de la Segunda Guerra Mundial.
Posteriormente se expone el rol y el significado de la geografía en conjunto con otras ciencias tomando como ejemplos el proyecto „México" y un pequeño programa de investigación en Bolivia.
El proyecto „México" fue un programa interdisciplinario y bilateral en el cual durante un lapso de 17 años, de 1962 hasta 1978, se investigó el tema „El hombre y el medio ambiente en el pasado y en el presente" en un proyecto regional llevado a cabo en los alrededores de las ciudades Puebla, Tlaxcala y Cholula. En este proyecto trabajaron unos 100 científicos de ambos paises, entre ellos unos 70 científicos de las ciencias humanas y 20 de las ciencias naturales. Los geógrafos colaboraron con 26 investigadores de diferentes áreas de la disciplina. El objetivo del proyecto fue investigar la cultura que, en su expresión material e intelectual, determinó y transformó en el transcurso del tiempo el espacio natural y cultural de la cuenca Puebla-Tlaxcala.
En este contexto se analizaron las interrelaciones espaciales sobre todo en algunas fases decisivas de transformación investigando al mismo tiempo los problemas regionales más importantes de la actualidad.
Los resultados de este amplio proyecto fueron presentados en más de 20 monografías y alrededor de 400 artículos publicados en español en la serie de informaciones „Comunicaciones del Proyecto Puebla-Tlaxcala". La coordinación del proyecto correspondió en un principio a la etnología y posteriormente estuvo 10 años a cargo de la geografía.

El segundo proyecto „El ecosistema y el hombre en la región del pueblo andino Kallawaya" iniciado en 1979 tiene como meta investigar la interdependencia del ecosistema y de la estructura socioeconómica. La geografía física con sus disciplinas climatología y geomorfología se dedica al análisis de la situación actual del ecosistema mientras que la geografía económica analiza el sistema socioeconómico. Otras disciplinas que participan en el proyecto son: la geobotánica, la pedología y la etnohistória. Un balance del sistema ecológigico, (clima, vegetación, suelo y erosión) como también del sistema socioecológico está próximo a concluirse. Los trabajos sobre la interrelación de ecosistemas y estructuras socioeconómicas todavía tienen que realizarse.

Finalmente se discuten en forma general los problemas de la investigación interdisciplinaria en relación a la geografía.

Anmerkungen und Literaturhinweise

1 In Deutschland wurden – abgesehen von Bibliotheken und Museen – gegründet:
1912 das Deutsch-Südamerikanische Institut in Aachen
1917 das Ibero-Amerikanische Institut in Hamburg
1922 das Institut für Amerikaforschung an der Universität Würzburg.
1923 das Ibero-Amerikanische Institut in Bonn
1930 das Ibero-Amerikanische Institut in Berlin.

2 Wilhelm Lauer 1953/54,
Hans-Günther Gierloff-Emden 1954/55.

3 Die Universidad Austral de Chile in Valdivia wurde 1954 gegründet. Wilhelm Lauer hat das Geographische Institut eingerichtet und war dessen erster Direktor zwischen 1956 und 1958. Ihm folgte Wolfgang Weischet von 1959 bis 1961. Nach dieser Aufbauphase ging das Institut in einheimische Hände über.

4 Initiator war Harald Sioli, der von 1938 bis 1940 am Instituto Biológico São Paulo und von 1940 bis 1957 am Amazonas tätig war: insbesondere von 1945 bis 1953 am Instituto Agronómico do Norte in Belém-Pará und ab 1954 bis 1957 am Instituto Nacional de Pesquisas da Amazónia in Manaus.
Seit 1957 baute er als Direktor des Max-Planck-Institutes für Limnologie in Plön (Holstein) die Abteilung für Tropenökologie auf und betreute von dort aus die ökologische Forschung am Amazonas bis zu seiner Emeritierung.

5 Das Institut entstand auf Initiative des Gießener Zoologen W. E. Ankel im Jahre 1963. Zu den Initiatoren gehörte Harald Uhlig, dessen Mitarbeiter Reimer Herrmann von 1967 bis 1968, Gerhard Bartels 1968 und Günter Mertins (1968 bis 1970 in der Funktion des stellvertretenden Leiters) tätig waren. Günter Mertins fungierte weiterhin von 1973 bis 1976 als Sonderbeauftragter der Universität Gießen für diese Institution, die mehreren deutschen Geographen als willkommene Ausgangsbasis für ihre Studien in Nordkolumbien diente.

6 Vgl. hierzu Mitgliederliste der Arbeitsgemeinschaft Deutsche Lateinamerikaforschung (ADLAF), Stand November 1984, und allgemeiner Prospekt Juni 1985.

7 Bähr, J., Golte, W. und Lauer, W., 1972: Entwicklungsprobleme im außertropischen Lateinamerika in historischer, geographischer und regionalpolitischer Sicht. Bericht über ein ADLAF-Gemeinschaftsprojekt (Geogr. Teil). Informationsdienst der ADLAF, 7, 5–12.
Bähr, J., 1973: Regressionsanalyse in der Migrationsforschung. Das Beispiel der Zuwanderung nach Antofagasta, Nordchile. Tijdschrift voor Econ. en Soc. Geografie, 64, 386–394, leicht veränderter Wiederabdruck in: Kuls, W. (Hrsg.), 1978: Probleme der Bevölkerungsgeographie, 315–334, Darmstadt.
Bähr, J., 1973: Migrationsprobleme im Großen Norden Chiles. Habil.-Schrift, Math.-Nat. Fakultät, Universität Bonn, gedruckt als: Migration im Großen Norden Chiles. Bonner Geogr. Abhandlungen, Heft 50, Bonn 1975.
Bähr, J., Golte, W. und Lauer, W., 1975: Verstädterung in Chile. Ibero-Amerikanisches Archiv, N. F., 1, 3–38.
Bähr, J., 1976: Siedlungsentwicklung und Bevölkerungsdynamik an der Peripherie der chilenischen Metropole Groß-Santiago. Das Beispiel des Stadtteils La Granja. Erdkunde, 30, 126–143 und eine Kartenbeilage.
Bähr, J., 1976: Die chilenische Salpeterzone. Der Niedergang und seine bevölkerungsgeographischen Konsequenzen. Geogr. Rundschau, 28, 282–289.

Lauer, W. (Hrsg.), 1976: Landflucht und Verstädterung in Chile – Exodo rural y urbanización en Chile. Erdkundliches Wissen, Heft 42, Wiesbaden.

Bähr, J., 1980: Migración en el Norte Grande de Chile. Revista de Geografía Norte Grande, 7, 3–20, Santiago.

8 Morales, M. und Sandner, G., 1982: Regiones periféricas y ciudades intermedias en Costa Rica. 322 S., San Jóse.

Nuhn, H. und Schwesig, R., 1982: Verkehrsaufkommen und Verkehrsverflechtungen der Stadt Quezaltenango in Guatemala. Ergebnisse einer Verkehrsbefragung am 15. und 16.4.1980. Beiträge zur Geographischen Regionalforschung in Lateinamerika, Bd. 4, 253 S., Hamburg.

Nuhn, H. und Schwesig, R., 1982: Volumen y entrelazamiento de tránsito por carretera de Quezaltenango, Guatemala. 253 S., Hamburg.

Nuhn, H., 1980: Verkehrserschließung und sozio-ökonomische Integration in den Kleinstaaten Zentralamerikas. In: Benecke, D. et al. (Hrsg.): Integration in Lateinamerika. Beiträge zur Soziologie und Sozialkunde Lateinamerikas, Bd. 17, 247–275, München.

Nuhn, H.: Verkehrserschließung und Verkehrsströme in Guatemala. In Vorbereitung.

Spielmann, H. O., o. J.: El sistema de lugares centrales en Guatemala. Guatemala, Instituto Geográfico Nacional, 50 S.

Spielmann, H. O., 1982: Der tertiäre Sektor im Urbanisierungs- und Regionalisierungsprozeß. Fallstudie Westguatemala. Beiträge zur Geographischen Regionalforschung in Lateinamerika, Bd. 3, 176 S., Hamburg.

Spielmann, H. O., 1984: Comercio y servicios en el proceso de desarrollo urbano-rural de Guatemala occidental. 158 S., Hamburg.

9 Initiatoren dieses Kolloquiums waren Harald Sioli, Plön, und Josef Schmithüsen, Saarbrücken.

10 Lauer, W., 1970: Naturwissenschaftliche Arbeiten im Rahmen des Mexiko-Projekts der Deutschen Forschungsgemeinschaft. Deutsche Geographische Forschung in der Welt von heute. Festschrift f. Erwin Gentz, 29–38, Kiel.

Lauer, W., 1973: 10 Jahre Mexiko-Projekt. Forschungsarbeiten in Mexiko. Mitteilungen der Deutschen Forschungsgemeinschaft 1, 10–21, Bonn.

Lauer, W., 1979: Síntesis y perspectivas tras 17 años de investigación científica en la región de Puebla-Tlaxcala. Ein interdisziplinäres deutsch-mexikanisches Forschungsprojekt. Das Mexiko-Projekt der Deutschen Forschungsgemeinschaft – Bibliographie 1964–1976, V–VII, Wiesbaden.

Lauer, W., 1979: Puebla-Tlaxcala. A German-Mexican Research Project. GeoJournal, 3, 1, 97–105.

Pfeifer, G., 1964: Bericht über ein deutsch-mexikanisches Forschungsprojekt. Geographische Zeitschrift, 52, 128–151.

Tichy, F., 1968: Das Hochbecken von Puebla-Tlaxcala und seine Umgebung. Landeskundliche Einführung in das zentrale Arbeitsgebiet. Das Mexiko-Projekt der Deutschen Forschungsgemeinschaft 1, 6–24, Wiesbaden.

Tichy, F., 1970: Bericht über die geographischen Arbeiten im Rahmen des deutsch-mexikanischen interdisziplinären Mexiko-Projekts. Deutscher Geographentag Kiel, Tagungsbericht und wissenschaftliche Abhandlungen, 554–563, Wiesbaden.

Treue, W., 1968: Das Mexiko-Projekt. Ein Unternehmen deutsch-mexikanischer interdisziplinärer Regionalforschung. Das Mexiko-Projekt der Deutschen Forschungsgemeinschaft 1, 1–5, Wiesbaden.

11 Die Buchreihe trägt den Titel: Das Mexiko-Projekt der Deutschen Forschungsgemeinschaft, Wilhelm Lauer (Hrsg.). Verlag Franz Steiner, Wiesbaden, ab 1968 (im Folgenden abgekürzt: Mexiko-Projekt).

12 Die Zeitschrift trägt den Titel: Comunicaciones, Proyecto Puebla-Tlaxcala, Bde. 1–17, Puebla, seit 1970 (im Folgenden abgekürzt: Comunicaciones). In die Bände 7 und 8 sowie 15 und 16 wurden die Verhandlungen der beiden internationalen Symposien, die vom 29. Jan. bis 2. Febr. 1973 bzw. vom 2. bis 7. Okt. 1978 in Mexiko (Ciudad) stattfanden, aufgenommen.

Die Ergänzungsbände tragen den Titel: Suplementos Comunicaciones, Proyecto Puebla-Tlaxcala, Puebla, Mexico, seit 1970 (im Folgenden abgekürzt: Supl. Comunicaciones).

13 Vgl. Lauer, W. (Hrsg.), 1976: Bibliographie (Bibliografia) 1964–1976, Wiesbaden.

14 Bunde, H., 1973: Geologische Untersuchungen im Gebiet des Valsequillo südlich von Puebla, Mexiko. Mexiko-Projekt VI, 21–92.

Günther, E. W., 1967: Ausgrabungen einer eiszeitlichen Tierwelt in Valsequillo (Hochland von Mexiko). Quartär 18, 163–172, Bonn.

Günther, E. W., Bunde, H. und Nobis, G. (Hrsg.), 1973: Geologische und paläontologische Untersuchungen im Valsequillo bei Puebla (Mexiko). Mexiko-Projekt VI, 184 S.

Hilger, W., 1973: Oberservaciones respecto a la geología de la región de Puebla-Tlaxcala. Comunicaciones 7, 3–6.

Weyl, R. (Ed.), 1977: Geologie des Hochbeckens von Puebla-Tlaxcala und seiner Umgebung. Mexiko-Projekt XI, 133 S.

15 Aeppli, H. und Schönhals, E., 1975: Los suelos de la cuenca de Puebla-Tlaxcala. Mexiko-Projekt VIII, 153 S.

Kneip, W., Miehlich, G. und Zöttl, H., 1973: Clasificación regional de los suelos de la Sierra Nevada de México. Comunicaciones 7, 11–14.

Miehlich, G., 1974: Klima und altersabhängige Bodenentwicklung von Vulkanascheböden der Sierra Nevada de México. Mitteilungen der Deutschen Bodenkundlichen Gesellschaft 18, 360–369, Göttingen.

Miehlich, G., 1978: Eigenschaften und Genese von Verhärtungslagen in Zentralmexiko („Tepetate"). Münster. Forsch. Geol. Paläont. 44/45, 21–41.

Miehlich, G., 1980: Los suelos de la Sierra Nevada de México. Supl. Comunicaciones VII.

Werner, G., 1976: Los suelos del Volcán „La Malinche" Altiplanicie Central Mexicana. Comunicaciones 13, 3–18.

Werner, G., 1978: Los suelos y las sociedades de suelos de Puebla-Tlaxcala, Puebla.

Werner, G. et al., 1978: Los suelos de la Cuenca Alta de Puebla-Tlaxcala y sus alrededores. Supl. Comunicaciones VI.

16 Heine, K., 1972: Glazialmorphologie und tephrochronologische Forschungen an den Vulkanen des zentralmexikanischen Hochlands. 3. Geowiss. Lateinamerika-Kolloquium, Geol. Paläont. Inst., Freiburg/Br., Gletscherkunde und Glaziologie VIII, 15–16, Innsbruck.

Heine, K., 1975: Studien zur jungquartären Glazialmorphologie mexikanischer Vulkane, mit einem Ausblick auf die Klimaentwicklung. Mexiko-Projekt VII, 178 S.

Heine, K., 1977: Neue Beobachtungen zur Chronostratigraphie der mittelwisconsinzeitlichen Vergletscherungen und Böden mexikanischer Vulkane. Eiszeitalter und Gegenwart 28, 139–147, Öhringen.

17 Jauregui, E., 1968: Mesoclima de la región Puebla-Tlaxcala. UNAM, Instituto de Geografía, México.

Jauregui, E., Klaus, D. und Lauer, W., 1978: On the estimation of potential evaporation and evapotranspiration in Central Mexico. Colloquium Geographicum 13, 163–190, Bonn.

Klaus, D., 1971: Zusammenhänge zwischen Wetterlagenhäufigkeit und Niederschlagsverteilung im Zentralmexikanischen Hochland, dargestellt am Beispiel des Hochbeckens von Puebla. Erdkunde XXV, 81–90, Bonn.

Klaus, D., 1975: Niederschlagsgenese und Niederschlagsverteilung im Hochbecken von Puebla-Tlaxcala. Ein Beitrag zur Klimatologie einer randtropischen Gebirgsregion. Bonner Geographische Abhandlungen 53, Bonn.

Klaus, D. und Lauer, W., 1981: Zur thermischen Asymmetrie der West- u. Osthänge der Sierra Nevada. Ibero-Amerikanisches Archiv, N. F., Jg. 7, 55–67, Berlin.

Lauer, W., 1973: Problemas climato-ecológicos de la vegetación de la región montañosa oriental mexicana. Comunicaciones 7, 37–44.

Lauer, W. und Stiehl, E., 1973: Hygrothermische Klimatypen im Raum Puebla-Tlaxcala, Mexiko. Erläuterungen zu einer Klimakarte 1:500.000. Erdkunde XXVII, 3, 230–234, Bonn.

Lauer, W. und Klaus, D., 1977: Características de la temperatura en una altiplanicie tropical – el valle de Puebla-Tlaxcala. Comunicaciones 14, 1–8.

Lauer, W., 1978: Ökologische Klimatypen am Ostabfall der mexikanischen Meseta. Erläuterungen zu einer Klimakarte 1:500.000. Erdkunde XXXII, 2, 101–110, Bonn.

Lauer, W., 1978: Timberline studies in Central Mexico. Arctic and Alpine Research, Vol. 10, No. 2, 383–396, Boulder.

Lauer, W. und Frankenberg, P., 1978: Untersuchungen zur Ökoklimatologie des östlichen Mexiko. Erläuterungen zu einer Klimakarte 1:500.000. Colloquium Geographicum 13, 1–134, Bonn.

18 Ern, H., 1973: Repartición, ecología e importancia económica de los bosques de coníferas en los Estados de Puebla y Tlaxcala. Comunicaciones 7, 21–24.

Ern, H., 1976: Descripción de la vegetación montañosa en los Estados Mexicanos de Puebla y Tlaxcala. Willdenowia, Beiheft 10, Berlin.

Klink, H. J., 1973: La división de la vegetación natural en la región de Puebla-Tlaxcala. Comunicaciones 7, 25–30.

Klink, H. J., 1973: Die natürliche Vegetation und ihre räumliche Gliederung im Puebla-Tlaxcala Gebiet (Mexiko). Erdkunde XXVII, 3, 213–225, Bonn.

Klink, H. J., Lauer, W. und Ern, H., 1973: Erläuterungen zur Vegetationskarte 1:200.000 des Puebla-Tlaxcala Gebietes. Erdkunde XXVII, 3, 225–229, Bonn.

Klink, H. J. und Lauer, W., 1976: Die räumliche Anordnung der Vegetation im östlichen Hochland von Zentralmexiko. Pflanzengeographie, Wege der Forschung CXXX, 472–506, Darmstadt.

Lauer, W., 1973: The altitudinal belts of vegetation in the Central Mexican Highland and their climatic conditions. Arctic and Alpine Research 5/3, 99–113, Boulder.

Lauer, W., 1973: Zusammenhänge zwischen Klima und Vegetation am Ostabfall der mexikanischen Meseta. Erdkunde XXVII, 3, 192–213, Bonn.

19 Knoblich, K., 1973: Las condiciones de las aguas subterráneas en la cuenca de Puebla-Tlaxcala. Comunicaciones 7, 9–10.

Knoblich, K., 1973: Las condiciones de las aguas subterráneas en la cuenca de El Seco-Oriental (Puebla-Tlaxcala, México). Comunicaciones 9, 1–4.

Knoblich, K., 1973: La influencia de las condiciones de aguas subterráneas sobre la colonización de la cuenca alta de Puebla-Tlaxcala. Comunicaciones 9, 7–10.

Knoblich, K., 1978: La cuenca de El Seco/Oriental. Una reserva de agua subterránea natural para el futuro. Comunicaciones 15, 231–234.

20 Heine, K., 1978: Ökologische Katastrophe in Mexiko? Bodenerosion seit über 2500 Jahren. Umschau in Wissenschaft und Technik, 78/16, 491–496, Stuttgart.

Heine, K., 1978: Mensch und geomorphodynamische Prozesse in Raum und Zeit im randtropischen Hochbecken von Puebla-Tlaxcala, Mexiko. 41. Deutscher Geographentag in Mainz, Tagungsbericht u. wissenschaftliche Abhandlungen, 390–406, Wiesbaden.

Schönhals, E., 1977: Duripans als Ursache der Bodenerosion im Hochbecken von Puebla-Tlaxcala. Mitt. d. Dtsch. Bodenkundlichen Gesellschaft 25, 489–496, Göttingen.

Wegener, H.-R., 1977: Quantitative Untersuchungen zur Bodenerosion durch Wasser im zentralen Hochland von Mexiko. Mitt. d. Dtsch. Bodenkundlichen Gesellschaft, 25, 497–504, Göttingen.

Wegener, H.-R., 1978: Bodenerosion und ökologische Eigenschaften charakteristischer Böden im Becken von Puebla-Tlaxcala. Dissertation, Gießen.

Wegener, H.-R., 1979: La erosión acuática de los suelos de Puebla-Tlaxcala. Comunicaciones 16, 57–68.

Werner, G., 1976: La Desforestación en el Volcán La Malinche. Comunicaciones 13, 19–25.

Werner, G. und Schönhals, E., 1977: La Destrucción de los suelos en la región Puebla-Tlaxcala. Comunicaciones 14, 9–14.

Werner, G., 1978: Génesis, distribución y destrucción de los suelos en el sur del Edo. de Tlaxcala. Comunicaciones 15, 225–229.

21 Lauer, W. und Klaus, D., 1975: Geoecological investigations on the timberline of Pico de Orizaba. Arctic and Alpine Research 7/4, 315–330, Boulder.

Lauer, W., 1978: Timberline studies in Central Mexico. Arctic and Alpine Research 10/2, 383–396. Boulder.

22 Lauer, W. und Klaus, D., 1975: The thermal circulation of the central mexican meseta region within influence of the trade winds. Arch. Met. Geoph. Biokl., Serie B, 23/4, 343–366, Wien.

23 Gäb, G. M., 1977: Untersuchungen zum Stadtklima von Puebla (Mexiko). Dissertation, Bonn.

24 Ohngemach, D., 1973: Analisis polínico de los sedimentos del pleistoceno reciente y del holoceno en la región de Puebla-Tlaxcala. Comunicaciones 7, 47–50.

Ohngemach, D. und Straka, H., 1978: La historia de la vegetación en la región de Puebla y Tlaxcala durante el cuaternario tardío. Comunicaciones 15, 189–204.

Ohngemach, D. und Straka, H. (mit Anhang von W. Lauer), 1983: Beiträge zur Vegetations- und Klimageschichte im Gebiet von Puebla-Tlaxcala. Pollenanalysen im Mexiko-Projekt. Mexiko-Projekt XVIII.

25 Heide-Weise, H. und Heine, K., 1971: Sobre la mineralogía de algunos sedimentos fluviales y depósitos volcánicos en la zona de Puebla, Pue. (México). Comunicaciones 4, 4–6.

Heine, K. und Heide-Weise, H., 1972: Estratigrafía del pleistoceno reciente y del holoceno en el Volcán de la Malinche y región circunvecina. Comunicaciones 5, 3–8.

Heine, K. und Heide-Weise, H., 1973: Secuencias de erupciones en el Volcán de la Malinche y en la Sierra Nevada (México) durante los ultimos 40.000 años. Comunicaciones 7, 7–8;

Heine, K. und Schönhals, E., 1973: Entstehung und Alter der „Toba"-Sedimente in Mexiko. Eiszeitalter und Gegenwart 23/24, 201–215, Öhringen.

Miehlich, G., 1974: Stratigraphie der jüngeren Pyroklastika der Sierra Nevada de México durch schwermineralanalytische und pedologische Untersuchungen. Eiszeitalter und Gegenwart 25, 107–125, Öhringen.

Miehlich, G., 1980: Los suelos de la Sierra Nevada de México. Supl. Comunicaciones VII.

26 Klaus, D., 1973: Die eiszeitlichen und nacheiszeitlichen Klimaschwankungen im zentralmexikanischen Hochland und ihre Ursachen. Erdkunde XXVII, 180–193, Bonn.

27 Heine, K. 1975: Studien zur jungquartären Glazialmorphologie mexikanischer Vulkane mit einem Ausblick auf die Klimaentwicklung. Mexiko-Projekt VII, 178 S.

28 Heine, K. und Ohngemach, D., 1976: Die Pleistozän/Holozän-Grenze in Mexiko. Münster. Forsch. Geol. Paläont. 38/39, 229–251, Münster.

Heine, K., 1976: Schneegrenzdepressionen, Klimaentwicklung, Bodenerosion und Mensch im zentralmexikanischen Hochland im jüngeren Pleistozän und Holozän. Z. Geomorph. N. F. Suppl. 24, 160–176.

Heine, K., 1978: The Late Quaternary climate of México as it is deduced from glacial and periglacial sediments of high volcanoes. 10th Intern. Congr. Sedimentology, 9.–14.7.1978, Abstract Volume I, 295–296, Jerusalem.

Lauer, W., 1981: Klimawandel und Menschheitsgeschichte auf dem mexikanischen Hochland. Abh. d. Math.-Nat. Kl., Akad. d. Wiss. u. d. Lit. Mainz, Nr. 2, 49 S., Wiesbaden.

Ohngemach, D. und Straka, H., 1978: La historia de la vegetación en la región de Puebla y Tlaxcala durante el cuaternario tardío. Comunicaciones 15, 189–204.

Ohngemach, D. und Straka, H., 1983: Beiträge zur Vegetations- und Klimageschichte im Gebiet von Puebla-Tlaxcala. Pollenanalyse im Mexiko-Projekt (Anhang: W. Lauer: Synopse der spät- u. postglazialen Landschaftsentwicklung im zentralmexikanischen Hochland). Mexiko-Projekt XVIII.

29 Abascal, R. und García Cook, A., 1975: Sistemas y de cultivo, riego y control de agua en el área de Tlaxcala. Sociedad Mexicana de Antropología, XIII mesa redonda, Xalapa, sept. 9–15 de 1973. Arqueología 1, 199–212, México.

Abascal, R., Dávila, P., Schmidt, P. H. und de Dávila, D. Z., 1976: La Arqueología del Sur-Oeste de Tlaxcala. Supl. Comunicaciones II.

Dávila, P. 1974: Cuauhtinchan: estudio arqueológico de un área. Manuskript, 158 S., México.

García Cook, A., 1972: Investigaciones arqueológicas en el Estado de Tlaxcala. Comunicaciones 6, 21–26.

García Cook, A., 1976: El desarollo cultural en el norte del valle poblano: inferencias. INAH Dep. de Monum. prehisp., Ser. Arqueología, México.

García Cook, A., 1978: Tlaxcala: poblamiento prehispánico. Comunicaciones 15, 173–187.

Spranz, B., 1970: Die Pyramiden von Totimehuacán, Puebla (México) und ihre Einordnung in die Entwicklung des präklassischen Pyramidenbaus in Mesoamerika. Mexiko-Projekt II.

Spranz, B., Dumond, D. E. und Hilbert, P. P., 1978: Die Pyramiden vom Cerro Xochitecatl, Tlaxcala, México. Mexiko-Projekt XII.

Schmidt, P. J., 1975: Reconocimiento arqueológico en el área central del antiguo Huejotzingo. Informe preliminar. Sociedad Mexicana de Antropología, XIII mesa redonda, Xalapa, sept. 9–15 de 1973. Arqueología I, 213–221, México.

Schmidt, P. J., 1975: El postclásico de la región de Huejotzingo, Puebla. Comunicaciones 12, 41–48.

Tschohl, P., o. J.: Verzeichnis der Siedlungs- und Geländenamen im Gebiet des Puebla-Tlaxcala-Projekts. Die Hauptquellen seit 1880 nebst einigen Ergänzungen. Manuskript.

Tschohl, P. und Nickel, H. J., 1972/1978: Catálogo arqueológico y ethnohistórico de Puebla-Tlaxcala, México. Tomo 1, Edición Preliminar A–C, Köln/Freiburg i. Br.; Tomo 2, Edición Preliminar CH–O, Köln/Freiburg i. Br.

Walter, H., 1968: Bericht über Untersuchungen im Süden des zentralen Arbeitsgebietes unter besonderer Berücksichtigung des Präkeramikums. Mexiko-Projekt I, 72–79.

30 García Cook, A., 1974: Una secuencia cultural para Tlaxcala. Comunicaciones 10, 5–22.

García Cook, A., 1975: Arqueología de la región Puebla-Tlaxcala. Sociedad Mexicana de Antropología, XIII mesa redonda, Xalapa, sept. 9–15 de 1973. Arqueología I, 77–82, México.

García Cook, A., 1978: Tlaxcala: poblamiento prehispánico. Comunicaciones 15, 173–187.

31 Heine, K., 1975: Studien zur jungquartären Glazialmorphologie mexikanischer Vulkane, mit einem Ausblick auf die Klimaentwicklung. Mexiko-Projekt VII, 178 S.

Heine, K., 1976: Schneegrenzdepressionen, Klimaentwicklung, Bodenerosion und Mensch im zentralmexikanischen Hochland im jüngeren Pleistozän und Holozän. Z. Geomorph. N. F. Suppl. 24, 160–176.

Lauer, W., 1979: Médio ambiente y desarrollo cultural en la región de Puebla-Tlaxcala. Comunicaciones 16, 29–54.

Lauer, W., 1981: Klimawandel und Menschheitsgeschichte auf dem zentralmexikanischen Hochland. Abh. d. Math.-Nat. Kl., Akad. d. Wiss. u. d. Lit. Mainz Nr. 2, 49 S., Wiesbaden.

Lauer, W., 1983: Synopse der spät- und postglazialen Landschaftsentwicklung im zentralmexikanischen Hochland. Mexiko-Projekt XVIII, 162–165.

32 García Cook, A., 1973: El desarrollo cultural prehispánico en el norte del área, intento de una secuencia cultural. Comunicaciones 7, 67–72.

Heine, K., 1973: Zur Glazialmorphologie und präkeramischen Archäologie des mexikanischen Hochlandes während des Spätglazials (Wisconsin) und Holozäns. Erdkunde XXVII, 161–180, Bonn.

Klaus, D. und Lauer, W., 1983: Humanökologische Aspekte der vorspanischen Besiedlungsgeschichte, Bevölkerungsentwicklung und Gesellschaftsstruktur im mexikanischen Hochland. Jb. f. Gesch. v. Staat, Wirtschaft und Gesellschaft Lateinamerikas 10, 85–120.

Lauer, W., 1979: Medio ambiente y desarrollo cultural en la región de Puebla-Tlaxcala. Comunicaciones 16, 29–54.

Ohngemach, D. und Straka, H., 1983: Beiträge zur Vegetations- und Klimageschichte im Gebiet von Puebla-Tlaxcala. Pollenanalyse im Mexiko-Projekt (Anhang: W. Lauer: Synopse der spät- und postglazialen Landschaftsentwicklung im zentralmexikanischen Hochland). Mexiko-Projekt XVIII.

33 Lauer, W., 1973: 10 Jahre Mexiko-Projekt. Forschungsarbeiten in Mexiko. Mitteilung der Deutschen Forschungsgemeinschaft 1, 10–12, Bonn.

34 Carrasco, P., 1973: Los documentos sobre las tierras de los indios nobles de Tepeaca en el siglo XVI. Comunicaciones 7, 89–92.

Dyckerhoff, U., 1973: Patrones de asentamiento en la región de Huejotzingo. Comunicaciones 7, 93–98.

Dyckerhoff, U. und Prem, H. J., 1975: La estratificación social en Huejotzingo. In: Pedro Carrasco (Ed.): La estratificación social en Mesoamerica. SEP–INAH, México.

Dyckerhoff, U. und Prem, H. J., 1978: Der vorspanische Landbesitz in Zentralmexiko. Z. f. Ethnologie 103, 186–238.

Dyckerhoff, U., 1978: La región del Alto Atoyac en la historia: La época prehispánica. In: Prem, H. J. (Hrsg.): Milpa y Hacienda. Tenencia de la tierra indígena y española en la cuenca del Alto Atoyac, Puebla (1520–1650). México-Projekt XIII, 18–34.

Prem, H. J. (Hrsg.): 1978: Milpa y Hacienda. Tenencia de la tierra indígena y española en la cuenca del Alto Atoyac, Puebla (1550–1650). Mexico-Projekt XIII.

Prem, H. J., 1979: Condiciones y posibilidades de la reconstrucción demográfica en el México Central. Versión preliminar. Comunicaciones 16, 183–190.

Reyes García, L., 1976: Cuauhtinchan del siglo XII al XV. Mexiko-Projekt X.

Trautmann, W., 1973: Examen del proceso de despoblamiento en Tlaxcala durante la época colonial. Comunicaciones 7, 101–104.

Trautmann, W., 1974: Ergebnisse der Wüstungsforschung in Tlaxcala, México. Erdkunde XXVIII, 114–124, Bonn.

Trautmann, W., 1981: Die sozio-ökonomische Struktur der kolonialzeitlichen Latifundien in Tlaxcala (México). Vj. Schr. Soz.- u. Wi. Gesch. 68, 349–371.

Trautmann, W., 1981: Der Wandel des zentralörtlichen Systems in Tlaxcala nach der Conquista. Ib. Am. Archiv N. F. 7, 137–150.

35 Ewald, U., 1976: Estudios sobre la hacienda colonial en México. Las propiedades rurales del Colegio Espíritu Santo en Puebla. Mexiko-Projekt IX, 190 S.

Liehr, R., 1971: Stadtrat und städtische Oberschicht von Puebla am Ende der Kolonialzeit (1787–1810). Mexiko-Projekt III, 233 S.

Liehr, R., 1972: Die Grundherrschaft der Herzöge von Atlixco im kolonialen Mexiko. Jahrbuch für Geschichte von Staat, Wirtschaft und Gesellschaft Lateinamerikas 9, 137–172, Köln und Wien.

Liehr, R., 1973: Ayuntamiento y oligarquía de la ciudad de Puebla a fines de la Epoca Colonial (1787–1810). Comunicaciones 7, 131–136.

Nickel, H. J., 1976: Zur Immobilität und Schuldknechtschaft mexikanischer Landarbeiter. Arbeitspapiere des Lateinamerika-Schwerpunktes der Universität Bielefeld 5, 1–51, Bielefeld.

Nickel, H. J., 1978: Soziale Morphologie der mexikanischen Hacienda. Mexiko-Projekt XIV.

Nickel, H. J., 1979: Las deudas pasivas de los gananes en las haciendas de Puebla-Tlaxcala (época colonial). Comunicaciones 16, 113–126.

Pietschmann, H., 1973: Der Repartimiento-Handel der Distriktsbeamten im Raum Puebla im 18. Jh. Jahrbuch für Geschichte von Staat, Wirtschaft und Gesellschaft Lateinamerikas 10, 236–250, Köln und Wien.

Pietschmann, H., 1973: El comercio de repartimientos de los Alcaldes Mayores y Corregidores en la región de Puebla-Tlaxcala en el siglo XVIII. Comunicaciones 7, 127–130.

Pietschmann, H., 1979: Agricultura e industria rural indígena en el México de la segunda mitad del siglo XVIII. Comunicaciones 16, 105–111.

Pietschmann, H., 1983: La población de Tlaxcala a fines del siglo XVIII. Jahrbuch für Geschichte von Staat, Wirtschaft und Gesellschaft Lateinamerikas 20, 223–238, Köln und Wien.

Vollmer, G., 1973: La evolución cuantitativa de la población indígena en la región de Puebla (1570–1810). Historia Mexicana 23, 43–51, México.

Vollmer, G., 1979: El perfil demográfico de Huejotzingo. Realidades de la base documental e imponderables de la reconstrucción. Comunicaciones 16, 191–198.

36 Castro Morales, E., 1973: Origen de algunos artistas y artesanos europeos de la región de Puebla-Tlaxcala. Comunicaciones 7, 117–120.

Kropfinger von Kügelgen, H., 1973: Problemas de aculturación en la iconología franciscana de Tecamachalco. Comunicaciones 7, 113–115.

Kropfinger von Kügelgen, H., 1973: Europäischer Buchexport von Sevilla nach Neuspanien im Jahre 1586. Mexiko-Projekt V, 1–107.

Kropfinger von Kügelgen, H., 1979: El catálogo monumental del Estado de Tlaxcala. Consideraciones en torno al barroco – a modo de prólogo. Comunicaciones 16, 273–298.

Palm, E. W., 1974: El sincretismo emblemático de los triunfos de la Casa del Deán en Puebla. Retablo barroco a la memoria de Francisco de la Maza. Instituto de Investigaciones Estéticas, UNAM, 11–18.

Palm, E. W., 1976: Contribuciones a la iconografía franciscana en México. Homenaje a Paul Kirchhoff. Instituto Nacional de Antropologia e Historia.

Palm, E. W., 1976: Los murales del convento agustino de Meztitlan. Comunicaciones 13, 1–2.

Palm, E. W., 1978: La fachada-retablo de azulejos en Puebla. Comunicaciones 15, 99–102.

Palm, E. W., 1979: La fachada de la Casa de los Muñecos en Puebla. Un trabajo de Hércules en el Nuevo Mundo. Anales del Instituto de Investigaciones Estéticas, UNAM, México.

Palm, E. W., 1979: La estructuración de la realidad en el arte de la Nueva España. Comunicaciones 16, 225–234.

Palm, E. W. und Kropfinger von Kügelgen, H., o. J.: Estudios de iconología y aculturación. Mexiko-Projekt (im Druck).

37 Pohl, H. und Müller, W., 1974: Grundzüge der industriellen Entwicklung Mexikos im 19. Jahrhundert. Vierteljahresschrift für Sozial- und Wirtschaftsgeschichte 61, 458–504, Wiesbaden.

Pohl, H. und Mertens, H. G., 1975: Die Entwicklung der mexikanischen Landwirtschaft während des Porfiriats. Ibero-Amerikanisches Archiv 1, 61–103.

Pohl, H., Hänisch, J. und Loske, W., 1978: Aspectos sociales del desarollo de los obrajes textiles en Puebla colonial. Comunicaciones 15, 41–45.

38 Tichy, F., 1968: Die Entwicklung der Agrarlandschaft seit der vorkolumbischen Zeit. Mexiko-Projekt I, 145–152.

Tichy, F., 1970: Zentrale und periphere Räume im Bereich des Beckens von Puebla-Tlaxcala (Mexiko) in ihrer Siedlungs- und Bevölkerungsentwicklung. Deutsche Geographische Forschung in der Welt von Heute. Festschrift für Erwin Gentz, 39–48, Kiel.

Tichy, F., 1973: Los paisajes culturales en el área de Puebla-Tlaxcala a fines del siglo XVIII y desarrollo hasta la época actual. Comunicaciones 7, 121–126.

Tichy, F., 1973: Siedlung und Bevölkerung im Raum Puebla-Tlaxcala am Ende des 18. Jh., dargestellt im Kartenbild. Jahrbuch für Geschichte von Staat, Wirtschaft und Gesellschaft Lateinamerikas 10, 207–235, Köln und Wien.

Tichy, F., 1976: Ordnung und Zuordnung von Raum und Zeit im Weltbild Altamerikas. Mythos oder Wirklichkeit? Ibero-Amerikanisches Archiv N. F. 2, 113–154, Berlin.

Tichy, F., 1978: El calendario solar como principio de organización del espacio para poblaciones y lugares sagrados. Comunicaciones 15, 153–163.

Tichy, F., 1980: Politischer Umbruch im Spiegel der Ortsnamen im zentralmexikanischen Hochland. In: Schützeichel, R. und Tichy, F. (Hrsg.): Erlanger Ortsnamen-Kolloquium. Beiträge zur Namensforschung N. F., Beiheft 18, 139–149, Heidelberg.

39 Kern, H., 1973: Estudios geográficos sobre residuos de poblados y campos en el valle de Puebla-Tlaxcala. Comunicaciones 7, 73–76.

Seele, E., 1973: Restos de milpas y poblaciones prehispánicas cerca de San Buenaventura Nealtican, Puebla. Comunicaciones 7, 77–86.

Trautmann, W., 1974: Ergebnisse der Wüstungsforschung in Tlaxcala (México). Erdkunde XXVIII, 114–124, Bonn.

Trautmann, W., 1978: Der kolonialzeitliche Wandel der Kulturlandschaft in Tlaxcala. Habilitationsschrift Geographie, GHS Essen.

Trautmann, W., 1981: Las transformaciones en el paisaje cultural de Tlaxcala durante la época colonial. Mexiko-Projekt XVII.

40 Heine, K., 1976: Schneegrenzdepressionen, Klimaentwicklung, Bodenerosion und Mensch im zentralmexikanischen Hochland im jüngeren Pleistozän und Holozän. Z. f. Geomorph. N. F. Suppl. 24, 160–176.

Lauer, W., 1981: Klimawandel und Menschheitsgeschichte auf dem mexikanischen Hochland. Abh. d. Math.-Nat. Kl., Akad. d. Wiss. u. d. Lit. Mainz, Nr. 2, 49 S., Wiesbaden.

41 Kern, H., 1973: Estudios geográficos sobre residuos de poblados y campos en el valle de Puebla-Tlaxcala. Comunicaciones 7, 73–76.

Seele, E., 1973: Restos de milpas y poblaciones prehispánicas cerca de San Buenaventura Nealtican, Puebla. Comunicaciones 7, 77–86.

42 Trautmann, W., 1974: Ergebnisse der Wüstungsforschung in Tlaxcala (México). Erdkunde XXVIII, 114–124, Bonn.

Trautmann, W., 1981: Las transformaciones en el paisaje cultural de Tlaxcala durante la época colonial. Mexiko-Projekt XVII.

43 Tichy, F., 1974: Deutung von Orts- und Flurnetzen im Hochland von Mexiko als kulturreligiöse Reliktform altindianischer Besiedlung. Erdkunde XVIII, 194–207, Bonn.

Tichy, F., 1976: Orientierte Flursysteme als kulturreligiöse Reliktform. Ihre Entstehung, Übertragung und Überlieferung. Tagungsbericht und wissenschaftliche Abhandlungen, Deutscher Geographentag Innsbruck 1975, 256–265, Wiesbaden.

Tichy, F., 1976: Orientación de las piramides e iglesias en el Altiplano Mexicano. Supl. Comunicaciones IV.

Tichy, F., 1976: Ordnung und Zuordnung von Raum und Zeit im Weltbild Altamerikas. Mythos oder Wirklichkeit? Ibero-Amerikanisches Archiv N. F. 2, 113–154.

Tichy, F., 1976: Altamerikanische Orientierungssysteme im Siedlungsbild der Gegenwart. Lateinamerika-Studien 1, 135–167, Erlangen.

Tichy, F., 1979: Genetische Analyse eines Altsiedellandes im Hochland von Mexiko. Das Becken von Puebla-Tlaxcala. In: Hagedorn, J., Hövermann, J. und Nitz, H. J. (Hrsg.): Gefügemuster der Erdoberfläche. Die genetische Analyse von Reliefkomplexen und Siedlungsräumen, 339–373, Göttingen.

Tichy, F., 1980: Der Festkalender Sahagun's. Ein echter Sonnenkalender? Latenamerika-Studien 6, 115–137, München.

Tichy, F., 1982: The axial direction of Mesoamerican ceremonial centers on 17° North of West and their association to calendar and cosmovision. In: F. Tichy (Ed.): Space and time in the cosmovision of Mesoamerica. Lateinamerika-Studien 10, 63–83, München.

44 Ewald, U., 1976: Estudios sobre la hacienda colonial en México. Las propiedades rurales del Colegio Espíritu Santo en Puebla. Mexiko-Projekt IX.

Nickel, H. J., 1976: Zur Immobilität und Schuldknechtschaft mexikanischer Landarbeiter. Arbeitspapiere des Lateinamerika-Schwerpunktes der Universität Bielefeld 5, 1–51, Bielefeld.

Nickel, H. J., 1978: Soziale Morphologie der mexikanischen Hacienda. Mexiko-Projekt XVI, Wiesbaden.

Nickel, H. J., 1980: Peonaje e inmovilidad de los trabajadores agrícolas en México. Forschungs-materialien 1, Universität Bayreuth, Lehrstühle Geowissenschaften, Bayreuth.

Tyrakowski, K., 1976: Poblamiento y Despoblamiento en la Región Central de la Cuenca de Puebla-Tlaxcala, México. Comunicaciones 13, 37–40.

45 Tichy, F., 1966: Politischer Umsturz und Kulturlandschaft im Hochland von Mexiko. Heidel-berger Studien zur Kulturgeographie, Heidelberger Geogr. Arb. 15, 99–114, Wiesbaden.

Tichy, F., 1970: Zentrale und periphere Räume im Bereich des Beckens von Puebla-Tlaxcala (Mexiko) in ihrer Siedlungs- und Bevölkerungsentwicklung. Deutsche Geographische Forschung in der Welt von Heute. Festschrift für E. Gentz, 39–48, Kiel.

Tichy, F., 1973: Los paisajes culturales en el área de Puebla-Tlaxcala a fines del siglo XVIII y el desarrollo histórico hasta la época actual. Comunicaciones 7, 121–126.

Tyrakowski, K., 1975: Ländliche Siedlungen im Becken von Puebla-Tlaxcala (Mexiko) und ihre Entwicklung im 19. und 20. Jahrhundert. Dargestellt am Municipio Sta. Maria Natívitas sowie an den Pueblos San Gregorio Zacapechpan und San Juan Cuautinchan. Biblioteca Ibero-Americana 21, 118 S., Berlin.

Tyrakowsky, K., 1976: Poblamiento y despoblamiento en la región de la cuenca Puebla-Tlax-cala/México. Comunicaciones 13, 37–40.

46 Dillner, E., 1978: Onixbearbeitung in San Antonio Texcala (México). Estudios Americanistas. Festschrift für H. Trimborn. Coll. Inst. Antropología 20, 121–131, Sankt Augustin.

Eisenblätter, V., 1976: La estructura industrial de los Estados de Puebla y Tlaxcala y su im-portancia económica. Comunicaciones 14, 41–46.

Eisenblätter, V., 1978: La Ciudad de Puebla y el desarrollo industrial de los Estados de Puebla y Tlaxcala. Comunicaciones 15, 29–34.

Gormsen, E., 1966: Tlaxcala-Chiautempan-Apizaco. Zur Entwicklung kleiner Städte im mexi-kanischen Hochland. Heidelberger Geogr. Arbeiten 15, 115–132.

Gormsen, E., 1968: Städte und Märkte in ihrer gegenseitigen Verflechtung und in ihren Um-landbeziehungen. Mexiko-Projekt I, 180–193.

Gormsen, E., 1971: Wochenmärkte im Bereich von Puebla/Mexiko. Struktur und Entwicklung eines traditionellen Austauschsystems. Jahrbuch für Geschichte von Staat, Wirtschaft und Gesellschaft Lateinamerikas 8, 366–402, Köln und Wien.

Gormsen, E., 1971: Zur Ausbildung zentralörtlicher Systeme beim Übergang von der semi-autarken zur arbeitsteiligen Gesellschaft. Erdkunde XXV, 108–118, Bonn.

Gormsen, E., 1973: Sistemas funcionales en el intercambio urbano-rural de la región de Puebla-Tlaxcala. Comunicaciones 7, 147–150.

Gormsen, E., 1977: La Artesanía Mexicana como factor de desarrollo regional. Comunicaciones 14, 23–27.

47 Gormsen, E., 1978: La zonificación socio-económica de la Ciudad de Puebla. Cambios por efecto de la metropolización. Comunicaciones 15, 7–20.

Gormsen, E., 1978: Factores socio-económicos como base para inovaciones agropecuarias: un perfil por la vertiente oriental de México. Actes du XLIIe Congrès Internacional des América-nistes, Paris, 2.–9. Septembre 1976, Vol. I, 415–433, Paris.

Popp, K., 1976: Der Kulturlandschaftswandel im Becken von Atlixco, Pue. Dissertation, Erlan-gen-Nürnberg.

Popp, K. und Tyrakowski, K., 1977: Der Caserio Metepec, Atlixco. Zur Entwicklung einer frühen Industriesiedlung in Mexiko. Ibero-Amerikanisches Archiv N. F. 3, 267–280.

Puente Lutteroth, S., 1971: Algunas consideraciones preliminares sobre un estudio socio-geo-gráfico intitulado: Tlaxcala y su área de influencia. Comunicaciones 3, 27–39.

Sander, H. J., 1974: Cambios actuales en la estructura económica y social de dos Ejidos en el norte de la región del proyecto (Xicoténcatl y Benito Juárez). Comunicaciones 11, 69–76.

Sander, H. J., 1974: Estructura social y confesional en un pueblo de campesinos en el Estado Federal Tlaxcala, México (Xalcatzingo, Municipio de Tepeyanco). Comunicaciones 11, 77–83.

Sander, H. J., 1977: Sozialökonomische Klassifikation der kleinbäuerlichen Bevölkerung im Gebiet von Puebla-Tlaxcala (Mexiko). Bonner Geographische Abhandlungen 56, Bonn.

Sander, H. J., 1978: Análisis de la estructura socio-económico en unos pueblos de la región del Proyecto Puebla-Tlaxcala. Comunicaciones 15, 67–72.

Seele, E., 1970: Jüngere Wandlungen in der Agrarlandschaft im Hochland von Mexiko. Deutscher Geographentag Kiel 1969. Tagungsbericht und wissenschaftliche Abhandlungen, 536–568, Wiesbaden.

Seele, E., 1973: Galerías filtrantes en el Estado de Puebla. Comunicaciones 7, 141–144.

Seele, E., 1973: Cambios recientes en el paisaje agrario de la zona de Puebla-Tlaxcala. Anuario de Geografía (UNAM), México.

Seele, E., 1974: Studien über Wassergewinnungsmethoden zur Feldbewässerung im Hochland von Mexiko. Wandlungen im Laufe der Kulturlandschaftsentwicklung. Habil.-Schrift, 266 S., 46 Abb., Erlangen.

Seele, E., Tyrakowski, K. und Wolf, F., 1983: Mercadores semanales en la región de Puebla-Tlaxcala/México. Supl. Comunicaciones IX.

Seele, E. und Tyrakowski, K., 1985: Cuescomate y Zencal en la región Puebla-Tlaxcala. Supl. Comunicaciones V.

Tichy, F., 1969: Las grandes regiones o los paisajes naturales de la zona Puebla-Tlaxcala y las posibilidades para una diferenciación más precisa con los metodos de investigación ecológica regionales. Anales de Geografia 7, México.

Tyrakowski, K., 1974: Oberservaciones sobre la construcción de la plaza principal en los pueblos en la cuenca de Puebla-Tlaxcala. Comunicaciones 10, 59–61.

Tyrakowski, K., 1978: El tianguis central de Tepeaca. Función e importancia de un mercado complejo. Comunicaciones 15, 47–60.

Tyrakowski, K., 1980: Autóctonas redes regulares de poblaciones prehispánicas en la cuenca de Puebla-Tlaxcala/México. In: La Antropología americanista en la actualidad. Homenaje a Raphael Girard, 335–349, México.

Wendel, W., 1978: El comercio de alimentos de la ciudad de Puebla. Consideraciones acerca de una tipologia. Comunicaciones 15, 21–27.

48 Beutler, G., 1973: Algunas oraciones y ceremonias relacionadas con el cultivo del maíz en México. Indiana 1, Beiträge zur Völker- und Sprachkunde, Archäologie und Anthropologie des Indianischen Amerika, 93–111, Berlin.

Beutler, G., 1979: Adivinanzas españolas de la tradición popular actual de México, principalmente de las regiones de Puebla-Tlaxcala. Mexiko-Projekt XVI.

Beutler, G., 1984: La historia de Fernando y Alamar. Contribución al estudio de las danzas de moros y cristianos en Puebla (México). Mexiko-Projekt XIX.

Jäcklein, K., 1970: San Felipe Otlaltepec. Beiträge zur Ethnoanalyse der Popoloca de Puebla, Mexiko. Göppinger Akademische Beiträge 12, Göppingen.

Jäcklein, K., 1978: Los Popolocas de Tepexi (Puebla). Mexiko-Projekt XV.

49 Lauer, W., 1979: Im Vorland der Apolobamba-Kordillere. Physisch-geographische Beobachtungen auf einer kurzen Studienreise nach Bolivien. Estudios Americanistas II. Festschrift für H. Trimborn. Coll. Inst. Antropológico 21, 9–15, Sankt Augustin.

Seibert, P., 1981: Die Callawaya-Indianer: Ein Relikt des Inka-Reiches. Forschung, Mitteilungen der Deutschen Forschungsgemeinschaft, H. 4, 6–9, Bonn.

Seibert, P., 1982: Ökosystemforschung in den bolivianischen Anden. Naturwissenschaftliche Rundschau 35, 147–157, Stuttgart.

Seibert, P., 1982: Ökosystemforschung im Wohngebiet der Callawaya (bolivianische Anden). MAB-Mitt. 11, 46–49, Bonn.

Schoop, W., 1981: DFG-Projekt: Callawaya-Bergbevölkerung und Ökosystem. Zeitschrift der deutsch-bolivianischen Handelskammer II, 13–19.

Schoop, W., 1982: Anpassung und Ökosysteme. Forschungen im Inka-Gebiet. Universitas 20/1, 63–68.

50 Seibert, P., 1982: Ökosystemforschung in den bolivianischen Anden. Naturwissenschaftliche Rundschau 35, 147–157, Stuttgart.

51 Seibert, P., 1984: Die Vegetation der Gebüsch- und oberen Bergwaldstufe im Wohngebiet der Callawaya und ihre Veränderung durch den Menschen. Wissenschaftliche Berichte an die DFG (Manuskript), 89 S., München.

52 Lauer, W., 1982: Zur Ökoklimatologie der Kallawaya-Region (Bolivien). Erdkunde XXXVI/4, 234–271, Bonn.
Lauer, W., 1983 Acerca de la ecoclimatología de la región de Callahuaya. In: Gisbert, T. (Hrsg.): Espacio y tiempo en el mundo Callahuaya, 9–34, La Paz (Bolivien).

53 Lauer, W., 1983 u. 1984: Bericht der Kommission für Erdwissenschaftliche Forschung, Jahrbuch der Akad. d. Wiss. u. d. Lit., Mainz, 1983: 172–174; 1984: 149–150, Wiesbaden/Stuttgart.

54 Zech, W. und Feurer, T., 1982: Geoökologische Studien im Callawayagebiet, Bolivien. Gießener Beiträge zur Entwicklungsforschung I, 8, 131–144, Gießen.
Zech, W., 1984: Schlußbericht über die Reise nach Bolivien vom 1. September bis 2. Oktober 1980 im Rahmen des Forschungsvorhabens „Höhenzonale Gliederung der Böden im Wohngebiet der Callawaya", Bolivien. Bayreuth.

55 Lauer, W., 1984: Natural potential and the land use system of the Kallawaya in the Upper Charazani Valley (Bolivia). Erdwiss. Forschung 18, 173–196, Stuttgart.
Mahnke, L., 1982: Zur indianischen Landwirtschaft im Siedlungsgebiet der Kallawayas (Bolivien). Erdkunde XXXVI, 247–254, Bonn.
Mahnke, L., 1984: Formas de adaptación en la agricultura indígena de la zona de los Callawayas. In: Gisbert, T. (Hrsg.): Espacio y tiempo en el Mundo Callahuaya, 59–72, La Paz.
Mahnke, L., 1985: Anpassungsformen und Landnutzung in einem tropischen Hochgebirge. Der agrare Wirtschaftsraum der Kallawaya-Indianer (Bolivien). Dissertation RWTH Aachen.

56 Schoop, W., 1982: Güteraustausch und regionale Mobilität im Kallawaya-Tal (Bolivien). Erdkunde XXXVI, 254–266, Bonn.
Schoop, W., 1984: Intercambio de productos y movilidad regional en el valle de Callahuaya. In: Gisbert, T. (Hrsg.): Espacio y tiempo en el Mundo Callahuaya, 35–57, La Paz.

57 Lauer, W. und Rafiqpoor, M. D., 1986: Die jungpleistozäne Vergletscherung im Vorland der Apolobamba-Kordillere (Bolivien). Erdkunde XL, 125–145, Bonn.

Gerhard Sandner

Hamburg

Regionalentwicklung und anwendungsorientierte Forschung – Konzepte und Erfordernisse in den 80er Jahren

I. Einleitung

Um dem Rahmenthema dieses Symposiums „Deutsche Geographische Forschung in Lateinamerika" gerecht zu werden, ist bereits im Ansatz von drei Relativierungen auszugehen. Erstens spiegelt diese Forschung immer auch die Entwicklung der Geographie als Wissenschaft wider, und zwar nicht nur in den Themen, Fragestellungen und Methoden, sondern auch in den Gewichtungen. Das in Personen und Publikationen gemessene relative Gewicht der Lateinamerikaforschung dürfte im Verhältnis zur Entwicklung unserer Hochschulinstitute seit Ende der sechziger Jahre abgenommen haben. Der Grund liegt nicht in einem verringerten Interesse, sondern im Zusammentreffen einer Umgewichtung zwischen den regionalen Arbeitsfeldern mit einer wachsenden Zahl technischer Spezialisten und der regional-geographischen Forschung ablehnend gegenüberstehender Geographen.

Zweitens ist die deutsche geographische Lateinamerikaforschung immer pluralistisch gewesen, d. h. durch eine Vielfalt der Methoden, der Sachthemen, der regionalen Forschungsgebiete und der persönlichen Bindung an Teilräume bestimmt worden. Anders als in der nordamerikanischen Geographie mit der Gründung eines Verbandes der „Latin Americanist Geographers" Anfang der siebziger Jahre mit eigenen Jahreskonferenzen und Publikationen (vgl. Denevan 1978, Martinson und Elbow 1981, Augelli 1981, Lentnek 1981, Lentnek 1983) sind in der deutschen Geographie zögernde Ansätze zu einem wenigstens informationsgerichteten Verbund wieder im Sande verlaufen.

Drittens ist die deutsche Lateinamerikaforschung vor dem Hintergrund der jeweils aktuellen Entwicklungen in Lateinamerika zu sehen. Das bedeutet keinen platten Aktualismus, sondern Bezug zu den Wandlungen und Umgewichtungen, zum Problembewußtsein und zu den veränderten Prioritäten innerhalb Lateinamerikas.

Ziel dieses Beitrages ist nicht die historische Aufarbeitung der Leistungen deutscher Lateinamerikaforschung, sondern die Verbindung von Aktualitätsbezug und Anwendungsbezug aus der Sicht Mitte der achtziger Jahre. „Aktualitätsbezug" bedeutet dabei keine Aufgabe der historischen Perspektive, sondern in erster Linie die Aufnahme und Verarbeitung der gegenwärtigen Problemsituation mit ihren Gewichtungen und Prioritäten, aber auch mit ihren Optionen auf die Zukunft. Dabei sind in der Ökologiediskussion wie im Rahmen der Stadt- und Regionalentwicklung die historische Aufarbeitung und die Ausrichtung auf Wandel, Dynamik und Prozeß eher gewichtiger geworden.

„Anwendungsbezug" kann nicht im berufstechnischen Sinn auf den Einsatz wissenschaftlicher Methoden und Erkenntnisse in konkreten Maßnahmen etwa der Inwertsetzung natürlicher Ressourcen, der Stadtgestaltung und der Regionalplanung eingeengt werden. In der Tradition der deutschen geographischen Lateinamerikaforschung hat Anwendungsbezug immer auch in der Aufarbeitung, Bewußtmachung und Information regionaler Strukturen, Entwicklungen und Problemzusammenhänge für eine mehr oder weniger breite Öffentlichkeit und darüber hinaus der Ausbildung gedient. Mehr denn je schließt „Anwendungsbezug" heute aber auch die Frage nach der Hinwendung zu den drängenden Gegenwartsproblemen, nach dem Verwertungszusammenhang und den Zielgruppen des eigenen Tuns ein.

Aktualitäts- und Anwendungsbezug gemeinsam machen es erforderlich, aus der lateinamerikanischen Wirklichkeit heraus, das heißt unter Berücksichtigung des lateinamerikanischen Selbstverständnisses und Diskusionsstandes, Zustände und Entwicklungen von ihren Hintergründen her zu verstehen. Für die geographische Lateinamerikaforschung bedeutet das eine doppelte Herausforderung. Erstens gehört zu den Entwicklungen in den siebziger Jahren auch, daß die Zahl der Geographen und der geographischen Forschungsbeiträge an lateinamerikanischen Hochschulen vier- bis fünfmal so rasch gewachsen ist wie in Nordamerika oder bei uns. Dabei ist ein erheblicher Teil der lateinamerikanischen Geographen politisch bewußter, in seinen Grundvorstellungen radikaler und in seinen Orientierungen zugleich pragmatischer, als das bei uns der Fall ist (vgl. Lentnek 1981, S. 437). Zweitens sind die tiefgreifenden Veränderungen seit Beginn der siebziger Jahre nicht mehr über Fortschreibungen und Aktualisierungen von Datensätzen zu erfassen. Es geht um neue Gewichtungen in thematischer wie in regionaler Hinsicht, um eine verstärkte Ausrichtung auf gangbare Alternativen für die Zukunft und um die Ansätze zu einer stärker integrierenden, auf Zusammenhänge ausgerichteten Sicht, um eine neue Gewichtung der Synthese.

Um diese Aussagen zu begründen und die Folgen für die geographische Forschung wenigstens anzudeuten, seien zunächst die wichtigsten Merkmale des Umbruchs, der neuen Gewichtungen und Perspektiven genannt.

II. Umbruch und neue Perspektiven 1973–1983

Die tiefgreifende Veränderung der Rahmenbedingungen und der inneren Problemzusammenhänge in Lateinamerika seit Beginn der siebziger Jahre wird in der internationalen Literatur mit Ausdrücken wie „Historical Turning Point" oder „Wendemarke" umschrieben und mit den Umbrüchen Anfang des 19. Jahrhunderts und im Gefolge der Weltwirtschaftskrise 1929 bis 1935 verglichen (Prebisch 1982, Sáinz 1982, Eßer u. v. Gleich 1984, Iglesias 1984). Dieser Umbruch vollzieht sich vor dem Hintergrund schrittweiser, wellenhaft verlaufender Änderungen, die uns allen geläufig sind: Binnenwanderung und Verstädterung Lateinamerikas nehmen auch im weltweiten Maßstab außerordentlich stark zu; Waldvernichtung und Umweltbelastung steigen rascher an als in anderen Großräumen; die bäuerliche Agrarwirtschaft und die strukturelle Tragfähigkeit des Agrarraumes werden gerade im Rahmen der Modernisierungen im Agrarbereich weiter geschwächt; die komplexen urban-industriellen Ballungsräume und Entwicklungsachsen wachsen; die sozialen und die regionalen Ungleichheiten verstärken sich, das gesellschaftliche Konfliktpotential nimmt zu; Themen, die noch Anfang der siebziger Jahre einen hohen Stellenwert hatten, wie regionale Integration, Alphabetisierung oder Agrarreform, sind weitgehend zurückgedrängt worden. Greifen wir

vor diesem Hintergrund vier zentrale Themen in der jüngsten innerlateinamerikanischen Diskussion heraus.

1. Die ökonomische Dimension

Ende der siebziger Jahre ist das seit dem Zweiten Weltkrieg verfolgte Entwicklungskonzept des „Desarrollismo", der auf wirtschaftliches Wachstum, Modernisierung und Industrialisierung ausgerichteten Strategie, weitgehend zusammengebrochen (vgl. Benecke 1983). Zwar gab es noch in den siebziger Jahren in vielen Ländern beachtliche Wachstumsraten, wurden einzelne Zweige der Industrie und die Modernisierung der kommerziellen Agrarwirtschaft stark gefördert, nahmen Investitionen und weltwirtschaftliche Verflechtungen weiter zu. Aber zugleich blieben der Abbau der inneren Ungleichgewichte und der sozialen Ungerechtigkeiten, die vertikale Integration der Wirtschaft wie der Gesellschaft und die Verringerung der Asymmetrien in den Außenhandelsbeziehungen und Zahlungsbilanzen immer weiter hinter den Erwartungen zurück.

Die Verbindung von Rezession und Inflation in den Industrieländern, von Ölpreisschock und Zinsschock führte dazu, daß zwischen 1973 und 1976 die externe Finanzierung entscheidenden Einfluß gewann und die innere Dynamik der Wirtschaftsentwicklung den außenwirtschaftlichen Zwängen wachsender Staatsverschuldung geopfert wurde (Kampffmeyer 1983, Steger 1983). Die Folgen der Verschuldungskrise und der verschiedenen Umschuldungsverhandlungen reichen tief in die innere Struktur der Länder hinein. Sie haben die sozialen Disparitäten zugunsten der ökonomisch stärkeren Gruppen und Wirtschaftsbereiche und zugleich die regionalen Disparitäten weiter verschärft. Anfang der achtziger Jahre setzte eine intensive Diskussion über den weiteren Weg ein, in der die CEPAL (UN-Kommission für die ökonomische Entwicklung in Lateinamerika) mit ihrem traditionellen Kurs jenseits der neoliberalen und der marxistischen Ideologie eine gewichtige Rolle spielt.

In dieser Diskussion wird eine neue Welle der Lateinamerikanisierung von Konzepten und Strategien deutlich. Vordenker in der CEPAL wie Raúl Prebisch warnen noch schärfer als zuvor vor der Übertragung von Theorien und Lösungsvorschlägen, die aus anderen Breiten kommen und nicht dem kulturerdteilspezifischen Kontext entsprechen (Iglesias 1981, Prebisch 1982, Sáinz 1982, Steger 1983). Die zukunftsgerichteten Alternativen reichen weit über den ökonomischen Bereich hinaus. Sie gründen sich auf eine integrative Sicht, in die die 1980 einsetzende Diskussion über kulturerdteilspezifische und nationale Entwicklungsstile einbezogen wurde (Pinto 1976, Graciarena 1976, Sunkel und Gligo 1980, Sunkel 1980). Das Strategie-Konzept der CEPAL umfaßt acht Punkte: 1. Die Beschleunigung des wirtschaftlichen Wachstums und der produktiven und technologischen Entwicklung der Volkswirtschaften, 2. die Förderung einer ausgeglicheneren Verteilung des Sozialproduktes und die Beseitigung der extremen Armut in der kürzest möglichen Zeit, 3. die Formulierung einer Wirtschaftspolitik, die eine Kontrolle oder Vermeidung von Inflationsprozessen erlaubt, 4. die Förderung struktureller Veränderungen in den wirtschaftlichen Außenbeziehungen hinsichtlich der Außenhandels- und Zahlungsbilanzen, 5. die Steigerung der aktiven wirtschaftlichen, sozialen und politischen Partizipation der verschiedenen gesellschaftlichen Sektoren am wirtschaftlichen und gesellschaftlichen Entwicklungsprozeß

und die Sicherung der Fürsorge für Kinder, die Beteiligung der Jugendlichen und die Integration der Frauen, 6. die Erhaltung der Umweltqualität und die Steigerung ihres Nutzungspotentials zur Verbesserung der Lebensbedingungen und als Voraussetzung für eine Entwicklung, die langfristig aufrecht erhalten werden kann, 7. die Erhaltung und Erweiterung kultureller Authentizität und Identität und die Entwicklung unabhängiger Lebensstile, 8. die Sicherung der Souveränität über die nationalen Ressourcen und der Autonomie in der Gestaltung des Entwicklungsprozesses (CEPAL 1981).

Die Schwächen in diesem Konzept werden deutlich, sobald man die Gleichgewichtigkeit der drei übergeordneten Aspekte: ökonomisches Wachstum, Abbau der extrem ungleichen Verteilung von Einkommen bzw. gesellschaftlicher Partizipation, außenwirtschaftliche Stabilisierung berücksichtigt. Dennoch gehen von der Diagnose als Aufarbeitung und von den Therapievorstellungen, von den neuen Prioritäten und Gewichtungen und auch von den eingebauten Widersprüchen Einflüsse aus, die unsere Sicht der Dinge und den Raum selbst in seinen Zusammenhängen, Entwicklungen und Widersprüchen verändern. Das gilt zumindest für den Zusammenhang zwischen Regionalentwicklung und anwendungsbezogener, zugleich gegenwarts- wie zukunftsorientierter Forschung. Für die Geographie liegen hier viele Herausforderungen: in der stärker werdenden Verknüpfung sektoraler Aspekte, in der Verstärkung der vertikalen Verflechtungen und im Durchschlagen externer wie staatlich-nationaler Einflüsse in alle Bereiche und Raumdimensionen hinein. Damit ändern sich auch die Kriterien, nach denen wir Maßstäbigkeit und räumlichen Bezug unserer Arbeit bestimmen, wird es gewichtiger, in räumlichen Verschachtelungen und vertikalen Beziehungsgeflechten zu denken.

2. Die politische Dimension

Ein erheblicher Teil der politischen Diskusssion ist untrennbar mit den ökonomischen und gesellschaftlichen Rahmenbedingungen und Modellvorstellungen verknüpft. Manche Denkschulen nicht nur politökonomischer Ausrichtung oder vulgär-marxistischer Vereinfachung sind allerdings so auf das Primat ökonomischer Interessen und Einflüsse fixiert, daß sie die ständig stärker werdende Durchsetzung geopolitisch-strategischer Aspekte unterschätzen oder ganz übersehen. Ausgehend von schon lange installierten geopolitischen Denkschulen haben Macht- und Territorialpolitik neue Gewichtungen erhalten.

Mexiko und Venezuela begannen Mitte der siebziger Jahre mit einer Mittelmachtpolitik im zentralamerikanisch-karibischen Konfliktraum, neue Gruppierungen wie die Contadora-Gruppe entstanden, bisher dominierende strategische Positionen veränderten ihr Gewicht. Jede Karte der realen und der potentiellen Seerechtsansprüche zeigt eine Vielzahl latenter Konfliktherde und zugleich die Notwendigkeit, das internationale Geschehen nicht nur von der Landfläche her zu begreifen. Seerechtsprobleme, innere wie internationalisierte Konflikte, die Verstärkung geopolitischer Denkmuster bei den Führungsgruppen und die spezifischen Probleme der nationalen Grenzräume erfordern heute immer nachdrücklicher eine großräumige Sicht. Zugleich wird es wichtiger, die vertikalen Verflechtungen politischer Einflüsse, besonders ihr Durchschlagen aus der internationalen über die nationale bis in die regionale Ebene zu berücksichtigen. Auf der Ebene internationaler Politik werden seit Anfang der achtziger Jahre von ganz verschiedenen Arbeitsgruppen Beiträge zu einer Diskussion geleistet, in der Aufarbeitung und Neubewertung sich mit der Suche nach Selbstverständnis und nach gangbaren Alternativen verbinden. Dabei erhalten bisher unterbewertete Themen wie Kultur, großräumige Authentizität, Identitätsbewußtsein, Lebensform und Entwicklungsstil eine neue Gewichtung.

Geographen sind bisher kaum an dieser Diskussion beteiligt, ihr Interesse konzentriert sich auf kleinräumigere Dimensionen. Es ist auch für den Geographen eine wissenschaftliche Herausforderung, die Einflüsse der nationalen und regionalen Politik auf dieser Maßstabsstufe in Beziehung zu den großräumigen Rahmenbedingungen und Einwirkungen zu setzen.

3. Die ökologische Dimension

In der gegen Ende der siebziger Jahre rasch zunehmenden Diskussion über Ökologie und natürliche Ressourcen, Umwelt und Umweltbelastung in Lateinamerika sind vier beteiligte Gruppen zu unterscheiden: erstens die geo- und bioökologischen Vertreter der Fachwissenschaften, zweitens die Fachleute aus den verschiedenen Gebieten der Regionalforschung und -planung, der Wirtschaft und aller Zweige der Gesellschaftswissenschaften; drittens die nationalen Regierungen, Verwaltungen und Planungsinstitutionen und viertens die Ebene internationaler Institutionen wie der CEPAL (Gutman 1977, Szekely et al. 1978, Gazzoli 1980, Gligo 1980, Parsons 1981, Bennet 1981, Sonderheft der Revista Interamericana de Planificación Jg. 19, Nr. 69, 1984).

In der Intensität und im Stil dieser Neuorientierung stecken zweifellos Ansätze zu Fehlentwicklungen. So überwuchern die Anwendungs- und Planungsbezüge gelegentlich schon die soliden bio- und geoökologischen Grundlagen, werden aus mangelnder Kenntnis oder Geduld voreilige Schlüsse gezogen, eilig Systematiken und neue Begriffe geschaffen, entwickelt sich eine Vermarktung ökologischer Themen jenseits der kleinen Zellen, in denen wissenschaftliche Kenntnisse und Analysen entstehen. Die Wissenschaft droht auf diesem Feld ins Hintertreffen zu geraten, weil oder solange sie ihrer Bringeschuld nur begrenzt nachkommt und weil oder solange sie weniger intensiv auf eine integrierte Sicht ausgerichtet ist, als erforderlich wäre. Der neue Begriff des „ecodesarrollo" kennzeichnet eine solche integrierende Sicht (Sánchez und Sejenovich 1978, Sánchez 1981). Er bezeichnet ein Entwicklungskonzept, das auf die langfristige Erhaltung der ökologischen Grundlagen und Zusammenhänge menschlicher Existenz abzielt, wobei sich das Gewicht allerdings stark auf die soziale Komponente verschob.

Auf der Ebene der Regierungen und der nationalen wie regionalen Entwicklungspolitik begann Mitte der siebziger Jahre eine sehr viel komplexere Berücksichtigung der Umwelt- und Ressourcenprobleme, die sich in teilweise noch sehr widersprüchlichen, halbherzigen oder von vornherein ineffektiven Vorgaben und Maßnahmen äußerte. Die konkreten Maßnahmen, die Widersprüche, Kontroversen und politischen Gewichtungen der ökologischen Frage sind allerdings schon Bestandteil der regionalen und der nationalen Realität geworden. Dennoch gibt es keinen Anlaß zur Verharmlosung der fortschreitenden Wald- und Bodenzerstörung, Umweltbelastung und Mißachtung der geoökologischen Rahmenbedingungen jeglicher langfristigen Entwicklung.

In den Strategievorstellungen der CEPAL spielen die soziale Komponente ökologischer Tragfähigkeit und die ökologische Komponente sozialer Entwicklung im ländlichen wie im städtischen Raum seit 1980 eine Rolle (CEPAL 1976, Sunkel 1980, Prebisch 1980, Wolfe 1980, CEPAL/PNUMA 1983 und 1984). Im Problemdreieck Ökonomie-Kultur-Umwelt liegt dabei allerdings immer noch ein erhebliches Gewicht auf der Ökonomie. Für die CEPAL besteht kein Zweifel daran, daß die für erforderlich gehaltene Steigerung von Produktion und Produktivität weiter zur Veränderung der natürlichen Ökosysteme führen muß; gefordert wird – immerhin – eine stärkere Beachtung ihrer Regenerationsfähigkeit, mehr im Blick auf Inwertsetzung als auf Naturschutz. Dem gleichen Ansatz entspricht die Gewichtsverlagerung auf die vom Menschen umgeformte und weiter umzuformende Natur im Sinne eines „medio ambiente producido y construido". Die teilweise sehr konkreten Empfehlungen der CEPAL an die lateinamerikanischen Länder, d. h. an Regierungen, Planungsinstitutionen, Hochschulen und Wissenschaftler, enthalten wesentliche Akzente: erstens die Mahnung und Forderung, bei allen Maßnahmen nicht nur die kurzfristigen Erfolge, sondern die langfristigen Effekte und Nebenwirkungen zu berücksichtigen; zweitens die Förderung einer integralen Regionalplanung als Teil einer wesentlich zu intensivierenden Ausrichtung auf Raumordnung im nationalen Rahmen; drittens, die Intensivierung von systematischen Bestandsaufnahmen und Evaluierungen der natürlichen Ressourcen und der Universitätsausbildung in allen Bereichen der reinen und anwendungsorientierten Ökologie.

4. Die sozio-kulturelle Dimension

Zu den Entwicklungen seit Beginn der siebziger Jahre gehört auch eine entwicklungspolitisch noch kaum effektive, in der Diskussion und der Kritik an den gültigen Entwicklungsmodellen aber deutlicher werdende Ausrichtung auf Kultur, regionale Entwicklungsstile, Authentizität und Identität. Sie schließt eine Aufarbeitung der Polarität zwischen „Entwicklung von oben" und „Entwicklung von unten" und Ansätze zu einer Strategie ein, die die lokale und kommunale Ebene stärker gewichtet, ebenso aber auch neue Interpretationen großräumiger Strukturen und Zusammenhänge (Steger 1978 und 1980, Stöhr und Taylor 1981, Boisier 1981, Rojas Aravena 1982, Sandner 1983). Die kulturelle Dimension einschließlich der Wertvorstellungen und Traditionen mit ihrer unterschiedlichen regionalen Bindung werden teilweise bereits auf der Ebene von Regierungen und Institutionen nicht mehr nur als Störfaktoren oder zu vernachlässigende Randerscheinungen gegenüber den ökonomischen und politischen Kräften und Erfordernissen gesehen.

Im Rahmen dieser Ausrichtung verbinden sich sehr verschiedene Themen und Perspektiven bis hin zu religionssoziologischen und kulturphilosophischen Aspekten. Zugleich kommt es zu neuen Ansätzen in der Verknüpfung von Maßstabs- oder Dimensionsstufen, wobei die großräumigen kulturspezifischen Prägungen besonderes Gewicht erhalten. Es geht dabei weniger um historische oder folkloristisch verflachte Rückbesinnungen als um ein neues Verständnis für den tiefverwurzelten und kulturellen Synkretismus, von dem alle zukunftgerichteten Überlegungen in Lateinamerika ausgehen müssen.

In keinem anderen Bereich wird die gegenwärtige Diskussion so von den traditionellen Denkmustern in den Einzeldisziplinen, von Ideologien und übertragenen Wertvorstellungen behindert wie hier. Zugleich werden hier die Vernachlässigungen der im wahren Sinne kulturgeographischen Tradition und der auf großräumige Zusammenhänge und

Stile ausgerichteten Sicht unseres eigenen Faches besonders spürbar. Dies war vorhersehbar, als die Spezialisierung auf Teildisziplinen und auf die kleinräumige bis mikroregionale Dimension sich durchsetzten und zugleich vielfach kritiklose Importe aus Nachbardisziplinen sowie eine stärkere Gewichtung von Arbeitstechniken und Theoriebezügen wirksam wurden. Wie in den Gesellschaften so bleiben in den Wissenschaften bei derartigen Modernisierungen „Kultur" und die so schwer faßbaren Zusammenhänge zwischen Tradition, Werten, Identität und Authentizität als erstes auf der Strecke.

III. Regionalentwicklung und anwendungsorientierte Forschung

Die innerlateinamerikanische Diskussion der letzten fünf bis zehn Jahre spiegelt in wesentlichen Bereichen die regionalen Erfahrungen und die ungelösten, ständig drängender werdenden Entwicklungsprobleme wider. In allen vier genannten Themen spielen dabei die Zusammenhänge und Widersprüche der Regionalentwicklung eine gewichtige Rolle. Sie sind seit Ende der sechziger Jahre als Herausforderung unter dem Begriff der „cuestión regional" in das Bewußtsein der Regionalwissenschaftler, Planer und Politiker getreten (Coraggio 1977 und 1981, SIAP/CLACSO 1978, CEDESA 1984). Im Mittelpunkt der „cuestión regional" stehen, soweit sie anwendungs- und zukunftsorientiert behandelt wird, die Frage nach der Angemessenheit oder Funktionalität zwischen der räumlichen Organisation und dem globalen Entwicklungsmodell eines Landes, die Frage nach den räumlichen Zielen und Folgewirkungen wirtschaftlicher Entwicklung und die Frage nach der räumlichen Verteilung von Mitentscheidung und Macht im nationalen Verwaltungssystem.

Im Problemfeld der Regionalentwicklung liefen Bewußtwerdung und Aufarbeitung, theoretische Einordnung und Entwicklung von Lösungsvorschlägen in den sechziger Jahren parallel zu einer neuen Welle des „desarrollo hacia adentro" im Sinne binnengerichteter Entwicklung. Sie wurde gekennzeichnet durch verstärkte Industrialisierung, rasches Wachstum der großen urbanen Zentren, höhere Gewichtung von Konsum und Binnenmarkt und ein auf Wachstum und Diversifizierung ausgerichtetes ökonomisches Entwicklungskonzept („desarrollo"). In der Planung dominierte die als „enfoque nacional" bezeichnete Vorherrschaft der nationalen Ebene, die durch intraregionale Planungsmaßnahmen in „Problemgebieten" überwiegend unter dem Interesse der nationalen Zentren flankiert wurde.

In den siebziger Jahren begann ein grundlegender Wandel. Die zuvor deutliche Vorherrschaft nordamerikanischer und europäischer Denkschulen wurde nicht zuletzt unter dem Einfluß der CEPAL durch stärker auf die lateinamerikanische Wirklichkeit und die regionalen Erfahrungen ausgerichtete Denkansätze, Deutungen und Strategien verringert. Die „regionale Frage" wurde umso gewichtiger, je stärker sich Zentralismus und zunehmende wirtschaftliche Aktivitäten des Staates unter dem Konzept des „desarrollismo" auswirkten. Dazu kam das Scheitern neoklassischer Planungsmodelle wie der Wachstumspol-Strategie oder der Vorstellung, regionale Erschließung würde gewissermaßen automatisch Wachstums- und Entwicklungsimpulse in die Peripheriegebiete hineintragen (vgl. Sandner 1971 und 1975). Es mußte nun darum gehen, neue Konzepte zur Milderung der wachsenden regionalen Disparitäten auf nationaler Ebene zu entwickeln. Damit erhielt die interregionale Perspektive ein höheres Gewicht.

Inzwischen ist eine Vielzahl von nationalen und übernationalen Institutionen zu diesem

Problemkreis geschaffen worden, finden ständig irgendwo Konferenzen und Seminare über die regionale Frage statt, gibt es eine kaum mehr überschaubare Fülle von Publikationen, ohne daß das alles zu einer wesentlichen Verringerung der Probleme geführt hätte. Der Untertitel des 1981 von Sergio Boisier vorgelegten Sammelwerkes „Eine Theorie auf der Suche nach einer Praxis" oder besser: nach praktischer Inwertsetzung und Effektivität kennzeichnet die Diskrepanz zwischen Diskussionsstand und tatsächlichem Geschehen. In diesem Geschehen dominiert die offensichtlich von wirtschaftlichen und entwicklungspolitischen Konjunkturen unabhängige Verstärkung der regionalen Disparitäten und der räumlichen Konzentrationsprozesse.

Mariátegui hat schon 1928 in seinen bekannten „7 ensayos" die grundlegende Bedeutung des Verhältnisses zwischen Regionalismus und Zentralismus herausgestellt. Die modernen Umformulierungen haben vieles deutlicher gemacht und manches theoretisch besser abgesichert. Geblieben ist das Konfliktfeld zwischen dem nationalen Ganzen, das durch Macht und Politik vertreten und gesellschaftlich wie räumlich konzentriert ist, und den regionalen Teilen, die nur unter territorialen Gesichtspunkten konstitutive Teile des Ganzen sind. Die Bindung der Zentralmacht an die großen urbanen Ballungsräume, von denen aus die Politik der nationalen Integration und Erschließung gesteuert wird, hat das Zentrum-Peripherie-Gefälle immer weiter verstärkt und die Regionalismen wie die Dialogfähigkeit im Verhältnis der regionalen Teile zum nationalen Ganzen geschwächt.

Wenn wir in diesem Zusammenhang von neuen Konzepten in der Regionalentwicklung sprechen, dann sind damit nicht neue Entdeckungen oder Erfindungen gemeint, sondern die Verbindung von Bewußtwerdung, Ausrichtung auf aktuelle Problemfelder wie auf Lösungsansätze für die Zukunft, Revision früherer Konzepte und Umgewichtungen. Die in diesem Sinne „neuen" Konzepte lassen sich unter vier übergeordneten Gesichtspunkten zusammenfassen.

1. „Mögliche Regionalentwicklung" und „mögliche Planung"

José Luis Coraggio hat seit Ende der siebziger Jahre immer wieder darauf hingewiesen, daß es nicht mehr oder nicht nur um „posibilidad de la planificación", sondern um „planificación posible" gehen kann. Ausdrücke wie „planificación contestataria", „planificación para la transición" oder „possible planning" kennzeichnen eine Orientierung auf das im gegebenen System und unter den gegebenen Umständen Machbare oder politisch und rechtlich gerade noch Tragbare, zugleich aber auch in Richtung auf Veränderung, Widerspruch und Wandel (Coraggio 1977 und 1971, Boisier 1981 und 1982, Mattos 1982). Eine solche Strategie muß bei gefestigten Ideologien rechts wie links gleichermaßen auf Widerstand stoßen. Es gibt heute aber schon genug Beispiele, die Chancen und Schwierigkeiten dieser Strategie deutlich machen. So wird etwa bei der Agrarsiedlung oder in randstädtischen Siedlungen armer Bevölkerung unter Ausschöpfung der im herrschenden System gegebenen Spielräume versucht, den Faktor Boden oder Wohnraum aus der Bewertung als Ware, d. h. aus der Marktwirtschaft herauszunehmen.

Noch gewichtiger als eine derartige Orientierung von Planung ist die Tatsache, daß es in der Regionalentwicklung selbst die gleichen Tendenzen gibt. Als Beispiel sei der Konflikt zwischen der karibischen Region Costa Ricas mit der Zentralregierung erwähnt, der 1981 in schwierigen Verhandlungen gelöst wurde. Es gibt andere, viel kleinräumigere und vielleicht darum noch effektivere Fälle einer gegen die Interessen der Zentralregierung „ausgehandelten Regionalentwicklung" (Haddad 1980, Moreira Alves 1981, Boisier 1982). Sie bieten keinen Anlaß zur Euphorie und keine Begründung für die naive Vorstellung, derartige Regionalentwicklung könne revolutionär sein oder außerhalb der Toleranzgrenzen der staatlichen Macht und des herrschenden Systems erfolgen. Aber diese Entwicklung ist wichtig, als Impulsgeber im jeweiligen Land wie für uns selbst, weil sie dazu zwingt, Interpretation, Problemlösung und die Frage nach Handlungs- oder Entwicklungsspielräumen zu verknüpfen.

2. „Regionalentwicklung von unten"

Seit Ende der siebziger Jahre wurde nicht zuletzt durch Beiträge von Walter Stöhr herausgearbeitet, daß viele akute Probleme der Regionalentwicklung mit dem vorherrschenden Stil der Regionalpolitik zusammenhängen. Regionalpolitik und Regionalplanung erfolgen durch die staatlichen Instanzen traditionell von „oben nach unten" und räumlich wie strukturell zugleich von den Zentren (urbane Zentren bzw. Führungsgruppen) nach außen, auf die Peripherie (marginaler Sektor bzw. räumliche Peripherie). Das Konzept einer „anderen", gegenläufigen Regionalentwicklung „von unten nach oben" oder besser „in den Regionen, in der Peripherie einwärts gerichtet" verbindet die Ausrichtung auf die Einzelregion mit einer integrativen Sicht. Dazu gehören unter anderem die innerregionale Verknüpfung der natürlichen und der menschlichen Ressourcen, die Ausrichtung der Infrastruktur auf die regionalen Bedürfnisse, Ausbau und funktionsgerechte Entwicklung der lokalen und regionalen Entscheidungsgewalt über die regionalen Ressourcen und die Orientierung auf eine ökologisch sinnvolle und langfristig tragbare Nutzung des Raumes unter den gegebenen Bedingungen.
Das Kernproblem dieses Konzeptes liegt längst nicht mehr in der Formulierung einer möglichen Strategie auf kommunaler Ebene bis hin zur zeitweiligen oder teilweisen „Abschließung" von Regionen gegenüber dem nationalen Ganzen. Es liegt in der Einbettung dieser teilweise sehr konkreten Vorstellungen und Maßnahmen in das zuvor genannte Konzept möglicher oder noch tragbarer Entwicklungsspielräume. Entscheidend wird nicht nur die Definition des „noch" von der nationalen Ebene der Macht- und Entscheidungsbefugnis her, sondern auch der Stil in der Konfrontation wie in der Konfliktlösung zwischen Zentralismus und Regionalismus, zwischen nationalem Ganzen und regionalen Teilen.

3. Makroebene und Rahmenbedingungen

Die beiden zuvor genannten Konzepte oder Ausrichtungen haben auf den ersten Blick wenig mit den von der CEPAL vertretenen Entwicklungskonzepten zu tun. Die Philosophie der CEPAL war immer stark von der global-ökonomischen Sicht geprägt und zugleich ausgerichtet auf das Zentrum-Peripherie-Verhältnis im Sinne Industrie- und Entwicklungsländer, auf die Industrialisierung und auf die Betonung lateinamerikanischer Eigenmerkmale, Interessen und Erfordernisse. In keinem anderen Kulturerdteil hat eine Wirtschaftskommission der UNO oder eine ähnliche internationale Organisation

einen so starken Einfluß auf die innere Diskussion und die Entwicklung von Rahmen-
vorstellungen gehabt wie die CEPAL in Lateinamerika (CEPAL 1969, Rodríguez 1980,
König 1983, Wilhelmy v. Wolff 1983). Die Analysen und die entwicklungspolitischen
Konzepte der CEPAL wirkten durch einen weitgehenden Konsens mit führenden Poli-
tikern und Wirtschaftsplanern bis Ende der sechziger Jahre unmittelbar auf eine große
Zahl von Ländern ein.

Seit Mitte der siebziger Jahre und verstärkt seit Beginn der achtziger Jahre sind viele
lateinamerikanische Regierungen unter dem Druck der Wirtschaftskrise auf einen neoliberalen Kurs eingeschwenkt, der nicht mehr den Empfehlungen und Mahnungen der
CEPAL entspricht. Da die Vertreter radikaler und revolutionärer Veränderungen dem
„cepalismo" ohnehin kritisch bis ablehnend gegenüberstehen und die Rolle der CEPAL
auf der subnationalen und regionalen Ebene traditionell begrenzt war, ist eine Abschwächung der Wirksamkeit dieser Institution im unmittelbaren Bereich der Regionalentwicklung zu erwarten.

Diese Abschwächung wird allerdings durch zwei Entwicklungen gemildert oder teilweise aufgehoben. Erstens enthalten die auf das ganze Lateinamerika ausgerichteten
Empfehlungen etwa im Achtpunkteprogramm für die achtziger Jahre Teilaspekte, die
regionale Auswirkungen und Bezüge haben, etwa in der Beseitigung extremer Ungleichheiten, in der Umweltfrage oder bei der Einbeziehung kultureller Authentizität und
Identität. Zweitens greifen Wissenschaftler, Politiker und Planer weiterhin Vorstellungen der CEPAL auf und verarbeiten sie durchaus nicht nur akklamatorisch, sondern
auch durch den Widerspruch und in der Umsetzung auf die Ebenen unterhalb des
nationalen Politikrahmens. Ungeachtet dieser Querbezüge zur Regionalpolitik im
klassischen Sinne liegt die Bedeutung der von der CEPAL entwickelten Konzepte doch
eindeutig auf der Ebene „Lateinamerika" in einem erweiterten Sinn von Regionalpolitik.

4. Übergreifende Perspektiven und Umgewichtungen

Ebenso wichtig wie die zuvor genannten Teilaspekte sind übergreifende Umgewichtungen in den Fragestellungen und Sichtweisen. Im Blick auf anwendungsorientierte
Wissenschaft und zugleich von der Gegenwart aus auf die Zukunft wird beispielsweise
exploratives Forschen und Denken wichtiger. Dazu gehört die Entwicklung neuer
Perspektiven und neuer Formen der Zusammenschau in thematischer wie in räumlicher
Hinsicht. Dazu gehört auch, Versuchen mit neuen Interpretationen oder mit unge-
wohnten Sichtweisen und experimentierendem Deuten einen höheren Stellenwert ein-
zuräumen, als bisher üblich. Wichtiger wird auch eine integrative, auf Zusammenhänge
gerichtete Sicht und eine neue Bewertung der Maßstäbigkeit und der Raumdimensionen. Dabei geht es gar nicht darum, die großräumigen Zusammenhänge und Raumbil-
dungen stärker zu berücksichtigen oder gar auf das modische Panier zu schreiben. Es
geht darum, in räumlichen Verschachtelungen zu denken, von der Ausgangsdimension
Stadt, Region oder Land aus jeweils die kleinräumigeren und die großräumigeren Verflechtungen wie selbstverständlich mit einzubeziehen.

IV. Ausblick

Für die geographische Forschung stellen diese jungen und in die Zukunft hineinreichenden Entwicklungen, Neubewertungen und Perspektiven in der lateinamerikanischen Realität wie in der innerlateinamerikanischen Diskussion eine Herausforderung dar. Sie anzunehmen bedeutet weniger, gegebene Methoden, Fragestellungen und Einsichten intensiver zu übertragen oder anwendungsnah einzusetzen, als bereit zu sein, sich neuen Perspektiven, Fragen und Gewichtungen zu stellen, auch wo sie eine Änderung unseres fachlichen Selbstverständnisses provozieren. Vielfach wird es dabei gar nicht so sehr um Neues in wohlfeilem Aktualismus, sondern viel mehr um die Wiederaufnahme und Weiterführung von Ansätzen gehen, die in den letzten Jahrzehnten etwas zurückgedrängt wurden.

Dazu gehört die Einsicht, daß es wichtiger wird, Regionalentwicklung noch stärker als bisher nicht nur von der subnationalen Dimension der Regionen her zu sehen und zu verstehen, sondern als Teil einer Verschachtelung verschiedener Raumdimensionen zu begreifen, unter denen heute die lokale und kommunale Ebene wie die großräumigen Zusammenhänge neue Fragestellungen aufwerfen. Dazu gehört ebenso die stärkere Bemühung um Synthese und integrative Sicht, in der Aspekte wie Kultur, naturräumliche Ausstattung oder Potentiale und regionale Identität nicht erst neu zu entdecken, aber wohl neu zu gewichten sind. Dazu gehört die großräumige Sichtweise und die Rückbesinnung auf den geographischen Vergleich. Schließlich gehört dazu die Einsicht, daß Gegenwartsorientierung und Anwendungsbezug nicht zu eng zu definieren sind als Beitrag zu konkreten Problemlösungen durch staatliche oder sonstige Institutionen, wenn wir Selbstblockierungen vermeiden wollen. Die Ziel- und Zweckfrage unseres Tuns kann nicht allein von daher beantwortet werden, sie schließt die Ebene der eigenen Bewußtwerdung, der persönlichen Erkenntnis und vielleicht sogar der Betroffenheit ebenso ein wie den Beitrag zur Bewußtwerdung, zur Erweiterung von Perspektiven, Fragestellungen und Einsichten in der wissenschaftlichen und in der öffentlichen Diskussion, hier wie „drüben". Dahinter steht, wie hinter aller Wissenschaft, immer der alte Auftrag, gegenüber dem Erkenntnisinteresse nach dem „was, wie, wo, warum" den Sinnzusammenhang in dem „zugunsten wessen, auf Kosten wessen, für wen" lebendig zu erhalten.

Resumen

Desarrollo regional e investigación aplicada. Conceptos y exigencias para la investigación geográfica alemana en América Latina para los años ochenta

Esta contribución no trata de la investigación geográfica alemana en América Latina, de su larga tradición desde Alejandro de Humboldt, de sus orientaciones y resultados actuales, su diversidad y su pluralismo. Trata más bien de la situación actual en América Latina, la situación de crisis, la discusión interna a la busqueda de nuevas opciones y de alternativas, los cambios de enfoque y de perspectiva y de lo que esto tiene que ver con la investigación regional y aplicada o aplicable. Para este fin ampliamos el concepto de "aplicación", superando su limitación a la solución de problemas concretos

p. ej. en la planificación urbano-regional, para incluir la difusión de conocimientos, la concientización de la problemática actual y la contribución a la discusión orientada del presente hacia el futuro.

Punto de partida es un resumen de las características principales de los cambios fundamentales que se hacen sentir en el período 1973–1983. Aunque están íntimamente interrelacionadas se comentan separadamente la dimensión económica, la dimensión política, la dimensión ecológica y la dimensión socio-cultural, cada una con sus nociones de crisis y la necesidad de reconsiderar su significado en el contexto. La segunda parte se concentra en el desarrollo regional incluso los efectos negativos del "desarrollismo" y la problemática de la planificación regional, comentando cuatro aspectos: La orientación en una "planificación para la transición" o "planificación posible" dentro del sistema dado, incluyendo elementos contestatarios a nivel local y regional frente al poder centralizado; los intentos de conceptualizar opciones del "desarrollo desde abajo" sin caer en un romanticismo modernizado, es decir tomando como punto de partida la existencia de conflictos a nivel regional; el contexto macroregional incluso recomendaciones de CEPAL a nivel latinoamericano y su función de guía o de latino-americanización de orientaciones a nivel nacional; reorientaciones fundamentales en las perspectivas y las valorizaciones a favor de un enfoque explorativo e integrado que incluye varios aspectos: tomar en cuenta el aumento de verticalización de influencias e impactos desde arriba y desde afuera por todas las escalas hasta la dimensión local; manejar más concientemente las relaciones de escala o dimensionalidad regional en su significado para los procesos; reconquistar la escala macrogeográfica; presencia de la cuestión esencial detrás de la "cuestión regional" que no es el qué, dónde, cómo, sino el "para quien" y "en contra de quienes".

Literatur

Augelli, P.: Latin American geography in the seventies, inventory and prospects. In: T. L. Martinson und G. S. Elbow (Hrsg.) 1981, S. 407–474.

Benecke, D. W.: Desarrollismo – ein überlegtes Konzept? In: I. Buisson und M. Mols (Hrsg.): Entwicklungsstrategien in Lateinamerika in Vergangenheit und Gegenwart. Paderborn 1983, S. 197–206.

Benett, Ch. F.: Environmental awareness and conservation of natural resources in Latin America. A brief review. In: T. L. Martinson und G. S. Elbow (Hrsg.) 1981, S. 34–47.

Boisier, S.: Towards a social and political dimension of regional planning. In: CEPAL Review 13, 1981, S. 94–123.

– Política económica, organización social y desarrollo regional. ILPES, Santiago de Chile 1982.

– et al. (Hrsg.): Experiencias de planificación regional en América Latina. Una teoría en busca de una práctica. ILPES/SIAP, Santiago de Chile 1981.

CEDESA (Centro de Estudios del Desarrollo): La crítica del centralismo y la cuestión regional. Lima 1984.

CEPAL: América Latina, el pensiamento de la CEPAL. Santiago de Chile 1969.

– El medio ambiente en América Latina. Santiago de Chile 1976.

– Economic Projections Centre: Problems and orientation of development. In: CEPAL Review 15, 1981, S. 47–69.

– Regional programme of action for Latin America in the 1980s. Cuadernos de la CEPAL, Ser. 40, Santiago de Chile 1981.

– /PNUMA: Incorporación de la dimensión ambiental en la planificación. In: Revista Interamericana de Planificación 18 (69) 1984, S. 9–51.

Coraggio, J. L.: Posibilidades y dificultades de un análisis espacial contestatario. In: Demografía y Economía 11(2), 1977.

– Posibilidades de una planificación para la transición en América Latina. Seminario Internac. Métodos de Información y Análisis Urbano Regional, San José, Costa Rica 1981, Mimeo. 59 S.

Denevan, W. M. (Hrsg.): The role of geographical research in Latin America. Proceeding of the Conference of Latin Americanist Geographers 6, Muncie Ind. 1977.

Eßer, K. u. v. Gleich, A. (Hrsg.): Lateinamerika. Entwicklungsprozeß am Wendepunkt? Institut für Iberoamerika-Kunde Hamburg 1984.

Gazzoli, R.: Los problemas ambientales en América Latina. In: Revista Interamericana de Planificación 34(53) 1980, S. 34–49.

Gligo, N.: Implicaciones medioambientales del modelo tecnológico predominante en la agricultura latinoamericana. In: EURE (Estudios Urbano Regionales) 6(18) 1980, S. 11–23.

Graciarena, J.: Power and development styles. In: CEPAL Review 1976, S. 173–193.

Gutman, P. S.: Medio ambiente y planeamiento regional. In: Revista Interamericana de Planificación 11(44) 1977, S. 41–87.

Haddad, P. R.: Participaçao, justiça social e planejamento. Rio de Jan. 1980.

Iglesias, E. V.: Development and equity. The challenge of the 1980s. In: CEPAL Review 15, 1981, S. 7–46.

– Latin America: Crises and development options. In: CEPAL Review 23, 1984, S. 7–28.

Kampffmeyer, Th.: Die Verschuldungskrise lateinamerikanischer Staaten – Ursachen, Perspektiven und Rückwirkungen auf die Bundesrepublik Deutschland. In: K. Eßer u. A. v. Gleich (Hrsg.) 1984, S. 11–33.

König, W.: Zum Verhältnis von Theorie, Strategie und Praxis in der wirtschaftlichen Entwicklung Lateinamerikas. In: I. Buisson u. M. Mols (Hrsg.) 1983, S. 207–215.

Lauer, W.: Deutsche Lateinamerika-Forschung. Gedanken und Bemerkungen zur Entwicklung und zum gegenwärtigen Stand eines Forschungsbereichs in der Bundesrepublik Deutschland. In: Jahrbuch Preußischer Kulturbesitz 12, 1974/75, S. 71–86.

Lentnek, B.: Reality and research, some relationships for the eighties. In: T. S. Martinson und G. S. Elbow (Hrsg.) 1981, S. 436–442.

– et al. (Hrsg.): Contemporary issues in Latin American Geography. Proceedings of the Conference of Latin Americanist Geographers 9, Muncie Ind. 1983.

Mariátegui, J. C.: Siete ensayos de interpretación de la realidad peruana. Lima 1928 (24. Aufl. 1972, Aktualisierung u. a. durch E. Romero und C. Lévano: Regionalismo y centralismo. Presencia y proyección de los 7 ensayos. Lima 1969).

Martinson, T. L. und Elbow, G. S. (Hrsg.): Geographic research on Latin America: Benchmark 1980. Proceedings of the Conference of Latin Americanist Geographers 8, Muncie Ind. 1981.

Mattos, C. A. de: The limits of the possible in regional planning. In: CEPAL Review 18, 1982, S. 65–86.

Moreira Alves, M.: A força do povo. Democracia participativa en Lages. Sao Paulo 1981.

ORPALC/PNUMA: Regional cooperation for environmental matters in Latin America and the Caribbean. Mexiko 1984 (span. 1983).

– Legislación ambiental en América Latina y el Caribe. Mexiko 1984.

Parsons, J. J.: The ecological dimension – ten years later. In: T. S. Martinson und G. S. Elbow (Hrsg.) 1981, S. 22–33.

Pinto, A.: Styles of development in Latin America. In: CEPAL Review 1976, S. 99–130.

Prebisch, R.: Biosphere and development. In: CEPAL Review 12, 1980, S. 69–84.

- A historical turning point for the Latin American periphery. In: CEPAL Review 18, 1982, S. 7–24.

Rodriguez, O.: La teoría del subdesarrollo de la CEPAL. Mexiko 1980.

Rojas Aravena, F. (Hrsg.): América Latina. Etnodesarrollo y etnocido. FLACSO, San José Costa Rica 1982.

Sainz, P.: Adjustment, redeployment or transformation? Background and options in the current situation. In: CEPAL Review 18, 1982, S. 25–44.

Sánchez, V.: Notas para una delimitación conceptual del ecodesarrollo. In: Revista Interamericana de Planificación 15(57) 1981, S. 59–72.
- und Sejenovich, H.: Ecodesarrollo – una estrategia para el desarrollo económico combatible con la conservación ambiental. In: Revista Interamericana de Planificación 12(47/48) 1978, S. 152–160.

Sandner, G.: Die Hauptphasen der wirtschaftlichen Entwicklung in Lateinamerika in ihrer Beziehung zur Raumerschließung. In: G. Borchert et al. (Hrsg.): Wirtschafts- und Kulturräume der außereuropäischen Welt, Festschrift für A. Kolb. Hamburger Geogr. Studien 24, 1971, S. 311–334.
- Wachstumspole und regionale Polarisierung der Entwicklung im Wirtschaftsraum. Ein Bericht über lateinamerikanische Erfahrungen. In: Der Wirtschaftsraum. Festschrift für E. Otremba. Erdkundl. Wissen 41, 1975, S. 78–90.
- La planificación regional integrada como agente del estado frente a la comunidad local y la patria chica. In: EURE (Estudios Urbano Regionales) 10(28) 1983, S. 47–55.

SIAP/CLACSO: Seminario sobre la cuestión regional en América Latina. Mexiko 1978 (grundlegende Beiträge v. J. L. Coraggio, H. Sejenovich, V. Suárez u. a. als Ms.vervielf.).

Steger, H.-A.: Stand und Tendenzen der gegenwartsbezogenen Lateinamerikaforschung in der BRD. In: Informationsdienst (Arbeitsgemeinschaft Deutsche Lateinamerikaforschung) 8(1), 1973, S. 5–40.
- Weltzivilisation und Regionalkulturen. Perspektiven vergleichender Kultursoziologie im Zeitalter weltweiter Industrialisierung. In: J. Schneider (Hrsg.): Wirtschaftskräfte und Wirtschaftswege IV, Festschr. f. H. Kellenbenz, Nürnberg 1978, S. 649–674.
- Die sozialen Entwicklungen Lateinamerikas in den achtziger Jahren. In: Zeitschrift für Lateinamerika Wien 22, 1983, S. 7–20.
- Indianische Raum- und Zeitvorstellungen in der gegenwärtigen lateinamerikanischen Gesellschaft. In: Zeitschrift für Lateinamerika Wien 21, 1983, S. 45–54.

Stöhr, W. und Taylor, D. R. F. (Hrsg.); Development from above or below? A radical reappraisal of spatial planning in developing countries. London 1981.

Sunkel, O.: The interaction between styles of development and the environment in Latin America. In: CEPAL Review 12, 1980, S. 15–49.
- und Gligo, N.: Estilos de desarrollo y medio ambiente en América Latina. 2 Bde. Mexiko 1980.

Szekely, F. et al.: El medio ambiente en México y América Latina. Mexiko 1978.

Wilhelmy v. Wolff, M.: CEPAL und die entwicklungspolitische Debatte in Lateinamerika. In: I. Buisson und M. Mols (Hrsg.) 1983, S. 217–225.

Wolfe, M.: The environment in the political arena. In: CEPAL Review 12, 1980, S. 85–101.

Jürgen Bähr
Kiel

Bevölkerungswachstum und Wanderungsbewegungen in Lateinamerika
Jüngere Entwicklungstendenzen anhand eines Literaturüberblickes

Natürliches Bevölkerungswachstum

In den vergangenen 50 Jahren hat sich die Weltbevölkerung mehr als verdoppelt, und noch ist kein Ende des schnellen Wachstums abzusehen. Dieser Anstieg wird entscheidend von der Bevölkerungszunahme in den Entwicklungsländern bestimmt, deren Anteil an der Weltbevölkerung sich von ungefähr zwei Drittel zu Beginn unseres Jahrhunderts auf mehr als drei Viertel in der Gegenwart erhöhte.

Der mit dem Schlagwort von der „Bevölkerungsexplosion" umschriebene sprunghafte Anstieg der Zuwachsraten hat die einzelnen Entwicklungskontinente zu unterschiedlichen Zeitpunkten erfaßt und ist auch innerhalb der jeweiligen Großräume nicht einheitlich verlaufen. Lateinamerika gehört dabei zu denjenigen Regionen, in denen der Umbruch von einem gemäßigten zu einem raschen Bevölkerungswachstum besonders früh erfolgte. Lange Zeit lagen die jährlichen Wachstumsraten hier mit knapp 3 % weltweit am höchsten, und erst in der unmittelbaren Gegenwart ist eine gewisse Abschwächung dieses Trends zu erkennen. Für Mitte der 80er Jahre schätzt man die Zuwachsrate auf 2,3 %/Jahr; sie wird damit inzwischen von derjenigen für Afrika (2,9 %) übertroffen. Betrachtet man hingegen den gesamten Zeitraum zwischen 1950 und 1985, so errechnet sich für beide Kontinente nahezu der gleiche relative Anstieg (2,6 %/Jahr).

Schon bei einer recht groben räumlichen Differenzierung verschiebt sich das Bild erheblich. Während die Länder des außertropischen Südamerikas und auch viele karibische Staaten seit längerem recht niedrige Zuwachsraten aufweisen, übersteigen die für Mexiko und Zentralamerika sowie das tropische Südamerika registrierten Zahlenwerte deutlich den für den Kontinent insgesamt genannten Durchschnitt (Abb. 1). Auf der Ebene einzelner Länder werden die niedrigsten Werte für Uruguay, Barbados und Kuba (0,9 bis 1,1 %), die höchsten für die zentralamerikanischen Staaten Guatemala, Honduras und Nicaragua (3,4 bis 3,5 %) angegeben (World Population Data Sheet 1985).

Eine Betrachtung der Bevölkerungsentwicklung im zeitlichen Verlauf läßt erkennen, daß in den meisten Ländern die Zuwachsraten in den 50er und 60er Jahren deutlich angestiegen sind. Nur Argentinien und Uruguay haben die Zeit ihres schnellsten Wachstums wesentlich früher durchlaufen, und in einigen wenigen Ländern, vor allem in Bolivien und Haiti, hat diese Phase gerade erst begonnen (Abb. 2).

Selbst wenn sich der gegenwärtig zu beobachtende leichte Rückgang der Wachstumsraten auch in Zukunft fortsetzt – und davon gehen alle Prognosen aus –, so bedeutet das noch keine Abnahme der absoluten Bevölkerungszunahme. Diese wird für Latein-

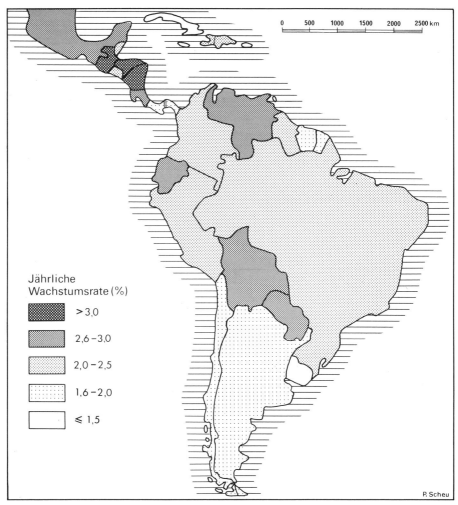

0   500   1000   1500   2000   2500 km

Jährliche
Wachstumsrate (%)

> 3,0

2,6 – 3,0

2,0 – 2,5

1,6 – 2,0

≤ 1,5

P. Scheu

Abb. 1 Natürliches Bevölkerungswachstum in den lateinamerikanischen Staaten
zu Beginn der 80er Jahre. Quelle: World Population Data Sheet 1985.

amerika insgesamt zwischen 1980 und 2000 fast 200 Mio. betragen – und damit weit
mehr als in den beiden Jahrzehnten zuvor (Abb. 3).

Um Ursachen und Steuerungsfaktoren der aufgezeigten Bevölkerungsentwicklung zu
verstehen, ist es notwendig, sie nach ihren beiden wichtigsten Komponenten, den
Geburten und den Sterbefällen, aufzugliedern und deren Veränderungen genauer zu
analysieren. Da grenzüberschreitende Wanderungen – von Ausnahmen abgesehen (s. u.)
– heute kaum noch einen nennenswerten Einfluß auf das Bevölkerungswachstum einzelner Länder haben, werden sie hier zunächst ausgeklammert.

Die in Abb. 4 und von Kohlhepp (1982 a und b) angegebenen Länderbeispiele lassen
eine enge Anlehnung an das „Modell des demographischen Übergangs" erkennen. Der
Kurvenverlauf kann in mehrere deutlich ausgeprägte und abgrenzbare Abschnitte
untergliedert werden, die im allgemeinen der prä-, früh- und mitteltransformativen
Phase des Modells entsprechen. Während Bolivien und Haiti noch in der zweiten Phase

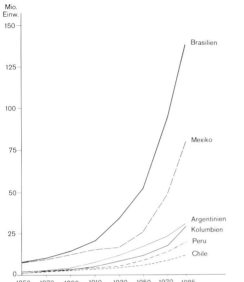

Abb. 2 *Bevölkerungsentwicklung ausge-wählter lateinamerikanischer Staaten seit Mitte des vorigen Jahrhunderts. Quelle: Hardoy & Langdon 1978, Kohlhepp 1982, World Population Data Sheet 1985.*

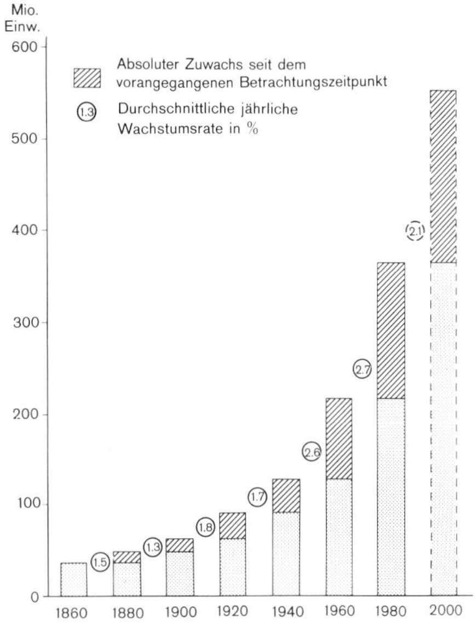

Abb. 3 *Bevölkerungsentwicklung in Lateinamerika seit 1860. Quelle: Hardoy & Langdon 1978, ergänzt.*

stehen, sind die meisten lateinamerikanischen Staaten dem frühen (Honduras, Nicara-gua, Guatemala), vor allem aber dem späten Stadium der dritten Phase des Modells zuzuordnen. Nur in wenigen Ländern, so in Chile, zahlreichen karibischen Staaten und insbesondere Argentinien und Uruguay, ist sogar schon der Übergang zur spät- bzw. posttransformativen Phase erfolgt (Abb. 5). Wenn auch Dauer und Beginn der einzelnen Phasen von Land zu Land erheblich differieren, so wird doch erkennbar, daß die aus der europäischen Erfahrung abgeleitete Regel eines sich bei verzögertem Beginn besonders rasch vollziehenden Transformationsprozesses für die lateinamerikanischen Staaten — wie auch für andere Länder der Dritten Welt — meist nicht zutrifft. Das von Oechsli und Kirk (1975) postulierte „neue demographische Übergangsmodell" mit einer nur kurzen Zeitspanne maximaler Wachstumsraten scheint eher die Ausnahme als die Regel zu sein.

Das Öffnen der Bevölkerungsschere und damit die Einleitung des „demographischen Übergangs" erklärt sich aus einer deutlichen Verbesserung der Überlebenschancen bei gleichbleibend hoher bzw. vorübergehend aufgrund einer geänderten Heiratsstruktur (Dyson und Murphy 1985) sogar noch ansteigenden Fruchtbarkeit. Die Angleichung des generativen Verhaltens an die gewandelten Sterblichkeitsverhältnisse ist in den meisten lateinamerikanischen Staaten bisher nicht abgeschlossen. Aber auch die jugend-liche Altersstruktur trägt mit dazu bei, daß die Kurven der Geburten- und Sterbeziffern weiterhin auseinanderklaffen und die Bevölkerung rasch zunimmt. Daraus leiten sich zwei Fragen ab, die auch im Mittelpunkt der meisten demographischen Untersuchun-gen über Lateinamerika stehen: 1. Welche Faktoren bewirkten die beträchtliche Erhö-hung der Lebenserwartung? 2. Worin liegen die Gründe für die nach wie vor recht hohen Geburtenzahlen?

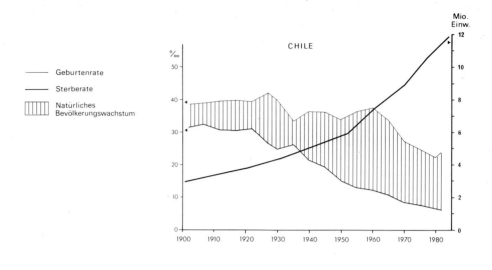

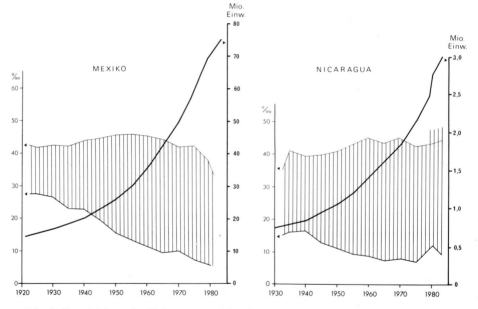

Abb. 4 Entwicklung der Geburten- und Sterberaten in Chile, Mexiko und Nicaragua.
Quelle: Bähr 1983, ergänzt.

Die Mortalitätstransformation in Lateinamerika

Zur Beurteilung der Mortalitätsunterschiede zwischen verschiedenen Ländern und Regionen ist die „rohe" Sterberate nur wenig geeignet, da sie ganz entscheidend von der Alterszusammensetzung der Bevölkerung beeinflußt wird. Das gilt insbesondere für einen Vergleich zwischen Industrie- und Entwicklungsländern, trifft aber auch für die Gegenüberstellung einzelner lateinamerikanischer Staaten zu. So unterscheiden sich die Sterbeziffern für Argentinien oder Uruguay nicht von denjenigen für Ekuador

114

oder die Dominikanische Republik (jeweils 8–9 ‰), obwohl Gesundheitswesen und Hygiene in den zuerst genannten Ländern wesentlich weiter entwickelt sind. Die vergleichsweise hohe Rate ist in diesen Fällen einzig auf den wesentlich höheren Anteil von Personen in fortgeschrittenem Lebensalter mit einem naturgemäß höheren Sterblichkeitsrisiko zurückzuführen (Anteil der Bevölkerung über 64 J. zwei- bis dreimal höher). Daher wird im folgenden zur Situationsbeschreibung die strukturunabhängige Kennziffer der „mittleren Lebenserwartung bei Geburt" herangezogen, die darüber hinaus den Vorteil der unmittelbaren Anschaulichkeit hat.

Der für Lateinamerika für Anfang der 80er Jahre angegebene Durchschnittswert von 65 J. liegt deutlich über dem Mittel aller Entwicklungsländer (58 J.). Einzelne Staaten, wie z. B. Kuba und Costa Rica (73 J.) sowie Argentinien und Uruguay (70 J.) haben bereits einen mit Europa vergleichbaren Standard erreicht, in anderen hingegen ist der Abstand noch beträchtlich (z. B. Haiti mit 53 oder Peru mit 59 J.). So unterscheidet sich – um ein weiteres Beispiel für die Differenzierung innerhalb des Kontinents zu geben – die Lebenserwartung eines neugeborenen Mädchens in Puerto Rico von derjenigen eines neugeborenen Jungen in Bolivien um nicht weniger als 28 J. (Center for Policy Studies 1980, S. 130).

Zwar haben alle lateinamerikanischen Staaten in den letzten Jahrzehnten große Erfolge bei der Reduzierung der Sterblichkeit erzielen können (Tab. 2), der Anstieg der Lebenserwartung erfolgte jedoch in den am wenigsten entwickelten Regionen besonders schnell, während diejenigen Länder, für die schon in den 50er Jahren Werte von etwa 60 J. kennzeichnend waren, deutlich geringere Fortschritte machten. Für eine weitergehende Ursachenanalyse bietet es sich daher an, zumindest zwischen zwei Ent-

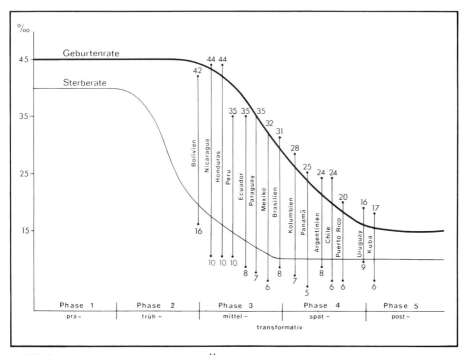

Abb. 5 *Stand des demographischen Übergangs in ausgewählten lateinamerikanischen Staaten um 1980. Quelle: World Population Data Sheet 1985.*

wicklungstypen zu unterscheiden (vgl. Arriaga und Davis 1969, Palloni 1981). In den Ländern mit einem relativ späten, dafür aber außerordentlich schnellen und kontinuierlichen Sterblichkeitsrückgang, wozu neben Haiti und Bolivien auch noch Brasilien, Peru, Guatemala, Honduras und Nicaragua zu rechnen sind (vgl. Tab. 2), kommt — wie in den meisten afrikanischen und asiatischen Staaten — den exogenen Faktoren die Hauptbedeutung zu. Darunter versteht man die Übernahme medizinisch-hygienischer Mittel und Praktiken aus den Industrieländern und ihre Anwendung auf breiter Basis. Vor allem die flächendeckenden präventiven Impfaktionen haben einen bedeutsamen Beitrag zur Steigerung der Lebenserwartung geleistet. Nicht zuletzt aufgrund des besonderen Engagements der USA ist der Einfluß exogener Faktoren in einzelnen lateinamerikanischen Staaten überdurchschnittlich hoch, insgesamt machen sie im Zeitraum zwischen 1940 und 1970 ungefähr 50 % der Sterblichkeitsreduzierung aus (Preston 1980, Palloni 1981). Die weitere Senkung der Sterblichkeit ist weniger ein medizinisches als vielmehr ein sozio-ökonomisches Problem (Imhof 1985). Um die „Restmortalität" unter Kontrolle zu bringen, bedarf es verstärkter Anstrengungen vor allem in den Bereichen Ernährung, öffentlicher und privater Hygiene, Sozialfürsorge und Ausbildung. In empirischen Untersuchungen ist vor allem die Wirksamkeit des Bildungsfaktors belegt. Ihm kommt gewöhnlich eine größere Bedeutung zu als ein Einkommensanstieg oder auch eine Verbesserung der Wohnbedingungen (vgl. Haines und Avery 1982 für Costa Rica). Eine solche endogene Entwicklung ist jedoch mit hohen Kosten verbunden, und die Erfolge sind meist weniger spektakulär. So hat sich — wiederum für Lateinamerika insgesamt — die durchschnittliche jährliche Zunahme der Lebenserwartung von 0,6 J. (1950–60) auf nur noch 0,38 J. (1965–75) verändert (Gwatkin 1980, S. 620). Diese Zahlen sprechen dafür, daß sich der künftige Rückgang der Sterblichkeit nur noch langsam vollziehen und sich der Abstand zu den Industrieländern, wenn überhaupt, nur sehr allmählich verringern wird (Palloni 1981). Andererseits zeigt das Beispiel Kuba, daß selbst unter schwierigen wirtschaftlichen Bedingungen bei gezielten Bemühungen des Staates beachtliche Erfolge möglich sind (Diaz-Briquets 1981). In ähnlicher Weise lassen sich die Ergebnisse von Raczynski und Oyarzo (1981) für Chile interpretieren. Hier nahm die Säuglingssterblichkeit trotz wirtschaftlicher Rezession und fallender Realeinkünfte auch in den Jahren 1974 bis 1979 kontinuierlich ab. Wesentlich schwieriger zu erklären ist der für einzelne lateinamerikanische Staaten (z. B. Argentinien, Uruguay, Chile, Costa Rica, Kuba) belegte verhältnismäßig frühe Anstieg der Lebenserwartung (Grigg 1982). Es sind zwar verschiedene Hypothesen dazu formuliert worden — so z. B. die Einführung neuer Getreidearten, der Ausbau des Transportwesens oder Verbesserungen auf dem Gebiet der Hygiene — ein exakter Nachweis der Auswirkungen dieser Veränderungen ist allerdings bis heute nicht gelungen. Das liegt sicher auch daran, daß die dazu benötigten Todesursachen-Statistiken weitgehend fehlen. In jüngster Zeit konnte Diaz-Briquets (1981) für Kuba zeigen, daß der Beginn der Mortalitätstransformation — ganz ähnlich wie in Europa ungefähr 100 Jahre zuvor — weniger durch medizinische, sondern vor allem durch sozio-ökonomische Determinanten eingeleitet worden ist. Maßgeblich für den Rückgang der Sterblichkeit zu Anfang des 20. Jh. waren insbesondere Verbesserungen der Ernährungslage und die dadurch gestiegene Widerstandsfähigkeit des Menschen sowie Fortschritte im hygienischen und sanitären Bereich. Für diese frühe endogene Beeinflussung der Sterblichkeit läßt sich ein enger Zusammenhang mit der wirtschaftlichen Entwicklung des Landes belegen. So bedeuten wirtschaftliche Krisen, wie zuletzt die Weltwirtschaftskrise, immer auch Rückschläge bei der Verbesserung der Überlebenschancen, während in Zeiten wirtschaftlichen Wachstums besonders große Erfolge erzielt werden konnten. Beginnend in den 30er Jahren wurde diese endogene Sterblichkeitsreduzierung mehr und mehr durch exogene Maßnahmen überlagert, und die Bedeutung wirtschaftlicher Faktoren für den Mortalitätsrückgang nahm ab.

Alle veröffentlichten Länderwerte dürfen nicht darüber hinwegtäuschen, daß nach wie vor erhebliche regionale Unterschiede hinsichtlich des Sterblichkeitsniveaus bestehen. Viele medizinisch-technische Maßnahmen ließen sich am einfachsten in den großen Städten und ihrem unmittelbaren Umland einleiten, während unzugängliche Gebiete erst sehr viel später oder überhaupt nicht erreicht wurden. Auch bei Nahrungsmittelmangel infolge von Mißernten war und ist in infrastrukturell besser erschlossenen Regionen eine Hilfe rascher und wirksamer möglich. Zudem werden in den meisten Ländern die Preise für Grundnahrungsmittel entweder subventioniert oder auf ein vergleichsweise niedriges Niveau festgelegt, wodurch ebenfalls in erster Linie die städtische Bevölkerung begünstigt wird. Alle genannten Faktoren zusammen wirken sich dahingehend aus, daß im allgemeinen die Lebenserwartung in den großen Ballungsgebieten und ihrer Umgebung höher als auf dem Lande liegt. Damit unterscheiden sich die Verhältnisse grundlegend von denjenigen in Europa während des Industrialisierungsprozesses, als die Sterblichkeit gerade in den Städten überdurchschnittlich hoch war. Bezeichnenderweise bildete Argentinien lange Zeit eine Ausnahme. So übertraf noch 1913−15 die Lebenserwartung in der Provinz Buenos Aires (ohne Capital Federal) diejenige der Hauptstadtbevölkerung um knapp 5 Jahre; in den folgenden Jahrzehnten kehrten sich die Verhältnisse jedoch auch hier in das Gegenteil um (Bähr 1979 b, S. 163). Allerdings mehren sich in der unmittelbaren Gegenwart Anzeichen für ein erneutes Umschwenken. Schon in den 60er Jahren konnte die Lebenserwartung in der Hauptstadtregion nicht mehr gesteigert werden, dagegen nahm sie im übrigen Argentinien weiter zu. Die Sterbetafel für 1969/71 weist für die Region Centro-Litoral mit 66,9 J. sogar einen höheren Wert auf als für die Region von Buenos Aires mit 66,2 J. (Accinelli und Müller 1978, S. 15).

Als Beispiel für die heutige Situation in den übrigen Staaten mögen einige Datenreihen aus Chile und Brasilien stehen. So betrug in Chile die Lebenserwartung um 1970 im Landesdurchschnitt 61,5 J.; dieser Wert lag in der Provinz Santiago bei 64,3 J., dagegen wurden in den ländlich geprägten Räumen Zentralchiles nur 58,3 J. erreicht (Bähr 1983, S. 202). Haynes (1982) konnte aufgrund einer todesursachenspezifischen Analyse nachweisen, daß sich die beobachteten Abweichungen größtenteils auf die unterschiedliche Zugänglichkeit zu medizinischen Einrichtungen zurückführen lassen.

Noch weit stärkere Unterschiede stellten Carvalho und Wood (1978) in Brasilien fest, wo die Lebenserwartung in den 60er Jahren zwischen 44 J. im Nordosten und 62 J. im Süden schwankte. Die Spanne zwischen minimalen und maximalen Werten hatte sich bis Ende der 70er Jahre nicht wesentlich verändert (1977 im Nordosten: 50 J., im Staat São Paulo: 65 J.; nach Daly 1985). Jedoch beginnt sich auch in Brasilien − ähnlich wie in Argentinien − der einfache Stadt-Land-Gegensatz mehr und mehr zu verwischen; in einzelnen Regionen übertrifft mittlerweile die Lebenserwartung auf dem Lande sogar die in den Städten registrierten Werte (Carvalho und Wood 1978, S. 413 ff.). Eine weitreichende Aufgliederung nach Haushaltseinkommen macht deutlich, daß diese Umkehr der lange Zeit gültigen Regelhaftigkeit auf die sich verschlechternden Lebensbedingungen der ärmeren Bevölkerungsgruppen in den Städten zurück-

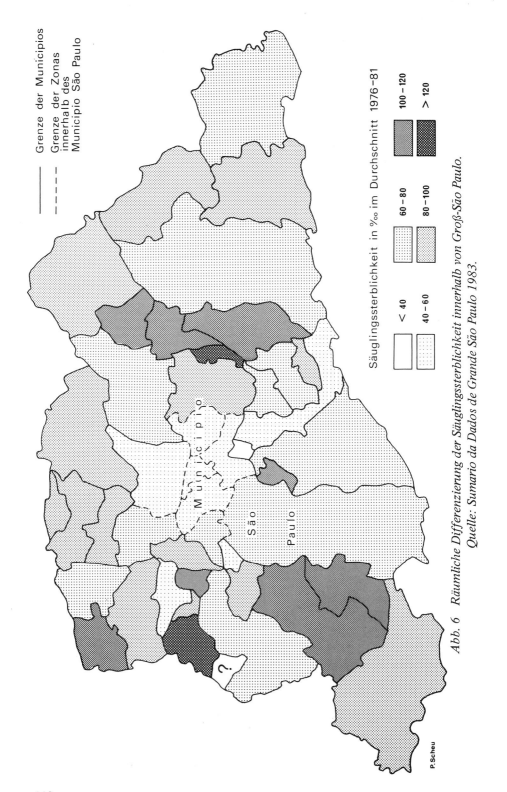

Abb. 6 Räumliche Differenzierung der Säuglingssterblichkeit innerhalb von Groß-São Paulo.
Quelle: Sumario da Dados de Grande São Paulo 1983.

zuführen ist, denn während auf dem Lande die Lebenserwartung der unteren und oberen Einkommensgruppen nur um 8,6 J. auseinanderliegt, beträgt der Abstand in den Städten mehr als 16 J. Für diese These spricht ebenfalls die beträchtliche Schwankung des Mortalitätsniveaus zwischen einzelnen städtischen Teilräumen, wobei sich eine enge Korrelation zu Merkmalen des sozio-ökonomischen Status ergibt (Abb. 6, vgl. dazu auch Imhof 1985). Setzt sich diese Tendenz in Zukunft fort, so sind – bei zunehmender Verstädterung – einer Verbesserung der Lebenserwartung enge Grenzen gesetzt.

Die jüngere Entwicklung der Geburtenzahlen

Während alle lateinamerikanischen Staaten in jüngster Zeit – wenn auch in unterschiedlichem Ausmaß – eine beachtliche Senkung der Sterblichkeit zu verzeichnen haben, bietet sich bei einer Betrachtung der Geburtenzahlen ein weniger einheitliches Bild. Für Vergleichszwecke wird hier vorwiegend die Geburtenrate herangezogen. Diese ist zwar auch vom Altersaufbau der Bevölkerung abhängig und gewisse Verzerrungen sind damit nicht auszuschließen, die Altersstrukturkomponente trägt jedoch in diesem Fall eher zu einer Verstärkung der Gegensätze bei. Die Geburtenrate gestattet daher weit eher als die Sterberate auch Rückschlüsse auf Verhaltensveränderungen. Ergänzend wird die „Totale Fertilitätsrate (TFR)" herangezogen, die angibt, wieviel Kinder die Frauen eines fiktiven Geburtenjahrganges im Durchschnitt zur Welt bringen würden, wenn sie den für einen bestimmten Zeitpunkt maßgeblichen Fruchtbarkeitsverhältnissen unterworfen wären. Je nach Mortalitätsniveau entspricht eine TFR von 2,1–2,5 gerade dem Erhaltungsniveau einer Bevölkerung.

Beide Kennziffern zeigen eine erhebliche Spannweite zwischen minimalen und maximalen Werten. Während die allgemeine Geburtenrate in Nicaragua, Honduras, Guatemala und Bolivien noch 40 ‰/J. übersteigt, liegen die Werte im außertropischen Südamerika, aber auch in Kuba, Puerto Rico und einigen anderen Inselstaaten unter 25 ‰. Entsprechend schwankt die totale Fertilitätsrate zwischen 5,9–6,5 für die erste und weniger als 3,0 für die zweite Ländergruppe. Im Falle von Kuba (TFR 1,8) wird sogar schon das Erhaltungsniveau der Bevölkerung unterschritten (World Population Data Sheet 1985).

Verfolgt man die Entwicklung im zeitlichen Verlauf, so lassen sich die folgenden Regelhaftigkeiten herausstellen (Tab. 3):

1. Bis in die 50er Jahre sind die Geburtenziffern in fast allen lateinamerikanischen Staaten sehr hoch. Teilweise werden 50‰/J. erreicht.
2. Zwischen 1930/40 und 1950/60 ist vielfach noch ein Anstieg der Werte zu beobachten. Dafür dürften allerdings nur zum Teil Veränderungen im generativen Verhalten, sondern vor allem eine verbesserte Registrierung und bis zu einem gewissen Grade auch Veränderungen der Heiratsstruktur verantwortlich sein.
3. Die festgestellten Maximalwerte liegen weit über denjenigen der europäischen Länder vor Beginn ihrer Fertilitätstransformation (unter 40‰) und bewirken so ein besonders weites Öffnen der Bevölkerungsschere (Abb. 4 und 5).
4. Die Einwandererländer des *Cono Sur* haben schon in den 30er Jahren ein mit europäischen Verhätnissen vergleichbares, niedriges Niveau erreicht. Für Argentinien läßt sich nachweisen, daß die Raten parallel zur Masseneinwanderung aus Europa

von 47‰ um die Jahrhundertwende auf ungefähr 35‰ in den 20er und 25‰ in den 30er Jahren gefallen sind.

5. In den meisten Staaten hat in den letzten beiden Jahrzehnten ein Rückgang der Geburtenziffern eingesetzt. Besonders groß sind die relativen Veränderungen in Chile, Costa Rica, Puerto Rico und Kuba gewesen. Aber auch insgesamt läßt sich im Vergleich zu den anderen Entwicklungskontinenten sagen, daß bemerkenswerte Fortschritte bei einer Reduzierung der Geburtenzahlen erreicht werden konnten.

6. In einigen wenigen Ländern stagnieren die Geburtenraten auf hohem Niveau oder steigen sogar noch leicht an. Neben Honduras gehören auch Nicaragua, Bolivien und Ecuador zu dieser Gruppe.

Ergibt sich schon aus der Analyse der Datenreihen kein einheitliches Bild, so fällt es noch weit schwerer, die Gründe für die beobachteten Unterschiede aufzudecken.

Eine weitverbreitete Hypothese geht davon aus, daß sich im internationalen Vergleich die Höhe der Geburtenrate oder anderer Fruchtbarkeitsmaße umgekehrt proportional zum Stand der wirtschaftlichen Entwicklung verhält. Das spricht zunächst für die aus der europäischen Erfahrung abgeleitete Anschauung, daß sich mit dem Übergang von der ländlich-agraren zur städtisch-industriellen Gesellschaft und der damit einhergehenden Verbesserung der wirtschaftlichen Verhältnisse auch eine Beschränkung der Geburten einstellen wird. Dagegen können jedoch zwei Haupteinwände vorgebracht werden: Aus der Tatsache, daß die Verminderung der Fertilität in Europa unter sehr verschiedenen sozialen, ökonomischen und demographischen Bedingungen einsetzte (vgl. Bähr 1983, S. 222 ff.), läßt sich schließen, daß man auch im Hinblick auf die Entwicklungsländer keine notwendigen und hinreichenden Vorbedingungen für einen Fruchtbarkeitsrückgang nennen kann. Aber auch die in den Entwicklungsländern selbst durchgeführten Studien, die sich darum bemühen, Zusammenhänge zwischen dem Fertilitätsniveau bzw. dem Fertilitätsrückgang und dem sozialen und wirtschaftlichen Entwicklungsstand nachzuweisen, haben nicht immer zu eindeutigen Ergebnissen geführt. Das gilt sowohl für Untersuchungen auf der Makro- (meist Korrelations- und Regressionsanalysen) als auch auf der Mikroebene (Befragungen einzelner Personen bzw. Haushalte; vgl. Research … 1981). Vor allem auf der unteren Stufe der wirtschaftlichen Entwicklung scheinen die sozio-ökonomischen Bedingungen nur einen recht geringen Einfluß auf die Höhe der Fruchtbarkeit zu haben (Anker 1978).

Auf Lateinamerika bezogen, lassen sich die Befunde empirischer Untersuchungen wie folgt zusammenfassen (vgl. die Übersicht bei Lightbourne u. a. 1982 und Baldeaux 1985 sowie Ortega 1977, Stycos 1982 und Shields und Tsui 1983 für das besonders gut untersuchte Costa Rica):

1. Die durchschnittliche Kinderzahl liegt in den Städten deutlich unter derjenigen auf dem Lande (was für andere Entwicklungskontinente nur in eingeschränkter Form gilt). Allerdings hat die Verminderung der Fertilität meist nicht mit der rasch voranschreitenden Verstädterung Schritt halten können.

2. Eine Verlängerung der Schulausbildung geht mit niedrigeren Kinderzahlen einher. Die Unterschiede zwischen den am wenigsten und am höchsten ausgebildeten Bevölkerungsgruppen sind gerade in Lateinamerika beträchtlich. Umgekehrt gerichtete Beziehungen, wie sie für einzelne afrikanische und asiatische Länder nachgewiesen werden konnten, kommen hier nicht vor.

3. Berufstätige Frauen haben im Durchschnitt weniger Kinder als nichtberufstätige.

Dieser Zusammenhang gilt selbst dann noch, wenn andere Einflußgrößen, wie Ausbildung, sozio-ökonomischer Status des Ehemannes und städtischer bzw. ländlicher Wohnsitz, statistisch kontrolliert werden.

4. Zwischen der Höhe der Säuglings- und Kindersterblichkeit und dem Fruchtbarkeitsniveau ergibt sich eine signifikante Korrelation.

Allerdings sagen derartige Feststellungen über die Richtung der Beziehungen noch nichts aus, und es bleibt zudem fraglich, ob damit wirklich die verursachenden Faktoren aufgedeckt sind. So ging in Kolumbien die durchschnittliche Kinderzahl auch in der untersten Bildungsgruppe zurück, wenn auch mit einer zeitlichen Verzögerung von ungefähr 10 Jahren, und die Berufstätigkeit der Frau ist wenigstens teilweise eher die Folge einer geringen Kinderzahl als daß sie einen Rückgang der Fertilität bewirkt. Ebenso könnte sich der Zusammenhang zwischen Kindersterblichkeit und Fruchtbarkeit auch dadurch ergeben, daß das Sterblichkeitsrisiko bei einer schnellen Abfolge der Geburten ansteigt. Immerhin fand Balakrishnan (1978) in seiner Untersuchung von vier lateinamerikanischen Ländern keine Hinweise auf einen *replacement*-Effekt beim generativen Verhalten bzw. Sena Mensch (1985) leitete aus ihrem Ländervergleich zwischen Kolumbien, Costa Rica und Korea ab, daß sich ein solcher Einfluß erst auf einer weiter fortgeschrittenen Stufe der Fertilitätstransformation einstellt.

Vollends widersprüchlich sind die Beziehungen zwischen Einkommensverhältnissen und Fertilität. Das gilt vor allem für den Vergleich einzelner Staaten. So kann sich das Fertilitätsniveau trotz ähnlichem wirtschaftlichen Entwicklungsstand stark unterscheiden (z. B. Jamaika und Guatemala mit einem Bruttosozialprodukt pro Kopf um 1.200 US-\$ und Geburtenraten von 28 bis 43 ‰), wie auch umgekehrt eine vergleichbare Fruchtbarkeitsreduktion unter ganz verschiedenen wirtschaftlichen Bedingungen zustande gekommen sein kann (Costa Rica und Venezuela mit Geburtenraten von ca. 32 ‰ und einem Prokopfeinkommen von 1.020 bzw. 4.100 US-\$; Werte für 1983). Eine auffällige Besonderheit ist auch darin zu sehen, daß alle Inselstaaten unter vergleichbaren sozio-ökonomischen Bedingungen im Transformationsprozeß weiter fortgeschritten sind als die übrigen Länder Lateinamerikas. Die Gründe für diesen statistisch signifikanten Zusammenhang sind allerdings noch weitgehend ungeklärt (Cleland und Singh 1980).

Als einzelnes Land bietet Kuba ein Beispiel dafür, daß eine erhebliche Verringerung der Kinderzahlen auch unter sich verschlechternden wirtschaftlichen Gegebenheiten erfolgen kann (Diaz-Briquets und Pérez 1982, Baldeaux 1985, S. 184 ff.); zu einem weiteren Testfall könnte sich Haiti entwickeln (Baldeaux 1985, S. 164 ff.).

Ebenso erbrachten interregionale Vergleiche keine eindeutigen und vielfach nur schwer zu interpretierende Ergebnisse. Beispielsweise konnten Merrick (1981) für den Nordosten Brasiliens einen positiven Einfluß von Landeigentum und Farmgröße auf die Kinderzahl feststellen, Vany und Sanchez (1977) für die von der mexikanischen Agrarreform Begünstigten überdurchschnittlich hohe Kinderzahlen nachweisen und Seiver (1975) ebenfalls für Mexiko – im Gegensatz zu Agyei (1978) für Jamaika – eine positive Korrelation zwischen Einkommen und Fruchtbarkeit ermitteln. Der zuletzt genannte Befund würde sich mit den Ergebnissen ökonomischer Fertilitätsstudien decken, bei denen sich ergeben hat, daß bei feststehenden Preisen und Präferenzen die Beziehung zwischen Einkommen und gewünschter Kinderzahl positiv ist. Daraus wiederum läßt sich schließen, daß eine Verbesserung der wirtschaftlichen Lage nicht

„automatisch" einen Rückgang der Fruchtbarkeit induziert, wenn nicht zugleich Veränderungen im sozialen Status und Präferenzsystem eintreten (Wander 1979, S. 74/75). Als Fazit aus den bisherigen Betrachtungen ist festzuhalten: Die Beziehungen zwischen Veränderungen sozio-ökonomischer Bedingungen und dem Rückgang der Geburtenzahlen sind nicht eindeutig. Insgesamt scheint dem sozialen Wandel eine größere Bedeutung zuzukommen als ökonomischen Veränderungen. Cutright und Hargens (1984) leiten daraus sogar ab, daß sich — im Gegensatz zur historischen Fertilitätstransformation in Europa — Vorbedingungen für eine Änderung im generativen Verhalten formulieren lassen. Beim empirischen Test ihrer *threshold hypothesis* an Daten von 20 lateinamerikanischen Staaten erwiesen sich die Höhe der Lebenserwartung und die Analphabetenrate als geeignete Indikatoren. Fest steht ebenfalls, daß die Reduzierung der Geburten zunächst in den Städten einsetzte und sich von dort als räumlicher Diffusionsprozeß, sowohl durch Nachbarschaftseffekte als auch die zentralörtliche Hierarchie gesteuert, weiter verbreitete (vgl. Klijzing und Taylor 1982 für Costa Rica). Das hängt sicher nicht zuletzt damit zusammen, daß mit der Durchführung von Programmen zur Geburtenkontrolle meist in den größeren Städten begonnen wurde.

Aber auch wenn man Länderwerte heranzieht, läßt sich eine Beziehung zwischen einer verhältnismäßig früh einsetzenden Politik zur Reduzierung des Bevölkerungswachstums (Barbados, Dom. Republik, Jamaika, Trinidad/Tobago, Panama, Kolumbien; nach Baldeaux 1985) und unterdurchschnittlichen Geburtenziffern nachweisen (Ausnahme: Dom. Republik). Das heißt jedoch noch nicht, daß ein direkter Zusammenhang in dem Sinne besteht, daß Familienplanungsprogramme auch unabhängig von allen Wandlungen im sozialen und wirtschaftlichen Bereich erfolgreich sind. Zum einen ist bekannt, daß selbst in traditionellen Gesellschaften – z. B. in indianischen Dörfern Guatemalas (Hinshaw u. a. 1972), in den Siedlungsgebieten der Maya in Mexiko (Holian 1985) und im ländlichen Raum von Chile (McCaa 1983) –, in die moderne kontrazeptive Methoden bisher kaum Eingang gefunden haben, durchaus eine Familienplanung betrieben wird, zum anderen bedeuten verbesserte Möglichkeiten, die Zahl der Kinder selbst zu bestimmen und unerwünschte Geburten weitgehend zu vermeiden, nicht notwendigerweise auch eine Verminderung der tatsächlichen Geburten, solange jedenfalls nicht, wie die Zahl der „gewünschten Kinder" weiterhin hoch bleibt. Nach den Ergebnissen des „World Fertility Survey" (Lightbourne u. a. 1982) liegt dieser Wert zwar im Mittel der 12 näher untersuchten lateinamerikanischen Staaten unter dem Durchschnitt aller Entwicklungsländer (4,3 im Vergleich zu 4,7) und ist vor allem erheblich niedriger als in Afrika (7,1), er unterscheidet sich jedoch nicht wesentlich von der gegenwärtigen Kennziffer für die Gesamtfruchtbarkeit (TFR für Lateinamerika: 4,2). Ohne die beiden Werte direkt vergleichen zu wollen, kann diese Gegenüberstellung ebenso wie die Stagnation des Fruchtbarkeitsrückganges in einzelnen Ländern (Gendell 1985) als Hinweis dafür gelten, daß die — in Lateinamerika schon weitverbreitete (vgl. Tab. 4). — Kenntnis und Anwendung empfängnisverhütender Mittel allein nicht ausreicht, um einen nachhaltigen Rückgang der Fruchtbarkeit zu bewirken, vielmehr muß die Verminderung der Geburtenzahlen in der einen oder anderen Weise als vorteilhaft empfunden werden. Vielfach fehlt aber eine solche Motivation, da die direkten und indirekten „Kosten" der Kinderaufzucht im allgemeinen geringer als in Europa oder Nordamerika sind und der „Nutzen", sowohl in wirtschaftlicher als auch in sozialer Hinsicht, nach wie vor beträchtlich ist. Diese Abwägung — und das wird bei allen Diskussionen um das Bevölkerungswachstum in der Dritten Welt häufig vergessen —

nehmen nicht die Regierungen der jeweiligen Staaten vor, sondern die einzelnen Familien (Eberstadt 1980, S. 51). Aus ihrer Sicht kann eine bestimmte Entscheidung durchaus vernünftig sein, selbst wenn die volkswirtschaftliche Bilanz anders aussieht. An diese Überlegungen anknüpfend, hat Caldwell eine Neuformulierung der demographischen Transformationstheorie vorgeschlagen, die vom „Reichtumsfluß" zwischen den Generationen ausgeht *(wealth flow theory)* und in seiner Umkehr, verbunden mit dem Übergang von der familiären zur nicht-familiären Produktionsweise und Arbeitsorganisation, den entscheidenden Bestimmungsfaktor für Veränderungen im generativen Verhalten sieht (Caldwell 1976 u. 1982). Eine solche Umkehr hängt nicht primär vom wirtschaftlichen Wachstum und Veränderungen in der Beschäftigungsstruktur ab, sondern in erster Linie von der Übertragung westlicher Werte und Normen in die Staaten der Dritten Welt. Das würde auch erklären, warum ökonomische Faktoren im allgemeinen nur eine recht geringe Beziehung zur Fruchtbarkeitsveränderung aufweisen, während der Einfluß von Bildungsvariablen gut zu belegen ist.

Eine systematische Überprüfung dieser Theorie an lateinamerikanischen Beispielen steht bislang noch aus, jedoch gibt es einige Fallstudien, die für die These von Caldwell sprechen. So konnte Collins (1983) für eine Aymara-Gemeinde im Süden Perus sehr genau belegen, in welchem Umfang Kinder schon von einem Alter von 5 Jahren an in die familiäre Wirtschaft eingebunden sind. Die von ihnen übernommenen Tätigkeiten reichen vom Hüten der Herden, dem Sammeln von Dung und Brennholz über das Spinnen und Weben sowie die Mithilfe bei der Bearbeitung der Felder bis zum Verkauf der erzeugten Produkte auf den lokalen Märkten. Selbst eine zeitweilige Abwanderung in die Stadt, um dort zusätzliches Geld zu verdienen, ist in diesem Zusammenhang zu sehen. Um diese vielfältigen Aufgaben über einen längeren Zeitraum erfüllen und auf einzelne Familienmitglieder verteilen zu können, sind ungefähr 5 Kinder notwendig; eine darüber hinausgehende Kinderzahl würde hingegen nicht mehr zu einer Verbesserung der familiären Situation führen. Durch verschiedene Methoden der Geburtenkontrolle versuchen die Aymaras, ihr generatives Verhalten den gegebenen Lebensbedingungen und Umweltressourcen anzupassen. Dazu zählen die Einnahme bestimmter Kräuter und Früchte zur Einleitung einer Fehlgeburt, als auch eine zeitweilige Enthaltsamkeit − z. T. verbunden mit einer vorübergehenden Arbeitswanderung − und eine verhältnismäßig späte Heirat.

Über vergleichbare Strategien unterer Einkommensgruppen im städtischen Bereich ist noch zu wenig bekannt, um daraus Rückschlüsse auf die weitere Entwicklung der Fruchtbarkeit ziehen zu können.

Zusammenfassend bleibt daher festzustellen, daß in den meisten lateinamerikanischen Staaten in jüngerer Zeit Veränderungen im generativen Verhalten beobachtet werden konnten. Diese beruhen jedoch auf einem sehr vielschichtigen und komplizierten Geflecht von Ursache- und Wirkungszusammenhängen, und es läßt sich kein Faktor angeben, dem eine zentrale Bedeutung zuzuschreiben wäre. Alle Analysen deuten vielmehr darauf hin, daß die einzelnen Bestimmungsgründe regional, sozialgruppenspezifisch und auch im zeitlichen Verlauf ein unterschiedliches Gewicht haben können.

Wanderungen

Die mit dem raschen Bevölkerungswachstum verbundenen Probleme in vielen Lebensbereichen (Ernährung, Ausbildung, Arbeitsplatz- und Wohnungsbeschaffung) verschär-
fen sich noch, weil damit eine Bevölkerungsumverteilung durch Wanderungen einhergeht. Das hat zur Folge, daß die Bevölkerungszunahme in einzelnen Teilräumen der
jeweils betrachteten Länder weit über dem nationalen Durchschnitt liegt. Wenn es
auch vor allem die großen Städte sind, deren Einwohnerzahlen besonders schnell an-
steigen, so darf nicht übersehen werden, daß die Standorte des Bergbaus, kleinerer
Regionalzentren sowie agrarische Kolonisationsgebiete und Räume mit einer marktorientierten Landwirtschaft ebenfalls Anziehungspunkte der Migranten sind, wie es
Gormsen 1975/76 beispielhaft für Venzuela gezeigt hat. Dabei tragen grenzüberschreitende Wanderungen nur wenig zur Modifizierung des allgemeinen Bildes bei. (Zur
Übersicht über größere Regionen vgl. Geiger 1975, Escobar und Beall 1982 sowie
Suarez und Torrealba 1982.)

Internationale Wanderungen

Insgesamt gesehen ist Lateinamerika, ehemals eines der klassischen Zielgebiete über-
seeischer Migrationen, heute zu einem Netto-Abwanderungsraum geworden. Während
noch in den 50er Jahren etwa 1,5 Mio. Menschen, vorwiegend aus Südeuropa, nach
Mittel- und Südamerika kamen, von denen ungefähr 1 Mio. für immer dort blieb, ging
im folgenden Jahrzehnt der Wanderungsstrom aus Europa auf ca. 400.000 Personen
zurück, und der Anteil der Rückwanderer nahm weiter zu. Gleichzeitig verließen immer
mehr Menschen, vor allem aus dem karibischen Raum und Mexiko, ihre Heimat und
zogen in die Vereinigten Staaten, z. T. auch nach Großbritannien (Kritz in Kritz u. a.
1981). Eine umfangmäßige Abschätzung dieser Migrationen ist schwierig, da die Grenzen, insbesondere zwischen Mexiko und den USA, zu einem großen Teil illegal überschritten werden (vgl. Frisbie 1975, Portes 1978, Reichert und Massey 1980, Jones
1982 b, Bustamante in Schlüter und Schrader 1985). Schätzungen der in den USA lebenden ausländischen Arbeitskräfte schwanken daher zwischen 3 und 6 Mio. (Population
Information Program 1983).
Die südamerikanischen Staaten sind an diesen großräumigen Wanderungsbewegungen
nur unwesentlich beteiligt. Hier bestehen stärkere Verflechtungen zwischen benachbarten Räumen (Kritz und Gurak 1979). Die zwischenstaatlichen Migrationen sind insbesondere auf Argentinien und Venezuela gerichtet; dabei stammt der größte Teil der Zuwanderer im ersten Fall aus Paraguay, Bolivien, Chile und auch Uruguay (Netto-Zu-
wanderung 1960–80 offiziell ca. 0,5 Mio.), im zweiten aus Kolumbien (Schätzungen
für 1980: ca. 1 Mio.; nach Diaz-Briquets und Frederick 1984). In Argentinien sind die
Zuwanderungen aus den Nachbarländern heute anstelle des fast zum Erliegen gekom-
menen Immigrantenstromes aus Europa getreten (Carron 1979, Marshall in Kritz u. a.
1981, Villar 1984).
Grenzüberschreitende Wanderungen sind aber auch für Teilräume Mittelamerikas seit
längerem charakteristisch, wenn auch zahlenmäßig in geringerem Umfang; so insbesondere von Haiti in die Dominikanische Republik — in neuester Zeit auch auf die
Bahamas (Marshall 1985) und die US-Virgin Islands (Albuquerque und McElroy

1982) – und von El Salvador nach Honduras (Nuhn 1981). Ein illegaler Aufenthalt im Nachbarland ist auch dabei eher die Regel als die Ausnahme.

Die Zielgebiete der internationalen Wanderungen sind nicht allein die großen Ballungsräume oder Standorte bergbaulicher Produktion, sondern zu einem erheblichen Teil auch Zonen einer intensiven, marktorientierten Landwirtschaft, wie z. B. die Wanderungen zur Zuckerrohrernte in die Dominikanische Republik (Grasmuck 1982). Daneben spielt auch die spontane (z. B. von El Salvador nach Honduras; Nuhn 1981) oder staatlich organisierte Kolonisation (z. B. von Brasilien nach Paraguay; Kohlhepp 1983, Kleinpenning 1984) landwirtschaftlich bisher nicht genutzter Flächen eine Rolle bzw. ausländische Landarbeiter dienen als Ersatz für die in die Städte abgewanderten einheimischen Kräfte (z. B. die Kolumbianer im venezolanischen Grenzgebiet; Sassen-Koob 1979, Suarez und Torrealba 1982).

In einzelnen Ländern hat die Abwanderung bereits einen merklichen Einfluß auf die Bevölkerungszahl. Nach Schätzungen sind allein zwischen 1970 und 1975 ca. 125.000 Uruguayaner nach Argentinien emigriert (vgl. Aguiar 1982), und die Zahl der in Argentinien lebenden Paraguayaner wird für Mitte der 70er Jahre auf knapp 500.000 veranschlagt; insgesamt lebten zu diesem Zeitpunkt ungefähr 15 % der paraguayanischen Bevölkerung im Ausland (Diaz-Briquets in Schlüter und Schrader 1984). Ebenso ist für viele karibische Staaten ein beträchtlicher Bevölkerungsverlust durch Auswanderungen kennzeichnend. Man nimmt an, daß zwischen 1950 und 1970 etwa 3 Mio. Menschen ihre Heimatländer verlassen haben (davon entfällt allein 1 Mio. auf Kuba); dieser Wert entspricht ungefähr 10 % der Bevölkerung des Gebietes (Kritz in Kritz u. a. 1981, Diaz-Briquets in Schlüter und Schrader 1984).

So vielfältig die Herkunfts- und Zielregionen der internationalen Migrationen sind, so vielfältig gestaltet sich auch ihre Erklärung. Diaz-Briquets (in Schlüter und Schrader 1984) hat einige Determinanten und Einflußfaktoren zusammengestellt. Diese reichen von einer unterschiedlichen agrarsozialen Struktur, einem unterschiedlichen Lohnniveau, Unterschieden in Bildung und Infrastruktur bis hin zu politischen und sozialen Konflikten.

Auf diese Vielfalt der Bestimmungsgründe ist es zurückzuführen, daß die Zusammensetzung der einzelnen Wanderungsströme ebenfalls höchst unterschiedlich ist: Ungelernte Arbeiter auf der einen (z. B. im Falle der *braceros* aus Haiti in die Dominikanische Republik; Diaz–Santana 1976) und ein ausgesprochener *braindrain* auf der anderen Seite (z. B. im Falle der Abwanderung aus Uruguay; Aguiar 1982).

Binnenwanderungen und Verstädterung

Die durch Binnenwanderungen bewirkten Bevölkerungsverschiebungen sind vor allem in einem überproportionalen Wachstum der großen Städte erkennbar. Das gilt selbst für Länder, in denen die kolonisatorische Erschließung bislang nicht in Wert gesetzter Räume noch in vollem Gange ist (vgl. z. B. die entsprechenden Zahlenangaben für Costa Rica bei Carvajal 1983). Kolonisationsprojekte haben im allgemeinen keinen nennenswerten Beitrag zum Abbau des Bevölkerungsdrucks im Altsiedelland leisten können. Und in Räumen mit einer marktorientierten, arbeitsintensiven Landwirtschaft ist meist nur die Zahl der Saisonwanderer hoch (vgl. Kirchner 1980 für das Zuckerrohrgebiet von Tucumán). Monheim (1977) berichtet, daß in Bolivien seit Beginn der Agrarreform Anfang der 50er Jahre bis 1972 nur etwa 170.000 Kolonisten in den Oriente kamen; gleichzeitig nahm jedoch die Bevölkerung des Landes um etwa 1,4 Mio. Ew. zu, so daß sich der Bevölkerungsdruck in den seit jeher dichtbesiedelten Hochlandregionen weiter erhöhte (vgl. dazu im einzelnen Köster 1981, zu den anderen Andenstaaten auch Brücher 1977).

Sogar gänzlich gescheitert ist die kleinbäuerliche Agrarkolonisation im brasilianischen Amazonasgebiet. Nicht nur daß die zunächst euphorisch propagierte Umsiedlung von 1 Mio. Familien nicht zustande gekommen ist, auch die später um eine Zehnerpotenz reduzierte Zielvorstellung konnte bei weitem nicht verwirklicht werden. Ende der 70er Jahre waren lediglich etwa 7.500 Familien angesiedelt, die zudem nur zu einem geringen Teil aus dem eigentlichen Problemgebiet, dem Nordosten, stammten. Die Agrarkolonisation hat somit weder den Bevölkerungsüberschuß dieser Regionen

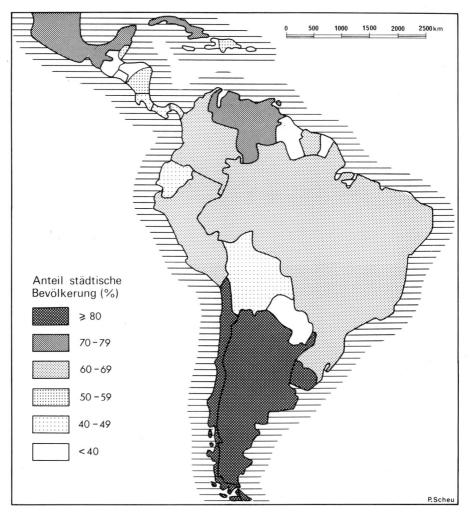

Abb. 7   Verstädterungsgrad in den lateinamerikanischen Staaten zu Beginn der 80er Jahre. Quelle: World Population Data Sheet 1985.

spürbar verringert noch zum Abbau der sozialen Spannungen beigetragen (Kohlhepp 1979).

Lateinamerika gehört zu denjenigen Regionen der Erde, in denen die Verstädterung mit besonderer Intensität und Schnelligkeit abläuft. Heute leben bereits 66 % der Bevölkerung in städtischen Siedlungen, gegenüber nur 31 % in Afrika und 27 % in Asien (World Population Data Sheet 1985). In einigen Staaten, so insbesondere im außertropischen Südamerika, werden sogar Werte erreicht, die denjenigen Europas und Nordamerikas nicht nachstehen (Abb. 7).

Die Dynamik dieses Prozesses wird in Abb. 8 erkennbar. In Kolumbien betrug z. B. das Verhältnis zwischen städtischer und ländlicher Bevölkerung noch während der 1940er Jahre ungefähr 1:2, im Zensus von 1964 wurden dann erstmals mehr Stadtbewohner gezählt, und heute hat sich die Relation schon fast auf 2:1 umgekehrt.

Bei einer Interpretation derartiger Quoten ist allerdings zu bedenken, daß die nationalen Stadtdefinitionen sehr unterschiedlich sind und die Einwohner-Schwellenwerte − sofern solche überhaupt genannt werden − häufig recht niedrig liegen. Ein exakter Vergleich zwischen einzelnen Ländern und Großräumen ist daher nicht ohne weiteres möglich, wohl aber lassen sich aus dem verfügbaren Datenmaterial grundlegende Entwicklungstendenzen ableiten (vgl. dazu auch den Beitrag von Mertins in diesem Band). So nimmt man an, daß bis zur Jahrtausendwende mehr als die Hälfte der Bevölkerung Lateinamerikas in Großstädten über 100.000 Ew. leben (57 % gegenüber 35 % im Jahre

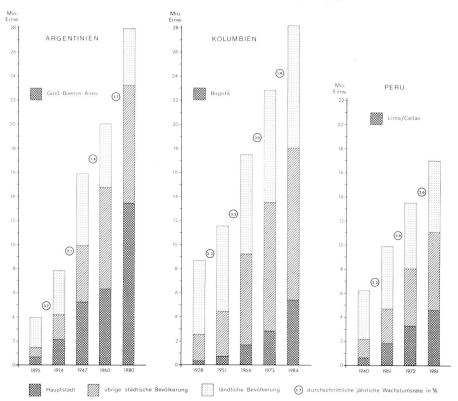

Abb. 8   Entwicklung der städtischen und ländlichen Bevölkerung in Argentinien, Kolumbien und Peru. Quelle: Zensusergebnisse der jeweiligen Länder.

127

1970) und die Zahl der Landbewohner in vielen Staaten nicht nur relativ, sondern auch absolut zurückgehen wird. Schon heute konzentriert sich der überwiegende Teil der großstädtischen und teilweise sogar der gesamten städtischen Bevölkerung auf wenige Ballungsräume, unter denen die Hauptstadt und ihre unmittelbare Umgebung gewöhnlich den führenden Rang einnimmt *(primacy)*. Nach jüngeren Zensusangaben bzw. Bevölkerungsschätzungen entfallen im Falle von Argentinien 35 % der Gesamtbevölkerung und 42 % der städtischen Bevölkerung auf Groß-Buenos Aires (1980), ähnlich hohe oder sogar noch darüber hinausgehende Anteile gelten für Chile (1983: 35 bzw. 43 %) und Uruguay (1975: 44 bzw. 54 %). Eine einmal herausgebildete Primatstruktur — das gilt sowohl im nationalen als auch regionalen Rahmen — verstärkt sich meist durch einseitig ausgerichtete Wanderungsströme (vgl. z. B. Morales und Labra 1980 für Chile und Davis 1981 für Mexiko).

Die Zunahme der städtischen Bevölkerung läßt sich auf drei Ursachengruppen zurückführen: zum einen auf Umklassifizierungen bisher als „ländlich" eingestufter Siedlungen, zum zweiten auf das natürliche Wachstum und schließlich auf die Land-Stadt gerichteten Wanderungsbewegungen. Normalerweise haben die Umklassifizierungen wenig Einfluß, und die wichtigste Komponente bilden die Geburtenüberschüsse, die — bedingt durch die jugendliche Altersstruktur — über dem Landesdurchschnitt liegen; Wanderungsgewinne machen hingegen selten mehr als 50 % des städtischen Wachstums aus. Für Lateinamerika insgesamt wird der Anteil auf nur 35 % geschätzt (im Vergleich zu 44 % im Mittel aller Entwicklungsländer für die Zeit zwischen 1970 und 1975 nach Preston 1979). Diese Feststellung bestätigt sich durch Zensusauswertungen, nach denen der Anteil nicht am Ort Geborener beispielsweise in Lima 42 % (1981) oder in La Paz 40 % (1976) beträgt.

Wenn auch die Wachstumsraten der städtischen und insbesondere der hauptstädtischen Bevölkerung in allen Ländern Lateinamerikas überdurchschnittlich hoch sind, so kommen doch beträchtliche regionale Unterschiede vor. Dabei ergibt sich eine enge Anlehnung an die Stellung der jeweiligen Länder im demographischen Transformationsprozeß. In der von Zelinsky (1971) formulierten und von Brown und Sanders (1981) explizit auf die Situation in der Dritten Welt angewandten Hypothese von der Mobilitätstransformation kommt zum Ausdruck, daß mit zunehmendem sozio-ökonomischen Entwicklungsstand nicht nur eine regelhafte Veränderung des natürlichen Wachstums, sondern auch des Mobilitätsverhaltens einhergeht. Danach gewinnen Migrationen in der frühen Transformationsphase, parallel zur Scherenöffnung zwischen Geburten- und Sterbeziffern und dem dadurch ausgelösten Bevölkerungsdruck, erheblich an Bedeutung. Eine massive Land-Stadt-Wanderung ist die Folge. Zwar dauert diese auch nach dem allmählichen Abklingen des schnellen natürlichen Wachstums noch an, umfangmäßig nimmt die Abwanderung vom Lande jedoch ab und andere Formen räumlicher Mobilität, wie Wanderungen zwischen oder innerhalb von Städten, treten stärker in Erscheinung. Daraus erklärt sich, daß vor allem die Städte im außertropischen Südamerika nur noch vergleichsweise geringe Wachstumsraten zeigen (Groß-Buenos Aires 2,0 %, Groß-Santiago 3,3 %) während in anderen Ländern Werte von 5 % überschritten werden (México-Ciudad 5,6 %, São Paulo 5,0 %, Bogotá 6,2 %; jeweils 1970—80 nach UN 1983).

Die Ursachen der Land-Stadt gerichteten Migrationen werden gewöhnlich zu zwei Faktorengruppen zusammengefaßt. Dabei hat sich heute die Ansicht durchgesetzt, daß es eher die ungenügende Entwicklung des ländlichen Raumes im Sinne von *push*-Faktoren ist, die den Wanderungsprozeß auslöst, als die wirtschaftliche Attraktivität der Städte, die *pull*-Faktoren (vgl. dazu mit Bezug auf den Nordosten Brasiliens Krüger 1978, Heidemann 1981, Mertins 1982). Das heißt allerdings nicht, daß auch der Umkehrschluß gültig ist, wie es bei vielen Projekten der Entwicklungshilfe unterstellt wird. Nicht jede „Modernisierung" der Landwirtschaft hat zwangsläufig eine Reduzierung der Abwanderung zur Folge (vgl. Rhoda 1983, Roberts 1982), vielmehr kommen Peek und Standig 1979 in einer zusammenfassenden Bewertung aller Bemühungen zur Agrarreform zu dem Ergebnis, daß dadurch die Landflucht eher noch weiter zugenommen hat. Auf der anderen Seite bedeutet die Betonung der *push*-Faktoren aber auch nicht, daß ein wachsender Bevölkerungsdruck im Agrarraum stets zu einer Verstärkung der Abwanderung führt. Sandner (1970 u. 1984) hat darauf aufmerksam gemacht, daß sich Bevölkerungsdruck nicht notwendigerweise in Strukturen oder Prozessen äußern muß, sondern auch verdeckt oder latent auftreten kann. Überdies sind vielfältige Reaktionen der Bevölkerung denkbar, die zwar Migrationen einschließen, ebenso jedoch Parzellierungen und Neulandkolonisation, zunehmende Konkurrenz auf dem Arbeitsmarkt, Lohndruck und wachsende Verelendung.

Die Wurzeln des Ungleichgewichtes zwischen Land und Stadt reichen bis in die Kolonialzeit zurück. Die zentralistisch strukturierte Kolonialverwaltung hat von Anfang an vor allem die Hauptstadt und einige wenige Regionalzentren gefördert und nur diese in ein Verkehrs- und Versorgungsnetz eingebunden. Die führenden Städte waren politisch und ökonomisch auf das überseeische Mutterland ausgerichtet und weniger in ihrer Umgebung verwurzelt. Ein Stadt-Land-Kontinuum mitteleuropäischer Prägung fehlte oder war allein aufgrund der riesigen Entfernungen nur unzureichend ausgebildet (Lauer 1976, S. XI).

Der scharfe Kontrast zwischen Stadt und Land hat sich nach der Unabhängigkeit weiter verstärkt. Durch eine Konzentration der neugewonnenen Funktionen auf die Hauptstadt gewann vor allem diese eine herausragende Stellung. Zur Massenabwanderung vom Lande ist es damals allerdings noch nicht gekommen. Vielmehr dominierten zunächst Migrationen zwischen verschiedenen ländlichen Räumen. Infolge der Industrialisierung in Europa und der dadurch gewachsenen Nachfrage nach landwirtschaftlichen Rohstoffen erlebte Lateinamerika im letzten Drittel des vorigen Jahrhunderts eine rasche Ausdehnung der kommerziellen Landwirtschaft (vgl. Suarez und Torrealba in Schlüter und Schrader 1985). Diese Umstrukturierung war zwar auch von (umfangmäßig allerdings geringen) Wanderungsbewegungen begleitet, Zielgebiete waren jedoch weniger die Städte als vielmehr ländliche Räume mit einer weltmarktorientierten Produktion. Diejenigen Städte, die schon damals rasch an Bevölkerung zunahmen (z. B. Buenos Aires, São Paulo), wuchsen vor allem durch Zuwanderung aus Übersee (Balan in Schlüter und Schrader 1984). Erst später trat auch hier die Binnenwanderung anstelle der internationalen Migration.

Der entscheidende Umbruch des Wanderungssystems wurde sowohl durch demographische als auch durch wirtschaftliche Faktoren ausgelöst. Das Öffnen der Bevölkerungsschere bei gleichbleibend starrer Landbesitzstruktur einerseits und die beginnende Industrialisierung sowie die Aufblähung des Verwaltungsapparates andererseits bewirkten, daß sich nunmehr vorwiegend Land-Stadt gerichtete Wanderungsebenen herausbildeten. In allen lateinamerikanischen Ländern hat sich der Rhythmus der Verstädterung seit den 30er Jahren erheblich beschleunigt (Balan in Schlüter und Schrader 1984). Für Kolumbien konnte Schultz (1971) einen signifikanten Zusammenhang zwischen der Wachstumsrate der ländlichen Bevölkerung und der Höhe der Abwanderung nachweisen. Dagegen kann die Bevölkerungsdichte kaum als erklärende Variable dienen (Shaw 1974).

Die einmal eingeleitete „Entleerung" des ländlichen Raumes ist durch staatliche Maßnahmen zum Ausbau der Infrastruktur (Thomas und Croner 1975, Udall 1981, Oppenheimer 1983), aber auch durch eine Orientierung des Wohnungsbauprogrammes und anderer Sozialleistungen an den Bedürfnissen städtischer Bevölkerungsgruppen meist noch beschleunigt worden. Ebenso hat eine Hebung des Ausbildungsniveaus den Abwanderungsprozeß eher gefördert, da durch den Schulbesuch bei den Jugendlichen Erwartungen und Wünsche geweckt werden, die sie nur in der Stadt glauben verwirklichen zu können. Fernsehen, Radio und Zeitungen haben überdies dazu beigetragen, daß städtischen Lebensformen in der Wertskala der ländlichen Bevölkerung eine ständig wachsende Bedeutung zukommt. Jones (1978) konnte für Venezuela zeigen, daß das von den führenden Zeitungen des Landes vermittelte „Image" einzelner Regionen und die daraus abgeleiteten *myth maps* einen signifikanten Beitrag zur Erklärung der Wanderungsströme leisten.

Wenn auch der Lebensstandard einzelner Räume von den Migranten durchaus realistisch eingeschätzt wird, so gilt das nicht für die Beschäftigungsmöglichkeiten (Eastwood 1983). Dem steht nicht entgegen, daß sich für die meisten Menschen durch die Wanderungen ihre wirtschaftliche Situation verbessert (vgl. z. B. Yap 1976 für Brasilien, Peek und Antolinez 1977 für El Salvador, Ribe in Schlüter und Schrader 1985), ohne daß allerdings immer schon zufriedenstellende Lebensbedingungen erreicht werden. Ein solches Ergebnis macht deutlich, daß von einer „Chancengleichheit" der ländlichen Bevölkerung noch längst keine Rede sein kann und es ganz erheblicher Anstrengungen bedarf, um die vielbeklagte Rückständigkeit des ländlichen Raumes abzubauen.

Eine Operationalisierung des *push-pull*-Modells wird im allgemeinen mit Hilfe von Regressionsanalysen vorgenommen. Dabei versucht man, die abhängige Variable „Wanderungsumfang" oder „Wanderungsrate" durch eine Reihe von unabhängigen Größen zu erklären. Meist werden die wanderungsfördernden und wanderungshemmenden Faktoren aus wirtschaftlichen Gegebenheiten abgeleitet. Zentrale Größen in derartigen Modellen sind Einkommensunterschiede oder die Situation auf dem Arbeitsmarkt im Herkunfts- und Zielgebiet, so z. B. im bekannt gewordenen Todaro-Modell (Todaro 1969; zur Weiterentwicklung und Modifikation vgl. auch Todaro 1980).

Dieses Konzept ist mittlerweile für eine ganze Reihe lateinamerikanischer Länder erprobt worden. Dabei ergaben sich — vor allem wenn es sich um hochaggregierte Daten handelte — häufig hohe Bestimmtheitsmaße, d. h. ein hoher durch die Regresssion erklärter Varianzanteil. Das gilt vor allem für die Land-Stadt gerichteten Bewegungen und die Wanderungen zwischen verschiedenen Städten, deutlich geringer ist der Erklärungsgehalt derartiger Modelle meist für Migrationen innerhalb des ländlichen Raumes (vgl. Brown und Lawson 1985 für Costa Rica). Als Beispiele seien genannt: Fields (1982) für Kolumbien, Levy und Wadycki (1974) für Venezuela, King (1978) für Mexiko, Falaris (1979) für Peru und Coeymans (1982) für Chile. Jedoch ist selbst bei einer guten Anpassung des Modells an die empirisch beobachteten Werte noch nicht gesagt, daß damit die wirklichen Determinanten der Wanderungen aufgedeckt sind; gelegentlich stehen die Ergebnisse solcher Berechnungen im Widerspruch zu den gemachten Annahmen und sind dann nur schwer erklärbar (vgl. z. B. Greenwood u. a.

1981 für Mexiko). Noch unbefriedigender bleiben die Resultate, wenn man sich weniger für ein „durchschnittliches Wanderungsverhalten", sondern mehr für gruppenspezifische Unterschiede interessiert.

Aber auch wenn man nach den Motiven des Aufbruchsentschlusses fragt, lassen sich die das Wanderungsgeschehen bestimmenden Faktoren nicht vollständig aufhellen (vgl. die Zusammenstellung bei Bähr in Lauer 1976 u. Tab. 5), ganz davon abgesehen, daß zwischen den (subjektiven) Motiven des einzelnen und den (strukturell bedingten) Ursachen unterschieden werden muß.

Vordergründig konnte bei den meisten Befragungen die überragende Bedeutung wirtschaftlicher Bestimmungsgründe nachgewiesen werden, verstärkend treten jedoch eher psychologische Erwägungen hinzu, wie die „Attraktivität" und Ungebundenheit des städtischen Lebens (vgl. die recht hohen Anteile für „andere Gründe" in Tab. 5). Häufig sind es unwägbare, noch nicht voll geklärte Motive, die einem Leben in der Stadt trotz des Wissens um die möglichen Schwierigkeiten größere Vorteile beimessen, als einem Verbleiben im ländlichen Milieu. Hinzu kommt aber auch, daß eine Abwanderung vielfach allein deshalb erfolgt, weil keine Alternativen gesehen werden. Hinter der Wanderungsentscheidung stehen dann weniger die Präferenzen des einzelnen, sondern in erster Linie externe Zwänge (vgl. Aragon 1985; zum *constraints*-Ansatz in der Wanderungsforschung s. u.).

Die Analyse des Wanderungsablaufs konzentriert sich vor allem auf zwei Forschungsfelder: den Einfluß der Distanz auf das Wanderungsverhalten und die damit in engem Zusammenhang stehende Frage nach der Bedeutung der Etappenwanderung *(step-wise migration)*. Bereits Ravenstein erkannnte, daß die Beziehungen zwischen Wanderungshäufigkeit und Entfernung bestehen; auch für zahlreiche lateinamerikanische Beispiele ist die abnehmende Attraktivität einzelner Zentren mit wachsender Distanz nachgewiesen worden (vgl. z. B. für Kolumbien und Peru Brücher und Mertins bzw. Jülich in Mertins 1978).

Unter dem Einfluß der skandinavischen Migrationsforschung (Kant, Hägerstrand) ist in jüngerer Zeit versucht worden, diese Beziehungen zu präzisieren und durch mathematische Funktionen zu beschreiben. Die Berechnung des Wanderungswiderstandes der Distanz gestattet beispielsweise eine regionale und zeitliche Differenzierung von Wanderungsfeldern (vgl. die Gegenüberstellung der *lifetime* und der *one-year migration* in Venezuela bei Levy und Wadycki 1972) und auch eine Unterscheidung nach verschiedenen Sozialgruppen (vgl. Thomas und Wittick 1984 für La Paz).

Die Abhängigkeit der Wanderungen von der Entfernung bildet auch den Kern der Gravitations- oder Distanzmodelle. Die demographische Abwandlung des Newtonschen Gravitationsgesetzes geht insbesondere auf Stewart und Zipf zurück. Dabei wird die Gravitationskraft zweier Massen durch die Interaktionskraft zweier Bevölkerungen ersetzt. Die Anwendung dieses Konzeptes auf einen südamerikanischen Raum findet sich u. a. bei Bähr (1973). Die Distanz wird hier als Indikator für Informationsmöglichkeiten über das Wanderungsziel angesehen und der hohe Erklärungsanteil des Modells als Ausdruck der vorrangigen Bedeutung persönlicher und privater Informationen bei der Auswahl des Wanderungszieles interpretiert. Daß ein solcher Zusammenhang für besser ausgebildete Bevölkerungsgruppen weniger streng gilt, konnten Jones und Zannaras (1978) für Venezuela zeigen.

Mit Informations- und Kontaktbarrieren wird auch die Etappenwanderung *(step-wise migration)* erklärt. Die grundlegende Hypothese vom Etappencharakter der Wanderungsvorgänge besagt, daß zunächst vom ländlichen Raum in ein nahegelegenes regionales Zentrum gewandert wird, von dort in die nächst größere Stadt, bis schließlich als Endziel die Landeshauptstadt oder ein in ihrer Bedeutung vergleichbarer Bevölkerungsschwerpunkt erreicht ist. Teilweise wird der Begriff in der Literatur auch weiter gefaßt und darunter jede über eine oder mehrere Zwischenstationen ablaufende Wanderung verstanden und nicht nur die *hierarchical step-wise migration* (gelegentlich auch als *chain-migration* bezeichnet), wie sie hier charakterisiert wurde (Conway 1980). Als eine Sonderform der Etappenwanderung hat Breese (1966) die *floating migration* herausgestellt. Diese wird von einem Personenkreis getragen, der überdurchschnittlich häufig den Wohnort auf der Suche nach einem besser bezahlten Arbeitsplatz oder angenehmeren Lebensbedingungen wechselt, ohne daß dabei eine besondere Regelhaftigkeit erkennbar ist. Teilweise sind diese Wanderungen auch entgegen der zentralörtlichen Hierarchie gerichtet.

Vor allem in Regionen, die in relativ weiter Entfernung zu den großen Metropolen liegen, konnte immer wieder nachgewiesen werden, daß die vom Lande ausgehenden Wanderungsströme auf das nächstgelegene Zentrum gerichtet sind (vgl. z. B. Bähr 1975 und Borsdorf 1978 für Chile). Die Suche nach einem ersten oder besseren Arbeitsplatz wird offensichtlich bevorzugt dort begonnen, wo man sich bereits auszukennen glaubt, um den Sprung von der vertrauten Umgebung in eine neue, unbekannte Umwelt nach Möglichkeit zu vermeiden. Erst zu einem späteren Zeitpunkt, vielfach sogar erst in der nächsten Generation, können sich ein oder mehrere Wanderungsschritte anschließen. Oftmals ist es allerdings auch so, daß die vom Lande kommenden Personen in den kleineren Städten lediglich ein Vakuum ausfüllen, das durch eine die zentralörtliche Hierarchie aufwärtsgerichtete Abwanderung entstanden ist. Hinter stagnierenden Einwohnerzahlen kleinerer Regionalzentren kann sich daher durchaus eine hohe Mobilität verbergen. In diesem Falle wird von *fill-in migration* oder *stage migration* gesprochen (Skeldon 1977, Gilbert und Sollis 1979).

Freilich bestehen erhebliche sozialgruppenspezifische und räumliche Unterschiede. So ist der Anteil der direkten Zuzüge — unter ansonsten gleichen Bedingungen — bei den besser ausgebildeten Migranten gewöhnlich überdurchschnittlich hoch. Das liegt u. a. daran, daß sie weniger häufig „auf gut Glück", sondern aufgrund eines festen Arbeitsvertrages zuziehen (z. B. Versetzung von Staatsbediensteten). Aber auch zwischen einzelnen Ländern bestehen hinsichtlich der Bedeutung der Etappenwanderung erhebliche Unterschiede (vgl. z. B. die Gegenüberstellung von Kolumbien und Brasilien bei Mertins 1977 und 1982 sowie die Angaben von Schoop 1980 für Bolivien). Als Erklärungshypothesen sind vor allem die Flächenausdehnung der Staaten bzw. Regionen, die Distanz zur *primate city* bzw. zum regionalen Zentrum sowie die verkehrsmäßige Erschließung und die Verbesserung der Informationsmöglichkeiten genannt worden (vgl. z. B. Thomas und Catau 1974 für Guatemala).

In Abb. 9 ist in Anlehnung an Skeldon (1977) der raumzeitliche Ablauf der Wanderungsvorgänge am Beispiel Perus in idealtypischer Form dargestellt (vgl. dazu auch Stern 1975 für Mexiko). Daraus wird zweierlei deutlich:

1. Im zeitlichen Verlauf hat die Anziehungskraft der großen Städte und dabei vor allem der Hauptstadt auf immer entlegenere Räume übergegriffen und dort den *éxodo rural* eingeleitet.
2. Semipermanente Migrationen sind mehr und mehr durch permanente ersetzt wor-

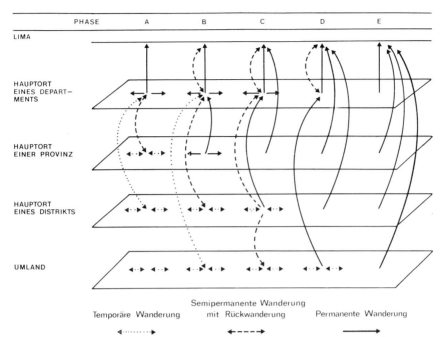

PHASE   A   B   C   D   E

LIMA

HAUPTORT EINES DEPARTEMENTS

HAUPTORT EINER PROVINZ

HAUPTORT EINES DISTRIKTS

UMLAND

Semipermanente Wanderung
Temporäre Wanderung   mit Rückwanderung   Permanente Wanderung

Abb. 9 Schematische Darstellung des Wanderungsablaufs am Beispiel Peru. Quelle: Skeldon 1977.

den, und anstelle der Etappen- und Stufenwanderung *(step-wise* bzw. *stage migration)* trat die Direktwanderung auch über größere Distanzen.

In Zahlen ausgedrückt bedeutet dies, daß z. B. in Lima/Callao fast die Hälfte der Bewohner nicht am Ort geboren ist, sondern aus anderen Departments zuwanderte. Zwar kommen die stärksten Wanderungsströme nach wie vor aus der näheren Umgebung der Hauptstadt, überproportional an den Wanderungen beteiligt sind jedoch auch die strukturschwachen Departments der Südsierra (Abb. 11). Ebenso wie Lima verzeichnen auch die anderen größeren Städte des Landes überdurchschnittliche Wanderungsgewinne und konnten ihre Stellung innerhalb des Städtesystems festigen (vgl. das *rank-size* Diagramm in Abb. 10). Dagegen sind im gesamten Hochland und in der pazifischen Küstenregion (mit Ausnahme von Lima) 20–30 % der Bevölkerung aus ihren Geburtsdepartments abgewandert, selbst im Gebiet der *selva* liegt dieser Wert nicht sehr viel niedriger (Escobar und Beall 1982).

Wie sehr das Wanderungsvolumen im zeitlichen Verlauf zugenommen hat, ist daraus zu ersehen, daß der Anteil der Peruaner, die zum Zeitpunkt des jeweiligen Zensus nicht mehr in ihren Geburtsdepartments lebten, von lediglich 6 % im Jahre 1940 und 12 % (1961) auf 19 % (1972) und 22 % (1981) anstieg. Dabei sind die Wanderungen innerhalb der Departments noch gar nicht berücksichtigt (Escobar und Beall 1982; zur Binnenwanderung in Peru bis 1972 vgl. ausführlich Jülich in Mertins 1978).

Eine quantitative Analyse von Wanderungsgewinnen und -verlusten reicht zum Verständnis der mit der Bevölkerungsumverteilung verbundenen Probleme nicht aus. Ergänzend ist zu berücksichtigen, daß gerade die Land-Stadt-Wanderungen, aber auch diejenigen zwischen verschiedenen Städten in hohem Maße selektiv sind und sich dadurch die Bevölkerungsstruktur der Herkunfts- und Zielräume entscheidend verändert.

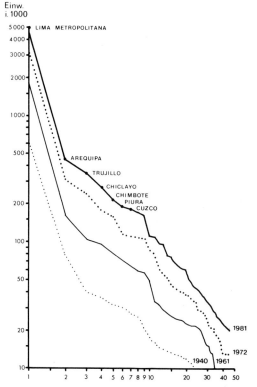

Einw.
i. 1000

Abb. 10   Rank-size Diagramme für Peru 1940–81. Quelle: Zensusergebnisse.

Die Auslesewirkungen der Binnenwanderungen können durch folgende Regelhaftigkeiten umschrieben werden (vgl. Bähr 1979 a):

1. Unter den Zuwanderern aus dem Nahbereich der größeren Städte überwiegen – vornehmlich in bestimmten Altersgruppen – eindeutig die Frauen. Hauser (1974) spricht in diesem Zusammenhang von einem „lateinamerikanischen Typ" der geschlechtsspezifischen Selektivität und stellt diesem den „afro-asiatischen Typ" gegenüber, bei dem die Männer im Wanderungsstrom dominieren (zur *female migration* vgl. Herold 1979). Ein wichtiger Grund für diese auffällige Verschiedenartigkeit liegt in der traditionell günstigen Beschäftigungssituation für weibliche Hausangestellte, einer Tätigkeit, bei der nur eine geringe berufliche und schulische Qualifikation vorausgesetzt wird.

2. Die Abwanderung erreicht in den Altersgruppen zwischen 15 und 35 J. ihre höchste Intensität, häufig setzt sie beim weiblichen Bevölkerungsteil früher als beim männlichen ein. Der hohe bis extrem hohe Anteil jugendlicher, ökonomisch aktiver Jahrgänge an den Migrationen ist über Raum und Zeit derartig ausgeprägt, daß man schon von einem „Wanderungsgesetz" sprechen kann (Hauser 1974).

3. An den Wanderungsbewegungen ist ein über dem Durchschnitt liegender Prozentsatz von Alleinstehenden (insbesondere Unverheiratete, aber auch Geschiedene, Getrenntlebende und Verwitwete) beteiligt.

4. Die Migranten weisen im Vergleich zu den am Heimatort Zurückgebliebenen im statistischen Mittel eine bessere berufliche oder schulische Qualifikation auf, wäh-

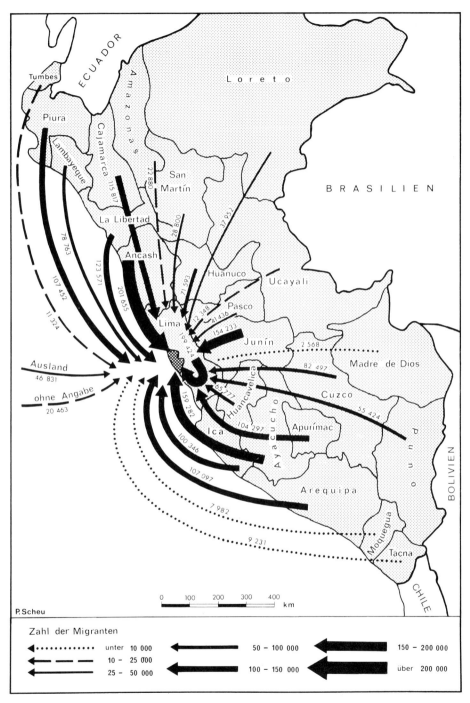

Abb. 11 Wanderungsströme in die Provinzen Lima und Callao (akkumuliert bis 1981).
Quelle: Ergebnisse des Bevölkerungszensus von 1981.

rend sie, verglichen mit der Bevölkerung des Zielgebietes, meist einen niedrigeren Ausbildungsstand zeigen.

5. In allen größeren Städten ist eine auffällige Konzentration der Zuwanderer auf relativ wenige Berufsgruppen zu beobachten. Für die vor allem im niederen Dienstleistungssektor, aber auch in der Bauwirtschaft tätigen Migranten sind instabile Arbeitsplätze und häufige Unterbeschäftigung besonders kennzeichnend.

Die so formulierten recht allgemein gehaltenen Gesetzmäßigkeiten dürfen jedoch nicht darüber hinwegtäuschen, daß einerseits eine Fülle von regionalen Abweichungen vorkommen, die nur aus der spezifischen Situation des jeweiligen Untersuchungsgebietes richtig interpretiert werden können, und daß andererseits alle derartigen Aussagen immer nur ein statistisches Mittel beschreiben und es häufig auch innerhalb der Gruppe der Wanderer erhebliche Unterschiede gibt (vgl. dazu Bähr 1975 für den Norden Chiles). Außerdem ist zu berücksichtigen, daß die verschiedenen *migration differentials* nicht unabhängig voneinander sind. Es genügt daher nicht, für die jeweils betrachteten Merkmale die entsprechenden Prozentsätze von Wanderern und Nicht-Wanderern miteinander zu vergleichen, vielmehr sollten die Wanderungsströme zunächst nach Geschlecht und Alter, nach Möglichkeit auch nach der Größe des Herkunftsortes und nach dem Zeitpunkt der Zuwanderung „gefiltert" werden, bevor man weitere Variablen untersucht. Die wenigen in dieser Hinsicht genauer differenzierenden Studien können diese Forderung nur unterstreichen. So stellte z. B. Schultz (1971) fest, daß sich selbst bei der alters- und geschlechtsspezifischen Selektivität kein einheitliches Bild ergibt, wenn man auch Städte unter 10.000 Ew. oder gar Wanderungen innerhalb des ländlichen Raumes berücksichtigt. Für die Migration in brasilianische Städte konnte Yap (1976) zeigen, daß sich Einkommens- und Beschäftigungsverhältnisse zwischen Wanderern und Ortsgebürtigen im Laufe der Zeit immer stärker angleichen. Schon für mehr als 5 Jahre zurückliegende Migrationen ließen sich keine signifikanten Unterschiede nachweisen. Daß aber auch solche Befunde kaum zu verallgemeinern sind, belegt die Studie von Weller (1976). Danach ergaben die in Lima durchgeführten Befragungen keine systematische Veränderung der sozio-ökonomischen Situation mit zunehmender Aufenthaltsdauer in der Stadt; als sehr viel entscheidender erwies sich in diesem Falle die Größe des Herkunfts- und Geburtsortes.

Die Wanderungsselektion hat vor allem für den ruralen Sektor äußerst nachteilige Konsequenzen (vgl. Escobar und Beall 1982, S. 73/74 sowie Wilhelmy und Borsdorf 1984, S. 170 und die dort genannte Literatur):

1. Durch die Abwanderung gerade der fähigsten und am besten ausgebildeten Kräfte erleidet der ländliche Raum einen beträchtlichen *brain-drain*. Die am Ort Verbliebenen sind häufig gar nicht mehr in der Lage, die Feldarbeit allein und ohne Produktionseinbußen auszuführen. Daher lassen sie vielfach einzelne Landstücke brach liegen (vgl. z. B. Golte in Lauer 1976 für ein mittelchilenisches *minifundio*-Gebiet). Allerdings muß der Prozeß nicht immer bis zu dieser Endstufe fortschreiten. Befragungen von Preston und Taveras (1980) in ländlichen Räumen Ecuadors haben ergeben, daß die Abwanderung vielfach eine Landumverteilung durch Verkauf oder Verpachtung auslöst und sich so die Lebensbedingungen einzelner zurückgebliebener Familien verbessern können.

2. Dadurch, daß vor allem Personen im erwerbsfähigen Alter den ländlichen Raum verlassen, steigt der prozentuale Anteil der Alten und Kinder an, und immer mehr Menschen müssen von immer weniger Erwerbstätigen ernährt werden. Das führt

oft dazu, daß Armut und Not noch zunehmen, wodurch wiederum die Abwanderung beschleunigt wird.

Auch städtische Siedlungen der unteren Größenklassen zeigen oft dieses Übergewicht älterer Jahrgangsgruppen (vgl. Rother 1977 für chilenische Beispiele).

3. Selbst wenn einige der Abwanderer später in ihren Heimatort zurückkehren, sind damit nicht unbedingt nur positive Folgewirkungen verbunden. Es wird sowohl davon berichtet, daß diese Rückwanderer für die Einführung von Neuerungen in der Landwirtschaft verantwortlich sind und innerhalb der dörflichen Gemeinschaft eine führende Position einnehmen, als auch von den Schwierigkeiten, erfolglose Rückwanderer zu reintegrieren (zu dem noch wenig untersuchten Problem der Rückwanderung vgl. Feindt und Browning 1972, Chi und Bogan 1975).

Alles in allem trägt die selektive Abwanderung dazu bei, daß die Bewohner ländlicher Räume in ihren traditionellen Lebensformen verharren und Neuerungen meist wenig aufgeschlossen sind. Die einmal eingeleitete Landflucht verstärkt sich im zeitlichen Verlauf allein dadurch, daß ein Teil der Abwanderer im Zielgebiet bei Verwandten oder Freunden aus der Heimatgemeinde eine erste Unterkunft findet (*compadre*-System), so daß gerade für Personen aus Gemeinden mit einer hohen Abwanderungsquote in der Stadt vergleichsweise gute Kontakt- und Eingliederungsmöglichkeiten bestehen, während andere mit geringeren persönlichen Bindungen zur Stadt größere Integrationsprobleme haben (Wilhelmy und Borsdorf 1984, S. 170).

Intraurbane Migrationen

Zuwanderungen in die Städte und Migrationen innerhalb der Städte stehen in einem engen Zusammenhang. Betrachtet werden hier in erster Linie die Wanderungsbewegungen unterer Sozialschichten. Das erscheint allein schon deshalb gerechtfertigt, weil sie die überwiegende Mehrzahl der Migranten stellen (zu den Wanderungen der Oberschicht vgl. zusammenfassend Bähr und Mertins 1981, S. 10 ff., zu denen der Mittelschicht die neueren Fallstudien von Coombs 1981 und Miller und Romsa 1982).

Bis in die sechziger Jahre sind die innerstädtischen Wanderungen unterer Einkommensgruppen erheblich unterschätzt worden; man vermutete vielmehr, daß die vom ländlichen Raum oder kleineren Provinzstädten ausgehenden Wanderungsströme in erster Linie auf die randstädtischen Hüttenviertel gerichtet seien. Für diese These sprach, daß die Zahl der Menschen, die in solchen, oft über Nacht errichteten Siedlungen lebten, noch weit schneller als die Stadtbevölkerung insgesamt zunahm. Erst genauere, mit Befragungen verbundene Untersuchungen führten zu einer Modifizierung dieser Ansicht und zur These eines zweiphasigen Wanderungsmodells. Danach haben — zumindest in den großen Metropolen — die randstädtischen Hüttenviertel nur in geringem Umfang die Funktion als erste Auffangquartiere für Zuwanderer unterer Sozialschichten. Vielmehr sind die stärksten Wanderungsströme auf abgewertete Wohnquartiere in innenstadtnahen Bereichen gerichtet. Dazu zählen insbesondere ehemalige Wohnviertel der Ober- und Mittelschicht sowie ältere, z. T. schon aus dem vorigen Jahrhundert stammende Massenunterkünfte für Arbeiter (zusammenfassend meist als *tugurios* bezeichnet). Die Wanderung von dort an den Stadtrand erfolgt erst in einer späteren Lebensphase, wenn eine gewisse Vertrautheit mit der neuen städtischen Umgebung erworben ist (Phase I in Abb. 12).

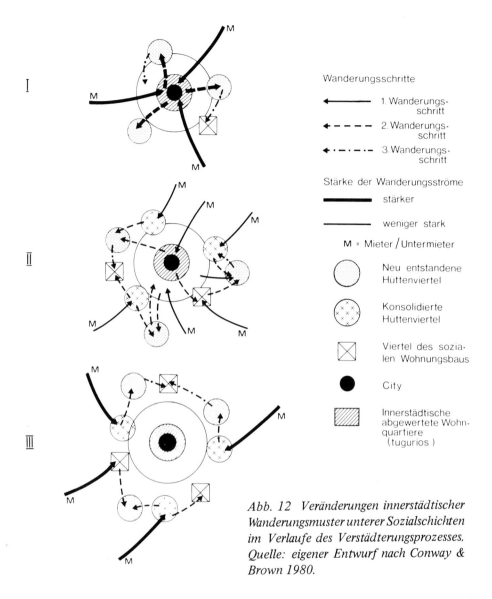

I

Wanderungsschritte

← ——— 1. Wanderungs-
schritt

← – – – – 2. Wanderungs-
schritt

← · — · — · — 3. Wanderungs-
schritt

Stärke der Wanderungsströme

━━━━ stärker

——— weniger stark

M = Mieter / Untermieter

Neu entstandene
Huttenviertel

Konsolidierte
Huttenviertel

Viertel des sozia-
len Wohnungsbaus

City

Innerstädtische
abgewertete Wohn-
quartiere
(tugurios)

Abb. 12 Veränderungen innerstädtischer Wanderungsmuster unterer Sozialschichten im Verlaufe des Verstädterungsprozesses. Quelle: eigener Entwurf nach Conway & Brown 1980.

Der theoretische Rahmen für dieses zweiphasige Wanderungsmodell geht vor allem auf Turner (z. B. 1968) und seine in Lima gewonnenen Erfahrungen zurück. Seine Ableitungen stützen sich darauf, daß sich Wohnungswünsche und damit auch die Anforderungen an den Wohnungsstandort im Laufe der Zeit ändern können. Für neu in die Stadt gekommene Migranten spielt die Lage des neuen Wohnstandortes zu möglichen Arbeitsstätten die entscheidende Rolle. Als „Brückenkopf" werden daher bevorzugt Unterkünfte als Mieter oder Untermieter *(inquilinos)* in den *tugurios* am Rande der City gewählt. Erst wenn ein einigermaßen sicherer Arbeitsplatz mit regelmäßigen, wenngleich noch immer niedrigen Einkünften gefunden ist, kann der Wunsch nach einer eigenen Wohnung erneut eine Wanderungsentscheidung auslösen. Dieser Motivationsbereich verstärkt sich vor allem nach der Familiengründung und der Geburt von Kindern. Um dieses Ziel verwirklichen zu können, wird sogar in Kauf genommen, zunächst in einer behelfsmäßigen Hütte zu leben, die man unter Einsatz der eigenen Arbeitskraft allmählich in ein stabileres Haus umgestaltet. Um mit Turner zu sprechen, sind die *bridgeheaders* damit zu *consolidators* geworden.

Trotz einer unterschiedlichen Bewertung der Turnerschen Anschauungen (vgl. Mertins 1985) wurde sein Modell zum Ausgangspunkt einer intensiveren Beschäftigung mit innerstädtischen Wanderungsbewegungen unterer Sozialschichten. Die dabei erzielten Ergebnisse decken sich allderdings nur zum Teil mit den Grundaussagen Turners. Vor allem die von ihm postulierte Rolle des Stadtzentrums als „Brückenkopf" wurde mehr und mehr in Frage gestellt (vgl. z. B. Brücher und Mertins in Mertins 1978 für Bogotá, Ward 1976 für México-Ciudad und Hoenderdos u. a. 1983 für La Paz).

Nach den genannten Untersuchungen haben alle Wohnbereiche der Unterschicht die Funktion von Auffangquartieren für Neuzuwanderer übernommen, darunter auch ältere konsolidierte Hüttenviertel sowie Siedlungen des sozialen Wohnungsbaus. Abb. 12 (Phase II) faßt diesen Erkenntnisstand schematisch zusammen und berücksichtigt gleichzeitig, daß nicht alle *squatters* erfolgreiche *consolidators* werden und daher auch Rückwanderungen in ältere Stadtviertel vorkommen (vgl. Ward 1982). Zudem sind an den innerstädtischen Wanderungen nicht nur Immigranten, sondern in steigendem Maße auch in der Stadt selbst geborene Personen beteiligt. Das räumliche Muster wird demnach nicht mehr von einigen wenigen, stark dominierenden Bewegungen bestimmt, sondern von einer Vielzahl unterschiedlich gerichteter Ströme, die sich nur z. T. in ein zentral-peripheres Ordnungsprinzip einfügen. Aufgrund des Vorherrschens informeller Kontakte sind Wanderungen über vergleichsweise kurze Distanzen, z. B. in benachbarte Viertel, recht häufig.

Anknüpfend an die schon von Turner geäußerte Vermutung, daß bei anhaltender Zuwanderung und weiterem schnellen Wachstum der Städte die zentrumsnahen Wohnquartiere ihre Rolle als erste Auffangstelle der Migranten verlieren können, haben Conway und Brown (1980) die verschiedenen Wanderungsmuster mit einem unterschiedlich weit fortgeschrittenen Verstädterungsprozeß in Verbindung gebracht. Danach sind nur in einer frühen Phase der Verstädterung die wichtigsten Zuwanderungsströme auf zentrumsnahe Bereiche gerichtet (Phase I in Abb. 12). Cityausdehnung, Sanierungsmaßnahmen sowie eine langfristige Blockierung der Wohnungen sorgen dafür, daß die Bedeutung der *tugurios* als „Drehscheibe" innerstädtischer Wanderungen abnimmt. Ihre Fuktion übernehmen größtenteils ältere *squatter*-Siedlungen, die mittlerweile konsolidiert, verkehrsmäßig besser erschlossen und damit möglichen Arbeitsstätten nähergerückt sind.

Bei der Auswahl des ersten Wohnstandortes spielen verwandtschaftliche Beziehungen eine entscheidende Rolle. Vor allem in den konsolidierten Hüttenvierteln werden vielfach zunächst Verwandte und Bekannte als *alojados* aufgenommen, im Laufe der Zeit kommen auch Untermieter *(inquilinos)* hinzu. Beide Gruppen leiten später mit der illegalen oder semilegalen Inbesitznahme von noch unbebauten Ländereien am Stadtrand einen neuen Migrationszyklus ein (Phase II in Abb. 12).

Diese Entwicklung kann so weit gehen, daß die Verdichtung in allen älteren Wohnbereichen der Unterschicht, einschließlich der bereits seit längerem konsolidierten und in das städtische System integrierten Hüttenviertel so stark zugenommen hat, daß kaum noch eine Aufnahmefähigkeit für Neuzuwanderer besteht. Damit verlagern sich die Hauptzuwanderungsströme immer stärker an die Peripherie (Phase III in Abb. 12).

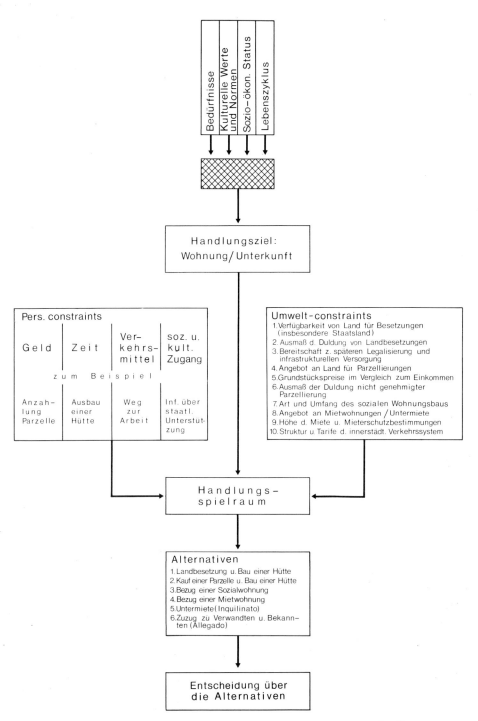

Abb. 13 Handlungsspielraum und Alternativen bei der Wohnungssuche für untere Sozialschichten in lateinamerikanischen Metropolen. Quelle: eigener Entwurf.

Aber auch die These vom Wanderungsablauf als Funktion eines unterschiedlich weit fortgeschrittenen Verstädterungsprozesses ist in so allgemeiner Form nicht haltbar, wie vor allem Gilbert und Ward (1982) an verschiedenen Beispielen gezeigt haben. Das liegt ihrer Meinung nach daran, daß sich innerstädtische Wanderungen unterer Einkommensgruppen nicht allein oder noch nicht einmal in erster Linie aus den sich mit wachsender Aufenthaltsdauer in der Stadt und der Stellung im Lebenszyklus wandelnden Wohnstandortpräferenzen erklären lassen, sondern der Handlungsspielraum des einzelnen in vielfacher Weise eingeschränkt ist und so meist nur wenig Alternativen bestehen. Dem entscheidungstheoretischen Ansatz Turners wird somit ein *constraints*-Ansatz gegenübergestellt, d. h. menschliches Handeln wird nicht mehr nur aus den Motiven der handelnden Personen begründet, sondern aus der Analyse des zeit- und raumgebundenen Rahmens der jeweiligen Handlungssituation. Ein solches Konzept ließe sich in gleicher Weise auch auf die Analyse der Binnenwanderungen anwenden (s. o.).

Nimmt man als Handlungsziel die Suche nach einer geeigneten Unterkunft an, so werden die Alternativen für seine Verwirklichung sowohl von externen Begrenzungen als auch durch die individuelle Mittelverfügung bestimmt. Beide Komponenten zusammen – die *personal constraints* und die Umwelt-*constraints* – definieren den Handlungsspielraum eines Individuums oder eines Haushaltes (Abb. 13). Zu den *personal constraints* zählen vor allem die finanzielle Lage, die verfügbare Zeit, der Besitz eines Verkehrsmittels und der soziale und kulturelle Zugang. Die schon dadurch gegebene recht weitgehende Einengung des Handlungsspielraums, die sich z. B. darin ausdrückt, daß die einkommensschwachen Schichten im allgemeinen keinen Zugang zum normalen Wohnungsmarkt und meist auch nicht zu aufwendigeren Projekten des sozialen Wohnungsbaus haben, verstärkt sich durch verschiedene Umwelt-*constraints*. Besondere Bedeutung kommt dabei den *authority constraints* zu, d. h. den verschiedenen Arten staatlicher Einflußnahme und Reglementierung. Diese reichen von der Verfügbarkeit geeigneten Landes für Besetzungen und Parzellierungen über das Ausmaß der Duldung illegaler bzw. semilegaler Hüttenviertel, die Höhe der Mieten und die Mieterschutzbestimmungen bis zu Art und Umfang des sozialen Wohnungsbaus und der mehr oder weniger hohen Subventionierung des innerstädtischen Verkehrssystems. Das Zusammenwirken aller *constraints* führt häufig dazu, daß sich die in Abb. 13 genannten Alternativen auf nur ein oder zwei Möglichkeiten reduzieren. So erklärt sich u. a., daß es in einzelnen Städten nahezu ausschließlich semilegale Hüttenviertel gibt, während sie in anderen fast überhaupt nicht vorkommen und daß die Vermietung und Untervermietung eine sehr unterschiedliche Rolle spielen kann. Selbst die enge Bindung der innerstädtischen Wanderungen an bestimmte Phasen im Lebenszyklus kann unter bestimmten Bedingungen aufgehoben werden, wie Edwards (1983) für Bucaramanga in Kolumbien nachweisen konnte.

Wie sehr ein grundlegender Wandel der politischen, wirtschaftlichen und sozialen Rahmenbedingungen das innerstädtische Wanderungssystem beeinflussen kann, läßt sich besonders gut am chilenischen Beispiel zeigen. Durch Veränderungen auf dem Grundstücks- und Wohnungsmarkt ist in den letzten Jahren eine Anpassung der Wohnverhältnisse an einen Wechsel im Familienlebenszyklus entsprechend dem Turnerschen Modell weitgehend verhindert worden, und anstelle der innerstädtischen Wanderungen trat eine Verdichtung im bereits bebauten Gebiet (vgl. dazu ausführlicher Bähr und Mertins 1985).

Wenn aber die Ausbildung innerstädtischer Wanderungsmuster weniger von den Präferenzen der Wohnungssuchenden — und damit von der Nachfrageseite — bestimmt wird, sondern unterschiedliche politische und wirtschaftliche Strukturen und Zwänge — und damit die Angebotsseite — dafür eine entscheidende Rolle spielen, sind Verallgemeinerungen der an Einzelbeispielen erarbeiteten Befunde nur schwer möglich, und Modellvorstellungen können nur als Leitlinien und Arbeitshypothesen kleinräumiger Detailstudien dienen, diese jedoch keinesfalls ersetzen.

Tabellen

Tabelle 1
Daten zur Bevölkerungsentwicklung in den wichtigsten lateinamerikanischen Staaten

Land	Bevölkerung (Mio). 1950	1985	Anteil an der Bevölkerung Lateinamerikas (%)	Bevölkerungs- zunahme 1950–85 (%)	Verdoppelungs- zeit in Jahren 1985	Bevölkerungs- dichte 1985 (Ew/km²)	Lebenserwartung in Jahren um 1980	Totale Fertilitätsrate um 1980
Brasilien	52,0	138,4	34,1	166	30	16	63	4,0
Mexiko	25,8	79,4	19,6	209	27	40	66	4,7
Argentinien	17,2	30,6	7,5	78	44	11	70	3,4
Kolumbien	11,3	29,4	7,2	160	33	25	64	3,6
Peru	8,5	19,5	4,8	132	28	15	59	5,2
Venezuela	5,0	17,3	4,3	246	25	21	69	4,1
Chile	5,8	12,0	3,0	109	39	16	70	2,6
Kuba	5,4	10,1	2,5	85	64	87	70	1,8
Ecuador	3,2	8,9	2,2	178	26	33	64	5,0
Guatemala	2,8	8,0	2,0	185	20	76	59	6,1
Dominikanische Republik	2,1	6,2	1,5	195	28	133	63	4,1
Bolivien	3,0	6,2	1,5	107	26	6	51	6,3
Übrige	21,9	39,7	9,8	81	–	–	–	–
Lateinamerika gesamt	164,0	406,0	100,0	148	30	19	65	4,2

Quelle: Kohlhepp 1982, World Population Data Sheet 1985.

Tabelle 2
Entwicklung der Lebenserwartung in ausgewählten Staaten Lateinamerikas

Land	Lebenserwartung in Jahren				Anstieg (%) 1950–1980
	um 1900	um 1920	um 1950	um 1980	
Haiti	–	–	33	53	61
Nicaragua	–	24	40	60	50
Brasilien	29	32	43	63	47
Guatemala	24	26	41	59	44
Kolumbien	–	32	45	64	42
Mexiko	25	35	48	66	38
Chile	–	31	51	70	37
Kuba	33	37	56	73	30
Costa Rica	31	–	56	73	30
Argentinien	40	–	61	70	15
Trinidad/Tobago	38	–	61	70	15
Deutschland bzw. Bundesrepublik	47	56	67	74	11

Quelle: Witthauer 1969, Grigg 1982, World Population Data Sheet 1985.

Tabelle 3
Entwicklung der rohen Geburtenrate in lateinamerikanischen Staaten

Land	1930–40	1950–60	1980–85	Veränderung 1950/60–1980/85 (%)
Honduras	35	42	44	+5
Argentinien	25	25	24	–4
Uruguay	21	20	18	–10
Guatemala	49	50	43	–14
Brasilien	44	42	31	–26
Kolumbien	32	39	28	–28
Mexiko	44	45	32	–29
Chile	34	35	24	–31
Costa Rica	45	47	31	–34
Puerto Rico	40	35	20	–45
Kuba	–	31	17	–45
Deutschland bzw. Bundesrepublik	17	16	10	–38

Quelle: Witthauer 1969, Hauser 1974, Kohlhepp 1982, World Population Data Sheet 1985.

144

Tabelle 4
Kenntnis und Anwendung empfängnisverhütender Mittel in lateinamerikanischen
Staaten (zum Zeitpunkt der Befragung im Rahmen des World Fertility Survey)

Land	TFR*	Kenntnis %	Anwendung %	Angewandte Methoden (%)		
				Pille	andere moderne Methoden	tradi- tionelle Methoden
Mexiko	4,7	90	35	36	40	24
Jamaica	3,7	99	44	31	63	6
Costa Rica	3,7	100	71	35	47	18
Kolumbien	3,6	96	46	31	41	28
Peru	5,2	83	36	13	21	66
Venezuela	4,3	98	52	31	45	24
Mittel (aus 12 Ländern)	4,2	94	44	29	44	27
Jugoslawien	2,1	–	58	9	13	78
Spanien	2,0	–	51	26	16	58
Vereinigte Staaten	1,8	–	70	34	56	10

*Totale Fertilitätsrate
Quelle: Lightbourne u. a. 1982.

Tabelle 5
Hauptsächliche Wanderungsmotive nach verschiedenen Befragungen

Land	Wanderung	Erscheinung der Bezugs-publikation	Motive bei männlichen Migranten in %				Motive bei weiblichen Migranten in %			
			Arbeit	Ausbildung	Familie	Andere	Arbeit	Ausbildung	Familie	Andere
Chile	W. nach Santiago	1969	62	10	8	21	56	10	15	19
CostaRica	W. nach San José	1981	47	4	12	36	54	8	12	25
Mexiko	Abw. aus Yucatán	1980	58	20	23	–	45	5	50	–
Venezuela	W. nach Caracas	1979	55	11	19	15	26	10	53	11

Quelle: Population Information Program 1983.

Resumen

Crecimiento de la población y movimientos poblacionales en Latinoamérica
Tendencias recientes de desarrollo mediante un panorama literario.

Latinoamérica pertenece a aquellas macro-regiones en las cuales el paso de un mediano a un rápido crecimiento poblacional se efectuó tempranamente. Durante mucho tiempo, la tasa anual de crecimiento alcanzó el valor más alto del mundo, con 3 %. Muy recientemente ha mostrado esta tendencia una cierta debilitación. Sin embargo, el desarrollo no ha sido parejo dentro del espacio latinoamericano. Mientras que los países no pertenecientes a Sudamérica tropical junto con algunos países de las Antillas mostraban ya hace tiempo una tasa de crecimiento bastante baja, los datos registrados en Centroamérica y la mayor parte de Sudamérica tropical sobrepasan todavía claramente el promedio del espacio total latinoamericano.

Después de ordenar los países latinoamericanos dentro del modelo de "Transición Demográfica", serán analizados separadamente los dos componentes del crecimiento natural de la población, la mortalidad y la fecundidad. En el centro estarán el análisis de los cambios a través del tiempo y la interrogante de sus causas.

En algunos estados, tienen las migraciones desde y hacia estados vecinos una influencia considerable sobre el desarrollo poblacional (Uruguay, Caribe), sin embargo, más decisivas para los desplazamientos poblacionales son las migraciones dentro de los países mismos. El número de habitantes crece en forma acelerada sobre todo en las grandes ciudades. A éstas se adhieren las localidades de minería, pequeños centros regionales, sectores agrícolas de la colonización y áreas con una economía agraria orientada hacia el mercado externo, todos los cuales se presentan como puntos de atracción para los migrantes.

Las migraciones serán analizados, tanto a nivel internacional como a nivel nacional y regional, y se buscarán las regulaciones espaciales. En el centro del interés se expondrán investigaciones y valoraciones críticas respecto a las causantes, desarrollo y efectos de la migración.

Literatur

Accinelli, M. M. und Müller, M. S.: Un hecho inquietante: La evolución reciente de la mortalidad en la Argentina. Notas de Población, 6, 1978, S. 9–18.

Aguiar, C. A.: Uruguay: País de emigración. Montevideo 1982.

Agyei, W. K. A.: Modernization and the Theory of Demographic Transition in the Developing Countries: The Case of Jamaica. Social and Econ. Studies, 27, 1978, S. 44–68.

Albuquerque, K. de und McElroy, J. L.: West Indian Migration to the United States Virgin Islands. Demographic Impacts and Socioeconomic Consequences. Intern. Migration Review, 16, 1982, S. 61–101.

Anker, R.: An Analysis of Fertility Differentials in Developing Countries. Review of Economics and Statistics, 60, 1978, S. 58–69.

Aragon, L. E.: A Rationale for the Use of Family Networks to Gather Migration Data in Latin America. Proceedings Conference of Latin Americanist Geographers, Yearbook, 11, 1985, S. 39–44.

147

Arriaga, E. E. und Davis, K.: The Pattern of Mortality Change in Latin America. Demography, 6, 1969, S. 69–79.

Bähr, J.: Regressionsanalysen in der Migrationsforschung. Das Beispiel der Zuwanderung nach Antofagasta, Nordchile. Tijdschrift voor Econ. en Soc. Geografie, 64, 1973, S. 386–394.
- Migration im Großen Norden Chiles. Bonner Geogr. Abh., 50, Bonn 1975.
- Zur Selektivität des Wanderungsprozesses in Lateinamerika, dargestellt am Beispiel des süd-chilenischen Seengebietes. In: Kieler Geogr. Schriften, 50, Kiel 1979 a, S. 491–508.
- Groß Buenos Aires. Zur Bevölkerungsentwicklung der argentinischen Metropole. In: Innsbruk-ker Geogr. Studien, 5, Innsbruck 1979 b, S. 151–172.
- Bevölkerungsgeographie. Verteilung und Dynamik der Bevölkerung in globaler, nationaler und regionaler Sicht. UTB 1249, Stuttgart 1983.
- und Mertins, G.: Idealschema der sozialräumlichen Differenzierung lateinamerikanischer Groß-städte. Geogr. Zeitschrift, 69, 1981, S. 1–33.
- und Mertins, G.: Bevölkerungsentwicklung in Groß-Santiago zwischen 1970 und 1982. Eine Analyse von Zensusergebnissen auf Distriktbasis. Erdkunde, 39, 1985, S. 218–238.

Balakrishnan, T. R.: Effects of Child Mortality on Subsequent Fertility of Women in Some Rural and Semi-Urban Areas of Certain Latin American Countries. Population Studies, 32, 1978, S. 132–145.

Baldeaux, D.: Bevölkerungspolitik der Entwicklungsländer. Beurteilung der Maßnahmen seit der Weltbevölkerungskonferenz 1974. Forschungsberichte des Bundesmin. f. wirtschaftl. Zusam-menarbeit, 66, München etc. 1985.

Borsdorf, A.: Valdivia und Osorno. Strukturelle Disparitäten und Entwicklungsprobleme in chile-nischen Mittelstädten. Tübinger Geogr. Studien, 69, Tübingen 1978.

Breese, G.: Urbanization in Newly Developing Countries. Englewood Cliffs, N. J. 1966.

Brown, L. A. und Lawson, V. A.: Migration in Third World Settings, Uneven Development, and Conventional Modeling: A Case Study of Costa Rica. Annals Assoc. Amer. Geogr., 75, 1985, S. 29–47.
- und Sanders, R. L.: Toward a Development Paradigm of Migration: With Particular Reference to Third World Settings. In: Jong, G. F. de und Gardner, R. W. (Hrsg.): Migration Decision Making. New York 1981, S. 149–185.

Brücher, W.: Formen und Effizienz staatlicher Agrarkolonisation in den östlichen Regenwaldge-bieten der tropischen Andenländer. Geogr. Zeitschrift, 65, 1977, S. 3–22.

Caldwell, J. C.: Toward a Restatement of Demographic Transition Theory. Population and Devel-opment Review, 2, 1976, S. 321–366.
- The Failure of Theories of Social and Economic Change to Explain Demographic Change: Puzzles of Modernization or Westernization. Research in Population Economics, 4, 1982, S. 297–332.

Carron, J. M.: Shifting Patterns in Migration from Bordering Countries to Argentina: 1914–1970. Intern. Migration Review, 13, 1979, S. 475–487.

Carvajal, G.: Les migrations interieures a Costa Rica: Une approche regionales au probleme. Revista Geográfica, 98, 1983, S. 91–114.

Carvalho, J. A. M. und Wood, C. H.: Mortality, Income Distribution, and Rural-Urban Residence in Brazil. Population and Development Review, 4, 1978, S. 405–420.

Center for Policy Studies of the Population Council: Population Brief: Latin America. Population and Development Review, 6, 1980, S. 126–152.

Chi, P. S. K. und Bogan, M. W.: Estudio sobre migrantes y migrantes de retorno en el Perú. Notas de Población, 3, 1975, S. 95–114.

Cleland, J. G. und Singh, S.: Islands and the Demographic Transition. World Development, 8, 1980, S. 969–993.

Coeymans, J. E.: Determinates de la migración ocupacional agrícola – no agrícola en Chile. Cua-dernos de Economía, 20, 1982, S. 177–192.

Collins, J. L.: Fertility Determinants in a High Andes Community. Population and Development Review, 9, 1983, S. 61–75.

Conway, D.: Step-Wise Migration: Toward a Clarification of the Mechanism. Intern. Migration Review, 14, 1980, S. 3–14.
– und Brown, J.: Intraurban Relocation and Structure: Low-Income Migrants in Latin America and the Caribbean. Latin American Research Review, 15, 1980, S. 95–125.

Coombs, D. W.: Middle-Class Residential Mobility in Mexico City: Toward a Cross-Cultural Theory. Human Ecology, 9, 1981, S. 221–240.

Cutright, P. und Hargens, L.: The Threshold Hypothesis: Evidence from Less Developed Latin American Countries, 1950 to 1980. Demography, 21, 1984, S. 459–473.

Daly, H. E.: Marx and Malthus in Northeast Brazil: A Note on the World's Largest Class Difference in Fertility and its Recent Trends. Population Studies, 39, 1985, S. 329–338.

Davis, D. E.: Migration, Rank-Size Distribution, and Economic Development: The Case of Mexico. Studies in Comparative Intern. Development, 16, 1981, S. 84–107.

Diaz-Briquets, S.: Determinants of Mortality Transition in Developing Countries before and after the Second World War: Some Evidence from Cuba. Population Studies, 35, 1981, S. 399–411.
– und Frederick, M. J.: Columbian Emigration: A Research Note on Its Probable Quantitative Extent. International Migration Review, 18, 1984, S. 99–110.
– und Perez, L.: Fertility Decline in Cuba: A Socioeconomic Interpretation. Population and Development Review, 8, 1982, S. 513–537.

Diaz-Santana, A.: The Role of Haitian Braceros in Dominican Sugar Production. Latin American Perspectives, 3, 1976, S. 120–132.

Dyson, T. und Murphy, M.: The Onset of Fertility Transition. Population and Development Review, 11, 1985, S. 399–440.

Eastwood, D. A.: Reality or Delusion: Migrant Perception of Levels of Living and Opportunity in Venezuela, 1961–1971. Journal of Developing Areas, 17, 1983, S. 491–498.

Eberstadt, N.: Recent Declines in Fertility in Less Developed Countries, and What "Population Planners" May Learn from Them. World Development, 8, 1980, S. 37–60.

Edwards, M.: Residential Mobility in a Changing Housing Market: The Case of Bucaramanga, Columbia. Urban Studies, 20, 1983, S. 131–145.

Escobar, M. G. und Beall, C. M.: Contemporary Patterns of Migration in the Central Andes. Mountain Research and Development, 2, 1982, S. 63–80.

Falaris, E. M.: The Determinants of Internal Migration in Peru: An Economic Analysis. Economic Development and Cultural Change, 27, 1979, S. 327–341.

Feindt, W. und Browning, H. L.: Return Migration: Its Significance in an Industrial Metropolis and an Agricultural Town in Mexico. Intern. Migration Review, 6, 1972, S. 158–165.

Fields, G. S.: Place-to-Place Migration in Columbia. Economic Development and Cultural Change, 30, 1982, S. 539–558.

Frisbie, P.: Illegal Migration from Mexico to the United States: A Longitudinal Analysis. Intern. Migration Review, 9, 1975, S. 3–13.

Geiger, P. P.: Interregional Migrations in Latin America. In: Kosinski, L. A. und Prothero, R. M. (Hrsg.): People on the Move. London 1975, S. 165–179.

Gendell, M.: Stalls in Fertility Decline in Costa Rica, Korea, and Sri Lanka. Population Today, 13(7/8), 1985, S. 8–10.

Gilbert, A. G. und Sollis, P. J.: Migration to Small Latin American Cities: A Critique of the Concept of "Fill-in" Migration. Tijdschrift voor Econ. en Soc. Geografie, 70, 1979, S. 110–113.
– und Ward, P. M.: Residential Movement among the Poor: The Constraints on Housing Choice in Latin American Cities. Trans. Inst. British Geographers, New Series, 7, 1982, S. 129–149.

Gormsen, E.: Bevölkerungsentwicklung und Wirtschaftsstruktur in Venezuela. Geogr. Taschenbuch 1975/76, Wiesbaden 1975, S. 171–193.

Grasmuck, S.: Migration within the Periphery. Haitian Labor in the Dominican Sugar and Coffee Industries. Intern. Migration Review, 16, 1982, S. 365–377.

Greenwood, M. J.; Ladman, J. R. und Siegel, B. S.: Long-Term Trends in Migratory Behavior in a Developing Country: The Case of Mexico. Demography, 18, 1981, S. 369–388.

Grigg, D.: Modern Population Growth in Historical Perspective. Geography, 67, 1982, S. 97–108.

Gwatkin, D. R.: Indications of Change in Developing Country. Mortality Trends: The End of an Era? Population and Development Review, 6, 1980, S. 615–644.

Haines, M. R. und Avery, R. C.: Differential Infant and Child Mortality in Costa Rica: 1968–1973. Population Studies, 36, 1982, S. 31–43.

Hardoy, J. E. und Langdon, M. E.: Análisis estadístico preliminar de la urbanización de América Latina entre 1850 y 1930. Rev. Paraguaya de Sociología, 15, 1978, S. 115–173.

Hauser, J. A.: Bevölkerungsprobleme der Dritten Welt. Ein Vademecum mit Tatsachen, Beziehungen und Prognosen. UTB 316, Bern/Stuttgart 1974.

Haynes, R.: Mapas de distribución de tasas de mortalidad en Chile. Revista de Geografía. Norte Grande, 9, 1982, S. 21–39.

Heidemann, D.: Arbeitsteilung und regionale Mobilität an der Peripherie des Weltmarktes. Zur Binnenwanderung in Nordostbrasilien. Aspekte der Brasilienkunde, 2, Mettingen 1981.

Herold, J. M.: Female Migration in Chile: Types of Moves and Socioeconomic Characteristics. Demography, 16, 1979, S. 257–277.

Hinshaw, R.; Pyeatt, P. und Habicht, J.-P.: Environmental Effects on Child Spacing and Population Increase in Highland Guatemala. Current Anthropology, 13, 1972, S. 216–230.

Hoenderdos, W.; von Lindert, P. und Verkoren, O.: Residential Mobility, Occupational Changes and Self-Help Housing in Latin-American Cities: First Impressions from a Current Research-Programme. Tijdschrift voor Econ. en Soc. Geografie, 74, 1983, S. 376–386.

Holian, J.: The Fertility of Maya and Ladino Women. Latin American Research Review, 20, 1985, S. 87–103.

Imhof, A. E.: Bevölkerungsprobleme in Deutschland und Brasilien: Gestern-Heute-Morgen. Ein schwieriger, aber sinnvoller Dialog. Zeitschr. f. Bevölkerungswissenschaft, 11, 1985, S. 3–31.

Jones, R. C.: Myth Maps and Migration in Venezuela. Econ. Geography, 54, 1978, S. 75–91.
– Channelization of Undocumented Mexican Migrants to the US. Econ. Geography, 58, 1982 a, S. 156–176.
– Undocumented Migration from Mexico: Some Geographical Questions. Annals Assoc. Amer. Geogr., 72, 1982 b, S. 77–87.
– und Zannaras, G.: The Role of Awareness Space in Urban Residential Preferences: A Case Study of Venezuelan Youth. Annals of Regional Science, 12, 1978, S. 36–52.

King, J.: Interstate Migration in Mexico. Economic Development and Cultural Change, 27, 1978, S. 83–101.

Kirchner, J. A.: Sugar and Seasonal Labor Migration. The Case of Tucuman, Argentina. The Univ. of Chicago, Dep. of Geogr., Research Paper, 192, Chicago 1980.

Kleinpenning, J. M. G.: Rural Development Policy in Paraguay since 1960. Tijdschrift voor Econ. en Soc. Geografie, 75, 1984, S. 164–176.

Klijzing, F. K. H. und Taylor, H. W.: Spatial Order in the Demographic Transition: The Costa Rican Case. Revista Geográfica, 96, 1982, S. 54–59.

Kohlhepp, G.: Brasiliens problematische Antithese zur Agrarreform: Agrarkolonisation in Amazonien. Evaluierung wirtschafts- und sozialgeographischer Prozeßabläufe an der Peripherie im Lichte wechselnder agrarpolitischer Strategien. In: Elsenhans, H. (Hrsg.): Agrarreform in der Dritten Welt. Frankfurt/New York, 1979, S. 471–504.

150

– Bevölkerungswachstum und Verstädterung in Lateinamerika. Ablauf, Ursachen und Konsequenzen eines problematischen Entwicklungsprozesses. Der Bürger im Staat, 32 (1), Stuttgart, 1982 a, S. 20–32.

– Bevölkerungsentwicklung und Verstädterung in Brasilien. Geogr. Rundschau, 34, 1982 b, S. 342–351.

– Problems of Dependent Regional Development in Eastern Paraguay. With Special Reference to the Brazilian Influence in the Pioneer Zone of the Amambay Plateau. Applied Geography and Development, 22, 1983, S. 7–45.

Köster, G.: Räumliche Mobilität in Bolivien. In: Aachener Geogr. Arb., 4, Aachen 1981, S. 603–637.

Kritz, M. M. und Gurak, D. T.: International Migration Trends in Latin America: Research and Data Survey. Intern. Migration Review, 13, 1979, S. 407–427.

– Keely, C. B. und Tomasi, S. M. (Hrsg.): Global Trends in Migration: Theory and Research on International Population Movements. New York 1981.

Krüger, H.-J.: Migration, ländliche Überbevölkerung und Kolonisation im Nordosten Brasiliens. Geogr. Rundschau, 30, 1978, S. 14–20.

Lauer, W. (Hrsg.): Landflucht und Verstädterung in Chile. Erdkundliches Wissen, 42, Wiesbaden 1976.

Levy, M. B. und Wadycki, W. J.: Lifetime Versus One-Year Migration in Venezuela. Journal of Regional Science, 12, 1972, S. 407–415.

– und Wadycki, W. J.: What ist the Opportunity Cost of Moving? Reconsideration of the Effects of Distance on Migration. Economic Development and Cultural Change, 22, 1974, S. 198–214.

Lightbourne, R.; Singh, S. und Green, C. P.: The World Fertility Survey: Charting Global Childbearing. Population Bulletin, 37(1), Washington D. C. 1982.

Marshall, D. I.: International Migration as Circulation: Haitian Movement to the Bahamas. In: Prothero, R. M. und Chapman, M. (Hrsg.): Circulation in Third World Countries. London etc. 1985, S. 226–240.

McCaa, R.: Marriage and Fertility in Chile. Demographic Turning Points in the Petorca Valley, 1840–1976. Dellplain Latin Amer. Studies, 14, Boulder, Col. 1983.

Merrick, T. W.: Land Availability and Rural Fertility in Northeastern Brazil. Research in Population Economics, 3, 1981, S. 93–121.

Mertins, G.: Bevölkerungswachstum, räumliche Mobilität und regionale Disparitäten in Lateinamerika. Das Beispiel Kolumbien. Geogr. Rundschau, 29, 1977, S. 66–71.

– (Hrsg): Zum Verstädterungsprozeß im nördlichen Südamerika. Marburger Geogr. Schr., 77, Marburg/L. 1978.

– Determinanten, Umfang und Formen der Migration Nordostbrasiliens. Geogr. Rundschau, 34, 1982, S. 352–358.

– Raumzeitliche Phasen intraurbaner Migrationen unterer Sozialschichten in lateinamerikanischen Großstädten. Ibero-Amerikanisches Archiv, N. F., 11, 1985, S. 315–332.

Miller, F. und Romsa, G.: Residential Mobility, Vacancy Chains and Perceived Benefits Arising From New Detached Housing in Quito, Ecuador. Tijdschrift voor Econ. en Soc. Geografie, 73, 1982, S. 162–172.

Monheim, F.: 20 Jahre Indianerkolonisation in Ostbolivien. Erdkundliches Wissen, 48, Wiesbaden 1977.

Morales, M. und Labra, P.: Condicionantes naturales, metropolización y problemas de planificación del Gran Santiago, Chile. Revista Geográfica, 91/92, 1980, S. 179–221.

Nuhn, H.: El Salvador: Konsequenzen eines Wachstums ohne Entwicklung. Geogr. Rundschau, 33, 1981, S. 483–491.

Oechsli, F. W. und Kirk, D.: Modernisation and the Demographic Transition in Latin America and the Carribean. Economic Development and Cultural Change, 23, 1975, S. 391–419.

Oppenheimer, R.: The Urbanization Process in 19th Century Chile: The Railroad and Rural-Urban Migration. In: Hunter, J. M.; Thomas, R. N. u. Whiteford, S. (Hrsg.): Population Growth and Urbanization in Latin America. The Rural-Urban Interface. Cambridge, Mass. 1983, S. 57–75.

Ortega, A.: Situación demográfica actual de Costa Rica y perspectivas futuras. Notas de Población, 5, 1977, S. 25–57.

Palloni, A.: Mortality in Latin America. Emerging Patterns. Population and Development Review, 7, 1981, S. 623–649.

Peek, P. und Antolinez, P.: Migration and the Urban Labour Market: The Case of San Salvador. World Development, 5, 1977, S. 291–302.
– und Standing, G.: Rural-Urban Migration and Government Policies in Low Income Countries. Intern. Labour Review, 118, 1979, S. 747–762.

Population Information Program, John Hopkins University: Migration, Population Growth, and Development. Population Reports 11(4), Baltimore, Maryland 1983.

Portes, A. (Hrsg.): Illegal Mexican Immigrants to the United States. Intern. Migration Review (Special Issue), 12(4), 1978.

Preston, S. H.: Causes and Consequences of Mortality Declines in Less Developed Countries during the Twentieth Century. In: Easterlin, R. A. (Hrsg.): Population and Economic Change in Developing Countries. Chicago/London 1980, S. 289–360.
– Urban Growth in Developing Countries: A Demographic Reappraisal. Population and Development Review, 5, 1979, S. 195–215.
Preston, D. A. und Taveras, G. A.: Changes in Land Tenure and Land Distribution as a Result of Rural Emigration in Highland Ecuador. Tijdschrift voor Econ. en Soc. Geografie, 71, 1980, S. 98–107.

Raczynski, D. und Oyarzo, C.: Por qué cae la tasa de mortalidad infantil en Chile? Collección Estudios Cieplan, 6, 1981, S. 45–84.

Reichert, J. und Massey, D. S.: History and Trends in US Bound Migration from a Mexican Town. Intern. Migration Review, 14, 1980, S. 475–491.

Research on the Determinants of Fertility: A Note on Priorities: Population and Development Review, 7, 1981, S. 311–324.

Rhoda, R.: Rural Development and Urban Migration: Can We Keep Them Down on a Farm? Intern. Migration Review, 17, 1983, S. 34–64.

Roberts, K. D.: Agrarian Structure and Labor Mobility in Rural Mexico. Population and Development Review, 8, 1982, S. 299–322.

Rother, K.: Gruppensiedlungen in Mittelchile. Erläutert am Beispiel der Provinz O'Higgins. Düsseldorfer Geogr. Schriften, 9, Düsseldorf 1977.

Sandner, G.: Bevölkerungsdruck und Tragfähigkeit im Agrarraum Lateinamerikas – Ansätze zu einer zeitgemäßen Neuinterpretation. Vortragsmanuskript 1984.
– Ursachen und Konsequenzen wachsenden Bevölkerungsdrucks im zentralamerikanischen Agrarraum. In: Tübinger Geogr. Studien, 34, Tübingen 1970, S. 279–292.

Sassen-Koob, S.: Economic Growth and Immigration in Venezuela. Intern. Migration Review, 13, 1979, S. 455–474.

Schlüter, H. und Schrader, A. (Hrsg.): Bevölkerungsentwicklung, Bevölkerungswanderung und Urbanisierung in Lateinamerika. Anuario. Jahrbuch f. Bildung, Gesellschaft und Politik in Lateinamerika, 13 u. 15, Münster 1984 bzw. 1985.

Schoop, W.: Die bolivianischen Departementszentren im Verstädterungsprozeß des Landes. Acta Humboldtiana. Series Geographica et Ethnographica, 7, Wiesbaden 1980.

Schultz, T. P.: Rural-Urban Migration in Columbia. Review of Economics and Statistics, 53, 1971, S. 157–163.

Seiver, D. A.: Recent Fertility in Mexico: Measurement and Interpretation. Population Studies, 29, 1975, S. 341–354.

Sena Mensch, B.: The Effect of Child Mortality on Contraceptive Use and Fertility in Columbia, Costa Rica and Korea. Population Studies, 39, 1985, S. 309–327.

Shaw, R. P.: Land Tenure and Rural Exodus in Latin America. Economic Development and Cultural Change, 23, 1974, S. 123–132.

Shields, M. P. und Tsui, S. W.: The Probability of Another Child in Costa Rica. Economic Development and Cultural Change, 31, 1983, S. 787–807.

Skeldon, R.: The Evolution of Migration Patterns during Urbanization in Peru. Geogr. Review, 67, 1977, S. 394–411.

Stern, C.: Migraciones a la Ciudad de México. Cambios en los volumes de migrantes provenientes de distintas zonas geoeconómicas. Cahiers des Amériques Latines, 12, 1975, S. 177–200.

Stycos, J. M.: The Decline of Fertility in Costa Rica: Literacy, Modernization and Family Planning. Population Studies, 36, 1982, S. 15–30.

Suarez, M. M. und Torrealba, R.: Recent Trends in Human Migrations. The Case of the Venezuelan Andes. Mountain Research and Development, 2, 1982, S. 299–306.

Thomas, R. N. und Catau, J. C.: Distance and the Incidence of Step-Wise Migration in Guatemala. Proceedings Ass. of Amer. Geogr., 6, 1974, S. 113–116.
– und Croner, C. M.: Migrant Paths to Tegucigalpa and San Pedro Sula, Honduras: The Role of Accessibility. Social and Economic Studies, 24, 1975, S. 445–457.
– und Wittick, R. I.: Longitudinal Analysis of Internal Migration to La Paz, Bolivia. Revista Geográfica, 99, 1984, S. 57–67.

Todaro, M. P.: A Model of Labor Migration and Urban Unemployment in Less Developed Countries. Amer. Economic Review, 59, 1969, S. 138–148.
– Internal Migration in Developing Countries. A Survey. In: Easterlin, R. A. (Hrsg.): Population and Economic Change in Developing Countries. Chicago/London 1980, S. 361–402.

Turner, J.: Housing Priorities, Settlement Patterns, and Urban Development in Modernizing Countries. Journal Amer. Inst. of Planners, 34, 1968, S. 354–363.

Udall, A. T.: Transport Improvements and Rural Outmigration in Colombia. Economic Development and Cultural Change, 29, 1981, S. 613–629.

United Nations: Metropolitan Migration and Population Growth in Selected Developing Countries. Population Bulletin of the UN, 15, 1983, S. 50–61.

Vany, A. de und Sanchez, N.: Property Rights, Uncertainty and Fertility: An Analysis of the Effect of Land Reform on Fertility in Rural Mexico. Weltwirschaftliches Archiv, 113, 1977, S. 741–764.

Villar, J. M.: Argentine Experience in the Field of Illegal Immigration. International Migration Review, 18, 1984, S. 453–473.

Wander, H.: Ökonomische Theorien des generativen Verhaltens. In: Schriftenreihe des Bundesmin. f. Jugend, Familie u. Gesundheit, 63, Stuttgart etc. 1979, S. 61–76.

Ward, P. M.: Intra-City Migration to Squatter Settlements in Mexico City. Geoforum, 7, 1976, S. 369–382.
– The Practice and Potential of Self-Help Housing in Mexico City. In: Ward, P. M. (Hrsg.): Self-Help Housing. A Critique. London 1982, S. 175–208.

Weller, R.: La asimilación estructural de los inmigrantes en Lima. Estadística, 30, 1976, S. 50–67.

Wilhelmy, H. und Borsdorf, A.: Die Städte Südamerikas. Teil 1. Wesen und Wandel. Urbanisierung der Erde, 3/1, Stuttgart 1984.

Witthauer, K.: Verteilung und Dynamik der Erdbevölkerung. Peterm. Geogr. Mitt., Erg. heft, 272, Gotha/Leipzig 1969.

World Population Data Sheet 1985. Washington D. C. 1985.

Yap, L. Y. L.: Rural-Urban Migration and Urban Underemployment in Brazil. Journal of Development Economics, 3, 1976, S. 227–243.

Zelinsky, W.: The Hypothesis of the Mobility Trasition. Geogr. Review, 61, 1971, S. 219–249.

Günter Mertins
Marburg

Probleme der Metropolisierung Lateinamerikas unter besonderer Berücksichtigung der Wohnraumversorgung unterer Sozialschichten[1]

Vorbemerkung

Unter den mit der Metropolisierung (nicht nur) Lateinamerikas eng gekoppelten und immens wachsenden Phänomenen werden seit einigen Jahrzehnten vor allem zwei diskutiert, die stets von gleichbleibendem, wenn nicht sogar von einem immer noch steigenden Aktualitätsbezug geprägt sind und die im öffentlichen Bewußtsein stets als Beispiele für bislang unbewältigte, oft von außen induzierte sozioökonomische Problemkomplexe gelten:

— die Bevölkerungs„explosion" lateinamerikanischer Großstädte, insbesondere der Metropolen mit der daraus resultierenden galoppierenden, meist unkontrollierten flächenmäßigen Ausdehnung derselben und — damit zusammenhängend —
— die Wohnraumversorgung unterer Sozialschichten, wobei die räumliche Dimension der Elends- oder Marginalviertel als ein physiognomisch äußerst deutliches Armutskriterium gilt und ein scharfes Spiegelbild der sozioökonomischen, aber auch der innenpolitischen, insbesondere der wohnungsbaupolitischen Situation darstellt (vgl. zusammenfassend: Mertins 1984).

Auf die immensen, unbewältigten Arbeitsmarkt-, versorgungs-, verwaltungs- und infrastrukturellen Probleme in den Metropolen Lateinamerikas kann hier aus Platzgründen nicht eingegangen werden (vgl. als erste Einführung: Sandner/Steger 1973).

Metropole und Metropolisierung

Der Begriff der Metropole bezieht sich nicht nur auf die namensgebende Gemeinde, sondern umfaßt die entsprechende Zona Metropolitana oder den Distrito Espe-

---

1 Überarbeitete Fassung des am 12.10.1984 in Berlin auf dem „Alexander-von-Humboldt-Symposium" unter dem Titel „Bevölkerungsexplosion lateinamerikanischer Großstädte — Wohnraumversorgung für untere Sozialschichten" gehaltenen Vortrages. Der Beitrag basiert z. T. auf ersten Ergebnissen des von der Stiftung Volkswagenwerk geförderten Forschungsprojektes „Urbanisierungsprozesse in lateinamerikanischen Großstädten ...".
Die in diesem Aufsatz angesprochenen Themen stehen z. T. in engem Zusammenhang mit den in dem vorherigen Beitrag von J. Bähr behandelten Bereichen, worauf zum besseren Verständnis ausdrücklich hingewiesen wird.
Da in der deutschsprachigen Lateinamerika-Literatur das o. g. Thema gut dargestellt und dokumentiert ist, wird überwiegend darauf zurückgegriffen. Fremdsprachige Untersuchungen und Quellen finden sich in den angeführten Arbeiten der deutschen Autoren in ausreichendem Maße zitiert.

cial bzw. Federal, die – unter Zusammenfassung mehrerer umliegender Gemeinden – zu Planungszwecken vermehrt seit den 60/70er Jahren geschaffen wurden.

Unter Metropolisierung wird der noch andauernde Konzentrationsprozeß der Bevölkerung auf wenige Agglomerationen, oft nur auf die jeweilige Landeshauptstadt, verstanden. Neben dem hypertrophen Bevölkerungswachstum ist Metropolisierung aber auch charakterisiert durch eine Überkonzentration des Industriesektors (oft 60–75 % des industriellen Produktionswertes und der Industriearbeiter) sowie der öffentlichen und privaten – vor allem der hochrangigen – Dienstleistungen und Einrichtungen an denselben Standorten.

Zur Bedeutungsentwicklung des Begriffs „Metropolisierung" und zur Dynamik der Metropolisierung vgl. Bronger 1984, der auch die „Überzentralisierung, besser: Über-Konzentration der wichtigsten Funktionen . . . in sämtlichen oder nahezu allen Lebensbereichen" (S. 148) betont; kurz: die Primacy-Funktion und deren anhaltende Dynamisierung.

Die z. T. bereits überdimensionierte Metropolisierung kann als ein bevölkerungs-, siedlungs- und wirtschaftsgeographisches Charakteristikum Lateinamerikas angesehen werden (vgl. u. a. Bähr/Mertins 1981, Kohlhepp 1982, Wilhelmy/Borsdorf 1984).

Verstädterungs- und Metropolisierungsgrad in Lateinamerika

Lateinamerika gilt als die Großregion der Dritten Welt mit der höchsten Verstädterungsquote, d. h. mit dem höchsten Anteil der Stadt- an der Gesamtbevölkerung: Jener betrug 1950 = 41 %, 1980 = 65 % und wird für das Jahr 2000 auf 75–80 % geschätzt. Jedoch muß gleich auf erhebliche regionale Unterschiede innerhalb Lateinamerikas aufmerksam gemacht werden: Die niedrigste Verstädterungsquote weisen die karibischen Staaten mit durchschnittlich 54 % auf (1980), womit sie aber deutlich über der von Afrika (29 %), Südost- und Südasien (23 %, 24 %) liegen. Mittel- und das tropische Südamerika befinden sich mit 62 bzw. 63 % ungefähr auf dem Niveau Ost- bzw. Südeuropas, während die Länder des außertropischen Südamerikas (Argentinien, Chile, Uruguay) mit 82 % Werte erreichen, die denen West- und Mitteleuropas vergleichbar sind.

Sind die vorstehenden Aussagen aufgrund der recht unterschiedlichen Stadtdefinitionen (ab 10.000, 5.000 Ew., z. T. sogar ab 200 Ew.!) noch mehr als grob, so sollen die beiden folgenden Anmerkungen diesen Prozeß präzisieren und gleichzeitig akzentuieren:

a) Der Anteil der Großstadtbevölkerung (= in Städten über 100.000 Ew.) an der jeweiligen Landesbevölkerung ist unter den Ländern der Dritten Welt in Lateinamerika am höchsten (vgl. Abb. 1; Mertins 1984, S. 435); selbst Indien weist – trotz der enormen Anzahl von Agglomerationen (über 500.000 Ew.) – nur einen Wert von knapp 16 % auf.

b) Der Anteil der Bevölkerung in den Agglomerationen an der Gesamtbevölkerung stieg in Lateinamerika von durchschnittlich 14 % (1950) über 21,8 % (1960), 28,1 % (1970) auf ca. 30 % (1980) und liegt damit weit über den entsprechenden Zahlen für die anderen Großregionen der Dritten Welt.

Allerdings treten erhebliche länderspezifische Unterschiede bezüglich Beginn, Verlauf

Großstadtbevölkerung in Lateinamerika (ca. 1980)

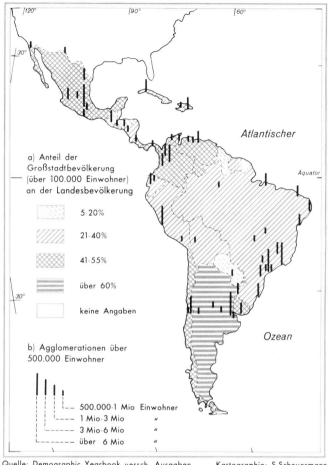

a) Anteil der
Großstadtbevölkerung
— (über 100.000 Einwohner)
an der Landesbevölkerung

- 5-20%
- 21-40%
- 41-55%
- über 60%
- keine Angaben

b) Agglomerationen über
500.000 Einwohner

- 500.000-1 Mio Einwohner
- 1 Mio-3 Mio "
- 3 Mio-6 Mio "
- über 6 Mio "

Atlantischer

Äquator

Ozean

Quelle: Demographic Yearbook, versch. Ausgaben   Kartographie: S.Scheuermann

Abb. 1

und Intensität des Agglomerationsprozesses auf (vgl. Abb. 2 a–c), auch hinsichtlich
der Zahl der Metropolen (= Agglomerationen mit mindestens 0,5 Mill. Einwohner;
vgl. Abb. 1).

Die Metropolisierungseffekte können sich auf nur eine Agglomeration je Land beschränken, die dann fast immer mit der entsprechenden Landeshauptstadt identisch
ist (vgl. Tab. 1). Das führt zur deutlichen Herausbildung nur einer primate city oder
primate region (z. B. Montevideo, Santiago de Chile, Lima/Callao, Caracas oder die
Hauptstädte mittelamerikanischer Kleinstaaten) mit einem enormen Abstand zur
nächstkleineren Stadt. Dem stehen Länder mit mehreren Metropolen gegenüber, wobei
dann eine deutliche Hierarchisierung auftritt: unter einer oder zwei herausragenden
nationalen Metropolen, auch von internationalem Standard und Bedeutung (São
Paulo, Rio de Janeiro – Buenos Aires – México D. F. – Bogotá) finden sich mit signifikantem Abstand große regionale Zentren oder regionale Metropolen: Recife, Sal-

157

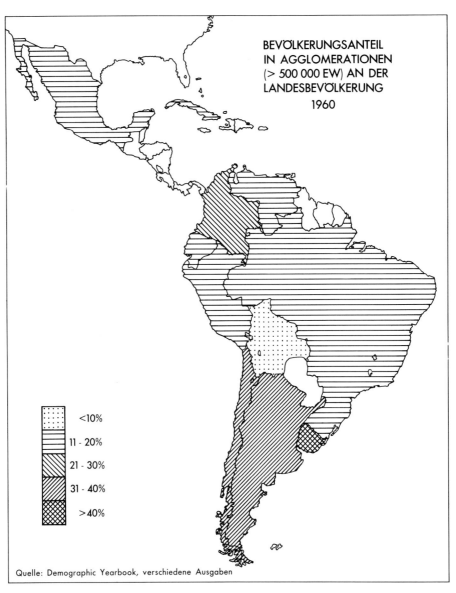

BEVÖLKERUNGSANTEIL
IN AGGLOMERATIONEN
(> 500 000 EW) AN DER
LANDESBEVÖLKERUNG
1960

<10%
11 - 20%
21 - 30%
31 - 40%
>40%

Quelle: Demographic Yearbook, verschiedene Ausgaben

Abb. 2a

vador, Fortaleza, Pôrto Alegre, Curitiba, Brasilia u.a. in Brasilien; Medellin, Cali und Barranquilla in Kolumbien; Monterrey und Guadalajara in México oder Córdoba in Argentinien (vgl. Tab. 1, nach Seite 175).

Determinanten der Metropolisierung

Das z. T. explosionsartige Metropolenwachstum ist hauptsächlich auf drei, z. T. interdependente Faktorenkomplexe zurückzuführen:

— auf das hohe natürliche Bevölkerungswachstum; dabei erklären sich die länderspezifischen Unterschiede aus den phasenverschoben einsetzenden und mit differierender Dynamik ablaufenden Veränderungen im natürlichen Bevölkerungswachstum (Geburten-, Sterberate), d. h. aus dem unterschiedlich schnellen Durchlauf der einzelnen Phasen des demographischen Transformationsprozesses (vgl. Abb. 3; Bähr 1984, Bähr/Mertins 1981, Kohlhepp 1982);
— auf das jeweilige Wanderungsverhalten;
— auf die unterschiedliche Wirtschaftsstruktur wie -konzentration, damit gekoppelt

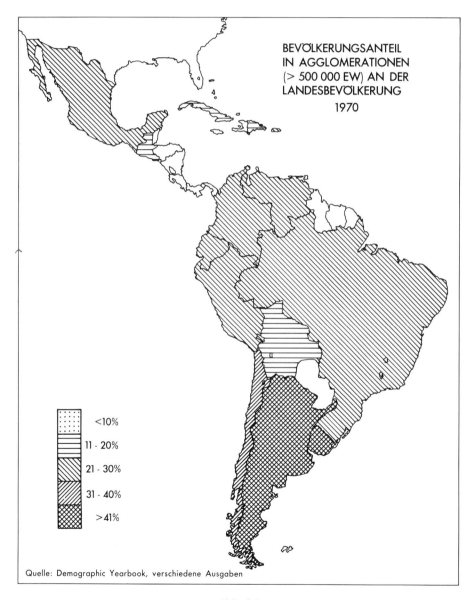

BEVÖLKERUNGSANTEIL
IN AGGLOMERATIONEN
(> 500 000 EW) AN DER
LANDESBEVÖLKERUNG
1970

<10%
11 - 20%
21 - 30%
31 - 40%
>41%

Quelle: Demographic Yearbook, verschiedene Ausgaben

Abb. 2 b

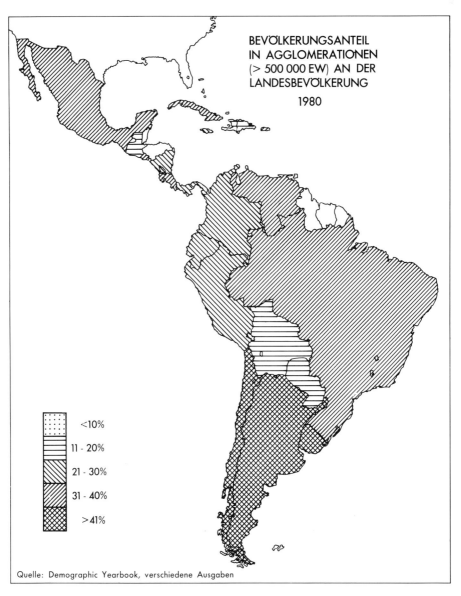

BEVÖLKERUNGSANTEIL
IN AGGLOMERATIONEN
(> 500 000 EW) AN DER
LANDESBEVÖLKERUNG
1980

<10%

11 - 20%

21 - 30%

31 - 40%

>41%

Quelle: Demographic Yearbook, verschiedene Ausgaben

Abb. 2 c

auch auf das länderweise differierende Eintreten in bestimmte wirtschaftliche Entwicklungsstadien (vgl. Sandner 1971).

In der Anfangsphase der Metropolisierung sind hauptsächlich die hohen Wanderungsgewinne für die erheblich über der natürlichen Bevölkerungswachstumsrate des jeweiligen Landes liegenden Wachstumsraten der Agglomerationen verantwortlich (vgl. Abb. 4, Tab. 1, 2). Der Anteil der Wanderungsgewinne an der Bevölkerungszunahme derselben betrug in den 50/60er Jahren bis zu 75 % (!), z. B. in Buenos Aires 72 % (1950–1960),

Stand des demographischen Übergangs in den Ländern Lateinamerikas, ca. 1980

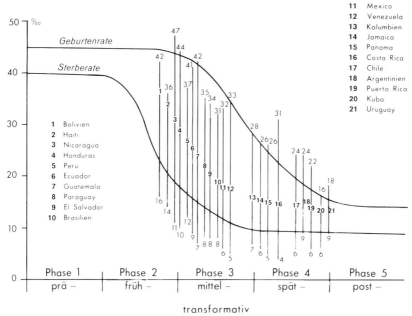

Quelle World Population Data Sheet 1984

Abb. 3

Caracas 70 % (1950–1960), Bogotá 66 % (1951–1964), São Paulo 60 % (1950–1970), Rio de Janeiro 69 % (bereits 1940–1950!).

Allgemein gilt das regional ungleichgewichtige Wirtschaftswachstum als die Ursache, als der „Motor" für fast alle Migrationen, d. h. die Diskrepanz zwischen den überwiegend agrarisch strukturierten Herkunftsregionen mit fehlenden oder unzureichend entlohnten Arbeitsplätzen und den Zentren des wirtschaftlichen Wachstums mit (angeblich) ausreichend vorhandenen bzw. besser bezahlten Arbeitsplätzen (vgl. u. a. Mertins 1982). Generell dominieren zunächst die Wanderungsströme aus den ländlichen Regionen in die Agglomerationen, später von Klein-/Mittelstädten in die Metropolen.

Seit der Dekade 1970/1980 nehmen die Wachstumsraten vieler Metropolen ab (vgl. Abb. 4, Tab. 1). Gleichzeitig sinkt der Anteil der Wanderungsgewinne an der Bevölkerungszunahme, z. B. auf 51 % in São Paulo (1970–1980), 50 % in Buenos Aires (1960–1970) oder auf 46 % in Rio de Janeiro (1950–1960!). Das ist nicht nur ein Ausdruck nachlassender Attraktivität der Metropolen (mit daraus resultierenden rückläufigen Wanderungsgewinnen) und/oder des zurückgehenden Abwanderungspotentials im jeweiligen Einzugsgebiet, sondern vor allem des zunehmenden oder zumindest gleichbleibend hohen natürlichen Bevölkerungswachstums der Metropolen.

In diesen gewinnen nämlich nach den ersten, vor allem auf Migrationsgewinnen basierenden Wachstumsphasen folgende interdependente Prozesse immer stärker an Bedeutung für die anhaltend hohe natürliche Bevölkerungszunahme:

— bei generell verbesserten medizinisch-sanitär, hygienischen Rahmenbedingungen sinken die Sterberaten,

161

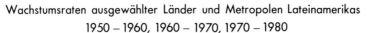

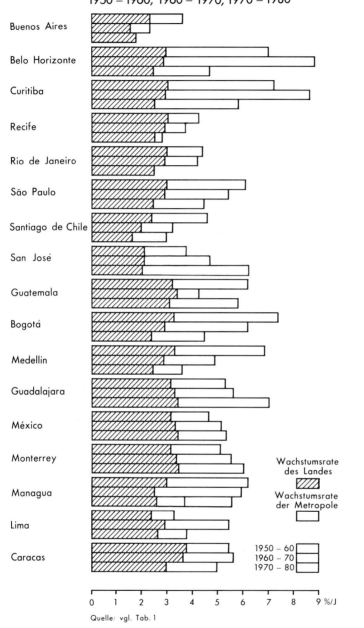

Wachstumsraten ausgewählter Länder und Metropolen Lateinamerikas
1950 – 1960, 1960 – 1970, 1970 – 1980

Buenos Aires

Belo Horizonte

Curitiba

Recife

Rio de Janeiro

São Paulo

Santiago de Chile

San José

Guatemala

Bogotá

Medellin

Guadalajara

México

Monterrey

Managua

Lima

Caracas

Wachstumsrate
des Landes

Wachstumsrate
der Metropole

1950 – 60
1960 – 70
1970 – 80

0 1 2 3 4 5 6 7 8 9 %/J

Quelle: vgl. Tab. 1

Abb. 4

- bleiben aber – trotz ebenfalls rückläufiger Fruchtbarkeitsraten (Lebendgeborene je 1000 Frauen zwischen 15 und 45/49 Jahren; vgl. Martine 1975) – die Geburtenraten (Lebendgeborene je 1000 Personen) noch lange Zeit gleich hoch,
- da aufgrund der Zuwanderung der jüngere Bevölkerungsanteil an der jeweiligen Einwohnerzahl wächst und

162

– letztlich die Bevölkerungsjahrgänge zwischen 15/20 und 44/49 absolut derart dominieren (vgl. Abb. 5 a, b), daß es – selbst bei gleichbleibenden oder leicht rückläufigen Geburtenraten – zu einem enormen natürlichen Bevölkerungswachstum kommt (vgl. Abb. 6).

Analog den europäischen und nordamerikanischen Agglomerationen nehmen auch die Kernstädte oder -bezirke der lateinamerikanischen Metropolen aufgrund der City-Ausdehnung ab, die Randbezirke aber zu. Dieser Prozeß setzt z. T. bereits 1940/50

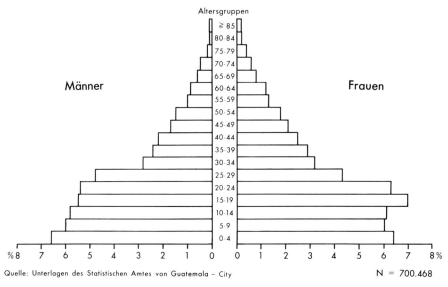

Abb. 5 a

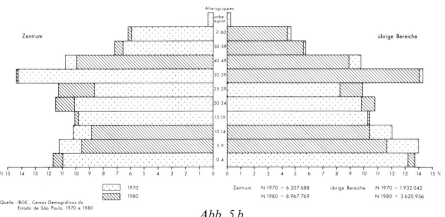

Abb. 5 b

163

Komponenten des Bevölkerungswachstums in der Stadt (município)
São Paulo, 1940 – 1980

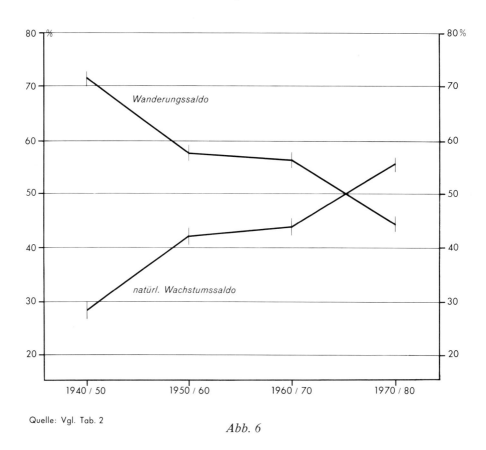

Quelle: Vgl. Tab. 2

Abb. 6

ein (vgl. Tab. 2), spätestens dann seit Mitte der 60/Anfang der 70er Jahre. Dabei wachsen die Randbezirke nicht nur aufgrund der Kern-Rand-Wanderung aller Schichten, die bei der Ober- und oberen Mittelschicht meistens etappenartig verläuft (Bähr/ Mertins 1981), sondern auch aufgrund der zunehmenden Funktion der dortigen Unterschichtviertel als erste Auffangstationen für Neuzuwanderer, vgl. u. a. Bähr/Klückmann (1984) für Lima, Bähr/Mertins (1985) für Santiago de Chile, Brücher/Mertins (1978) für Bogotá, Buchhofer (1982) und Sander (1983) für México D. F. sowie zusammenfassend Mertins (1985).

Wachstumstypen der Metropolen

Die Bevölkerungsexplosion hat nicht alle heutigen Metropolen Lateinamerikas zum gleichen Zeitpunkt erfaßt, da die Metropolisierung raum-zeitlich differierend mit unterschiedlicher, im Zeitablauf zudem noch variierender Intensität einsetzte und ablief bzw. abläuft.

Nach den Zensusangaben für ca. 1970–1980 lassen sich heute vereinfachend vier Wachstumstypen unterscheiden (vgl. Tab. 1, Abb. 4 und Bähr/Mertins 1981, S. 4).

1. Metropolen mit extrem hohen Wachstumsraten ($\geqq$ 5,6 %/J.), überwiegend durch Zuwanderungen bedingt: u. a. Curitiba, Guadalajara, Guatemala-Ciudad, Managua, Monterrey (vgl. Abb. 5 a).
2. Metropolen mit hohen Wachstumsraten (3,8–5,5 %/J.) wobei – mit abnehmenden Raten – Wanderungsgewinne oft nur noch knapp die Hälfte der Bevölkerungszunahme ausmachen, die Geburtenzahl aber – trotz leicht rückläufiger Fruchtbarkeitsrate – aufgrund des hohen Anteils jüngerer Bevölkerungsschichten noch recht hoch bleibt; u. a. Belo Horizonte, Bogotá, Caracas, Fortaleza, México Ciudad, Pôrto Alegre, Quito, São Paulo, Salvador, San José (vgl. Abb. 5 b).
3. Metropolen mit mittleren Wachstumsraten (2,1–3,7 %/J.); hier beginnt mit einem erneuten Rückgang der Fruchtbarkeitsrate und/oder weiterhin rückläufigen positiven Wanderungssalden der Übergang zu einer stationären Form des Bevölkerungsaufbaus; u. a. Cali, Lima/Callao, Medellín, Recife, Rio de Janeiro, Santiago de Chile (vgl. Abb. 5 c).
4. Metropolen mit niedrigen bis sehr niedrigen Wachstumsraten ($\leqq$ 2,0 %/J.) als Folge einer fast europäisch-postindustriellen Bevölkerungsweise und noch weiter reduzierter Wanderungsgewinne u. a. Buenos Aires und Montevideo, die bereits 1950–1960 bzw. in den 30er Jahren ihre Hauptwachstumsphase erlebten (vgl. Abb. 5 d).

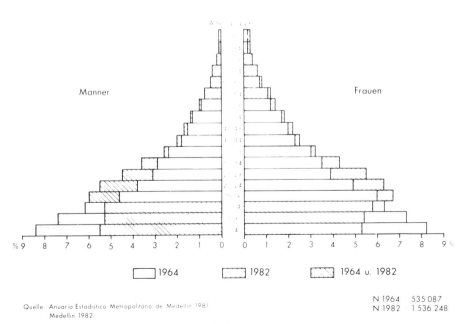

Bevölkerungspyramide von Medellín 1964 und 1982

Männer

Frauen

%9 8 7 6 5 4 3 2 1 0   0 1 2 3 4 5 6 7 8 9 %

☐ 1964   ☐ 1982   ☐ 1964 u. 1982

N 1964 : 535 087
N 1982 : 1 536 248

Quelle: Anuario Estadístico Metropolitano de Medellín 1981
Medellín 1982

Abb. 5 c

Bevölkerungspyramide von Groß - Montevideo 1963 und 1975

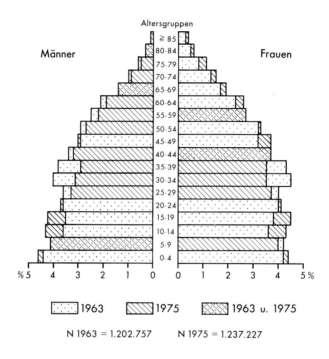

Quellen: IV. Censo General de Población y II. de Vivienda 1963, Montevideo 1966
V. Censo General de Población y III. de Vivienda 1975, Montevideo 1975

Abb. 5 d

Wohnraumversorgung unterer Sozialschichten

Zu den unteren Sozialschichten werden hier die Personen bzw. Haushalte gerechnet, die aufgrund ihrer Einkünfte nicht in der Lage sind, eine nach konventionellen Methoden erbaute Wohnung/Haus zu kaufen oder zu mieten, auch nicht im staatlich subventionierten sozialen Wohnungsbau. Sie wohnen entweder in selbstbauten Hütten/ Häusern auf illegal besetzten oder semilegal erworbenen Grundstücken oder aber als Mieter bzw. Untermieter in den verschiedensten Unterschichtvierteln, wo allein durch die hohe Wohndichte oft bereits unzumutbare Wohnbedingungen herrschen (vgl. zusammenfassend Bähr/Mertins 1981, Mertins 1984, 1986 b).

Wenngleich der Anteil unterer Sozialschichten an der Einwohnerzahl lateinamerikanischer Metropolen z. T. weitaus höher liegt, kann davon ausgegangen werden, daß zwischen 30 und 50/55 % der Bevölkerung unter den genannten Wohnbedingungen leben. Aufgrund unterschiedlicher Erfassungskriterien differieren jene Angaben oft recht stark, was an zwei Beispielen verdeutlicht werden soll:

a) Nach dem Zensus von 1980 lebten nur 14 % der Bevölkerung des Municips von Rio de Janeiro in favelas, nach einer anderen, offiziösen Erhebung 32 % (IBASE 1982, S. 14). Eine weitere Studie schätzt, daß ca. 70 % der Stadtbevölkerung von

Rio in favelas oder in vergleichbaren Unterkünften lebt, was sicherlich zu hoch angesetzt ist. Dementsprechend schwanken auch die Angaben über die größte favela, Rocinha, von 33.000 über 75.000–80.000 bis zu ca. 150.000 Ew. (vgl. Pfeiffer 1986).

b) Nach dem offiziellen „Inventario de Zonas Subnormales de Vivienda..." umfaßten Anfang der 70er Jahre die barrios subnormales (illegale wie semilegale) zusammen 6,1 % der Fläche und 10,1 % der Wohnungen Bogotás mit 12,4 % der Hauptstadtbevölkerung (ICT 1976). Nach anderen Untersuchungen betrug zum gleichen Zeitpunkt allein der Anteil der (semilegalen) barrios piratas an der gesamten Fläche 31 %, an den Wohnungen 42,2 % und an der Bevölkerung Bogotás 49,1 %! (Brücher/Mertins 1978, S. 36, 49).

Als Minimalforderung an den Wohnstandard bzw. an die Wohninfrastruktur gilt, daß die notwendigen Ver- und Entsorgungsleitungen (Wasser, Elektrizität, Abwasser) in der Wohnung vorhanden sind und entsprechende Einrichtungen (Kochstelle, Bad, WC) nicht mit den Bewohnern anderer Wohnungen/Häuser zusammen genutzt werden müssen.

Problemdimension der Wohnraumversorgung

Eine, vielleicht die gravierendste und zugleich die am deutlichsten sichtbare Konsequenz der Bevölkerungs„explosion" lateinamerikanischer Großstädte, besonders jedoch der Metropolen, ist die flächenmäßig rasche Ausdehnung der Marginalsiedlungen und die nachfolgende Verdichtung innerhalb derselben durch Vermietung/Untervermietung von Wohraum oder Schlafstätten bzw. durch die Überbauung noch freier Grundstücksteilflächen.

Jede Diskussion um mögliche Lösungs- oder Verbesserungsstrategien muß a priori von zwei Hauptaspekten ausgehen:

— dem quantitativen, d. h. dem Neubedarf an Wohnungen aufgrund des Bevölkerungswachstums, dem Ersatzbedarf infolge Abbruchs baufälliger bzw. baulich/infrastrukturell degradierter Häuser/Hütten und den Bemühungen um die Reduzierung hoher Wohndichten (Personen/Wohnung bzw. Zimmer);
— dem qualitativen Aspekt, d. h. der Verbesserung von bestehendem, z. T. infrahumanem Wohnraum und der Schaffung und Verbesserung der unabdingbaren Basisinfrastruktur wie Elektrizitäts- und Wasserversorgung, Abwasser- und Müllentsorgung, Straßenbau etc.

Insgesamt liegen über den Neu- und Ersatzbedarf an Wohnraum in Lateinamerika nur — wahrscheinlich zu niedrig — geschätzte Angaben vor (vgl. Abb. 7), die jedoch die Problemdimension treffend widerspiegeln. Allein daraus wird aber mehr als deutlich, daß der erforderliche Neu- und Ersatzbedarf — selbst bei Minimalanforderungen an die Bausausführung (low-cost-housing) — Investitionskosten bedingt, die von keinem Land Lateinamerikas bisher auch nur annähernd aufgebracht wurden bzw. auch zukünftig nicht aufzubringen sind. Das soll an zwei Beispielen erläutert werden:

a) Brasilien, das Land mit den absolut umfangreichsten Wohnraumbeschaffungs- und Wohnraumverbesserungsmaßnahmen für untere Sozialschichten in Lateinamerika,

Wohnungsbedarf in ausgewählten Ländern Lateinamerikas, 1960–1980

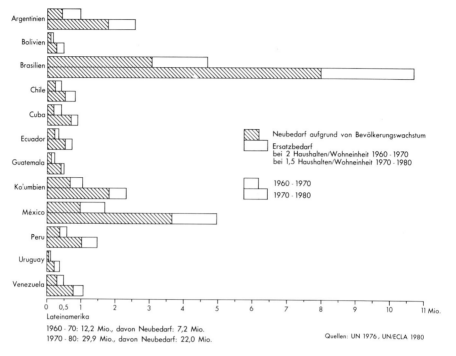

Abb. 7

allerdings auch mit dem höchsten Wohnraumbedarf (1970–1980: 10,8 Mio., nach anderen Quellen für 1980: 17 Mio Wohneinheiten; UN 1976, UN/ECLA 1980), kam 1964–1984 nur auf ca. 1,52 Mio., mit staatlichen Mitteln erstellte neue oder verbesserte Wohneinheiten für untere Sozialschichten, wobei allein 69 % auf den Zeitraum 1976–1982 entfielen, während danach die entsprechenden Wohnbauprogramme aufgrund finanzieller Schwierigkeiten (Inflation, Preissteigerungen) zurückgingen (vgl. Tab. 3). Es sei betont, daß in den genannten Zahlen auch die sog. PROFILURB-Programme (Programa de Financiamento de Lotes Urbanizados, d. h. site and service-Projekte) enthalten sind, wobei lediglich erschlossene Grundstücke kostengünstig zur Verfügung gestellt werden.

b) In México, mit einem für 1980 offiziell geschätzten Neu- bzw. Ersatzbedarf von ca. 5 Mio. Wohneinheiten, wurde von den z. T. erst Anfang der 70er Jahre gegründeten öffentlichen Wohnungsbaufonds für untere Sozialschichten 1973–1981 die Errichtung von insgesamt 740.960 Wohneinheiten finanziert, davon 70 % alleine im Zeitraum 1977–1981 (INFONAVIT 1983).

Die Bedeutung der Selbsthilfe im Wohnungssektor

Aus den bisherigen Ausführungen kann geschlossen werden: die Wohnprobleme der unteren Sozialschichten blieben und bleiben in erster Linie der Eigenlösung überlassen, der Selbst- und/oder Nachbarschaftshilfe (autoayuda, auyuda mutua, mutirão, auto-construcción), die in umfassendem Sinne zu verstehen ist, d. h. von der Grundstücks-, Materialbeschaffung über den ersten Hüttenbau, spätere Verbesserungen, Um- oder Anbauten bis zur Erstellung von infrastrukturellen Einrichtungen oder zumindest der Beteiligung daran. Das hat andererseits in den meisten Ländern Lateinamerikas die wohl einkalkulierte Tolerierung illegaler Landbesetzungen (vor allem auf relativ wert-losen, physiogeographisch ungünstigen Flächen; vgl. Bähr/Mertins 1981) und semi-legaler Landaufteilungen zur Folge sowie des damit verbundenen, gleichzeitig einset-zenden self-help-housing (vgl. u. a. Mertins 1985, 1986 b).

Diese Haltung spiegelt nicht eine Art Laissez faire-Politik wider, sondern entspringt sehr realen politischen, sozialen, aber auch handfesten ökonomischen Erwägungen, da die Länder — wie bereits betont — gar nicht in der Lage sind, die erheblichen Kosten für konventionelle Maßnahmen zur Behebung des Wohnungsdefizits unterer Sozial-schichten aufzubringen.

Um die Dimension der Selbsthilfe im Wohnungssektor noch einmal deutlich zu unter-streichen:

alle illegal und semilegal entstandenen Marginalsiedlungen — 30–50/55 % der Ein-wohnerzahl der jeweiligen Metropolen beherbergend — sind in Selbsthilfe erstellt, oft unter Mithilfe von Verwandten, Nachbarn oder Freunden, also im sog. informellen, der öffentlichen Aufsicht weitgehend entzogenen Bereich und außerhalb des offiziel-len Kapital- und Wohnungsmarktes.

Nun machen alle illegal und semilegal entstandenen Hüttenviertel (nicht Slums!) — nicht alle in der gleichen Zeitspanne nach ihrer Entstehung und mit unterschiedlicher Intensität — einen, wenn auch oft langsamen Entwicklungs-, einen Verbesserungs-, einen Konsolidierungsprozeß durch, in dem sie – überwiegend ebenfalls in Selbsthilfe! – über den Stand einer Marginalsiedlung allmählich hinauswachsen; vgl. u. a. Bähr/Klück-mann (1984) für Lima/Callao, Brücher/Mertins (1978) für Bogotá, Pachner (1982) für Caracas.

Der Anteil der insgesamt in Selbsthilfe erstellten und konsolidierten Wohneinheiten am gesamten Wohnungsbestand in den Metropolen Lateinamerikas dürfte also weitaus höher liegen als der jetzige Anteil der Marginalviertel. Schätzungen, wonach bis zu zwei Drittel der Wohneinheiten in den Metropolen in Selbsthilfe erbaut wurden, sind sicherlich nicht zu hoch angesetzt.

Self-help-housing gilt — nicht nur in Lateinamerika — als etwas völlig Normales, ja bereits als so selbstverständlich, daß man sich einmal der Bedeutung desselben gar nicht immer bewußt ist. Andererseits sehen aber viele lateinamerikanische Politiker in der „Strategie des billigen Schweißes" die „ideale Problemlösung" der Wohnungsmisere schlechthin, vor allem in den Metropolen, und propagieren sie entsprechend, da dafür nur eine relativ geringe öffentliche Unterstützung vonnöten ist, meistens für infra-strukturelle Maßnahmen (u. a. Harms 1983, Rempel 1980).

Konventionelle Typen der öffentlichen
Wohnraumversorgung unterer Sozialschichten

Generell können zwei Typen unterschieden werden, die z. T. bis heute nebeneinander Anwendung finden. Beide lehnen sich an entsprechende Vorbilder aus den Industrieländern an und beinhalten die Erstellung von Wohnraum zu niedrigen Kosten (low-cost-housing). Hierbei werden Wohneinheiten und Infrastruktur mit öffentlichen Mitteln in Billigstbauweise erstellt. Der Verkauf der Wohnungen bzw. Einfamilienhäuser an die zukünftigen Wohneigentümer erfolgt meistens zum Selbstkostenpreis mit niedrigen, langfristigen Raten oder sie werden zu subventionierten Mieten verpachtet.

Der erste Typ des Niedrigkosten-Wohnungsbaus entstand bereits Anfang/Mitte der 50er Jahre. Meistens handelte es sich um Großprojekte mit vier-, fünf-, auch acht-geschossigen Wohnblocks, aber auch mit 15–20 geschossigen Hochhäusern. Das Ziel war eindeutig: durch die Umsetzung der Bewohner in die Wohnblocks und Hochhäuser sollten die bisherigen, vor allem die innenstadtnahen Marginalsiedlungen „saniert" werden und verschwinden (slum/squatter-clearance). Daß bei derartigen Projekten nicht nur soziale Gründe und solche der besseren Wohnraumversorgung eine Rolle spielten, sondern gerade im innerstädtischen Bereich z. T. handfeste spekulative Gründe dahinterstanden (Cityausweitung, Wohnbau für höhere Schichten) oder solche der politischen Repräsentation (angeblich effektive Bekämpfung der Armut und der Marginalviertel) ist schon oft heftig kritisiert worden (vgl. u. a. Gilbert/Gugler 1982).

Ein klassisch-negatives Beispiel dafür bieten die unter der Militärdiktatur von P. Jiménez in Caracas Mitte der 50er Jahre errichteten Großwohnsiedlungen (superbloques) mit fünfzehn–zwanzig-geschossigen Hochhäusern. Dorthin wurden unter dem Motto „Kampf dem Rancho" Bewohner aus Hüttenvierteln z. T. gewaltsam umgesiedelt. Jedoch erwiesen sich diese Formen aufgrund der Wohndichte (ca. 155.000 Personen in 17.000 Wohnungen, d. h. durchschnittlich ca. 9 Personen/Wohnung), unzureichender Wohnfolgeeinrichtungen und Infrastruktur sowie fehlender sozialer Integrationsmaßnahmen als Fehlschlag, so daß sie innerhalb weniger Jahre „zu Slumgebieten degradierten" und nach dem Ende der Militärdiktatur (1959) mehrfach Korrekturmaßnahmen notwendig waren, die aber auch nicht zu einer Problemlösung führten (vgl. Pachner 1982).

Zu diesem Typ gehören nicht die zahlreichen, oft den Charakter von Satellitensiedlungen annehmenden Projekte des sogenannten sozialen Wohnungsbaus (vivienda popular, vivienda económica), da sie — von wenigen Ausnahmen abgesehen — nicht auf die eingangs definierten unteren Sozialschichten ausgerichtet sind (vgl. u. a. Mertins 1985, 1986 b).

Der zweite Typ des Niedrigkosten-Wohnungsbaus unterscheidet sich wesentlich vom ersten. Hier handelt es sich um von staatlicher/kommunaler Seite und von den verschiedensten Organisationen erbaute Einfamilienhaus-Siedlungen, oft in der Form von gegeneinander versetzten Einfachstreihenhäusern, die seit den 60er Jahren vorwiegend am Stadtrand bzw. weit vor demselben entstehen.

Ein gutes Beispiel für derartige Niedrigkosten-Wohnbauprojekte bietet die 1975–1978 errichtete COHAB-Großsiedlung Jardím Paulista, 16–18 km nördlich des Stadtzentrums von Recife gelegen (vgl. Abb. 8). Insgesamt besteht sie aus 4.087 in Doppelhausbauweise errichteten eingeschossigen Einfamilienhäusern und 83 ebenfalls eingeschossigen Ladenbauten. Die Wohngrundstücke weisen eine Größe von 177 m^2 auf; die beiden dominanten Haustypen haben eine Grundfläche von 42 bzw. 56 m^2.

Die Vorschriften der staatlichen brasilianischen Wohnungsbank (BNH, vgl. Tab. 3) besagen, daß COHAB-Projekte nur für Familien mit einem Monatseinkommen von bis zu fünf Mindestlöhnen vorgesehen sind. So wohnen in Jardím Paulista auch bevorzugt Angehörige der gehobenen Unter-, z. T. sogar der unteren Mittelschicht: Pensio-

Einfachsthaussiedlung (COHAB - Programm ; Teilausschnitt)
JARDIM PAULISTA / Recife

Fläche: 242 ha   Hauszahl: 4170, davon durch Kartierung
und Befragung erfaßt: 228

⊕ Verkauf von Lebensmitteln,
    Getränken, einfache Speisen
Ⓗ Handwerker
Ⓝ Näherin, Wäscherin
Ⓒ Friseuse, Schönheitssalon, Masseurin
⑤ Kleinschule
    keine Befragung
1 = Polizeistation
3 = Apotheke
4 = Markthalle
5 = Laden

Grundstücksaufteilung
Anbau
Aufstockung
Mauer / Zaun
Anstrich / Gitter
Garage / Unterstellplatz
keine Veränderungen

Marktplatz
Öffentlicher Platz
Verkaufsstände
Omni-busend-haltestelle

Abb. 8

Befragung / Kartierung: Sept./Okt. 1984, März 1985

171

näre, mittlere Angestellte des öffentlichen Dienstes und von den Banken, Facharbeiter, Handwerker. Das geht aus Befragungen von 226 Haushalten in Jardim Paulista hervor sowie aus den ergänzenden Kartierungen, die — nach stichprobenartigen Vergleichen — durchaus als repräsentativ für die gesamte Siedlung gelten können: bei 70 % der Einfamilienhäuser waren bis zum Frühjahr 1985 — größtenteils in Selbsthilfe — Anbauten zu Wohnzwecken vorgenommen worden; 28 % hatten eine Garage oder eine Unterstellmöglichkeit für ein Auto auf ihrem Grundstück errichtet.[1]

Das — durchaus zu verallgemeinernde — Fazit lautet: derartige Niedrigkosten-Wohnprojekte erreichen nur solche Familien/Haushalte, die

a) über Ersparnisse zur Anzahlung des Grundstücks- und Hauspreises verfügen und

b) zwischen 20 und 30/35 % ihres Monatseinkommens für den Kapitaldienst aufbringen können, was ein entsprechend regelmäßiges Einkommen voraussetzt.

Die Einbeziehung des Selbsthilfeprinzips in die offizielle Wohnbaupolitik für untere Sozialschichten

Vor allem aus sozialpolitischen Gründen und vor dem Hintergrund ständig zunehmender Marginalsiedlungen sowie der geringen Wirksamkeit konventioneller Wohnbauprogramme wurde seit Anfang der 70er Jahre das Selbsthilfekonzept als die Basis aller Wohnraumbeschaffungs- und -verbesserungsprogramme für untere Sozialschichten propagiert. Diese Strategie geht hauptsächlich von den Ideen Turner's (zusammenfassend: 1976) aus, wurde dann wesentlicher Bestandteil der HABITAT-Deklaration der Vereinten Nationen 1976 in Vancouver zur nationalen Siedlungspolitik, -planung und -strategie und damit gewissermaßen das offiziell anerkannte Konzept zur Lösung bzw. Minderung der Wohnmisere unterer Sozialschichten in Ländern der Dritten Welt.

Turner, der vor allem auf seinen Erfahrungen in Lima und Caracas aufbaute, geht — neben der direkten Selbsthilfe — dabei von drei Prinzipien aus: angemessene, einfache Bautechnologie (einheimische Baustandards, -formen und -materialien, d. h. der sog. Barfußtechnologie), Mitbestimmung der Bewohner bei der Siedlungs-/Hausplanung bzw. bei upgrading-Maßnahmen und Selbstverwaltung bei Arbeitsorganisation, Kreditbürgschaft, -vergabe und -rückzahlung, sozialen Aufgaben etc. (über Genossenschaften oder ähnliche Organisationsformen; vgl. u. a. Mertins 1986 a).

Dieser, als horizontal-integriert bezeichnete Ansatz ist den bisherigen Programmen/ Projekten allerdings nicht oder nur teilweise zugrundegelegt bzw. angewandt worden. Es dominieren eindeutig staatlich/institutionell, gewissermaßen „vertikal", von „oben und außen" geplante, organisierte und kontrollierte Projekte mit Selbsthilfe als geschäftsmäßig einkalkuliertem Finanzierungsmittel, vor allem bei den von der Weltbank und anderen internationalen Organisationen teilfinanzierten großen Projekten.

Die nachstehend genannten „technischen Rezepte" mit Selbsthilfe als wesentlichem Bestandteil gehen von zwei Punkten aus:

— Seitens internationaler, staatlicher oder anderer Institutionen werden Billigkredite, seltener auch verlorene Zuschüsse gewährt für den Kauf von Grundstücken, Baumaterialien, für die Durchführung bestimmter Bau- und Infrastrukturmaßnahmen

---

1 Eine ausführliche Analyse der staatlichen Wohnbau- und Wohnverbesserungsprogramme für untere Sozialschichten in Groß-Recife erfolgt im Rahmen einer umfassenden Abhandlung.

sowie für technische Beratung. Jene Kredite sind längerfristig durch die Betroffenen zurückzuzahlen.

– Hinzu kommen – nicht entlohnte – Selbsthilfe-Arbeitsleistungen, mit denen bis zu 30% der Projektkosten aufgefangen werden können, aber auch noch der Kauf von selbst zu finanzierenden Baumaterialien.

Selbsthilfe und Selbstfinanzierung als zwei wesentliche Komponenten dieser Strategie bilden vielfach Ansatzpunkte einer prinzipiellen Kritik, bedeutet es doch, „die Armen zur (staatlich unterstützten) Selbstlösung ihrer Probleme zu bringen" (Steinberg 1982, S. 47).

Generell lassen sich zwei Typen des low-cost-housing mit Selbsthilfebeteiligung unterscheiden. Das eine sind die „site and service"- sowie die „core-housing"-Programme (vgl. Knapp u.a. 1982, Mertins 1984, 1986 a; Oenarto u.a. 1980). Als gemeinsame Kriterien gelten:

– Bereitstellung von erschlossenen Grundstücken (lotes con servicios, lotes urbanizados, urbanizaciones de normas mínimas), oft nur bis 100/150 m² groß, durch öffentliche oder andere Organisationen; bei den core-housing-Projekten kommt ein 9–11 m² großer „Kernraum" hinzu (unidad básica, nucleo básico, casa de embriáo) oder eine, oft nur 2–3 m² große Naß-/Sanitärzelle (lote con banheiro) oder auch nur eine Installationswand, die oft für mehrere Grundstücke bzw. Hütten ausreichen muß;
– Bereitstellung öffentlicher Infrastruktur- und Dienstleistungseinrichtungen (z. B. Bauhöfe);
– Hütten- und Hausbau sowie spätere Verbesserungen und Erweiterungen geschehen in Selbsthilfe, wobei zinsgünstige Kredite für Materialankauf etc. gewährt werden;
– die Bewerberauswahl erfolgt nicht nur nach dem Kriterium der Bedürftigkeit, sondern auch nach der Einkommenssituation der jeweiligen Haushalte, um die Rückzahlung der – zwar relativ niedrigen – Grundstücks- und Erschließungskosten sowie der Baumaterialkredite sicherzustellen.

Ein Beispiel für die relativ rasche Entwicklung eines core-housing-Projektes bietet die Anfang 1973 übertragene Siedlung La Manuelita/Bogotá (vgl. Abb. 9). Allerdings waren fünf Jahre danach noch 52% der Grundstücke ohne Wasseranschluß, jedoch hatten fast 90% Anbauten vorgenommen, ein Hinweis auf die Priorität der unbedingt notwendigen Wohnraumerweiterung.

In den letzten Jahren erfährt der andere, als „upgrading" bezeichnete Typ eine bevorzugte Förderung. Darunter fallen Programme zur Verbesserung von Bausubstanz und Infrastruktur in illegalen wie semilegalen Siedlungen, aber auch in Slums (squatter/slum-upgrading). Sie sind für die durchführenden Organisationen/Institutionen mit relativ geringen Kosten verbunden, da Grundstückskäufe entfallen, bereits eine gewisse Bausubstanz vorhanden ist, z. T. schon Verbesserungen durchgeführt wurden und so die Motivation zur Selbstbeteiligung an weiteren, besonders an infrastrukturellen Verbesserungen recht hoch ist. Ein zusätzliches Stimulans für die Selbsthilfebeteiligung der betroffenen Bewohner bietet die Aussicht auf die mit Abschluß jener Maßnahmen erfolgende Legalisierung, d. h. die endgültige, im Kataster vorgenommene Übertragung des Grundstückstitels und damit die Beseitigung einer mitunter jahrelangen Rechtsunsicherheit (vgl. Mertins 1984, 1986 b).

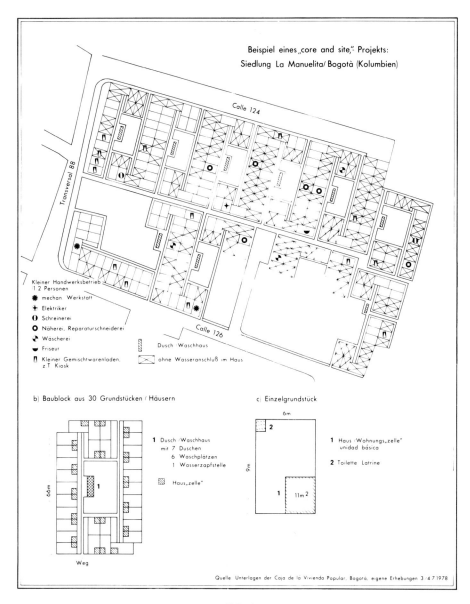

Abb. 9

Zieht man für diese beiden Programmtypen — wiederum generalisierend — ein vorläufiges Fazit, so ergibt sich (vgl. Keare/Parris 1982):

— site and service- sowie core-housing-Projekte erreichen durchschnittlich nicht die unteren 20 %, wahrscheinlich sogar nicht die unteren 30—35 % der Haushalte/Personen auf der Einkommenshierarchie; richtungsweisende Neuansätze sind erst in jüngster Zeit zu verzeichnen, u. a. das in Brasilien Anfang Mai 1984 initiierte „Jão de Barro"-Programm, das bei site and service- wie upgrading-Projekten auf Familien mit einem Monatseinkommen von maximal zwei Mindestlöhnen ausgerichtet ist;

174

Tabelle 1
Bevölkerungs- und Wachstumsraten ausgewählter Länder und Großstädte/Metropolen Lateinamerikas
1950 – 1960 – 1970 – 1980

Großstadt/ Metropole bzw. Land	Einwohner (Mio.) ca.				Anteil an der Landesbevölkerung (%) ca.				Wachstumsrate/Jahr (%) ca.		
	1950	1960	1970	1980	1950	1960	1970	1980	1950–1960	1960–1970	1970–1980
Buenos Aires[x]	4,72	6,74	8,44	10,07	29,7	33,7	36,1	36,1	3,6	2,3	1,8
Córdoba	0,39	0,59	0,80	0,99	2,5	2,9	3,4	3,5	4,2	3,1	2,2
Rosario	0,53	0,67	0,80	0,94	3,3	3,3	3,4	3,4	2,4	1,8	1,6
Argentinien	15,89	20,01	23,39	27,90	35,5	39,9	42,9	43,0	2,3	1,6	1,8
La Paz	0,32	0,35	0,54	0,81	11,9	10,6	12,7	14,4	0,9	4,4	4,2
Bolivien	2,72	3,31	4,25	5,64					2,1	2,5	2,9
Belém[x]	0,27	0,40	0,66	1,00	0,5	0,6	0,7	0,8	4,0	5,1	4,2
Belo Horizonte[x]	0,48	0,9	1,61	2,54	0,9	1,3	1,7	2,1	6,5	6,0	4,7
Brasília[x]	–	0,09	0,52	1,16	–	0,1	0,6	1,0	–	19,1	8,4
Curitiba[x]	0,18	0,36	0,82	1,44	0,4	0,5	0,9	1,2	7,2	8,6	5,8
Fortaleza[x]	0,39	0,66	1,04	1,58	0,8	0,9	1,1	1,3	5,4	4,7	4,3
Pôrto Alegre[x]	0,58	1,04	1,53	2,23	1,1	1,5	1,6	1,9	6,0	3,9	3,8
Recife[x]	0,82	1,24	1,79	2,35	1,6	1,8	1,9	2,0	4,2	3,7	2,8
Rio de Janeiro[x]	3,29	5,02	7,08	9,02	6,3	7,2	7,6	7,6	4,3	3,5	2,5
Salvador[x]	0,46	0,74	1,15	1,77	0,9	1,1	1,2	1,5	4,9	4,5	4,4
São Paulo[x]	2,66	4,79	8,14	12,59	5,1	6,8	8,7	10,6	6,1	5,4	4,5
Brasilien	51,94	70,07	93,22	119,1	16,1	19,9	26,0	30,0	3,0	2,9	2,5
Santiago[x]	1,44	2,06	2,82	3,87	22,6	26,9	30,2	34,5	4,6	3,2	3,0
Chile	6,36	7,66	9,34	11,1					2,4	2,0	1,7
Guayaquil	0,26	0,51	0,82	1,20	8,1	11,4	13,9	14,5	5,8	6,1	3,9
Quito	0,21	0,36	0,51	0,85	6,6	8,0	8,6	10,3	4,6	4,5	5,2
Ecuador	3,20	4,48	5,92	8,25	14,7	19,4	22,5	24,8	2,8	3,5	3,4
Barranquilla[x]	0,30	0,53	0,76	0,92	2,6	3,1	3,4	3,4	4,5	4,1	2,4
Bogotá[x]	0,66	1,67	2,86	4,08	5,7	9,6	12,7	15,0	7,4	6,2	4,5
Cali[x]	0,25	0,63	0,99	1,32	2,2	3,6	4,4	4,8	7,4	5,1	3,7
Medellín[x]	0,40	0,95	1,46	1,93	3,5	5,4	6,5	7,1	6,9	4,9	3,6

Kolumbien	11,55	17,48	22,6	27,3	14,0	21,7	27,0	30,3	3,3	2,9	2,4
Lima/Callao	1,3	1,85	3,3	4,6	17,0	18,7	24,4	27,0	3,3	5,4	3,8
Peru	7,63	9,91	13,54	17,03	—	—	—	—	2,4	2,9	2,6
Montevideo^x	—	1,16	1,41	1,43	—	44,6	50,7	48,8	—	0,2	0,2
Uruguay	—	2,60	2,78	2,93	—	—	—	—	—	0,6	0,9
Caracas^x	0,71	1,26	2,18	3,50	14,1	16,8	20,3	24,5	5,4	5,6	4,9
Maracaibo	0,24	0,41	0,65	0,87	4,8	5,5	6,1	6,1	5,0	4,7	3,0
Venezuela	5,03	7,52	10,72	14,31	18,8	22,3	26,4	30,6	3,7	3,6	2,9
San José	0,18	0,26	0,41	0,75	22,2	19,4	21,9	32,8	3,7	4,7	6,2
Costa Rica	0,81	1,34	1,87	2,29					2,1	2,1	2,0
Guatemala-City	0,29	0,53	0,81	1,43	10,3	13,9	15,2	19,7	6,2	4,3	5,8
Guatemala	2,81	3,81	5,32	7,26					3,1	3,4	3,2
Guadaljara^x	0,51	0,85	1,46	2,86	2,0	2,4	3,0	4,3	5,3	5,6	7,0
Mexico-City^x	3,35	5,23	8,62	14,45	13,0	15,0	17,9	21,5	4,6	5,1	5,3
Monterrey^x	0,43	0,71	1,21	2,17	1,7	2,0	2,5	3,2	5,1	5,5	6,0
México	25,79	34,92	48,23	67,38	16,7	19,4	23,4	29,0	3,1	3,3	3,4
Managua	0,11	0,24	0,38	0,61	10,5	15,6	20,2	22,4	6,2	5,9	5,4
Nicaragua	1,05	1,54	1,88	2,72					3,0	2,5	2,6
Panama-City^x	0,19	0,27	0,39	0,55	23,8	25,0	27,3	28,5	3,6	3,7	3,5
Panama	0,81	1,08	1,43	1,93					2,9	2,8	3,0

Anmerkungen:

1) x = Zona Metropolitana, Distrito Especial oder anders definierte Großstadtregion.

2) — = keine Angaben bzw. noch nicht bestehend (Brasilia).

3) Die z. T. auftretenden Unterschiede zu den Angaben bei Mertins 1984 (Tab. 1) erklären sich durch unterschiedliche räumliche Bezugseinheiten sowie durch neuere Quellen.

4) Zusammengestellt nach verschiedenen Quellen, wobei Jahreszahlen (1950, 1960 etc.) keine Zensusjahre darstellen, sondern ebenso wie die Dekadenangaben (1950–1960 etc.) nur ungefähre zeitliche Anhaltspunkte angeben.

– bei squatter-upgrading-Projekten gehören 30–40 % der betreffenden Haushalte zu den unteren 20 % der Einkommenshierarchie, also zur untersten Sozialschicht.

Schluß

Selbsthilfe ist spätestens seit der UN-HABITAT-Konferenz 1976 in Vancouver zum normativen Bestandteil staatlicher Wohnungspolitik für untere Sozialschichten geworden.
Selbsthilfe basiert auf der Mobilisierung oder Aktivierung von – für die öffentliche Hand – fast kostenlosem „Humankapital", überwiegend also auf der do-it-yourself-Methode.
Selbsthilfe stellt aber unter den derzeitigen sozioökonomischen Rahmenbedingungen – auch in Kuba! – eine, wenn nicht die wesentliche conditio sine qua non dar für die Wohnraumversorgung und -verbesserung unterer Sozialschichten in den Metropolen Lateinamerikas.

Tabelle 2
Bevölkerungsentwicklung in Groß-São Paulo 1940 – 1950 – 1960 – 1970 – 1980

	Bevölkerung					Bevölkerungswachstumsrate/J (%)			
	1940	1950	1960	1970	1980	1940/50	1950/60	1960/70	1970/80
Zentrum	1.326.261	2.198.096	3.825.351	6.207.688	8.967.769	5,2	5,7	5,0	3,7
davon:									
Centro Historico	376.952	368.451	381.071	323.617	321.885	–0,2	0,3	–1,6	0,0
Centro Expandido	420.454	587.819	809.063	935.123	1.152.445	3,4	3,2	1,5	2,1
Nordwesten	11.968	20.858	45.734	112.135	297.978	5,7	8,2	9,4	10,3
Westen	11.387	18.487	28.088	70.992	152.436	5,0	4,3	9,7	7,9
Südwesten	14.304	21.924	37.103	101.954	287.466	4,4	5,4	10,6	10,9
Südosten	89.874	216.159	504.416	988.677	1.652.781	9,2	8,8	7,0	5,3
Osten	63.016	101.404	181.558	312.060	519.037	4,9	6,0	5,6	5,2
Nordosten	23.157	46.958	118.818	263.543	579.229	7,3	9,7	8,3	8,2
Norden	24.851	35.441	50.177	82.681	132.031	3,6	3,5	5,1	4,8
Groß-São Paulo	1.564.818	2.659.327	4.791.245	8.139.730	12.588.725	5,4	6,1	5,4	4,5

Komponenten des Bevölkerungswachstums (%)

	1940/50		1950/60		1960/70		1970/80	
	nat. Bw	Wanderg.	nat. Bw	Wanderg.	nat. Bw	Wanderg.	nat. Bw	Wanderg.
Zentrum	27,9	72,1	41,3	58,7	42,4	57,6	54,6	45,4
davon:								
Centro Historico	–	–	–	–	–	–	–	–
Centro Expandido	–	–	–	–	–	–	–	–
Nordwesten	39,8	60,2	47,2	52,7	41,9	58,1	37,3	62,7
Westen	34,1	65,9	60,6	39,4	27,9	72,1	31,5	68,5
Südwesten	44,8	55,2	57,6	42,4	37,2	62,8	30,7	69,3
Südosten	21,1	78,9	32,6	67,4	39,7	60,3	46,9	53,1
Osten	34,4	65,6	41,6	58,4	45,4	54,6	42,8	57,2
Nordosten	18,8	81,2	21,9	78,1	27,5	72,5	34,5	65,5
Norden	–38,0	138,0	–4,4	104,4	13,0	87,0	38,3	61,7
Groß-São Paulo	26,7	73,3	39,4	60,6	40,9	59,1	49,1	50,9

Anmerkungen:
Groß-São Paulo = Região Metropolitana de São Paulo
nat. Bw. = natürliches Bevölkerungswachstum
Wanderg. = Wanderungsgewinn

Quelle:
Analise do Crescimento Populacional da Região Metropolitana de São Paulo e suas Perspectivas para os próximos Períodos. – São Paulo 1982.

Tabelle 3
Staatlich finanzierter Wohnungsbau für untere Sozialschichten in Brasilien 1964–1984

	COHAB[1]	PROMORAR[2] JOÃO de BARRO[3]	FICAM[4]	insgesamt
1964	8.618	–	–	8.618
1965	14.716	–	–	14.716
1966	11.299	–	639	11.938
1967	41.332	–	–	41.332
1968	44.516	–	–	44.516
1969	57.746	–	45	57.791
1970	21.846	–	248	22.094
1971	17.951	–	275	18.226
1972	11.961	–	1.596	13.557
1973	17.157	–	–	17.157
1974	7.831	–	970	8.801
1975	44.731	–	3.336	48.067
1976	88.442	–	2.550	90.992
1977	92.740	–	3.732	96.472
1978	199.673	–	12.674	212.347
1979	135.691	3.070	15.907	154.668
1980	115.212	85.966	5.128	206.306
1981	80.064	46.221	10.290	136.575
1982	122.368	51.313	23.249	196.930
1983	16.078	7.519	1.148	24.745
1984	63.668	24.273	4.005	91.946
Summe	1.213.640	218.362	85.792	1.517.794

Quelle: Banco Nacional da Habitacão, Depto. de Planejamento e Análise de Custos; Boletím de Dados, 1985.

Anmerkungen:
1) COHAB: Companhia de Habitação, offizielle Wohnungsbaugesellschaft, auf Bundesstaaten-Ebene organisiert.
2) PROMORAR: Programa de Erradicação da Subhabitação; Sanierungsprogramm (z. T. up-grading) für Marginalsiedlungen (favelas u. a.).
3) JOÃO de BARRO: am 2.5.1984 gestartetes nationales Programm zur Unterstützung des Selbst-hilfewohnungsbaus.
4) FICAM: Programa da Financiamento de Construção, Aquisição ou Melhoria de Habitação; Finanzierungsprogramm für Wohnungs-(Haus-)kauf, -bau und -verbesserung für untere Sozial-schichten (Familien mit einem Monatseinkommen bis zu 2 Mindestlöhnen).

Resumen

Problemas de la metropolización en América Latina considerando especialmente la disponibilidad y los programas de vivienda para los estratos sociales bajos

Bajo el concepto de metropolización se entiende el aún permanente proceso de concentración de la respectiva población nacional en unas pocas ciudades grandes (aglomeraciones), a menudo solamente en la correspondiente capital. Caracteriza una metrópoli también la alta concentración de industria y de servicios públicos y privados.

La contribución poblacional de las aglomeraciones (= más de medio millón de habitantes) a la respectiva población nacional se representa en fig. 2 a–c. Aparecen claras diferencias entre los correspondientes paises que indican distintos comienzos, evoluciones e intensidades del proceso de aglomeración. Según los datos censales de cerca de 1970–1980 se puede distinguir hoy, simplificando, cuatro tipos de crecimiento (véase cuadro 1, fig. 4):

1. Metrópolis con extremadamente altas tasas de crecimiento ($\geq 5,6\%$ al año), condicionado sobre todo por inmigraciones: entre otras Curitiba, Guadalajara, Guatemala-Ciudad, Managua, Monterrey (véase fig. 5 a).
2. Metrópolis con altas tasas de crecimiento (3,8–5,5 % al año) aunque las ganancias de migración no suman muchas veces más de la mitad del crecimiento de la población a la vez que la tasa de natalidad queda aún bastante elevada por el alto porcentaje de personas jovenes: entre otras Belo Horizonte, Bogotá, Caracas, Fortaleza, México-Ciudad, Pôrto Alegre, Quito, São Paulo, Salvador, San José (véase fig. 5 b).
3. Metrópolis con medianas tasas de crecimiento (2,1–3,7 % al año); aqui empieza — con tasas positivas de migración de disminución — la transición a una forma estacionaria de la estructura de la población: entre otras Cali, Lima-Callao, Medellín, Recife, Rio de Janeiro, Santiago de Chile (véase fig. 5 c).
4. Metrópolis con bajas hasta muy bajas tasas de crecimiento ($\leq 2,0\%$ al año) con unas tasas de natalidad muy bajas (como en el noroeste de Europa) y aún más reducidas ganancias de migración: entre otras Buenos Aires y Montevideo que vivieron ya entre 1950 y 1960 o sea en los años 30 la fase principal de su crecimiento (véase fig. 5 d).

Una de las consecuencias más graves de la metropolización es la insuficiente disponibilidad de viviendas para los estratos sociales bajos que se diferencia parcialmente por los tipos de crecimiento de las metrópolis.

Entre 30% y 50/55% de los habitantes de metrópolis latinoamericanas viven en ranchos/casas autoconstruidas y después continuadamente reformadas y ensanchadas en terrenos ilegalmente ocupados o semilegalmente adquiridos o bien viven como inquilinos o sea subinquilinos en barrios de los estratos sociales bajos.

De eso resulta la necesidad de viviendas nuevas y de sustitución de viviendas — solamente considerando las exigencias mínimas a la norma constructora y a la infraestructura — sobre la cual únicamente hay datos estimados (véase fig. 7) que probablemente sean demasiado bajos y que sobre todo no incluyen la necesidad de viviendas nuevas por el aumento continuo de la población en las metrópolis. Sin embargo se puede deducir de los datos allí presentados que la necesidad de viviendas nuevas condiciona gastos de inversión que ningún país de América Latina es capaz de reunir.

Por lo tanto los problemas de vivienda quedan a solucionarse sobre todo por los propios estratos sociales bajos: concepto de autoconstrucción y/o de ayuda mutua. El porcentaje de las unidades construidas por medio de autoconstrucción y más tarde consolidadas, refiriendose a la totalidad de las viviendas en las metrópolis latinoamericanas, se estima en 65–70 % en algunos casos!

"Self-help-housing" (autoconstrucción) ya se valora como algo totalmente normal, como algo tan normal que muchas veces aun no se tiene conciencia de la importancia de ello. El concepto de autoconstrucción se convirtió a partir de principios de los años setenta en la base de todas las medidas públicas de la construcción de viviendas para los estratos sociales bajos (programas de "site and service", "core housing", "upgrading") sobre todo por razones sociopolíticas (continuo crecimiento de los barrios marginales) y por el mínimo efecto de programas convencionales de construcción de viviendas para los estratos sociales bajos. Está considerado sencillamente como la "solución ideal" de este asunto que, comparada con otras, cuesta poco dinero a las autoridades competentes y al propio estado y que sin embargo ayuda considerablemente a llegar a solucionar uno de los problemas de "basic needs" (véase fig. 8, 9).

Literaturhinweise

Bähr, J.: Bevölkerungswachstum in Industrie- und Entwicklungsländern. – Geographische Rundschau 36, Braunschweig 1984, S. 544–551.

– und G. Klückmann: Staatlich geplante Barriadas in Peru. Dargestellt am Beispiel von Villa El Salvador (Lima). – Geographische Rundschau 36, Braunschweig 1984, S. 452–459.

– und G. Mertins: Idealschema der sozialräumlichen Differenzierung lateinamerikanischer Großstädte. – Geographische Zeitschrift 69, Wiesbaden 1981, S. 1–33.

– und G. Mertins: Bevölkerungsentwicklung in Groß-Santiago zwischen 1970 und 1982. Eine Analyse von Zensusergebnissen auf Distriktbasis. – Erdkunde 39, Bonn 1985, S. 218–238.

Bronger, D.: Metropolisierung als Entwicklungsproblem in den Ländern der Dritten Welt. Ein Beitrag zur Begriffsbestimmung. – Geographische Zeitschrift 72, Wiesbaden 1984, S. 138–158.

Brücher, W. und G. Mertins: Intraurbane Mobilität unterer sozialer Schichten, randstädtische Elendsviertel und sozialer Wohnungsbau in Bogotá/Kolumbien. – Marburger Geographische Schriften 77, Marburg 1978, S. 1–130.

Buchhofer, E.: Stadtplanung am Rande der Agglomeration von México-Stadt: Der Fall Nezahualcóyotl. – Geographische Zeitschrift 70, Wiesbaden 1982, S. 1–34.

Gilbert, A. und J. Gugler: Cities, poverty and development. Urbanization in the Third World. – Oxford 1982.

Harms, H.: Zur Geschichte der Selbsthilfe, Praxis und Ideologie. – Trialog 1, Darmstadt 1983, S. 9–13.

IBASE (Instituto Brasileiro de Análises Sociais e Económicas): Dados de realidade brasileira. Indicadores sociais. – Petrópolis 1982.

ICT (Instituto de Crédito Territorial): Inventario de zonas subnormales de vivienda y proyectos de desarrollo progresivo. – Bogotá 1976.

INFONAVIT (Instituto del Fondo Nacional de la Vivienda para los Trabajadores): México: Datos básicos de economía, población y vivienda. – México 1982 (= Coloquio internacional sobre formulas de financiamento a la vivienda de bajo costo).

Keare, D. H. und S. Parris: Evaluation of shelter programs for the urban poor. Principal findings. —Washington 1982 (World Bank Staff Working Papers 547).

Kohlhepp, G.: Bevölkerungswachstum und Verstädterung in Lateinamerika. Ablauf, Ursachen und Konsequenzen eines problematischen Entwicklungsprozesses. — Der Bürger im Staat 32, Stuttgart 1982, S. 20—32.

Knapp, E. und L. Koppenhöfer und J. Oenarto und D. Ziller: Wohnraumprobleme in der Dritten Welt. — Stuttgart 1982 (= Arbeitsbericht 39 des Städtebaulichen Instituts der Univ. Stuttgart).

Martine, G.: Migrant fertility adjustment and urban growth in Latin America. — International Migration Review 9, New York 1975, S. 179—191.

Mertins, G.: Determinanten, Umfang und Formen der Migration Nordostbrasiliens. — Geographische Rundschau 34, Braunschweig 1982, S. 352—358.

— Marginalsiedlungen in Großstädten der Dritten Welt. Ein Überblick. — Geographische Rundschau 36, Braunschweig 1984, S. 434—442.

— Raum-zeitliche Phasen intraurbaner Migrationen unterer Sozialschichten in Großstädten Lateinamerikas. — Ibero-Amerikanisches Archiv N. F. 11, Berlin 1985, S. 315—332.

— Die Habitat-Misere in Großstädten der Dritten Welt. Fragen zum Defizit und zur Effizienz bisheriger Wohnungsbauprogramme für untere Sozialschichten. — J. Augel/P. Hillen/L. Ramalho (Eds.): Die verplante Wohnmisere, Urbane Entwicklung und „armutsorientierter" Wohnungsbau in Afrika und Lateinamerika. Saarbrücken — Fort Lauderdale 1986 a, S. 25—39 (= ASA-Studien, Bd. 7.).

— Wohnraumversorgung und Wohnbauprogramme für untere Sozialschichten in den Metropolen Lateinamerikas. — Eichstätter Beiträge 17, Abt. Lateinamerika, Bd. 1, Eichstätt 1986 b, im Druck.

Oenarto, J. und L. Koppenhöfer und D. Ziller und E. Knapp: Verstädterung und Behausung. Die Probleme Südamerikas. — Neue Heimat 27, Hamburg 1980, S. 12—33.

Pachner, H.: Hüttenviertel und Hochhausquartiere als Typen neuer Siedlungszellen der venezolanischen Stadt. Sozialgeographische Studien zur Urbanisierung in Lateinamerika als Entwicklungsprozeß von der Marginalität zur Urbanität. — Stuttgart 1982 (= Stuttgarter Geographische Studien, Bd. 99).

Pfeiffer, P.: Favela-Politik und politisches Verhalten von Favelados in Rio de Janeiro. — J. Augel/P. Hillen/L. Ramalho (Eds.): Die verplante Wohnmisere. Urbane Entwicklung und „armutsorientierter" Wohnungsbau in Afrika und Lateinamerika. — Saarbrücken — Fort Lauderdale 1986, S. 262—280 (= ASA-Studien, Bd. 7).

Rempel, R.: Planificación, financiamiento y realización de programas de construcción de viviendas en asentamientos marginales de América Latina. Informe del seminario. — Deutsche Stiftung für internationale Entwicklung (DSE/B. Breuer, Eds.): Planificación de programas de construcción de viviendas en asentamientos marginales de América Latina. Berlin 1980, S. 53—78.

Sander, H.-J.: Mexico-Stadt. — Köln 1983 (= Problemräume der Welt. Bd. 3).

Sandner, G.: Die Hauptphasen der wirtschaftlichen Entwicklung in Lateinamerika in ihrer Beziehung zur Raumerschließung. — Hamburger Geographische Studien 24, Hamburg 1971, S. 311—334.

— und H.-A. Steger (Eds.): Lateinamerika. — Frankfurt/M. 1973, (= Fischer Länderkunde, Bd. 7).

Steinberg, F.: Wohnungspolitik für die städtischen Armen. — Blätter des Informationszentrums Dritte Welt, Nr. 102, Freiburg 1982, S. 46—49.

Turner, J.: Verelendung durch Architektur. — Reinbek 1978 (englisch: Housing by people; London 1976).

UN (United Nations; Ed.): Report of Habitat: United Nations Conference on Human Settlements. — New York 1976.

UN/ECLA (Economic Commission for Latin Amerika; Eds.): Statistical Yearboook for Latin America 1979. — Santiago de Chile 1980.

Wilhelmy, H. und A. Borsdorf: Die Städte Südamerikas. Teil 1, Wesen und Wandel. — Berlin — Stuttgart 1984.

Erdmann Gormsen
Mainz

Der Fremdenverkehr in Lateinamerika und seine Folgen für Regionalstruktur und kulturellen Wandel

Die Erforschung des Fremdenverkehrs in Lateinamerika hat mit dem Tourismus-Boom der letzten drei Jahrzehnte in beträchtlichem Maße zugenommen, wobei freilich eine Durchmusterung der Literatur (vgl. Steinecke 1981; 1984) sehr verschiedene Arbeitsschwerpunkte in regionaler und thematischer Hinsicht erkennen läßt. Sie hängen zusammen mit der unterschiedlichen Bedeutung des Tourismus für die einzelnen Länder und Teilgebiete und lassen sich u. a. nach folgenden Gesichtspunkten differenzieren, die wechselseitig voneinander abhängig sind:

— Fremdenverkehrspotential nach Natur- und Kulturfaktoren;
— Fremdenverkehrsarten wie Erholungsaufenthalte am Meer oder im Gebirge, Rundreisen zu kulturellen oder landschaftlichen Sehenswürdigkeiten, Kreuzfahrten, Kongreß- und Geschäftsreisen usw.;
— Herkunft der Touristen nach Ausländern und Einheimischen;
— Lagebeziehungen in Relation zu den Herkunftsgebieten sowie zu konkurrierenden Reisezielen;
— Stellung des Tourismus im Wirtschaftsleben des betreffenden Landes bzw. der Fremdenverkehrsgebiete im engeren Sinne;
— Auswirkungen auf die regionalen Strukturen und den sozio-kulturellen Wandel in den Zielgebieten.

Regionale Differenzierung des Fremdenverkehrs in Lateinamerika

Einen ersten Überblick zur regionalen Differenzierung innerhalb des Subkontinents vermittelt die Karte des grenzüberschreitenden Reiseverkehrs (Abb. 1), aus der ein deutlicher Gegensatz zwischen Mexiko und der karibischen Inselwelt einerseits und Südamerika sowie der mittelamerikanischen Landbrücke andererseits hervorgeht. Die erste Gruppe umfaßt nicht nur die wichtigsten Reiseziele überhaupt, sondern zeigt auch eine ausgesprochene Dominanz anglo-amerikanischer Touristen, deren Anteil nach Süden sehr schnell abnimmt.

Dieses Verteilungsbild wird modifiziert durch Abb. 2, in der Aussagen über die wirtschaftliche Bedeutung für die einzelnen Länder gemacht werden. Einige Inselstaaten treten mit einer besonders hohen positiven Devisenbilanz aus dem internationalen Reiseverkehr pro Kopf der Bevölkerung sowie einem hohen Anteil an der Handels- und Dienstleistungsbilanz hervor. Dagegen fällt Mexiko, das wichtigste Touristenziel der Dritten Welt, aufgrund seiner hohen Bevölkerungszahl weit dahinter zurück, zumal Mexikaner bei Auslandsreisen etwa ebenso viele Devisen ausgeben wie ausländische Reisende ins Land bringen. Im Süden des Kontinents läßt nur das kleine

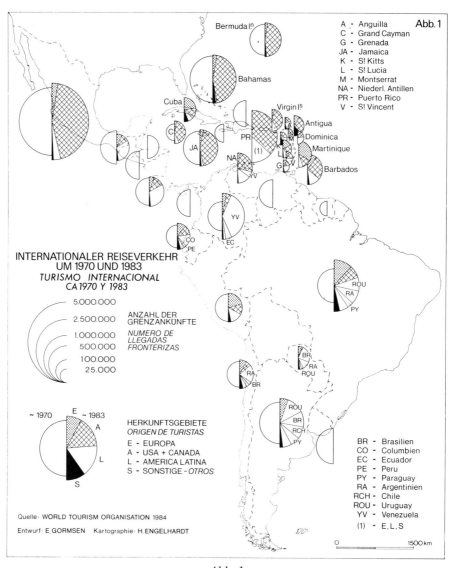

Abb. 1

Uruguay einen deutlich positiven wirtschaftlichen Effekt des internationalen Fremdenverkehrs erkennen. Freilich ist dieser überwiegend den Touristen aus den benachbarten Ländern zu verdanken.

Die beträchtlichen regionalen Unterschiede, die sich aus der statistischen Übersicht ergeben, verlangen nach einer Erklärung anhand der oben genannten Kriterien. Hierzu soll die schematische Darstellung (Tab. 1) beitragen, in der die wichtigsten Aspekte des Angebots mit der Nachfrage nach Hauptherkunftsregionen und mit der außenwirtschaftlichen Bedeutung korreliert werden.

Es wird zunächst deutlich, daß die Lagebeziehungen verbunden mit dem Naturpotential der tropischen Küste die entscheidende Rolle für den Anteil der ausländischen

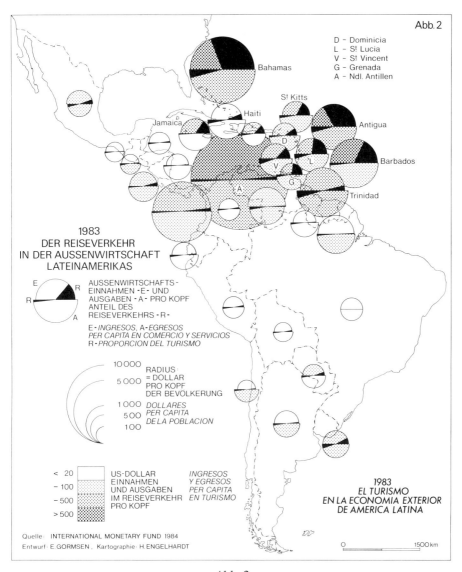

Quelle: INTERNATIONAL MONETARY FUND 1984
Entwurf: E.GORMSEN , Kartographie: H.ENGELHARDT

Abb. 2

Touristen und damit für die nationale Wirtschaft spielen. Die Westindischen Inseln,
nur zwei bis drei Flugstunden von den nordamerikanischen Metropolen entfernt, erfüllen alle Voraussetzungen für den Urlaub an einem warmen Badestrand, wie er heute
von der großen Masse der Bevölkerung in den Industrieländern bevorzugt wird (vgl.
Blume 1963; Momsen 1985; Haas 1985). Außerdem ist in vielen von ihnen, aufgrund
der kolonialen Vergangenheit, die englische Sprache verbreitet; und die wechselvolle
Geschichte hat auch einige alte Festungen und Hafenstädte als zusätzliche Attraktivitäten hinterlassen, die von zahlreichen Kreuzfahrt-Touristen besucht werden. Die
Nähe und die halbkoloniale Stellung Cubas unter den USA seit 1898 waren übrigens

185

für die sehr frühe Entwicklung des Fremdenverkehrs auf dieser Insel verantwortlich, der allerdings mit der Revolution abbrach und erst neuerdings wiederbelebt wird.

Auf dem Festland hat nur Mexico eine ähnliche Position erreicht. Seit den 50er Jahren gilt Acapulco als Treffpunkt des internationalen „Jet-set". Doch es wurde gleichzeitig ein Massenseebad auch für die Mittel- und Oberschichten des eigenen Landes (Gerstenhauer 1956). Inzwischen sind mehrere große Touristenzentren an den mexikanischen Küsten entstanden, darunter das von der Regierung geplante und in vollem Aufschwung begriffene Cancún auf der Halbinsel Yucatán (vgl. Gormsen 1979). Gerade hier erweist

Tabelle 1

Angebot und Nachfrage sowie Devisenbilanz des internationalen Reiseverkehrs in lateinamerikanischen Ländern

	Angebotsarten						Nachfrage-regionen			Devisen-bilanz
	1	2	3	4	5	6	7	8	9	10
Bahamas	*	*				*	*			+
Barbados	*						*			+
Jamaica	*	*					*			+
Niederländische Antillen	*			*		*	*	*		+
Grenada	*						*			+
Andere Inseln	*	(*)		(*)		(*)	*	*		+
Mexico	*	*	*	*	*	*	*		*	+
Guatemala		*	*	*				*		−
El Salvador		*						*		−
Nicaragua		*						*		−
Honduras					*			*		−
Costa Rica						*		*		+
Panama					*	*		*		+
Venezuela	*	*				*	*		*	−
Kolumbien	*	*	*	*	*	*	(*)	(*)	*	+
Ekuador		*		*	*			*	*	−
Peru		*	*	*	*		(*)	*	*	+
Bolivien		*	*	*	*			*		−
Chile	*	*						*	*	−
Argentinien	*	*				*		*	*	−
Uruguay	*					*		*		+
Paraguay				*				*		+
Brasilien	*	*		*	*	*	(*)	*	*	−
Guayana-Länder				*	*		*	*		−

1 Seebäder; 2 Naturschönheiten; 3 vorspanische Kulturen; 4 Kolonialarchitektur; 5 Volkskultur; 6 moderne Zivilisation, Einkauf etc.

7 sehr hoher Anteil Anglo-Amerikaner; 8 sehr hoher Anteil Latein-Amerikaner; 9 bedeutender Binnentourismus.

10 +/− Devisenbilanz aus dem internationalen Reiseverkehr (1981)

(*) nur teilweise von Belang   *E. Gormsen 1984*

sich aber, daß der Fremdenverkehr in Mexiko noch eine zweite wichtige Grundlage hat, nämlich die fast unermeßliche Zahl kultureller Sehenswürdigkeiten, von den vorspanischen Ruinen der Maya, Azteken, Zapoteken usw. über die vielfältige Baukunst der Kolonialzeit bis zu beachtlichen Leistungen moderner Architektur, aber auch bis zu der immer noch in vielen Bereichen erhaltenen indianischen Volkskultur. Hinzu kommt schließlich das Naturpotential mit Vulkanen, schroffen Gebirgslandschaften, tropischen Feuchtwäldern und Trockensavannen, insgesamt also eine Vielfalt an Attraktivitäten, wie sie in keinem anderen Lande des Subkontinents und weit darüber hinaus erreicht wird.

Damit soll das Potential der anderen Länder nicht geschmälert werden, seien es die Inkabauwerke in Peru und Bolivien, die vorspanische Goldschmiedekunst in Kolumbien, die Kolonialbarock-Städte in Brasilien, die grandiosen Kordillerenzüge und Vulkane der Anden, der Rio Amazonas, die Wasserfälle des Caroní oder des Iguaçu, das Kunsthandwerk in Guatemala, Peru und Bolivien, der Carneval in Rio, der Strand von Copacabana oder das Skigebiet von Bariloche. Die Aufzählung dieser wenigen Beispiele sollte nicht im Sinne eines Werbeprospekts mißverstanden werden. Sie dient lediglich als Hinweis auf die beachtliche Variationsbreite des Angebots. Die schematische Übersicht (Tab. 1), in der nur das überregional bedeutende Potential mit einer Mindestausstattung an touristischer Infrastruktur berücksichtigt wurde, zeigt allerdings, wie stark die einzelnen Länder voneinander abweichen, und sie läßt weiterhin erkennen, daß die Nachfrage aus den Ländern des Nordens nicht in erster Linie von einer möglichst kompletten „Angebotspalette" abhängt.

Guatemala, Peru und Bolivien mit ihrem außerordentlichen Reichtum an Volkskulturen und vorspanischen Bauwerken sind Beispiele dafür, daß der reine Besichtigungstourismus weder die großen Ausländerzahlen mit sich bringt, noch die hohen Devisenüberschüsse, die man sich in den Tourismus-Behörden erhofft, wobei in den drei Ländern auch die politisch etwas unsichere Lage eine Rolle spielen dürfte. Das wirtschaftliche Ziel läßt sich mit einer Masse von Bade-Urlaubern leichter erreichen, wie etwa auf den karibischen Inseln. Doch zeigen Peru, Argentinien und Uruguay, daß das Angebot an Stränden allein nicht genügt, sondern daß auch heute noch die Entfernung eine wesentliche Rolle spielt. Dazu kommt als Negativfaktor die Wassertemperatur, die durch den Humboldt-Strom an der wüstenhaften und häufig nebligen Westküste, also vor allem in Chile, sehr kühl gehalten wird (im Südsommer 12° bei Concepción und 17° bei Coquimbo; Rother 1979, S. 462).

Eine enge Beziehung zwischen Distanz und Angebotsstruktur läßt sich übrigens auch anderswo konstatieren: Zum Beispiel nimmt man von Nordwest-Europa aus die etwas weitere Anfahrt ans Mittelmeer wegen des günstigen Klimas in Kauf; Fernreisen werden aber meist nur unternommen, wenn der höhere Aufwand an Geld, Zeit und Mühe durch einen entsprechenden Seltenheitswert kultureller, landschaftlicher oder „abenteuerlicher" Attraktivität oder durch ein gewisses Prestige aufgewogen wird. Ähnliches gilt für Geschäfts-, Kongreß- oder Pilgerreisen.

Mit dem allgemeinen technisch-zivilisatorischen Wandel haben sich erhebliche Veränderungen bei den Reise-Motivationen wie auch bei den Reise-Entfernungen ergeben, die bedeutende räumliche Entwicklungen nach sich gezogen haben und das besondere Interesse geographischer Forschung verdienen. Dies trifft in hohem Maße für den heutigen Massentourismus zu, der ja überwiegend der Erholung am Meer dient. Die in Europa bekannten Phasen der Ausbreitung von der englischen Kanalküste über das Mittelmeer bis an die tropischen Strände finden in der Neuen Welt ihre Entsprechung in einem zentral-peripheren Raummuster, das seinen Kern in den Metropolen des nordamerikanischen Ostens hat und in vier immer entferntere Zonen vorgestoßen ist (vgl. Gormsen 1983 b): Auf Rhode Island und das einst renomierte Atlantic City (Zone I) folgten Florida (II) und, mit der Einführung zahlreicher Fluglinien nach dem Zweiten Weltkrieg, die Karibischen Inseln und Mexiko (III). Erst in den 60er Jahren hat der Massentourismus mit weitreichenden Großraumflugzeugen die äußerste Peripherie (Zone IV) erreicht, d. h. die Küsten Südamerikas und der pazifischen Inselwelt, insbesondere Hawaii. Selbstverständlich gab es schon lange die ebenso weiten Europareisen mit großen Linienschiffen, aber sie dienten nicht in erster Linie dem Erholungsurlaub und standen nicht den breiten Bevölkerungsschichten offen.

Der Nachbarschafts- und Binnentourismus

In diesem Zusammenhang fällt ein Aspekt auf, der bei der allgemeinen Diskussion über Tourismus in der Dritten Welt bisher kaum berücksichtigt wurde, nämlich der Reiseverkehr zwischen benachbarten Ländern. Tabelle 2 zeigt, daß diese Beziehungen fast überall in Süd- und Mittelamerika überwiegen. Entsprechend dominieren die Anglo-Amerikaner auf den Westindischen Inseln. Ihre Zahl nimmt aber von Mexiko (3,9 Mio) über den zentralamerikanisch-karibischen Raum (3,1 Mio) nach Südamerika (578.000) deutlich ab, wobei der letzte Wert etwa dem von Österreich (551.000) entspricht (World Tourism Overview 1984; vgl. Abb. 1). In einigen Fällen (z. B. Cuba, Saint Lucia, Martinique) spielen die aktuellen oder die früheren politischen (kolonialen) Beziehungen eine Rolle (vgl. Haas 1985, Abb. 5). Freilich wird in den verfügbaren Unterlagen nicht nach Reisezwecken (Urlaub, Geschäft, Familienbesuch usw.) unterschieden, so daß nicht erkennbar ist, welcher Anteil auf Ferienreisen entfällt (vgl. Eriksen 1968; Rother 1979).

Doch ist auch damit die Entwicklung des Fremdenverkehrs in Lateinamerika noch nicht genügend charakterisiert, denn in vielen Ländern spielt der Binnentourismus die größte Rolle, obwohl seine Stellung für die Beurteilung der wirtschaftlichen und sozialstrukturellen Folgen des Tourismus in den Ländern der Dritten Welt vielfach unterschätzt wird (vgl. dazu Gormsen 1977, S. 9–10; 1983 a; Grötzbach 1981).

Leider gibt es über diesen Gesichtspunkt nur wenige vergleichbare Statistiken, so daß man im allgemeinen auf eigene Beobachtungen und Erhebungen angewiesen ist und daher mehr qualitative als quantitative Aussagen machen kann. Als Anhaltspunkt ist die Schätzung der brasilianischen Tourismus-Behörde EMBRATUR von Interesse, wonach 15 % der Bevölkerung, d. h. rund 20 Millionen Brasilianer, jährlich eine Ferienreise innerhalb des Landes machen (Belfort/Lang/Teuscher 1980, S. 92) gegenüber rund 1,4 Millionen einreisenden Ausländern, von denen aber nur ein Teil als Urlauber anzusehen ist.

Genauere Angaben bietet die Corporación Nacional de Turismo in Kolumbien. Von 10,4 Mio Fremdenmeldungen in allen erfaßten Unterkünften des Landes waren 1982 lediglich 27 % Ausländer, unter denen die Venezolaner weit überwogen (Tab. 2). Daher war der Ausländer-Anteil mit 71 % in Cucuta an der Grenze zu Venezuela besonders hoch und ging mit der Schuldenkrise in diesem ehemals reichen Erdölland 1983 auf 47 % zurück (im ganzen Land von 20 auf 15 %). In Bogota umfaßte er 45 %, in Leticia

Tabelle 2
Rangordnung der Hauptherkunftsgebiete im internationalen Reiseverkehr
ausgewählter Länder Lateinamerikas, 1982/83

Zielländer		Herkunftsländer								
Einreisende	'000	1.	%	2.	%	3.	%	4.	%
Cuba	162	Canada	20	UdSSR	13	Mexiko . . .	11	Spanien	10
Bahamas . . .	1.101	USA	83	Canada	8	Europa	5	Lateinamerika .	1
Jamaica . . .	566	USA	75	Canada	13	Großbritannien	4	BRD	1
Cayman . . .	131	USA	79	Jamaica . . .	9	Canada	5	Großbritannien	3
Saint Lucia .	77	USA	24	Großbritannien	21	Canada	13	BRD	7
Martinique .	176	Frankreich . .	54	USA	18	Canada	6	k. A.	
Curaçao . . .	174	Venezuela . . .	54	USA	11	Dominic. Rep.	8	Niederlande . .	5
Guatemala . .	235	El Salvador . .	35	USA	19	Honduras . .	9	Mexiko	7
Costa Rica . .	326	Nicaragua . .	24	USA	22	Panama . . .	19	Guatemala . . .	4
Kolumbien .	1.135	Venezuela . . .	73	Ecuador . . .	9	USA	6	BRD	1
Peru	273	USA	21	UdSSR	12	BRD	6	Frankreich . .	6
Ecuador . . .	192	Kolumbien . .	31	USA	22	Peru	5	BRD	5
Chile	275	Argentinien . .	42	USA	12	Bolivien . . .	6	Brasilien . . .	6
Argentinien .	1.313	Uruguay	24	Brasilien . . .	20	Chile	16	Paraguay	13
Brasilien . . .	1.420	Uruguay	17	Argentinien .	17	USA	14	Paraguay	7
Paraguay . . .	148	Brasilien	48	Argentinien .	32	Uruguay . . .	3	USA	2

Quelle: International Travel Statistics WTO, 1984 (k. A. = keine Angaben)

am Amazonas immerhin 37%, und in den großen Seebädern Cartagena und Santa
Marta, deren Erscheinungsbild und Komfort durchaus internationalen Anstrich hat,
nur 14 bzw. 6 % (vgl. Mertins 1972; Dann 1984). Auch Kulturstätten wurden überwiegend von Inländern besucht, wobei in San Agustín mit seinen vorspanischen Steinmo-
numenten unter den wenigen Ausländern die Europäer dominieren (1981: 4.982). In
San Pedro Alejandrino bei Santa Marta, dem letzten Wohnsitz Simon Bolivars, spielen
verständlicherweise Venezolaner (11 %) nach den Kolumbianern (87 %) die größte
Rolle (Tab. 3). In Peru sind Inländer mit 76 % an den 4 Mio Fremdenmeldungen beteiligt. Ausländer überwiegen nur in Cuzco mit 57 % (211.819 von 373.386; Jurczek
1985).
Selbst in Mexiko, dem wichtigsten Reiseziel in der Dritten Welt, überwiegen in fast allen
Fremdenverkehrsgemeinden mexikanische Gäste (Abb. 3). Es ist für Mitteleuropäer
kaum vorstellbar, in welchem Ausmaß zur Zeit des Totenfestes (Anfang November),
während der Weihnachtsferien, in der Semana Santa und Anfang Mai (Feiertage am 1.
und 5. Mai) die städtische Bevölkerung verreist, und zwar trotz der Wirtschaftskrise
(Beobachtungen P. Spehs, März 1986). Dazu kommen die Sommerferien und die lokalen Kirchenfeste. Tyrakowski (1982) hat u. a. die Bedeutung von Pilgerfahrten für die
Wirtschaft dieser Orte herausgearbeitet.

Bedauerlicherweise wurden seit 1972 keine Erhebungen zum Vergleich aller Fremden-
verkehrsorte des Landes durchgeführt. Aufschlußreich sind aber die Angaben über
Cancun (an der Nordostküste von Yucatán) und Ixtapa (ca. 200 km westlich von Acapulco). Beide wurden nach 1970 von der staatlichen Tourismus-Förderungsgesellschaft

Tabelle 3
Anteil der Ausländer im Fremdenverkehr Kolumbiens 1982

Fremdenmeldungen ('000)	insgesamt	Inländer	%	Ausländer	%
Kolumbien insgesamt	10.425	8.382	80	2.043	20
Bogota (Hauptstadt)	1.440	799	55	641	45
Cali (Regionalzentrum)	709	571	81	138	19
Medellin (Regionalzentrum)	543	466	85	77	15
Cartagena (Seebad)	923	793	86	130	14
Santa Marta (Seebad)	528	495	94	33	6
San Andres (Seebad, zollfrei)	823	777	94	46	6
Leticia (Amazonas)	36	23	64	13	36
Cucuta (Grenze zu Venezuela)	943	269	29	674	71
Ipiales (Grenze zu Ecuador)	115	84	73	31	27
Besucher-Zahl in Kulturstätten					
San Agustín (Archäologie)	45.130	38.313	85	6.817	15
S. Pedro Alejandrino (Bolívar)	115.197	99.975	87	15.222	13

Quelle: Corporación Nacional de Turismo, Bogota

Tabelle 4
Touristenankünfte in Cancún und Ixtapa nach Mexikanern und Ausländern, 1975–1982

Jahr	Cancún			Ixtapa		
	Insgesamt	Mexikaner %	Ausländer %	Insgesamt	Mexikaner %	Ausländer %
1975	99.600	72,6	27,4	33.500	63,0	37,0
1976	180.600	62,9	37,1	64.800	80,1	19,9
1977	265.300	56,0	44,0	91.500	81,5	18,5
1978	309.800	51,7	48,3	122.900	75,8	24,2
1979	395.900	49,5	50,5	158.300	70,8	29,2
1980	460.000	47,5	52,5	207.200	75,0	25,0
1981	540.800	48,8	51,2	217.700	77,1	22,9
1982	644.200	47,8	52,2	305.300	77,3	22,7

Quelle: FONATUR

FONATUR nach integrierten Planungskonzepten völlig neu angelegt und mit jeglichem Komfort ausgestattet, um zusätzliche Devisen zu gewinnen. Doch Ausländer machen nur gut die Hälfte bis ein Viertel aller Gäste aus (Tab. 4), und eine Aufschlüsselung nach Hotelkategorien für Cancún ergibt, daß selbst in der Luxusklasse über ein Drittel Mexikaner sind (Tab. 5).

190

Tabelle 5
Mexikaner und Ausländer nach Hotelkategorien in Cancún
1975–1982

Kategorie	Mexikaner %	Ausländer %
1	35	65
2	48	52
3	71	29
4	81	19
5	90	10

Quelle: FONATUR

Zum Binnentourismus anderer Länder liegen einzelne Studien von deutschen Geographen vor. Borcherdt (1968, S. 72–73) hat die Erschließung einiger Erholungsgebiete in Venezuela im Zusammenhang mit dem Ausbau des Straßennetzes seit den 50er Jahren dargestellt und darin einen Indikator gesellschaftlichen Wandels unter dem Einfluß der aus Europa und Nordamerika zugewanderten Ausländer erkannt. Ein großer Teil der von Borcherdt beschriebenen Orte liegt übrigens im Naherholungsbereich der Hauptstadt Caracas, vor allem der schmale, trocken-heiße Küstenstreifen von La Guaira -Macuto. Und damit ist ein Thema angesprochen, das noch kaum bearbeitet wurde, obwohl die lateinamerikanischen Großstädte in bezug auf den Wochenend-Ausflugsverkehr der Mittel- und Oberschichten ganz ähnliche Phänomene aufweisen wie die Großstädte in den Industrieländern. Hierzu gehören z. B. die langen Autostaus bei der Rückkehr in die Stadt, und zwar trotz der heute überall vorhandenen Autobahnen.
In ähnlicher Weise wie bei Caracas wurde die früher gemiedene feucht-heiße Küste beiderseits des alten Kaffeehafens Santos zum wichtigsten Ausflugsziel der 800 m hoch gelegenen Metropole Sao Paulo umgestaltet, mit der sie über eine kühne Autobahnkonstruktion verbunden wurde. Hier zeigt sich, wie beim Erholungsreiseverkehr überhaupt, ein tiefgreifender Wandel von allgemeinen Wertvorstellungen und insbesondere von Raumbewertungen im Rahmen der Entwicklung zur Industriegesellschaft.
Einen viel früheren Ansatz für ein Erholungsgebiet im heutigen Nahbereich von Rio de Janeiro stellt, abgesehen von den berühmten Stränden (Copacabana), Petropolis dar, das 1845 von deutschen Siedlern auf den kühlen Höhen (800 m) der Serra do Mar nach europäischen Vorbildern angelegt wurde, damals noch eine gute Tagereise von der Hauptstadt entfernt. Es diente Dom Pedro II., dem Kaiser von Brasilien, als Sommerresidenz und atmet noch immer die Atmosphäre eines gepflegten Kurortes. Etwa gleichzeitig wurden die ersten Einrichtungen zur Nutzung der Heilquellen im südlichen Minas Gerais geschaffen, dem heute sogenannten „Circuito das Aguas" (Belfort/Lang/Teuscher 1980).
In Chile waren es ebenfalls zum großen Teil deutschstämmige oder andere Ausländer, die in der zweiten Hälfte des 19. Jahrhunderts ihre Villen an der kühlen Küste bei Valparaiso errichteten, um der sommerlichen Hitze der Hauptstadt Santiago zu entfliehen. Noch heute spielen Zweitwohnungen die Hauptrolle trotz der 7.200 Hotelbetten in Viña del Mar und 12 weiteren Erholungsorten (B.u.K. Rother 1979). Daneben

hat sich der Tagesausflugsverkehr stark entwickelt. Dabei ist Santiago in der glücklichen Lage, im Umkreis von 50 km eine Reihe weiterer Naherholungsziele zu besitzen, z. B. die Thermen von Colina, verschiedene Andentäler oder die Wintersportorte Farellones (2.400 m) und La Parva (2.700 m) am Hang des Vulkans El Plomo (5.430 m).

Von den 275.000 ausländischen Touristen (1983) sind fast zwei Drittel Lateinamerikaner und allein 42 % Argentinier (116.700). Für viele von diesen ist der Weg an die chilenische Küste erheblich kürzer als an die eigene. Insgesamt machen die Ausländer aber nur etwa 20 % der Übernachtungen im chilenischen Fremdenverkehr aus. Ihr Anteil ist im südlichen Seengebiet trotz der landschaftlichen Schönheit noch geringer, da direkt jenseits der Grenze die gut erschlossene „Argentinische Schweiz" um Bariloche liegt. Daher fahren fast doppel soviele Chilenen ins Nachbarland (215.100) wie umgekehrt (s. o.), was aber in Argentinien nur 16 % aller Einreisenden entspricht (Tab. 2).

Auch in Argentinien erfolgte schon früh ein direkter ausländischer Einfluß. Hier entwickelte sich mit dem Anschluß an das Eisenbahnnetz 1886 der kleine, 400 km südlich von Buenos Aires gelegene, Ort Mar del Plata in wenigen Jahren zum ersten und heute noch wichtigsten Urlaubszentrum des Landes, gefördert durch die englische Bahngesellschaft („Playa de los Ingleses"). Er zählte 1891 schon 4.700 Fremde, fast ausschließlich Mitglieder der hauptstädtischen Oberschicht, die hier ein ähnliches gesellschaftliches Leben nach viktorianischem Vorbild entfalteten wie in den damals berühmten Seebädern an der englischen Südküste oder an der Côte d'Azur, wobei das Casino eine Hauptattraktion war. Kross (1972) hat die Entwicklung zu einem Massenbad beschrieben, das schon 1966/67 in rund 69.000 Betten fast 2,3 Mio. Fremde beherbergte und von einer größeren Zahl weiterer Seebäder an der argentinischen Atlantikküste umgeben ist.

Eine gewisse Sonderstellung Argentiniens (Eriksen 1968; 1974), dessen Bevölkerungsstruktur durch die starke europäische Einwanderung und einen rapiden Verstädterungsprozeß geprägt ist, kommt auch in der frühen Erschließung der Fremdenverkehrsgebiete im Bergland von Córdoba und in den Anden zum Ausdruck, wo sich Mendoza und Bariloche in der o. g. „Argentinischen Schweiz" zu Skisportzentren entwickelt haben. Eriksen (1967) hat die Bedeutung der Nationalparks, zu deren Schutz bereits 1934 ein Gesetz erlassen wurde, für diese Entwicklung dargestellt. Am Beispiel des 1903 eingerichteten Parque Nacional Nahuel Huapi in der Umgebung von Bariloche hat er sehr detailliert die stürmische Zunahme dieses Gebirgstourismus beschrieben und die damit verbundenen Probleme für die künftige Landschaftserhaltung herausgearbeitet (Eriksen 1967, 1970, 1973).

Einige der dabei gewonnenen Erkenntnisse sind über die regionalen und auch über die lateinamerikanischen Verhältnisse hinaus bemerkenswert, z. B. die Bodenspekulation von Ortsfremden im Zusammenhang mit exzessiven Grundstücksparzellierungen, die in diesem Ausmaß in Chile nicht vorkommen (Rother 1979, S. 451). Argentinien mit seiner sehr einfachen und großflächigen, auf ein übermächtiges Zentrum ausgerichteten Raumstruktur eignete sich schließlich auch für eine modellartige Darstellung der Erschließung peripherer Räume durch den Fremdenverkehr (Eriksen 1974, vgl. Abb. 4).

Der Grenz- und Zolltourismus

Eine besondere Form des Binnen- und Nachbarschaftstourismus spielt in Lateinamerika und einigen anderen Ländern der Dritten Welt eine zunehmende Rolle, und zwar vor allem wegen der weit verbreiteten Importrestriktionen, durch die der Aufbau einer eigenen Gebrauchsgüter-Industrie geschützt werden soll. Singapur und Hongkong sowie verschiedene Inselstaaten verdanken einen nicht unerheblichen Teil ihres Reiseverkehrs und damit ihres Wohlstands den zollfreien Einkaufsbedingungen. In Europa gilt ähnliches für Andorra, in gewissem Umfang auch für Helgoland oder die „Butterfahrten" auf der Ostsee. Hinzu kommen in einigen Fällen Unterschiede des sozialen und/oder politischen Systems beiderseits der Grenze. So war der Libanon vor dem Bürgerkrieg nicht nur das Handelsparadies, sondern auch das Erholungs- und Vergnügungszentrum für die arabischen Länder (vgl. Gormsen 1971).

Ein ausgezeichnetes Beispiel für einen vielfältigen Grenzverkehr aufgrund derartiger sozio-ökonomischer Unterschiede bietet die Grenze zwischen Mexiko und den USA. Während der Prohibitionszeit (1919—1933) nahmen die völlig unbedeutenden mexikanischen Grenzstädte, besonders Tijuana und Ciudad Juarez, einen raschen Aufschwung, da hier die Nordamerikaner problemlos Alkohol, Glücksspiele und Prostitution fanden sowie die Möglichkeit einer Ehescheidung. Noch in den 40er und 50er Jahren wurde das Nachtleben dieser Städte von US-Soldaten aus den Garnisonen von San Diego bzw. El Paso-Fort Bliss geprägt, deren Bedeutung freilich mit strengeren mexikanischen Kontrollen und einer zunehmenden Toleranz innerhalb der nordamerikanischen Gesellschaft zurückging. Der heutige kleine Grenzverkehr (jährlich ca. 60 Mio) spielt sich von Seiten der USA großenteils im Rahmen von Familienausflügen und Busgesellschaften ab, die einen Einblick in das „exotische" Nachbarland tun wollen, was meist durch ein Erinnerungsfoto auf einem Eselkarren und umfangreiche Käufe von Kunsthandwerk dokumentiert wird.

Ganz andere Ziele verfolgen die mexikanischen Grenzgänger. Sie gehören einerseits zu den untersten Schichten und versuchen ohne Genehmigung ins Nachbarland überzusiedeln, ein immer schwierigeres politisches Problem für beide Seiten. Andererseits sind es Angehörige der Mittel- und Oberschichten, die mit einem Visum die Grenze passieren, und zwar zum Einkauf aller möglicher Waren, die in Mexiko gar nicht oder zu einem unangemessenen Preis angeboten werden. Um dem mexikanischen Staat wenigstens einen gewissen Steueranteil an diesem Handel zu sichern, wurde das ganze Grenzgebiet zur Freihandelszone erklärt, so daß man auch ohne Grenzübertritt Haushalts- und Elektronik-Geräte günstig erwerben kann. So wird verständlich, daß die Hotels in den Grenzstädten überwiegend von Mexikanern aus dem Landesinneren aufgesucht werden (Abb. 3).

Entsprechende Freihandelszonen wurden in mehreren Ländern eingerichtet, um einer kaufkräftigen Bevölkerungsschicht den Erwerb importierter Waren zu ermöglichen, ohne das Prinzip prohibitiver Zölle zum Schutz der Importsubstitutions-Industrie aufzugeben. Zur Stärkung des Fremdenverkehrs geschieht dies oft an Grenzen, Küsten oder in anderen Gebieten, die noch weitere Attraktivitäten aufzuweisen haben. Die Kombination des Einkaufs mit einem Kurzurlaub dient den Touristen dann als Rechtfertigung für die Flug- und Hotelkosten, die ja in jedem Fall die Zoll-Ersparnisse übersteigen. Übrigens hat die kombinierte Art des Reisens bei wohlhabenden Lateinamerikanern eine lange Tradition in den Europa- und Nordamerikareisen früherer Zeiten,

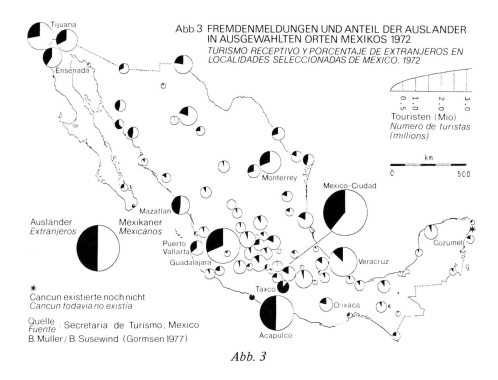

Quelle
Fuente : Secretaria de Turismo, Mexico
B. Müller / B. Susewind (Gormsen 1977)

Abb. 3

auf denen „man" sich mit Mode- und Gebrauchsartikeln eindeckte. Und noch heute ist für viele das Einkaufen, nicht nur der üblichen Souvenirs, ebenso wichtig wie die Erholung am Strand oder gar die Besichtigung von Kulturstätten. Das läßt sich u. a. daran erkennen, das die Pro-Kopf-Ausgaben von Lateinamerikanern auf Reisen höher liegen, als bei Reisenden aus Industrieländern. Im Jahr 1981, also noch vor der großen Schuldenkrise Mexikos, gaben 2,3 Mio Mexikaner bei Auslandsreisen 6,178 Mrd $ aus (2.686 $ pro Kopf), während 4,1 Mio ausländische Touristen 6,246 Mrd $ ins Land brachten (1.523 $ pro Kopf). Und 1983 gaben Südamerikaner auf USA-Reisen durchschnittlich 1.034 $ aus, Europäer dagegen nur 714 $, während Nordamerikaner in Südamerika 728 $ in Europa 878 $ verbrauchten (World Tourism Overview 1984).

Freihandelszonen werden von den Regierungen mit recht unterschiedlichen Zielsetzungen geschaffen und zeitigen entsprechend verschiedene Erfolge. So meinte man in den 70er Jahren die Tourismus-Entwicklung in dem völlig unentwickelten Staat Quintana Roo auf der Halbinsel Yucatán auf diese Weise fördern zu müssen; doch für den enormen Zustrom von Touristen nach Cozumel und vor allem Cancún war dies kaum von Bedeutung, schon gar nicht für die Nordamerikaner. Lediglich der Ausbau und die Einrichtung der Hotels wurde durch den günstigen Import notwendiger Industriegüter erleichtert.

Häufig spielt die Konkurrenz zu benachbarten Ländern eine Rolle. Beispielsweise wurde 1973 die Isla Margarita vor der Küste Venezuelas zum Freihafen erklärt, um einerseits den Fremdenverkehr und damit die Wirtschaftskraft dieses kleinen Bundesstaates zu stärken, der seit jeher sehr hohe Abwanderungsraten hatte, und andererseits ein Gegengewicht gegen die große Attraktivität der Niederländischen Antillen

Curaçao, Aruba und Bonaire zu entwickeln, was aber kaum erreicht wurde. Einige der kleinen Inselstaaten (z. B. die Bahamas und die Caymán Inseln), aber auch Panama, haben darüber hinaus eine wichtige Bedeutung als überregionales Finanzzentrum und Steueroase mit zahlreichen Briefkastenfirmen erlangt (vgl. Sandner 1985, S. 245 f, 342 ff).

Konkurrenz, vor allem gegenüber Panama, war ein Teilaspekt bei der Einführung der Zollfreiheit (1953) auf der Insel San Andrés, die nur 200 km vor der Küste von Nicaragua liegt aber zum 700 km entfernten Kolumbien gehört. Wichtiger war aber das Ziel der Regierung, die Bevölkerung dieser Insel stärker an Kolumbien zu binden, denn sie stammte überwiegend von britischen protestantischen Siedlern und ihren Sklaven ab, die sich im 18. Jh. dort niedergelassen hatten und kaum Beziehungen zu Kolumbien pflegten. Der Zolltourismus brachte tatsächlich einen wirtschaftlichen Boom auf die Insel, der zum großen Teil von spanisch sprechenden, katholischen Kolumbianern und von Libanesen getragen und von den Einheimischen als Überfremdung empfunden wird, zumal sie den geringeren ökonomischen Vorteil daraus ziehen (vgl. Sandner 1985, S. 313 ff). Beim Rückflug der „Touristen" nach Kolumbien läßt sich beobachten, welche Mengen an Haushaltsgeräten als Gepäck mitgenommen werden, bis hin zu großen Kühlschränken! Allerdings muß man sich mindestens fünf Tage aufhalten, wenn man größere Artikel zollfrei mitnehmen will. Auf diese Weise wird tatsächlich auch der Fremdenverkehr am Strand gefördert. Die Insel steht mit über 800.000 Ankünften an 4. Stelle des Landes. Doch spielt der Ausländer-Anteil, meist Zentralamerikaner, eine geringe Rolle (Tab. 3). Sie finden wohl in Panama günstigere Bedingungen vor.

Eine allgemeine Wirtschaftsförderung bezweckten die brasilianischen Behörden durch die Freihandelszone in Manaus, das seit dem Kautschuk-Boom um die Jahrhundertwende zu einer bescheidenen Provinzstadt abgesunken war. Der aktuelle Aufschwung, einschließlich einer Restaurierung der Altstadt mit dem berühmten Opernhaus der Jahrhundertwende, hat mehrere Gründe. Sie hängen u. a. mit dem Bedeutungszuwachs als Großzentrum im Erschließungsgebiet des Amazonas-Beckens zusammen. Doch hat der großenteils nationale Fremdenverkehr offensichtlich einen bedeutenden Aufschwung genommen.

Etwas anders sind die Verhältnisse am Dreiländereck zwischen Brasilien, Argentinien und Paraguay an den großartigen Wasserfällen des Iguaçu, die jedenfalls eine Reise wert sind, ganz abgesehen davon, daß kürzlich hier der größte künstliche See der Welt durch den Stau des Parana im Rahmen des Itaipu-Kraftwerkes entstanden ist. Im kleinen Grenzverkehr bietet die junge paraguayische Stadt Puerto Stroessner günstige Kaufmöglichkeiten für Brasilianer, seit sie durch eine kühne Brücke über das Tal des Parana mit dem Nachbarland verbunden ist. Doch können kurzfristig die Vor- und Nachteile der Grenzlage zwischen den drei Ländern schwanken, je nachdem wie sich die Inflationsraten und die Wechselkurse zum Dollar in den einzelnen Ländern entwickeln.

Eine ähnliche Funktion als zollfreies Einkaufsparadies in Verbindung mit einem angenehmen Klima „ewigen Frühlings" hat seit 1955 die alte Hafenstadt Arica im Norden Chiles für Peruaner, Bolivianer und Inländer. Es hat 1975 in Iquique eine Konkurrenz bekommen, dessen ursprüngliche Bedeutung als Salpeterhafen zurückgegangen ist (B.u.K. Rother 1979, S. 451 f).

Als Ergänzung muß noch der Kreuzfahrt-Tourismus in seiner Sonderstellung erwähnt werden, denn hier handelt es sich um eine Kombination von Erholung an Bord und Besichtigungen bei den Landausflügen. Letztere dienen aber vielen Passagieren vor allem zum Einkauf von mehr oder weniger landestypischen Souvenirs bis hin zu wertvollem Schmuck. Die US-Amerikaner überwiegen weltweit mit 55 % am Passagieraufkommen (Europa 35 %), und das Karibische Meer ist mit 47 % aller Fahrten das wichtigste Zielgebiet (Torklus/Lodahl 1983, S. 50 f). Tabelle 6 zeigt das Verhältnis von Kreuzfahrt-Passagieren zu Touristen in einigen Ländern. Doch ihre wirtschaftliche Bedeutung bleibt, abgesehen von den Liegegebühren in den Häfen, auf den Spezialhandel und ein paar Drinks während der kurzen Landausflüge beschränkt.

Tabelle 6
Tourismus und Kreuzfahrten in Karibischen Ländern

Angaben in 1000	Fremdenmeldungen			Kreuzfahrt-Passagiere		
	1970	1981	1982	1970	1981	1982
Antigua and Barbuda	63	85	87	19	113	67
Bahamas	891	1.031	1.121	352	578	720
Bermuda	303	430	421	k. A.	104	124
Cayman Islands	23	125	121	k. A.	78	158
Grenada	30	25	23	41	78	62
Jamaica	309	406	467	86	140	194
Martinique	33	160	176	99	203	168
Puerto Rico	1.088	1.517	1.563	137	531	444
U.S. Virgin Islands	372	344	340	256	695	586
Insgesamt	4.538	6.892	7.068	1.616	3.569	3.412

Quelle: World Tourism Overview 1984

Der internationale Tourismus in Lateinamerika und seine Bedeutung für die Regionalstruktur

Die bisherige Betrachtung hat deutlich gemacht, daß es in Lateinamerika eine ganze Reihe von Erscheinungsformen des Fremdenverkehrs gibt, die nicht ohne weiteres unter die weithin diskutierte Rubrik „Tourismus in der Dritten Welt" einzuordnen sind. Der Tourismus in den großen Flächenstaaten des außertropischen Südamerika ist zwar unter dem Einfluß von Europäern fast zeitgleich mit entsprechenden europäischen Entwicklungen entstanden; er hat aber von Anfang an der einheimischen und der eingewanderten Bevölkerung gedient, wobei – wie in Europa – zunächst nur die oberen Schichten, später auch breitere Bevölkerungskreise beteiligt waren. Damit war die Fremdbestimmung bei den Eingriffen in die Natur- und Kulturlandschaft kaum größer als diejenige der Engländer an der französischen Côte d'Azur oder in den Schweizer Bergen. Das von Eriksen (1974) entworfene Entwicklungsmodell des Fremdenverkehrs in Argentinien (Abb. 4) bringt also lediglich die Ergänzungsfunktionen zwischen einer nationalen Metropole und den landschaftlich reizvollen Peripherien eines Staates zum Ausdruck.

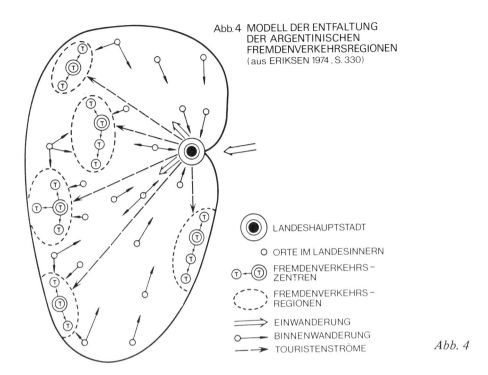

Abb. 4 MODELL DER ENTFALTUNG
DER ARGENTINISCHEN
FREMDENVERKEHRSREGIONEN
(aus ERIKSEN 1974, S. 330)

⦿ LANDESHAUPTSTADT

○ ORTE IM LANDESINNERN

Ⓣ–Ⓣ FREMDENVERKEHRS–
ZENTREN

FREMDENVERKEHRS–
REGIONEN

⟹ EINWANDERUNG

○—▸ BINNENWANDERUNG

—▸ TOURISTENSTRÖME

Abb. 4

Im Gegensatz dazu hat sich die kleingegliederte Inselwelt Westindiens zum Erholungsgebiet für die großen Metropolen im Norden entwickelt, in denen die gesamten Bestim-
mungskräfte konzentriert sind und die fast alle Aspekte der Tourismus-Entwicklung
steuern. Blume hat bereits 1963 eine erste zusammenfassende Darstellung der Stand-
ortvoraussetzungen, der Verkehrserschließung, der Nachfrage und der wirtschaftlichen
Bedeutung des Fremdenverkehrs in diesem Bereich vorgelegt. Seit dem ist die Zahl
der Besucher von rund 1,5 Mio (1959) auf etwa 11 Mio (1980) gestiegen, und in entsprechender Weise hat die wissenschaftliche Literatur zu diesem Thema zugenommen,
darunter viele kritische Arbeiten, die nicht nur den wirtschaftlichen Erfolg des Tourismus bezweifeln, sondern auch die sozio-kulturellen Nachteile für die einheimische
Bevölkerung hervorheben (vgl. Bryden 1973; Hope 1980).
Doch auch Analysen aus jüngster Zeit (Momsen 1985) kommen zu dem Schluß, daß
es für die kleineren Inseln nur wenige Alternativen gibt, während für die größeren der
Tourismus einen willkommenen Beitrag zur ökonomischen Diversifizierung leisten
kann. Ganz ähnliche Schlüsse hatte Blume (1963) bereits vor über zwanzig Jahren ge-
zogen, wobei er schon betonte, daß insbesondere auf den kleineren Inseln die Land-
wirtschaft als Ergänzung zum Fremdenverkehr gefördert und modernisiert werden
sollte. Doch dies scheint bisher nicht erreicht worden zu sein (vgl. Belisle 1983).
Anhand der Westindischen Inseln wird deutlich, daß nur eine regional differenzierende
Betrachtung zum besseren Verständnis der Problematik führen kann. Am Beispiel von
Mexiko, mit seiner großen Zahl sehr unterschiedlicher Seebäder nach Alter, Größe,
Ausstattung, Erreichbarkeit usw., kann dies auch für die Regionen eines einzelnen
Landes demonstriert werden. Hierzu lassen sich die Orte aufgrund der verschiedenen

Tourismusformen und dem entsprechenden Investitionsvolumen in drei Grundtypen gliedern (vgl. Gormsen 1983 a, Müller 1983):
Pionierformen (A) in kaum erschlossenen Gebieten tragen nur wenig zur Devisenbilanz des Landes bei. Das bescheidene Angebot an Unterkünften und anderen Einrichtungen liegt überwiegend in den Händen der lokalen Bevölkerung. Die meist ausländischen „Pioniere" können aus allen Schichten kommen. Kennzeichnend ist ihre Fähigkeit, sich in fremder Sprache und Kultur sowie ohne den gewohnten Komfort zurechtzufinden.

Lokale und nationale Investitionen mittlerer Größenordnung prägen das zweite Stadium (B). Voraussetzung für das Aufblühen ist ein Mittelstand in den Kernräumen des eigenen Landes. Ein mittelständisches preiswertes Angebot, wie es die mittleren und unteren Einkommensschichten in den Industrieländern leicht finden und mit dem eigenen Wagen ansteuern können, kann von denselben Touristen im entfernteren Ausland kaum genutzt werden, da es an adäquaten Vermittlungsmöglichkeiten mangelt und die Erreichbarkeit mit öffentlichen Verkehrsmitteln oft nicht gewährleistet ist. Große Reiseveranstalter sind aber an einem derartigen Angebot aus Gründen ausreichender Kapazität und einheitlicher Qualität nicht interessiert, zumal sie in den fraglichen Ländern auch die Preise der Großhotels drücken und diese damit dem Mittelstand der Industrieländer erschwinglich machen können.

Andererseits kennzeichnet eine fast völlige Abhängigkeit von den internationalen „Metropolen" nach Kapital, Management und Besuchern die Großprojekte (C), die auf eine Masse von Pauschaltouristen angewiesen sind. Die wichtigste Grundlage bildet daher ein leicht erreichbarer internationaler Flughafen, der ebenso wie andere Infrastrukturmaßnahmen von staatlichen Planungen und Finanzierungen abhängt. Der Staat tritt demnach als Initiator und Träger dieser Fremdenverkehrszentren neben den großen (multinationalen) Hotelkonzernen auf.

Ein herausragendes Beispiel stellt Cancún dar, das ausschließlich auf staatlicher Initiative beruht, bei der integrierten Planung, der Finanzierung und dem Aufbau der Infrastruktur. Nachdem erst 1970 mit den Planungen begonnen worden war, gab es 1978 bereits 32 Hotels mit 2.760 Zimmern, in denen 310.000 Touristen mit gut 1,5 Mio Übernachtungen unterkamen. Bis 1984 hatte sich die Zimmerzahl auf rund 6.200 in 65 Hotels erhöht, die fast ständig ausgebucht waren. Gleichzeitig wurde in dem unbesiedelten Waldgebiet ein internationaler Flughafen und eine Stadt mit einem voll entwickelten Geschäftszentrum angelegt. Sie hatte 1978 schon 30.000 und 1984 rund 105.000 Einwohner, von denen allerdings etwa die Hälfte in Hüttenvierteln wohnen. (vgl. Gormsen 1979; frdl. Mitt. P. Spehs 1986).

Deutliche Unterschiede zwischen den drei Entwicklungstypen lassen sich bei den Auswirkungen auf lokale und regionale Strukturen konstatieren. Schon das Pionierstadium (A) führt zur teilweisen Umstellung der lokalen Bevölkerung auf neue Erwerbszweige zur Befriedigung von Bedürfnissen, die von außen herangetragen werden. Im Stadium (B) tritt Unternehmertätigkeit mit Lohnabhängigen in den Vordergrund. Damit wird eine gewisse Zuwanderung, zunächst von Spezialisten, sowie eine Differenzierung der Wirtschafts- und Siedlungsstruktur eingeleitet. Mit den Großprojekten (C) kommt es zur massiven Migration von ungelernten Arbeitskräften aus ländlichen Regionen. Damit entstehen erhebliche Wohnungs- und Versorgungsprobleme, wie sie Kreth (1985) am Beispiel von Acapulco untersucht hat.

Der häufig kritisierte Abfluß von Devisen aus Entwicklungsländern für Investitions-

und Versorgungsgüter, die vom Tourismus nachgefragt werden (Momsen 1985), spielt zwar in Mexiko aufgrund seiner vielfältigen Agrar- und Industrieproduktion eine geringe Rolle; doch bestehen erhebliche regionale Abhängigkeiten von den Metropolen des eigenen Landes (Mexiko-Stadt, Guadalajara, Monterrey), die einer wirklich eigenständigen Entwicklung der Regionalstruktur in den peripheren Räumen entgegenstehen (Müller 1983).

Ein weiterer Unterschied betrifft das Problem der Akkulturation. In den Fällen (A) und (B) bestehen enge Wechselbeziehungen zwischen den Touristen und der ortsansässigen Bevölkerung, was aber nicht notwendigerweise zum gegenseitigen Verständnis oder gar zur vielbeschworenen Völkerverständigung beiträgt. Die verschiedenartigen Lebensweisen – auch der „Alternativ-Touristen" – bergen außer vielfältigen Anlässen zu Mißverständnissen auch ein tieferes Konfliktpotential in sich. Dagegen liegen die einheitlich geplanten Hotelkomplexe oft isoliert an kaum besiedelten Küstenabschnitten und sind bewußt als „Ghettos" konzipiert, im Extremfall in der Form von Club-Anlagen hinter hohen Zäunen. Hier bleiben die Eingriffe in das sozio-kulturelle Gefüge gering, denn die gesamte Dienstleistungsbevölkerung ist zugewandert, hat sich also von ihren traditionellen Bindungen mindestens teilweise gelöst. Die Diskussion zu diesem Aspekt wird – wie bei vielen anderen Punkten – kontrovers geführt und ist keineswegs abgeschlossen.

Sozio-kulturelle Auswirkungen des Tourismus

Stärker als an den meist dünn besiedelten Küsten beeinflußt der Tourismus in solchen Regionen die sozialen und kulturellen Strukturen, in denen die Bevölkerung ihre überlieferten Lebensformen nach Sprache, religiösen Riten, Siedlung, Wirtschaftsweise, Kleidung und handwerklichen Gerätschaften noch weitgehend bewahrt hat. Beispiele hierfür finden sich in Indiogebieten, die schon seit langem in den Programmen organisierter Reisegruppen enthalten sind, z.B. Michoacan, Chiapas und Guatemala, die Hochländer von Ecuador, Peru und Bolivien, oder der Regenwald des Amazonas. Auch Kreuzfahrt-Stops bei den Kunas in Panama gehören dazu (Swain 1977). Daneben gibt es zahlreiche isoliertere ethnische Gruppen, die von Einzelreisenden aufgesucht werden.

Die damit verbundenen Probleme des kulturellen Wandels sind an einigen Beispielen Lateinamerikas untersucht worden, etwa von Schawinski (1973) und Hamer (1979) in Guatemala, von Bryden (1973), Hector (1979) und Erisman (1983) in den Westindischen Inseln, von Jud (1975) in Mexiko, von Seiler-Baldinger (1985) am Amazonas, von Den Otter (1985) in Peru (vgl. auch De Kadt 1979 und V.L. Smith 1977). Sie kommen durchweg zu einer kritischen Bewertung der Einstellung und der Verhaltensweisen zahlreicher Touristen, die ohne tiefergehendes Verständnis für die andersartigen Kulturen lediglich das „Exotische" suchen. Und darin werden sie von den Reiseveranstaltern und Fremdenführern häufig bestärkt, die nicht nur mehr oder weniger bewußte Fehlinformationen vermitteln, sondern auch manche Indio-Gruppen regelrecht vermarkten, etwa bei Bootsrundfahrten auf dem Amazonas, wo jeweils ein „echtes" Indianerdorf angesteuert wird.

Einige kultische Bräuche werden heute gegen Entgelt an vielbesuchten Touristenplätzen aufgeführt, die mit der eigenen Kultur nichts zu tun haben. Die „Voladores" der

Totonaken von der mexikanischen Golfküste, die sich an langen Seilen von einem hohen Mast herunterschwingen, findet man zu jeder beliebigen Zeit nicht nur in den Ruinen von El Tajín – dort mit einem besonders hohen Mast aus Stahl (!) – sondern auch vor dem Haupteingang von Teotihuacan im Hochland sowie zur Dinner-Show in einem Hotel Acapulcos. Vor rund fünfzehn Jahren konnte man diesen eindrucksvollen „Tanz" nur an bestimmten Feiertagen in Papantla und Umgebung beobachten.

Umso erstaunlicher ist es, mit welcher Gelassenheit die Gläubigen, die mit ihren Weihrauchgefäßen auf der berühmten Kirchentreppe von Chichicastenango (Guatemala) ihre Gebete verrichten, auf den Touristenrummel an den Markttagen reagieren oder eigentlich nicht reagieren. Dieser Wochenmarkt gehört, wie viele andere in Lateinamerika (z. B. Pisac bei Cuzco oder San Cristóbal in Chiapas), zu den besonders farbenprächtigen Attraktionen. Einige Märkte stehen auf den Rundfahrtprogrammen, obwohl sie längst auf riesige Betonplätze außerhalb der Stadt verlegt wurden und dadurch viel von ihrem ursprünglichen Charakter verloren haben (z. B. Toluca und Oaxaca in Mexiko). Für die Reiseleiter zählt dabei vor allem der Umsatz an kunsthandwerklichen Souvenirs.

Tatsächlich ist die seit jeher unendlich vielfältige Produktion von handgefertigten Textilien und Gerätschaften, die allgemein als *artesanía* bezeichnet wird, unter dem direkten und indirekten Einfluß des internationalen Tourismus in den letzten Jahren ganz außerordentlich gestiegen. Derartige Gegenstände sind ja wegen ihrer rustikalen Ursprünglichkeit zur Dekoration der nüchternen Behausungen unserer modernen Zivilisation besonders beliebt (vgl. E. Gormsen 1981; J. Gormsen 1985). Dadurch wurde auch der Exporthandel angeregt, der statistisch nur schwer zu fassen ist, da die verschiedenen Produkte, sofern sie vom Zoll registriert werden, nicht unter den Oberbegriff „Kunsthandwerk" fallen, sondern unter das jeweilige Ausgangsmaterial.

Jedenfalls eröffnen sich durch die gesteigerte Nachfrage nicht unbedeutende Verdienstquellen für die Handwerker. Dadurch fließen zwar Einnahmen aus dem Fremdenverkehr in entlegene Regionen, doch wird mit der Entfernung die Selbstvermarktung schwieriger und somit die Abhängigkeit von Zwischenhändlern größer. Die dagegen unternommenen Versuche, sich zu Kooperativen zusammenzuschließen, sind leider in den meisten Fällen fehlgeschlagen.

Abgesehen von den ökonomischen Folgen tragen diese Entwicklungen aber in unterschiedlicher Weise zum sozio-kulturellen Wandel bei

- durch Veränderungen der Arbeitsverfassung bis hin zur Stücklohnarbeit und zur Aufgabe der Landwirtschaft;
- durch die Vermarktung ehemaliger Gebrauchs- oder Kultgegenstände, an deren Stelle billige Industriewaren für den Eigenbedarf erworben werden;
- durch die Einführung neuer Materialien, Techniken und Muster nach dem Geschmack der Touristen oder der Zwischenhändler, was, verbunden mit der Serienproduktion, sehr leicht zum Verfall der handwerklichen und künstlerischen Qualität führt (vgl. J. Gormsen 1985; Sander 1981; Seiler-Baldinger 1985).

Allerdings sind dabei auch ganz neue Formen entstanden, die längst als traditionelle Produkte betrachtet werden, z. B. das heute sehr weit verbreitete mexikanische Papier aus Bast *(papel amate)*, das erst seit 1960 bunt bemalt und an Touristen verkauft wird (E. Gormsen 1981). Von geographischem Interesse ist die Tatsache, daß zwar häufig die Produktion an den ursprünglichen Herstellungsort gebunden bleibt, in anderen Fällen jedoch Innovationen zu beobachten sind, z. B. durch spontane Wanderung der

Handwerker in die Nachfragezentren, oder auch durch ihre Ansiedlung in einem Fremdenverkehrsort, um dessen Attraktivität zu erhöhen. Letzteres geschah in den 30er Jahren mit den Silberschmieden und den Herstellern kolonialer Möbel in Taxco durch den Amerikaner William Spratling, der die damals ganz unbedeutende Minenstadt zu einem der meistbesuchten Orte im mexikanischen Hochland machte (vgl. Hirschmann 1977).

Leider ist die Bedeutung des Rundreisetourismus im regionalen Kontext Lateinamerikas noch wenig untersucht worden. Der Informationsstand über das damit verbundene Potential an kulturellen Sehenswürdigkeiten und Naturschönheiten geht über das Reiseführerwissen kaum hinaus. Es gibt nur vereinzelte öffentliche Unterlagen über die zu diesem Zweck geschaffene Infrastruktur, über die Ausstattung mit Fremdenverkehrs-Einrichtungen oder die Zahl der Touristen. Allgemein läßt sich sagen, daß auch diese Form des Reisens von Ausländern eingeführt wurde, die in den Anfangsjahren noch viele Unzulänglichkeiten der Verkehrsmittel und der Unterkünfte auf sich nahmen. Doch diese Umstände wurden in den 60er und 70er Jahren wesentlich verbessert. Und in den meisten Ländern findet man heute selbst in kleineren Städten annehmbare Hotels.

Jurczek (1985) hat die jüngere Entwicklung des Tourismus in Peru und speziell in Cuzco analysiert und seine Vor- und Nachteile diskutiert. Er stellte eine beachtliche Erweiterung aufgrund ausländischer Pauschalreisegruppen fest. Trotzdem waren 1982 nicht nur die 81 kleineren Fremden-Pensionen mit 1409 Betten in der Hand von Einheimischen, sondern auch 69% aller 1821 Hotelbetten. Der Rest gehörte dem Staat bzw. einem Peruaner aus Lima. Dies ist gewiß ein positives Beispiel im Sinne einer regionalen Partizipation. Es ist zu vermuten, daß internationale Konzerne an einem Hotelbau im reinen Rundreisetourismus mit starker Saisonabhängigkeit wenig interessiert sind, da sie ja ihr hoch qualifiziertes Personal ganzjährig bezahlen müssen. Mittelständische Betriebe können dabei flexibler reagieren. Dieser Aspekt ist natürlich bei der Beurteilung der wirtschaftlichen Bedeutung des Fremdenverkehrs zu berücksichtigen.

Nach eigenen Beobachtungen hat auch in Mexiko die Beteiligung der einheimischen Bevölkerung am Kulturtourismus erheblich zugenommen. Dies ist weitgehend staatlicher Initiative zu verdanken, die einerseits für die historische Erforschung und denkmalpflegerische Erhaltung der entprechenden Stätten sorgt, andererseits durch Schulen und Massenmedien ihren Besuch propagiert, und zwar durchaus im Sinne eines historisch begründeten Nationalbewußtseins (vgl. Tyrakowski 1982). Präsident Lazaro Cardenas (1934–40) hat schon als Gouverneur von Michoacan zu Beginn der 30er Jahre erste Schritte zur Entwicklung des Binnentourismus am Patzcuaro-See unternommen.

In diesem Zusammenhang wurden Patzcuaro selbst sowie einige andere Kleinstädte schon damals zu *zonas tipicas* erklärt, was in etwa dem heutigen Ensemble-Schutz bei der Stadterneuerung entspricht. Und dies hat tatsächlich zur Stadtbilderhaltung und zur Fremdenverkehrsentwicklung wesentlich beigetragen. Heute werden zahlreiche Kolonialstädte von aus- und inländischen Reisegruppen und Einzelreisenden oder Familien besucht. Dementsprechend wird viel für die Verschönerung des Erscheinungsbildes getan, bis hin zur Einrichtung von Fußgängerzonen. Wie weit dabei auch die sozio-ökonomische Struktur hinter den Fassaden im Sinne einer umfassenden Altstadtsanierung verbessert wird, kann hier nicht erörtert werden. Es ist Gegenstand eines Mainzer Forschungsvorhabens.

Sozialstruktur und Tourismus-Entwicklung

Die große Variationsbreite der Ausprägung des Fremdenverkehrs in Lateinamerika hat einige Beziehungen zwischen Naturausstattung und Lage, Kapitaleinsatz und Planung, privater und staatlicher Initiative sowie nationaler und sozialer Herkunft der Touristen zum Ausdruck gebracht. Dieser letzte Aspekt, nämlich die Bedeutung der verschiedenen sozialen Schichten für die Herausbildung unterschiedlicher Entwicklungsstufen des Erholungstourismus in historischer und räumlicher Differenzierung, läßt sich über diesen Kulturerdteil hinaus verallgemeinern und kann in Form eines einfachen Modells dargelegt werden (Abb. 5; vgl. Gormsen 1983 b).

Der linke Flügel dieser Diagramme zeigt jeweils ein stark vereinfachtes Schichtungsprofil der Gesellschaft im Herkunftsgebiet der Touristen, während der rechte Flügel den Umfang angibt, in dem die Angehörigen der verschiedenen Schichten an Erholungsreisen teilnehmen. Dabei lassen sich die Diagramme sowohl auf die historischen Wandlungen in europäischen Ländern beziehen, als auch im regionalen Vergleich zwischen verschiedenen gesellschaftlichen Entwicklungsstufen in heutiger Zeit interpretieren.

Das Diagramm 5 a zeigt die vor-industrielle Gesellschaft mit ihrer extrem heterogenen Sozialstruktur (linke Kurve). Nur die sehr schmale Oberschicht (die sogenannte „Neue Elite") kann sich eine Erholungsreise leisten (rechte Kurve). Mit der Bildung eines Mittelstandes (Abb. 5 b) wird das allgemeine Konsumverhalten einschließlich der Reisegewohnheiten von den westlichen Gesellschaften nach Möglichkeit übernommen. Dabei bilden sich Formen des Binnen- und Nachbarschaftstourismus heraus, die von den Zentren jener Länder aus als regionale Zonen des Tourismus bezeichnet werden können. Dies Phänomen läßt sich z. B. in großflächigen „Schwellenländern" wie Brasilien, Argentinien, Mexiko, Kolumbien und Venezuela beobachten. In entsprechender Weise läßt sich mit fortschreitender Industrialisierung die immer stärkere Beteiligung aller Schichten am Erholungsreiseverkehr, auch in entfernteren Zonen, erkennen bis hin zu den Verhältnissen der Industriegesellschaften (Abb. 5 c).

Insgesamt geben die Diagramme die Korrelation zwischen sozialer Stellung und Reisebeteiligung wieder, wobei letztere abhängig ist von den verfügbaren ökonomischen Mitteln und von schichtenspezifischen Verhaltensmustern. Diese hängen ihrerseits eng

Abb. 5 KORRELATION ZWISCHEN SOZIALER SCHICHTUNG UND BETEILIGUNG AM ERHOLUNGSTOURISMUS
RELACION ENTRE ESTRATIFICACION SOCIAL Y PARTICIPACION EN EL TURISMO RECREATIVO

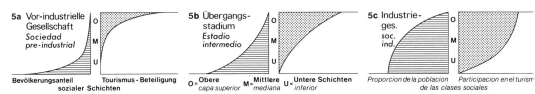

Abb. 5

zusammen mit dem Bildungsgrad und gewissen Prestige-Vorstellungen, die in Latein-amerika eine wichtige Rolle spielen. Dabei zeigt sich, daß der Tourismus, selbst in großen Zahlen, nicht ausschließlich eine Angelegenheit multinationaler Konzerne ist. Die Hochhauskulissen von Mar del Plata, Guaruja bei Santos, Cartagena, Acapulco, San Juan Puerto Rico, oder auch Miami und Benidorm unterscheiden sich nur graduell und fast unabhängig von der regionalen Herkunft der Gäste oder den Trägern der Unternehmen.

Fragen wir vor diesem Hintergrund nach den Konsequenzen des Fremdenverkehrs für die Regionalstruktur in den Zielgebieten, so läßt sich leicht einsehen, daß sie zu einem großen Teil von der jeweiligen Sozialstruktur und damit vom allgemeinen Entwick-lungsstand im eigenen Land bzw. in der eigenen Region abhängt. Je geringer letzterer ist, desto schärfer ist der Eingriff in traditionelle Strukturen, desto geringer ist die Partizipation der eigenen Bevölkerung und desto größer ist die Abhängigkeit von exter-nen Entscheidungen. In diesen Fällen hat man den Tourismus schon als eine Art Neo-kolonialismus bezeichnet, der im Grunde nur an der Ausbeutung des natürlichen Poten-tials und der menschlichen Arbeitskraft in den Zielgebieten zu Gunsten der oberen Schichten in den internationalen und nationalen Metropolen interessiert ist. Es bleibt fraglich, ob der Tourismus in solchen Gesellschaften zu einer nachhaltigen Verminde-rung der sozialen und regionalen Disparitäten beitragen kann.

Anders ausgedrückt: Die Vorstellung, Fremdenverkehrszentren würden als Wachstums-pole automatisch zur Verbesserung der Regionalstruktur, vor allem im landwirtschaft-lichen Bereich führen, hat sich anhand der lateinamerikanischen Erfahrungen nicht bestätigt. Doch dies gilt leider analog für die großen Industriekomplexe. Tourismus-Projekte sollten daher nur im Rahmen ausgewogener Planungskonzeptionen unter Einbeziehung aller verfügbaren natürlichen und gesellschaftlichen Ressourcen und aller anderen Entwicklungsmöglichkeiten in Angriff genommen werden. Ähnliche Forderungen wurden freilich schon vor gut zwei Jahrzehnten gestellt, z. B. von Blume (1963). Im übrigen sollten neben Größenordnungen und Lagebeziehungen die aktu-ellen und potentiellen Folgen für die Umwelt in viel höherem Maße berücksichtigt werden, als dies bisher der Fall war.

Zusammenfassung und Ausblick

Die geographische Erforschung des Fremdenverkehrs in Lateinamerika hat in erster Linie Erkenntnisse über die erheblichen räumlichen Unterschiede dieses Phänomens der modernen Zivilisation erbracht, und zwar hinsichtlich seiner Grundlagen und Ent-wicklungsprozesse, seiner Folgewirkungen für das strukturelle Gefüge der direkt und indirekt betroffenen Gebiete sowie seiner Bedeutung für die regionale Entwicklungs-planung. Dabei lag das Schwergewicht der Forschung bisher auf dem internationalen Erholungsreiseverkehr in Mexiko und dem karibischen Raum. Hieraus gingen auch vergleichende Studien zur allgemeinen Problematik des Tourismus in der Dritten Welt hervor. Daß darüber hinaus sehr aufschlußreiche Ergebnisse über den in diesem Rahmen so wichtigen Binnentourismus vorliegen, ist in erster Linie den intensiven Untersuchun-gen von Eriksen zu verdanken.

Die Durchsicht der Literatur, und zwar nicht nur der geographischen, ergibt nun, daß dazwischen erhebliche Lücken thematischer und regionaler Art klaffen. Sie betreffen den Binnen- und Nachbarschaftstourismus allgemein, aber auch die sehr unterschiedliche Bedeutung von Grenzen und speziell von Freihandelszonen. Ferner ist über Umfang und Auswirkungen des Rundreiseverkehrs noch zu wenig bekannt, und dies gilt erst recht für die Naherholung im Bereich der zahlreichen expandierenden Städte dieses Kontinents. Schließlich kann von einer ökologischen Forschung im Zusammenhang mit dem Fremdenverkehr in Lateinamerika noch kaum die Rede sein, obwohl schon einzelne Publikationen erschienen sind, die das Bewußtsein für die damit verbundene Problematik zu wecken suchen (Molina 1982).

Diese kleine und durchaus nicht vollständige Aufzählung von Fragestellungen macht deutlich, daß fremdenverkehrsgeographische Forschung in Lateinamerika — und wohl auch in anderen Regionen der Dritten Welt — sich nicht auf das weithin ausdiskutierte Problem des Nord-Süd-Gegensatzes beschränken sollte, obwohl auch hier noch ein weites Arbeitsfeld im Hinblick auf die räumlich differenzierende Analyse und Bewertung liegt.

Resumen

El turismo en América Latina y su impacto
sobre la estructura regional y el cambio cultural

El presente artículo da una visión general sobre la extraordinaria multiplicidad del desarrollo del turismo en América Latina dándole valor especial a la diferenciación regional.

Esta diferenciación ya se tiene en el número de turistas extranjeros que visitan de una parte México y las Islas del Caribe y de otra parte los paises de América Central y del Sur. Los primeros están dominados principalmente por Angloamericanos mientras que en los demás paises los viajeros proceden más bien de los paises vecinos (Abb. 1, Tab. 2).

Este cuadro de distribución varía de acuerdo a la balanza de divisas, sobre todo si se cuentan los ingresos y egresos per-capita de la población (Abb. 2). Esta diferencia se explica teniendo en cuenta por un lado el potencial turístico de la zona meta, y por el otro la distancia al país de origen de los turistas, así como con el nivel de desarrollo socio-económico de cada uno de los paises.

En este contexto juega un papel importante el turismo doméstico apenas contemplado en la investigación, pese a que supone en todos los paises de Centro y Sur América el mayor índice de ocupación de plazas hoteleras. Esto se puede ver en la estadística de Colombia, México, Chile y Argentina. Aquí se muestra la influencia de los emigrantes de los paises europeos ya en el siglo XIX.

Un caso especial, que se relaciona con lo anterior, es el turismo de fronteras y zonas de libre comercio, que se desarrolló como consecuencia de políticas proteccionistas. Para facilitar a la población la compra de ciertas cantidades de electrodomésticos provenientes del extranjero, se han establecido por parte de los gobiernos estas zonas, especialmente en lugares periféricos para aumentar su atractivo turístico. Ejemplos de ello son: la frontera méxico-estadounidense, la isla colombiana de San Andrés, el triángulo de Iguazu así como Arica en el norte de Chile. Otro caso especial, de gran auge en los últimos años, es el turismo de cruceros, aunque no proporciona más que sólo escasas ventajas económicas a los puertos visitados (Tab. 6).

En el artículo se tratan los casos de las Islas de las Indias Occidentales y México como ejemplos de las consecuencias regionales del turismo internacional procedente de los paises industrializados, cuestionándose principalmente hasta qué punto partícipa decisivamente la población autóctona en el desarrollo de su propia región. Además se contemplan los efectos en las estructuras socio-culturales, sobre todo en aquellas regiones habitadas aún por poblaciones indigenas con formas tradicionales de vida. Desgraciadamente el turismo de masas comercializa infinidad de ritos despojándolos así de su significado originario, ocurriendo esto de forma todavía más acentuada con los objetos artesanales más o menos originales.

Mediante un sencillo modelo gráfico (Abb. 5) se representan las relaciones entre la estructura social de los turistas y el desarrollo del turismo en los distintos países con diferentes niveles de desarrollo económico. Se demuestra que en países con una estructura social heterogénea, como sucede en grandes partes del tercer mundo, sólo la reducida clase alta participa en viajes turísticos. Una vez formada una clase media, se crean también lugares de descanso con ofertas ajustadas a dicho nivel, permitiéndosele así una fuerte participación en los viajes de vacaciones. Sólo en las sociedades industriales o postindustriales son las vacaciones algo corriente, aunque siguen existiendo diferencias en lo referente a formas y distancias turísticas.

Si echamos una ojeada a la literatura y no solamente a la geográfica nos encontramos con importantes vacíos temáticos y regionales. Esto atañe principalmente al turismo interior y de cercanías en general, pero también a la diversa importancia de las fronteras y en especial de las zonas de libre comercio.

Se conocen aún muy poco las verdaderas dimensiones y consecuencias de los viajes organizados en circuitos, y especialmente a lo referente a las zonas de descanso en las proximidades de las grandes ciudades del continente. Finalmente apenas sí se puede hacer mención de una investigación ecológica en relación con el turismo en América Latina.

Esta pequeña y absolutamente incompleta relación de cuestiones muestra claramente que las investigaciones geográficas del turismo en Latinoamérica — así como en otras regiones del Tercer Mundo — no deben limitarse al ya discutido problema de la contraposición Norte-Sur, aún cuando aquí exista todavía un amplio campo de trabajo en cuanto a análisis y valoración diferenciada de distintas unidades espaciales.

Ausgewählte Literatur

Belisle, F. J., 1983: Tourism and Food Production in the Caribbean. In: Annals of Tourism Research, 10(4), S. 497–513.

Belfort, M., Lang, H. R., Teuscher, H. 1980: The Importance of Inland Tourism for Regional Planning and Development. In: Applied Geography and Development, 16, S. 92–104.

Blume, H., 1963: Westindien als Fremdenverkehrsgebiet. In: Die Erde, 94, S. 48–72.

Borcherdt, Ch., 1968: Die neuere Verkehrserschließung in Venezuela. In: Die Erde, 99, S. 52–76.

Bryden, J. M., 1973: Tourism and Development, A Case Study of the Commonwealth Caribbean. Cambridge.

Dann, G. M. S., 1984: Santa Marta Revisited. In: Annals of Tourism Research, 11, S. 292–296.

Edelmann, K. M. F. u. a., 1975: Tourismus in Lateinamerika. In: Zeitschrift Lateinamerika, Wien, 9, S. 1–133.

Eriksen, W., 1967: Landschaft, Nationalparks und Fremdenverkehr am ostpatagonischen Andenrand. In: Erdkunde, 21, S. 230–240.
  - 1968: Zur Geographie des Fremdenverkehrs in Argentinien. In: Die Erde, 99, S. 305–326.
  - 1970: Kolonisation und Tourismus in Ostpatagonien; ein Beitrag zum Problem kulturgeographischer Entwicklungsprozesse am Rande der Ökumene. (Bonner Geograph. Abh. 43).
  - 1973: Bodenspekulation und exzessive Grundstücksparzellierungen in argentinischen Fremdenverkehrsgebieten. In: Mitt. Österr. Geogr. Ges., 115, S. 21–37.
  - 1974: Regionalentwicklung und Fremdenverkehr in Argentinien. In: Frankfurter Wirtsch.- und Sozialgeogr. Schriften, 17, S. 327–346.

Erisman, M., 1983: Tourism and Cultural Dependency in the West Indies. In: Annals of Tourism Research, 10(3), S. 337–361.

Gerstenhauer, A., 1956: Acapulco, die Riviera Mexikos. In: Die Erde, 8, S. 270–281.

Gormsen, E., 1971: Zur Ausbildung zentralörtlicher Systeme beim Übergang von der semiautarken zur arbeitsteiligen Gesellschaft. In: Erdkunde, 25, S. 108–118.
  - (Hrsg.) 1977: Tourismus als regionaler Entwicklungsfaktor in Mexiko. Mainz (Geogr. Inst. der Universität, als Ms. gedr.).
  - 1979: Cancún; Entwicklung, Funktion und Probleme neuer Tourismuszentren in Mexiko. In: Frankfurter Wirtsch.- und Sozialgeogr. Schr., 30, S. 299–324.
  - 1981: Das mexikanische Kunsthandwerk unter dem Einfluß des internationalen Tourismus. In: Ibero-Amerikanisches Archiv, N. F. 7(1/2), S. 77–110.
  - 1983 a: Der internationale Tourismus, eine neue „Pionierfront" in Ländern der Dritten Welt. In: Geogr. Zeitschr. 71(3), S. 149–165.
  - 1983 b: Tourismus in der Dritten Welt; historische Entwicklung, Diskussionsstand, sozialgeographische Differenzierung. In: Geogr. Rundschau, 35(12), S. 608–617.
  - (Ed.) 1985: The Impact of Tourism on Regional Development and Cultural Change. (Mainzer Geogr. Studien, 26).

Gormsen, J., 1985: Das Kunsthandwerk in Mexiko als regionaler Entwicklungsfaktor unter dem Einfluß des Tourismus. Saarbrücken.

Graburn, N. H. H., 1976: Ethnic and Tourist Arts; Cultural Expressions from the Fourth World. Berkeley.

Grötzbach, E., 1981: Binnenfreizeit- und Binnenerholungsverkehr als Problem der vergleichenden Kulturgeographie. In: Eichstätter Beiträge, Reihe Geographie 1, S. 9–37.

Haas, H.-D., 1985: Die Karibischen Staaten. In: Geogr. Rundschau, 37(6), S. 276–285.

Hamer, Th., 1979: Tourismus und Kulturwandel; Soziokulturelle und ökonomische Auswirkungen des Tourismus auf die Indios von Panajachel in Guatemala. Starnberg (Studienkreis für Tourismus).

Hector, C., 1979: Tourisme et neo-colonialisme; le cas de Caraïbes insulaires. In: Conjonction, 141/142, S. 5–31.

Hirschmann, E., 1977: Taxco; Auswirkungen des Tourismus auf die Entwicklung einer Kleinstadt im Hochland von Mexiko. In: Gormsen, E., (Hrsg.): 1977: S. 96–108.

Hope, K. R., 1980: Recent Performance and Trends in the Caribbean Economy. Trinidad (Inst. of Social and Economic Research).

International Travel Statistics. Madrid (World Tourism Organization) versch. Jahrgänge.

Jud, G. D., 1975: Tourism and Crime in Mexico. In: Social Science Quarterley, Austin, 56, S. 324–330.

Jurczek, P., 1985: Groß- und kleinräumige Auswirkungen des Ferntourismus auf Peru. In: Die Erde, 116, S. 27–47.

Kadt, E., de (Ed.) 1979: Tourism – Passport to Development? Perspectives on the Social and Cultural Effects of Tourism in Developing Countries. New York u. a. (Oxford Univ. Press).

Kreth, R., 1979: Probleme der Bevölkerungs- und Beschäftigtenstruktur in Acapulco als Folge des Tourismus. In: Frankfurter Wirtsch.- und Sozialgeogr. Schriften, 30, S. 273–298.
– 1985: Some Problems Arising from the Tourist Boom in Acapulco and the Difficulties in Solving them. In: Mainzer Geogr. Studien, 26, S. 47–59.

Kross, E., 1972: Mar del Plata, ein südamerikanisches Seebad. In: Göttinger Geogr. Abh., 60, S. 549–571.

Mertins, G., 1972: El Rodadero, centro turístico o colónia de vacaciones? In: Mitt. a. d. Instituto Colombo-Aleman, Santa Marta, 6, S. 151–168.

Molina, S., 1982: Turismo y ecología. México (Serie Trillas Turismo).

Momsen, J. H., 1985: Tourism and Development in the Caribbean. In: Mainzer Geogr. Studien, 26, S. 25–36.

Müller, B., 1983: Fremdenverkehr und Entwicklungspolitik zwischen Wachstum und Ausgleich; Folgen für die Stadt- und Regionalentwicklung in peripheren Räumen; Beispiele von der mexikanischen Pazifikküste. (Mainzer Geogr. Studien, 25).
– 1985: Tourism Paving the Way for an Integrated Development in Peripheral Regions? A Case Study of the Pacific Coast in Mexico. In: Mainzer Geogr. Studien, 26, S. 37–46.

Otter, E. den, 1985: The Influence of Tourism on the Music of Peru. In: Mainzer Geogr. Studien, 26, S. 67–77.

Rother, B. und K., 1979: Beobachtungen zur Geographie des chilenischen Fremdenverkehrs. In: Innsbrucker Geogr. Stud., 5, S. 437–466.

Sander, H.-J., 1981: Beziehungen zwischen Tourismus, Kunsthandwerk und Agrarstruktur in Zentralmexiko. In: Erdkunde, 35, S. 201–209.

Sandner, G., 1985: Zentralamerika und der ferne karibische Westen. Stuttgart.

Schawinski, R., 1973: Die sozio-ökonomischen Faktoren des Fremdenverkehrs in Entwicklungsländern; der Fall Guatemala. (St. Galler Beitrag zum Fremdenverkehr und zur Verkehrswirtsch., Reihe Fremdenverk., 5).

Seiler-Baldinger, A., 1985: Some Impact of Tourism on Traditional Yagua and Ticuna Culture. In: Mainzer Geogr. Studien, 26, S. 78–91.

Smith, V. L., (Ed.) 1977: Hosts and Guests; the Anthropolgy of Tourism. Philadelphia. (Univ. of Pennsylvania Press).

Swain, M. B., 1977: Cuna Women and Ethnic Tourism; A Way to Persist and an Avenue to Change. In: Smith, V. L., (Ed.), S. 71–81.

Steinecke, A., 1981: Interdisziplinäre Bibliographie zur Fremdenverkehrs- und Naherholungsforschung. 2 Bde. (Berliner Geogr. Studien, 8 und 9).
– 1984: Interdisziplinäre Bibliographie zur Fremdenverkehrs- und Naherholungsforschung; Fortsetzungsband 1979–1984. (Berliner Geogr. Studien, 15).

Torklus, R. v., und M. Lodahl, 1983: Internationaler Tourismus. Berlin (Deutsches Institut f. Wirtschaftforschung).

Tyrakowski, K., 1982: Aspekte einer angepassten touristischen Inwertsetzung des kirchlich-archäologischen Komplexes von San Miguel del Milagro und Cacaxtla im Staat Tlaxcala, Mexiko. In: Ibero-Am. Arch. N. F., 8, S. 373–402.

World Tourism Overview, 1984. New York (American Express Publishing Corp.).

Gerd Kohlhepp
Tübingen

Siedlungs- und wirtschaftsräumliche Strukturwandlungen tropischer Pionierzonen in Lateinamerika
Am Beispiel der tropischen Regenwälder Amazoniens*

Einführung

Neulanderschließung an den Siedlungsgrenzen der Erde ist ein Problemfeld, mit dem sich die geographische Forschung seit Jahrzehnten auseinandersetzt (allg. Czajka 1953, Nitz 1976). Die tropischen Regenwaldgebiete haben dabei „als globale Herausforderung" (Engelhardt und Fittkau 1984) in Forschung und Praxis zunehmend an Bedeutung gewonnen. Dies gilt in besonderem Maße für die tropischen Pionierzonen lateinamerikanischer Tieflandregionen, mit denen sich gerade die deutsche Forschung intensiv beschäftigt hat.

Sowohl für den zentralamerikanischen Bereich (Sandner 1961, 1964, Sandner und Nuhn 1971, Nuhn 1976, 1978 u. a.), als auch für die tropischen Tiefländer Südamerikas (u. a. Wilhelmy 1940, 1949; Brücher 1968, 1977, Maass 1969; Jülich 1975; Monheim 1967, 1977, Schoop 1970), das brasilianische Amazonasgebiet (Pfeifer 1966, Wilhelmy 1970, Kohlhepp 1976, 1979, 1984, 1986 b etc., Coy 1986 a, b) und die randtropischen Regionen Brasiliens (Waibel 1955 a, b, Kohlhepp 1975, Lücker 1986, Karp 1986) und Paraguays (Kohlhepp 1984 b, c) wurden zahlreiche Arbeiten vorgelegt.

Spontane Landnahme, gelenkte Kolonisationsprojekte, Möglichkeiten der Expansion der landwirtschaftlichen Nutzfläche versus ökologische Hemmnisse der Agrarwirtschaft in den feuchten Tropen, Siedlungs- und Wirtschaftsformen an der Pionierfront und Entwicklungsstrategien zur zentrumorientierten wirtschaftlichen „Inwertsetzung" der Peripherie waren dabei nur einige der behandelten Problemstellungen.

Ganz besondere praktische Bedeutung hat die Diskussion um geeignete Strategien der Neulanderschließung, der Regionalentwicklung innertropischer Regenwaldbereiche und der Nutzung des natürlichen Potentials dieser Gebiete in den letzten beiden Jahrzehnten im brasilianischen Amazonasgebiet erlangt, auf das sich die folgenden Ausführungen konzentrieren.

Die Probleme der Raumordnung im Siedlungs- und Wirtschaftsraum Amazonien liegen auf der Hand: Nachdem die propagandistisch hochgespielte „Operation Amazonien" ab Anfang der 70er Jahre bereits weitgehende sektorale und regionale Präjudizierungen hinsichtlich der wirtschaftlichen Entwicklung Amazoniens schuf, ohne dafür wissenschaftliche Grundlagen zu besitzen, steht man heute — in Kenntnis wesentlicher ökologischer Faktoren — vor der Schwierigkeit, daß die aktuellen räumlichen Ord-

* Die Untersuchungen zu dieser Thematik wurden mit dankenswerter Unterstützung der Deutschen Forschungsgemeinschaft durchgeführt. Die Ergebnisse der vergleichenden Arbeiten in Kolumbien, Ecuador, Venezuela und Suriname werden an anderer Stelle veröffentlicht.

nungsmuster und Nutzungsraster häufig mit den landschaftsökologischen Gegebenheiten kollidieren.

So kommt es, daß erste Grundkenntnisse des natürlichen Potentials vorhanden sind,
die realen Verhältnisse, v. a. der agraren Nutzung, heute aber häufig auf Zufallsent-
wicklungen, spontane Landnahmeprozesse, Konjunktur- und Exportpolitik – bestimmte Landnutzungssysteme, rücksichtslose Extraktionsstrategien sowie über-
spannte und unrealistische Planungsziele mit sozialer Orientierungslosigkeit zurückgehen.

Das Amazonasgebiet mußte in jüngster Zeit die Rolle des nationalen „Problemlösers"
übernehmen. Dazu gehören die völlig irrealen Visionen der Politiker – noch in den
70er Jahren – von der exuberanten Fruchtbarkeit der Regenwaldgebiete, die entweder in völliger Unkenntnis der natürlichen Bedingungen, einem Wunschdenken oder
skrupelloser politischer Taktik zum Zwecke des Abbaus sozialer Spannungen und damit zur Beruhigung der innenpolitischen Szene entsprangen. Dazu gehört vor allem
auch die Parole „Land für alle in Amazonien", die nicht nur eine Landreform als un-
nötig erscheinen ließ, sondern auch die Mentalität einer unbegrenzten Verfügbarkeit
stärkte und Flächenexpansion gegenüber Intensivierungsmaßnahmen als die günstigere Landnutzungsvariante darstellte.

Die staatliche Entwicklungspolitik ging vom Leitziel der „nationalen Integration" aus,
d. h. der Integration der Peripherie in den nationalen Siedlungs- und Wirtschaftsraum
(Kohlhepp 1976). Grundlage der raumwirksamen Staatstätigkeit in Amazonien war

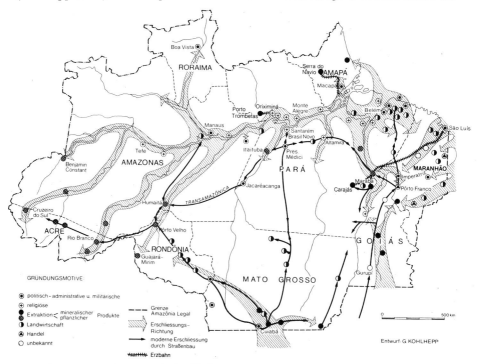

Fig. 1: Gründungsmotive amazonischer Siedlungen
(Quelle: Unterlagen IBGE, NAEA und eigene Ergänzungen, s. Kohlhepp 1978: Siedlungsentwicklung und Siedlungsplanung im zentralen Amazonien: In: Frankfurter wirtschafts-
und sozialgeogr. Schr. 28. Abb. 2; aktualisiert).

damit zunächst die Schaffung einer geeigneten Infrastruktur, wobei dem Straßenbau die zentrale Rolle zukam und Leitachsen für Besiedlung, Agrarkolonisation und sektorale wirtschaftliche Entwicklungsprojekte entstanden (s. Fig. 1 und 2).

Bevölkerungs-, Siedlungs- und Agrarentwicklung

Die Bevölkerungsentwicklung des brasilianischen Amazonasgebietes spiegelt deutlich die Wirtschaftszyklen der letzten 120 Jahre wider. Während die indianische Bevölkerung kontinuierlich zurückgedrängt wurde und zahlenmäßig abnahm — heute leben noch etwa 150.000 Indianer im brasilianischen Teil der Amazonasregion — war die Zuwanderung konjunkturabhängig (s. Kohlhepp 1984).

Ab 1960 wirkten sich die staatlichen Maßnahmen zur Regionalentwicklung Amazoniens in einer schnellen Bevölkerungszunahme aus. In der Kernregion — und dort natürlich nur punkthaft und streifenförmig — stieg die Zahl von 2,6 Mio im Jahre 1960 auf über 6 Mio bei der letzten Volkszählung 1980, d. h. auf 5 % der Bevölkerung Brasiliens.

In der seit 1966 bestehenden Planungsregion „Amazônia Legal" hat die Gesamtbevölkerungszahl 1980 bereits 11 Millionen überschritten. Deutlich zeichnen sich seit 1970 höhere Zuwachsraten ab. Aufgrund der Neusiedlungsgebiete im nördlichen Mato Grosso und Rondônia treten diese Staaten in der Bevölkerungszunahme besonders stark hervor. Während ein isolierter Staat wie Acre seine Einwohnerzahl nur relativ langsam steigerte, ist in Rondônia, das in den 70er Jahren von der Pionierfront erreicht wurde, geradezu ein explosionsartiger Bevölkerungszuwachs zu verzeichnen (1970–80: 15,8 %/Jahr), der zwischen 1980 und 1985 zu einer weiteren Verdoppelung der Einwohnerzahl auf über 1 Million geführt hat (Tab. 1).

Obwohl Amazonien trotz schwieriger Lebensbedingungen das Negativ-Image als „Grüne Hölle" verloren hat, entschließt sich ein Großteil der Zuwanderer nur aufgrund sozio-ökonomischer Zwänge zur Migration in die innertropischen Regenwaldgebiete.

Tabelle 1
Bevölkerungsentwicklung in Acre und Rondônia 1950–1985
(Index: 1950 = 100)

	Acre	Index	Rondônia	Index
1950	114.755	100,0	36.935	100,0
1960	158.184	137,8	69.792	189,0
1970	215.299	187,6	111.064	300,7
1980	301.605	262,8	491.069	1.329,5
1985*	356.313	310,5	1.028.429	2.784,4

*Schätzung

Quelle: IGBE 1984 und Kohlhepp und Coy 1985, Tab. 9.

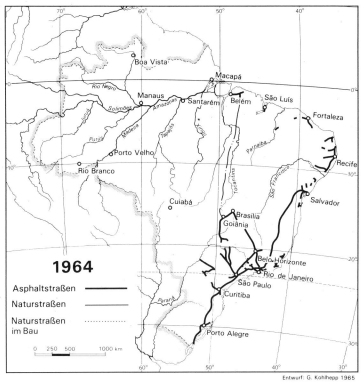

1964

Asphaltstraßen ——————
Naturstraßen ——————
Naturstraßen ·················
im Bau

0   250   500   1000 km

Entwurf: G. Kohlhepp 1965

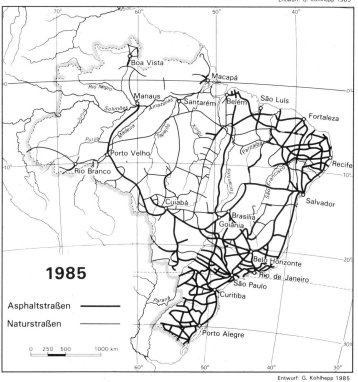

1985

Asphaltstraßen ——————
Naturstraßen ——————

0   250   500   1000 km

Entwurf: G. Kohlhepp 1985

Die statistischen Bevölkerungsdichtewerte von 1,0 Einwohner pro qkm im Jahre 1960 bzw. 2,3 Ew./qkm 1980 sagen nichts über die reale Bevölkerungsverteilung aus, die nach wie vor durch Konzentration an wenigen Punkten oder Flußuferzonen und Dispersion im Landesinnern gekennzeichnet ist. Weiten Regionen Zentral-, West- und Nordamazoniens, die nach wie vor von nicht-indianischer Bevölkerung kaum besiedelt sind, stehen städtische Ballungsräume gegenüber, die — wie das Munizip Belém im Staat Pará — Dichtewerte von 1.270 Ew./qkm erreichen.

Aber auch im ländlichen Raum gibt es gravierende Unterschiede: den stadtnahen Várzea-Gebieten und bereits relativ dicht besiedelten kleinbäuerlichen Kolonisationsgebieten der Bragantina-Zone bei Belém oder Teilräumen in Südost-Pará, Nord-Mato Grosso, sowie Rondônia, stehen Regionen gegenüber, die zwar bereits flächenhaft einer wirtschaftlichen Nutzung unterzogen werden, in denen aber arbeitsextensive Rinderhaltung sogar eine Verdrängung ansässiger Bevölkerung bewirkt. Dazu kommt die Anziehungskraft bzw. Sogwirkung der Städte auf das Umland. Die städtische Bevölkerung zeigt in allen Teilregionen sehr hohe Zuwachsraten, hat sich in Amazônia Legal innerhalb von 10 Jahren nahezu verdoppelt, und ihr Anteil an der Gesamtbevölkerung beträgt im Norden bereits 51,5 %.

Bei der ländlichen Bevölkerung ist zwar in allen Teilregionen Amazoniens zwischen 1970 und 1980 noch eine Zunahme festzustellen, die Zuwachsraten liegen jedoch in Acre, Amazonien, Roraima und Nord-Goiás beträchtlich unter dem natürlichen Wachstum (1970–80: 27,8 %). In der Planungsregion Amazônia Legal hat die ländliche Bevölkerung von 1970 bis 1980 um ein Drittel zugenommen. Diese Zunahme konzentriert sich absolut auf Pará, W-Maranhão und Rondônia, während sich in den Mikroregionen Manaus und Cuiabá die Sogwirkung der Zentren in einer Abnahme der ländlichen Bevölkerung um 5,8 bzw. 15,8 % äußert. Im gleichen Zeitraum zeigt sich in Gesamtbrasilien eine Abnahme um 5,9 %.

Eindrucksvoll ist das Bevölkerungswachstum in den Hauptstadt-Munizipien der Bundesstaaten und Territorien. So hat sich die Einwohnerzahl von Manaus von 175.000 im Jahre 1960 bis 1980 auf 640.000 erhöht, in São Luís, Cuiabá, Macapá und Porto Velho in diesem Zeitraum in etwa verdreifacht. Die Bevölkerungszahl des Munizips Belém hat bis heute bereits deutlich die Millionengrenze überschritten. Während aber der Anteil der Bevölkerung der Metropole Belém an der Gesamtbevölkerung von Pará in den letzten Jahrzehnten in etwa gleich geblieben ist (1980: 21,6 %), ist er in Manaus von 24 % (1960) auf über 42 % der Bevölkerungszahl des Staates Amazonas angestiegen. Inzwischen haben auch Santarém, Macapá, Rio Branco und Imperatriz sowie wohl auch Ji-Paraná, eine der sehr schnell wachsenden Pionierstädte in Rondônia, die 100.000 Einwohner-Grenze passiert. Belém, das große Zentrum im Amazonas-Mündungsgebiet, ist zur jüngsten Millionenstadt Brasiliens geworden. São Luís, dessen Bevölkerungszahl zwischen 1970 (168.000) und 1980 (182.000) nur wenig zunahm, hat in der ersten Hälfte der 80er Jahre aufgrund der Industrieprojekte und großen Bauvorhaben (Hafen, Erzbahn) eine sehr starke Zuwanderung erlebt.

Die Bevölkerungsentwicklung seit Anfang der 70er Jahre führte im Amazonasgebiet zum einen zur Auffüllung eines mehrere hundert Kilometer breiten Randsaums, der sich vom östlichen Pará über West-Maranhão, den nördlichsten Zipfel von Goiás, die

←   Fig. 2: Entwicklung des brasilianischen Fernstraßennetzes 1964–1985 (S. 212).
       (Quelle: Unterlagen DNER und Guia Quatro Rodas 1986).

Zentralregion von Mato Grosso bis in den Südwesten nach Rondônia entlangzieht. In diesem Bereich kam es zu einem mit umfangreicher Waldvernichtung verbundenen, häufig fast frontartigen Vorrücken der Siedlungs- und Wirtschaftsgrenze. Dabei entstanden gleichzeitig „städtische" Siedlungskerne, deren Bevölkerung z. T. außerordentlich schnell zunahm. Zum anderen ist eine Verstädterung der Bevölkerungskonzentration an der Achse des Hauptstroms aufgetreten.

Bei den Vorstößen der Kolonisations-„Keile" zeigt sich entlang der Entwicklungsachsen eine enorme Bevölkerungszunahme in den Etappenorten, die durch die Konzentration zahlreicher neuer Funktionen und die Sogwirkung bedingt ist. Dies gilt v. a. für den Nordabschnitt der Belém-Brasília-Straße sowie für die Straße Cuiabá-Porto Velho im Streckenabschnitt Rondônia.

Das Vorrücken der „fronteira" und der heutige Stand der landwirtschaftlichen Nutzung in den Pionierzonen wird aus der räumlichen Verteilung der Anbauflächen von einjährigen Feldfrüchten (s. Fig. 3) und Dauerkulturen (s. Fig. 4) deutlich. Grundnahrungsmittel in den Hauptkolonisationsgebieten und den Randzonen des Regenwalds, aber auch Soja auf den Feuchtsavannen im Süden des Staates Mato Grosso und in Goiás bestimmen das Verbreitungsraster bei den einjährigen Kulturen. Bei den Dauerkulturen fällt die für Amazonien hohe Konzentration der Anbauflächen in Rondônia auf, wo der Kakaoanbau und jüngst Kaffeepflanzungen die wirtschaftliche Stabilisierung der Siedlungsprojekte bewirken sollen. Außerdem tritt südlich von Belém das ebenfalls stark von Japanern und deren Nachkommen besiedelte Gebiet um Tomé-Açú mit dem Anbau von schwarzem Pfeffer in Erscheinung.

Die Veränderung der Gesamtbetriebsfläche zwischen 1975 und 1980 (s. Fig. 5) zeigt die Dynamik der Landnahme. In wenigen Jahren hat sich sowohl durch Kolonisationsprojekte, als auch durch spontane Ansiedlung die Betriebsgrößenstruktur geändert. Dies wird auch im z. T. steigenden Anteil der Klein- und Mittelbetriebe an der Gesamtbetriebsfläche der Mikroregionen deutlich.

Insgesamt zeigt die landwirtschaftliche Betriebsgrößenstruktur bei Betrieben unter 100 ha mit 81% bei nur 17% der Betriebsfläche (1960: 92,5% bzw. 8%) erst eine leichte Ausgleichstendenz. Bei den Betrieben zwischen 100 und 1.000 ha – nach dem Verständnis des Flächenbedarfs der Landwechselwirtschaft und der 50%-Rodungsklausel Klein- bis Mittelbetriebe – hat sich aber der Anteil deutlich positiv geändert. 1960 verfügten die 6% der Betriebe dieser Größenklasse erst über 9,6% der Betriebsfläche, 1980 war deren Zahl auf über 16% angestiegen, die knapp 30% der gesamten Betriebsfläche der Nordregion besaßen.

Die Entwicklung der in der Landwirtschaft Erwerbstätigen zeigt in einigen Teilregionen trotz starker Zunahme der landwirtschaftlichen Betriebsfläche rückläufige Tendenz, so im südlichen Mato Grosso, Ost-Maranhão und in weiten Teilen nördlich des Amazonas. Dies ist einmal auf das Vordringen der Rinderweidewirtschaft zurückzuführen, die die kleinen Landbesitzer – bis zu 50% Posseiros ohne gesetzlich verbrieften Landtitel – verdrängt. Zum anderen macht sich hier auch die Sogwirkung der großen städtischen Zentren bemerkbar.

Der Siegeszug der steuerbegünstigten Rinderhaltung hat sich v. a. auf Ost- und Südost-

Fig. 3: Anbaufläche einjähriger Feldfrüchte in Amazonien 1980 (S. 215).   ⟶
   (Quelle: Eigener Entwurf nach Daten des Agrarzensus (IBGE 1980) für alle Staaten und Territorien Amazoniens).

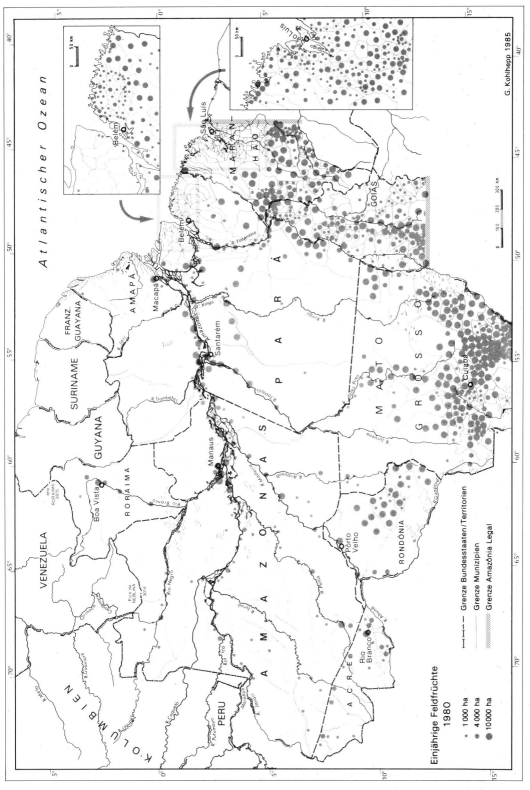

G. Kohlhepp 1985

Einjährige Feldfrüchte
1980

· 1 000 ha
● 4 000 ha
● 10000 ha

‒·‒·‒ Grenze Bundesstaaten/Territorien
——— Grenze Munizipien
░░░░ Grenze Amazônia Legal

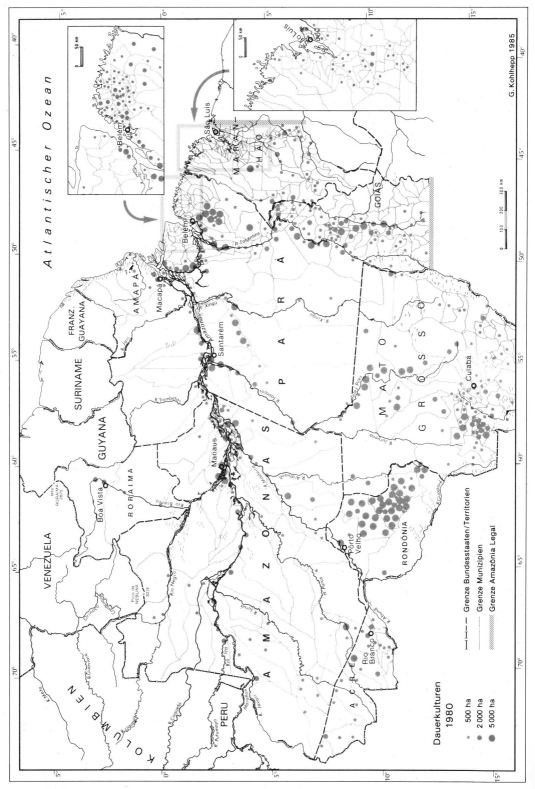

Atlantischer Ozean

G. Kohlhepp 1985

FRANZ. GUAYANA

SURINAME

GUYANA

VENEZUELA

KOLUMBIEN

PERU

AMAPÁ

Macapá

PARÁ

Santarém

Manaus

RORAIMA

Boa Vista

AMAZONAS

ACRE

Rio Branco

Belém

Porto Velho

RONDÔNIA

MATO GROSSO

Cuiabá

GOIÁS

MARANHÃO

São Luís

São Luís

Belém

50 km

50 km

R. Tocantins

R. Xingu

R. Xingu

R. Iriri

R. Tapajós

R. Trombeta

R. Juruena

R. Guaporé

R. Madeira

R. Aripuanã

R. Purus

R. Juruá

R. Branco

Rio Negro

Pico da NEBLINA 3014

Mte. RORAIMA 2875

R. Ucayali

R. Putumayo

R. Caquetá

R. Putumayo

R. Japurá

R. Vaupés

Dauerkulturen 1980

- 500 ha
- 2 000 ha
- 5 000 ha

Grenze Bundesstaaten/Territorien
Grenze Munizipien
Grenze Amazônia Legal

0 100 200 300 km

216

Pará sowie Mato Grosso konzentriert. Die zentrum-gesteuerte Inbesitznahme der amazonischen Peripherie wird bei der Rinderweidewirtschaft durch die Kapitalherkunft besonders deutlich. Auf der Basis hoher steuerlicher Begünstigungen haben sich große Kapitalgruppen v. a. aus São Paulo ausgedehnte Ländereien gesichert (s. Fig. 6). Obwohl der Anteil der reinen Landspekulanten nicht gering war und bereits eine Anzahl von Betrieben wieder aufgegeben worden ist, hat der Rinderbestand auch in der zweiten Hälfte der 70er Jahre sehr stark zugenommen. Dies zeigt sich in besonders hohen Zuwachsraten in Pará, wo die Rinderfrontier den Xingú nach W überschritten hat, aber auch schon im bedeutendsten Agrarkolonisationsgebiet Rondônia.

Bei einem Anteil von 42 % an der Territorialfläche Brasiliens weist die Amazonas-Kernregion heute 11,4 % der Betriebsfläche des Landes auf. Natürlich schlägt sich die noch junge Landwirtschaft dieser Region im Umfang der ackerbaulichen Landnutzung nieder. Amazonien hat bisher nur 0,5 % der Dauerkulturfläche Brasiliens sowie 5 % der Anbaufläche bei einjährigen Feldfrüchten aufzuweisen.

Lösungsansätze zur integrierten ländlichen Entwicklung

Nach dem Scheitern der Agrarkolonisation an der Transamazônica (vgl. Kohlhepp 1976, 1978) hat das POLONOROESTE-Programm zur integrierten Regionalentwicklung im südwestlichen Amazonasgebiet in Rondônia neue Impulse für die Landwirtschaft und die ländliche Entwicklung gebracht.

Neu an diesem Konzept sind vor allem der integrierte Entwicklungsansatz für den ländlichen Raum, die an den neuen Leitideen der Weltbank orientierte Grundbedürfnis-Strategie und der Versuch stärkerer Partizipation der kleinbäuerlichen Bevölkerung. Als Abkehr von früheren, häufig einseitig wachstumsorientierten Modellvorstellungen wirtschaftlicher Entwicklung werden jetzt die unterprivilegierte ländliche Bevölkerung und deren Integrationsmöglichkeiten in den Mittelpunkt des großräumigen Vorhabens gestellt, das auch den Schutz der indianischen Bevölkerung und die Umwelterhaltung berücksichtigen soll. Die auf 1,55 Mrd. US-$ veranschlagten Gesamtkosten werden – erstmalig in einem Projekt dieser Größenordnung im brasilianischen Amazonien – zu einem Drittel von der Weltbank getragen.

Ziele von POLONOROESTE sind v. a. die betonte Weiterführung der Maßnahmen zur nationalen Integration durch Förderung der Besiedlung der Region durch ökonomisch marginalisierte Bevölkerungsgruppen anderer Regionen sowie die Verbesserung der wirtschaftlichen Situation der Betroffenen und damit ein Abbau der interregionalen Disparitäten.

Die wichtigsten Maßnahmen bzw. Einzelprogramme von POLONOROESTE sind die Straßenverkehrserschließung mit der 1984 abgeschlossenen Asphaltierung des 1.450 km langen Abschnitts der zentralen Straßenachse Cuiabá-Porto Velho, für die allein 42 % der Finanzmittel benötigt wurden, sowie der Bau eines Netzes von ländlichen Erschließungsstraßen, die Konsolidierung und Einrichtung von integrierten Kolonisationsprojekten mit staatlich gelenkter Besiedlung, die Regulierung der Grundeigentumsverhältnisse, die Förderung der Agrarproduktion und deren Vermarktung sowie

Fig. 4: Anbaufläche von Dauerkulturen in Amazonien 1980 (S. 216). (Quelle: s. Fig. 3).

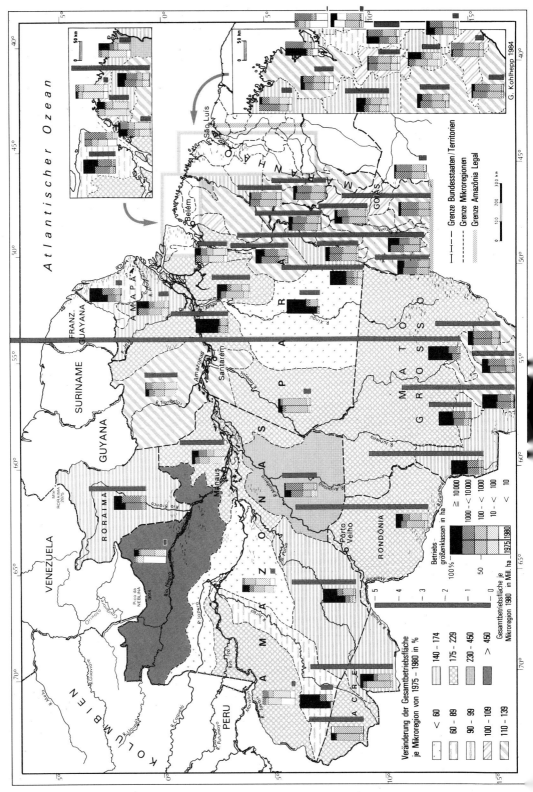

Atlantischer Ozean

G. Kohlhepp 1984

Veränderung der Gesamtbetriebsfläche
je Mikroregion von 1975 – 1980 in %

< 60	140 – 174
60 – 89	175 – 229
90 – 99	230 – 450
100 – 109	> 450
110 – 139	

Betriebs-
größenklassen in ha
1975 1980

≥ 10000
1000 – < 10000
100 – < 1000
10 – < 100
< 10

Gesamtbetriebsfläche je
Mikroregion 1980 in Mill. ha

Grenze Bundesstaaten / Territorien
Grenze Mikroregionen
Grenze Amazônia Legal

die Verbesserung der gesamten ländlichen Infrastruktur und der sozialen Dienstleistungen (s. dazu Kohlhepp 1984, Kohlhepp und Coy 1985, Coy 1986 b).

Bis Juli 1985 wurden in den 3,2 Mio ha umfassenden Kolonisationsprojekten Rondônias 44.000 Familien angesiedelt. Die Zuwanderung nach Rondônia ist vor allem die Konsequenz einer Notsituation, eine Verdrängungsmigration, ein durch ausweglos scheinende sozioökonomische Verhältnisse in anderen Landesteilen erzwungener Wanderungsprozeß marginalisierter ländlicher und jüngst auch zunehmend städtischer Bevölkerung, für die die räumliche Mobilität an der Pionierfront v. a. den Wunsch nach sozialer Mobilität durch Landerwerb bedeutet.

Die ungebremste Binnenmigration, die das größte Problem für die Organisation der gelenkten Agrarkolonisation und die Koordination der notwendigen Maßnahmen ist, verursacht eine immer stärkere Diskrepanz zwischen dem enormen Landbedarf und dem beschränkten Landangebot. Heute sind bereits über 30.000 Familien mit Anspruch auf Landzuteilung offiziell registriert. Als Folge dieser Situation ist ein gefährlicher Bevölkerungsdruck auf die noch vorhandenen Landreserven in der Region entstanden, für die aber großenteils andere Funktionen geplant sind, z. B. Wald-Reserven oder Indianerreservate. Damit verbunden ist die unkontrollierbare spontane Landnahme in Gebieten mit ökologisch bedingter geringer Tragfähigkeit.

Auch in Rondônia ist es bei der Erschließung der Neulandgebiete zur Wiederholung der bekannten Pionierfront-Szenarios mit der Reproduktion der Agrarsozialstrukturen der Herkunftsgebiete der Siedler gekommen. Schon wenige Jahre nach der Landzuteilung kam es zum Verkauf von Parzellen und damit zu einer ganz erheblichen, schnell ablaufenden sozialen Differenzierung (Kohlhepp und Coy 1985, Coy 1986 a, b). In einigen Teilgebieten haben schon über zwei Drittel der Betriebe den Eigentümer mindestens einmal gewechselt. Als Landkäufer treten z. T. Spekulanten auf, z. T. auch eine aufstrebende städtische Führungsschicht. Entsprechend des zur Verfügung stehenden Kapitals kommt es damit einerseits zu Tendenzen der Landeigentumskonzentration, andererseits erwerben Neusiedler auch häufig — für eine langfristige Existenzmöglichkeit zu kleine — Parzellenteile oder sie kommen als „agregado" auf dem Landstück von Verwandten und Freunden unter, wo sie eine kleine Fläche zur Bewirtschaftung erhalten und als Gegenleistung ihre Arbeitskraft zur Verfügung stellen.

Die Gründe für die hohe Mobilität an der Siedlungsgrenze sind vielfältig. Die fehlenden Kreditaufnahmemöglichkeiten führen nach schlechten Ernten oder niedrigen Preisen für die Agrarprodukte, die z. T. auch aus der Abhängigkeit von Zwischenhändlern resultieren, zur Betriebsaufgabe als Notmaßnahme. Resignation aufgrund der schwierigen Lebensbedingungen, des schlechten Zustands infrastruktureller Einrichtungen, der starken Verbreitung von Tropenkrankheiten, v. a. der Malaria, sowie allgemeine Verschuldungsprobleme und dringender Bargeldbedarf kommen hinzu. Dem finanziell oft ungünstigen Landverkauf folgt zumeist die Abwanderung in die jungen städtischen Siedlungen, wo aufgrund des begrenzten Arbeitsplatzangebots die Arbeitssuche zum Dauerzustand wird und die soziale Instabilität zunimmt. Ein Teil der Siedler wendet sich nach der Betriebsaufgabe neuen Pionierfronten im Amazonasgebiet zu, wo sich der Vorgang zumeist wiederholt.

Fig. 5: Veränderung der Gesamtbetriebsfläche und des Anteils an Betriebsgrößenklassen in Amazônia Legal 1975–1980 (S. 218).
(Quelle: s. Fig. 3).

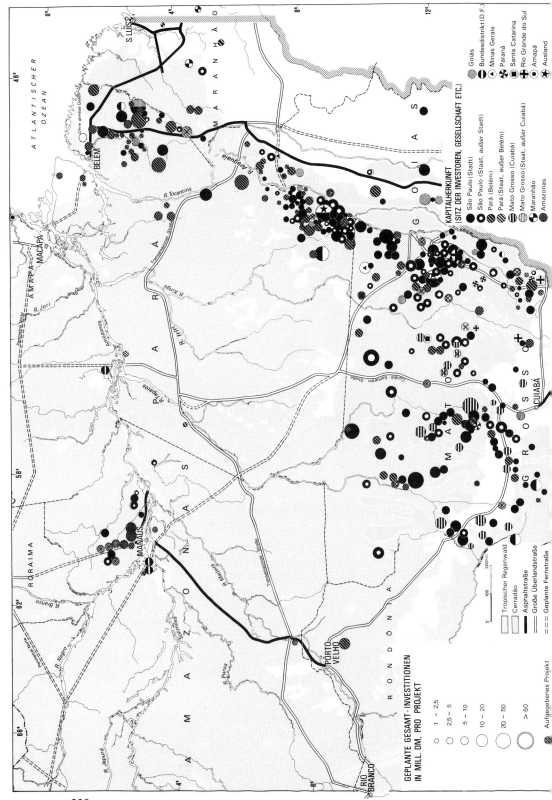

GEPLANTE GESAMT-INVESTITIONEN
IN MILL. DM. PRO PROJEKT

○ 1 – 2,5
○ 2,5 – 5
○ 5 – 10
○ 10 – 20
○ 20 – 50
○ > 50

⊗ Aufgegebenes Projekt

KAPITALHERKUNFT
(SITZ DER INVESTOREN, GESELLSCHAFT ETC.)

● São Paulo (Stadt)
◐ São Paulo (Staat, außer Stadt)
○ Pará (Belém)
◑ Pará (Staat, außer Belém)
◒ Mato Grosso (Cuiabá)
▨ Mato Grosso (Staat, außer Cuiabá)
◧ Maranhão
◕ Amazonas

Goiás
Bundesdistrikt (D.F.)
Minas Gerais
Paraná
Santa Catarina
Rio Grande do Sul
Amapá
Ausland

☐ Tropischer Regenwald
▨ Cerradão
━━ Asphaltstraße
━━ Große Überlandstraße
=== Geplante Fernstraße

0 100 200 km

ATLANTISCHER OZEAN

S. LUÍS
BELÉM
MACAPÁ
AMAPÁ
MARANHÃO
GOIÁS
PARÁ
MATO GROSSO
CUIABÁ
RORAIMA
MANAUS
AMAZONAS
RONDÔNIA
PORTO VELHO
RIO BRANCO

R. Tocantins
R. Xingu
R. Iriri
R. Jari
R. Paru
Perimetral Norte
Amazonas
R. Tapajós
R. Negro
R. Branco
Perimetral Norte
R. Japurá
R. Juruá
R. Purus
R. Madeira
R. Roosevelt
R. Solimões
Transamazônica
Cuiabá-Santarém-Straße
R. Araguaia
Transamazônica

Ohne genaue Daten

220

In den Pionierstädten läßt sich bereits eine deutliche soziale Segregation zwischen einer städtischen Mittel- und Oberschicht, der Ärzte, Anwälte, Händler, Transportunternehmer, hohe Verwaltungsbeamte etc. angehören, und der breiten Unterschicht von Zuwanderern feststellen.

Personelle, technische und organisatorische Probleme haben bewirkt, daß weder die Agrarberatung – die Agronomen sind durchweg selbst Zuwanderer ohne Regionalkenntnisse – noch die ländliche Sozialorganisation an die regionalen Gegebenheiten bzw. an den Bildungsstand der Betroffenen angepaßt sind. Auch ist es nicht verwunderlich, daß eine echte Partizipation der ländlichen Bevölkerung nach dem bisherigen staatlichen Desinteresse sich nur langsam im Rahmen einer kontinuierlichen Bewußtseinsbildung entwickeln kann. Ansätze zu einem „development from below" kommen verstärkt aus dem kirchlichen Bereich über die Basisgemeinden.

Bei POLONOROESTE muß der plangerechte Ablauf von Teilmaßnahmen, so z. B. bei der Infrastruktur, der medizinischen Versorgung, der Landtitelregulierung und der Agrarberatung, noch weit besser koordiniert werden, um eine Konsolidierung dieses Projekts zu erreichen.

Leider zeigt das aufwendige POLONOROESTE-Programm trotz der Kontrolle durch die Weltbank bereits nach einer kurzen Phase starke Anzeichen von hoher Landmobilität, sozialer Destabilisierung und Eigentumskonzentration mit Verdrängung der kleinbäuerlichen Pionierbevölkerung und beginnende Phänomene der „hollow frontier", d. h. Entleerung von Teilen des ländlichen Raums, z. B. durch Zunahme der Weidewirtschaft. Im Gegensatz zu Mato Grosso und Pará ist Rondônia dabei bisher weitgehend vom massiven Eindringen des nationalen und internationalen Großkapitals und seinen problematischen Konsequenzen im ökologischen und sozioökonomischen Bereich noch verschont geblieben. Es darf jetzt nicht zu einer Durchlaufstation der in die tropischen Regenwälder weiter vordringenden Pionierfront werden.

Weder die Probleme Rondônias, noch die des übrigen Amazonasgebiets können jedoch allein in der Region gelöst werden. Die gesamtbrasilianische Situation erfordert politische Rahmenbedingungen für eine umfassende Agrarreform zur Lösung der agrarstrukturellen und agrarsozialen Probleme in den traditionellen Siedlungsgebieten. Nur dadurch kann es gelingen, die Zuwanderung nach Amazonien auf ein Maß zu verringern, das bei geordneter Landnahme ein ausreichendes Landangebot in ökologischen Eignungsräumen gewährleistet. Agrarkolonisation in Amazonien darf nicht als Alternative zu einer allgemeinen Agrarreform verstanden werden, wie dies früher von staatlicher Seite propagiert wurde (s. Kohlhepp 1979).

Insgesamt wird deutlich, wie stark der Bevölkerungsdruck und damit auch der Druck der agraren „fronteira" von Osten, Südosten, Süden und Südwesten sowie von den großen Strömen in Richtung der bisher noch intakten tropischen Regenwälder vor allem des zentralen Amazonasgebiets wirkt. An dieser Pioniergrenze prallen die Interessen unterschiedlicher sozialer Gruppen erbarmungslos aufeinander.

Fig. 6: Kapitalherkunft und Investitionsvolumen der von SUDAM genehmigten Rinderweidewirtschaftsprojekte (S. 220).
(Quelle: Eigener Entwurf nach Unterlagen von SUDAM).

Sozialklima und Interessenkonflikte an der Pionierfront

Das spontane, aber auch das geplante Vorrücken der Pionierfront in die tropischen Regenwälder hat den Lebensraum der indianischen Bevölkerung Amazoniens zunehmend eingeschränkt. Die flächenhafte Inbesitznahme weiter Gebiete hat zur Vertreibung, zur Umsiedlung, aber auch zur Vernichtung indianischer Stammesgruppen geführt (Davis 1977).

Daneben haben sich im Rahmen der Neulanderschließung die Interessenkonflikte konkurrierender sozialer Gruppen in den letzten Jahrzehnten wesentlich verstärkt und räumlich ausgeweitet. Das Ziel, aus der schnellen Landnahme und der Ausbeutung des natürlichen Potentials wirtschaftliche Vorteile zu ziehen, hat zu einer ständig eskalierenden Raumnutzungskonkurrenz geführt. Die schwindenden räumlichen Reserven in den natürlichen Gunsträumen lassen eine Koexistenz der konkurrierenden Gruppen und ihrer Wirtschaftsziele nur noch sehr bedingt möglich erscheinen. Vor diesem Dilemma stehen auch die staatlichen Organe, die für die Raumplanung und Raumordnung an der Pionierfront verantwortlich sind, die aber — aus verschiedensten Gründen — mit dem Umfang dieser Problematik nicht zurechtkommen.

Eines der Grundübel ist die Praxis des „grilagem", der widerrechtlichen Aneignung von Land mittels Eigentumstitel-Fälschungen sowie betrügerischer Manipulationen des Grundbuches. Als „grileiros" agieren häufig wirtschaftlich und politisch einflußreiche Einzelpersonen, Clans oder Gruppen, die ein Netz von Helfern und Abhängigen in allen Sektoren des öffentlichen Dienstes aufbauen. In Mato Grosso, Pará, Goiás und v. a. in Maranhão haben sich regelrechte „Fälscherschulen" etabliert (Asselin 1982). Trotz der Einrichtung von parlamentarischen Untersuchungskommissionen sind diese Vergehen oft nur sehr schwer nachzuweisen und mit langwierigen Rechtsstreitigkeiten verbunden.

Der Urkundenfälschung und dem gerichtlichen Durchsetzen der Landansprüche folgt die Vertreibung der Squatter (Posseiros), die häufig bereits einen Rechtsanspruch auf das von ihnen bewirtschaftete Land haben. Dem Angebot sehr geringer Entschädigungssummen folgen im Weigerungsfall Drohungen, Zerstörung der Behausungen, Vernichtung der Ernte und häufig blutige „Säuberungs"-Aktionen mittels gedungener Pistoleiros. Es vollzieht sich in Wirklichkeit ein Kampf aller gegen alle um Land. Dabei bilden sich natürlich auch auf den verschiedensten Ebenen Interessenkoalitionen.

Kautschukzapfer (Seringueiros), Paránuß-Sammler, Jäger, Goldgräber und Diamantenwäscher (Garimpeiros), die angesiedelten Kleinbauern der staatlichen sowie einiger privater Agrar-Kolonisationsprojekte, die große Zahl der auf Landzuteilung wartenden Zuwanderer, unzählige spontane Kolonisten, Squatter ohne Landtitel, Großgrundbesitzer mit Rinderweidewirtschaftsbetrieben, Holzhandel und Holzindustrie, Bergbaugesellschaften, Immobilienfirmen, eine Vielzahl von Landspekulanten sowie die verschiedensten staatlichen Organisationen auf bundesstaatlicher und Bundesebene mit divergierenden Planungskonzeptionen und Entwicklungsprojekten konkurrieren miteinander um die faktische oder spekulative Landnutzung. Alle diese Gruppen wiederum agieren gegen die Interessen der indianischen Bevölkerung.

Landzuteilung sowie die Rechtmäßigkeit vieler bestehender Landtitel sind umstritten. Die Koordination der staatlichen Maßnahmen läßt häufig zu wünschen übrig. Indianerreservate, Nationalparks, Biologische Schutzgebiete und Waldreserven werden in den Pionierzonen nicht respektiert, sondern sind Hauptzielgebiete spontaner „Invasionen".

In diesem Klima zunehmend gewaltsamer Auseinandersetzungen werden humane und ökologische Argumente häufig kurzfristig ökonomischen Zielsetzungen geopfert.

Die schnelle Straßenverkehrserschließung seit Anfang der 70er Jahre (s. Fig. 2) hat zur Verstärkung der Binnenwanderung nach Amazonien beigetragen. Die enorme Zunahme der spontanen Zuwanderung hat in weiten Teilen des Amazonasgebietes zur Erschöpfung der Landreserven der Kolonisationsprojekte geführt. Dies bedeutet, daß in zunehmendem Maße Landbesetzungen und eine unkontrollierbare Expansion auch in Gebieten natürlicher Ungunst erfolgen und der Bevölkerungsdruck auf die natürlichen Ressourcen sowie auf scheinbar „herrenlose" Waldgebiete gefährliche Formen angenommen hat.

Neben der direkten Vertreibung von kleinen Siedlern durch kapitalstarke Betriebe kommt es an der Pionierfront zu einer Vielfalt von indirekten Verdrängungsprozessen. So führen selbst in staatlich gelenkten Kolonisationsgebieten der hohe Anteil an Mißerfolgen der kleinbäuerlichen Siedler und zahlreiche Probleme vor Ort zu Resignation und Abwanderung oder zur Verschuldung und letztlich zum Landverkauf und damit zu einer starken Mobilität und andererseits zur Landkonzentration (vgl. POLONOROESTE).

Programa Grande Carajás —
zur Problematik von Großprojekten bei der Regionalentwicklung in Amazonien

Vor dem geschilderten Hintergrund stellt sich die Frage, ob die von der brasilianischen Regierung in Gang gesetzten jüngsten Großprojekte in Amazonien auf der Erfahrung früherer Vorhaben den Zielsetzungen einer gleichgewichtigen Regionalentwicklung eher entsprechen. Diese Frage soll am Beispiel des „Programa Grande Carajás" (PGC) untersucht werden, das 1980 als integrierter Gesamtplan zur Regionalentwicklung des östlichen Amazonien entwickelt wurde.

Ansatzpunkt für die Entwicklungskonzeption sind riesige mineralische Rohstoffvorkommen, v. a. Eisenerze, in der Serra dos Carajás, 550 km südwestlich von Belém im Staat Pará. Ein regionales Entwicklungsprogramm soll an den Abbau und die Aufbereitung der Rohstoffvorkommen gekoppelt werden.

Programmregion ist ein etwa 840.000 qkm großes Gebiet in den Staaten Pará, Maranhão und Goiás, wobei die PGC-Region fast den gesamten Staat Maranhão umfaßt. Westgrenze ist der Rio Xingú (s. Fig. 7). Die etwas willkürlich erscheinende Abgrenzung dieser Region geht von drei Prämissen aus: Sie sieht die Einbeziehung des gesamten Bergbaureviers der Serra dos Carajás, der Wasserstraße Araguaia-Tocantins mit ihrem bedeutenden Wasserkraftpotential sowie einer Eisenbahntrasse („Export-Korridor") von der Serra dos Carajás zum Hafen Ponta da Madeira bei São Luis in Maranhão vor.

Die neue Konzeption eines umfassenden Entwicklungsplans für Ost-Amazonien sieht ein Gesamt-Investitionsvolumen von 62 Mrd. US-$ in einem Zeitraum von 10 Jahren für die integrierte Nutzung des bergbaulichen, hydroelektrischen, forst- und landwirtschaftlichen Potentials sowie für die Verkehrsinfrastruktur und die industriellen Projekte vor.

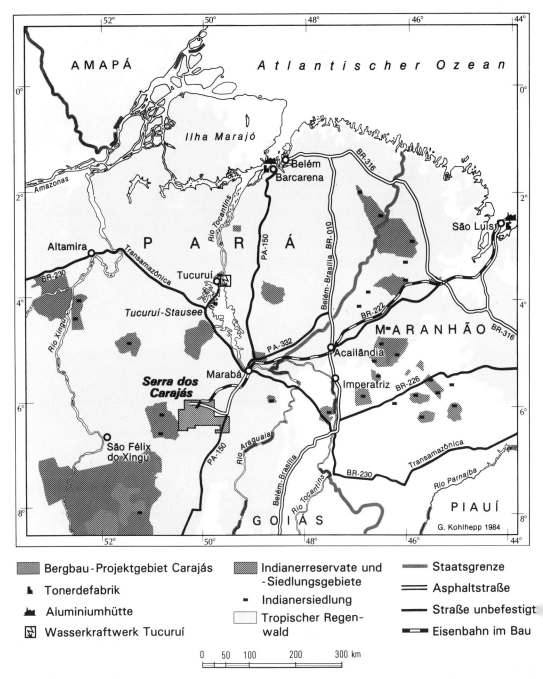

Fig. 7: Grande Carajás-Region (Quelle: Unterlagen der Cia. Vale do Rio Doce).

Legend:

- Bergbau-Projektgebiet Carajás
- Tonerdefabrik
- Aluminiumhütte
- Wasserkraftwerk Tucuruí
- Indianerreservate und -Siedlungsgebiete
- Indianersiedlung
- Tropischer Regenwald
- Staatsgrenze
- Asphaltstraße
- Straße unbefestigt
- Eisenbahn im Bau

0   50   100   200   300 km

Das Programa Grande Carajás umfaßt folgende Sektoren:

1. Infrastruktur mit Priorität auf:
   - Erzbahnlinie Serra dos Carajás — Ponta de Madeira/São Luís
   - Häfen São Luís/Ponta da Madeira und Barcarena bei Belém
   - Investitionen zur Einrichtung sog. Exportkorridore
   - Ausbau der Flußwege für den Massengütertransport
   - Infrastruktur und Transportausrüstung für wichtige Entwicklungsprojekte
   - Hydroelektrische Inwertsetzung des Flußsystems (v. a. Großkraftwerk Tucuruí).
2. Abbau, Aufbereitung und Industrialisierung von mineralischen Rohstoffen.
3. Andere wirtschaftliche Aktivitäten, die die Regionalentwicklung fördern, z. B. Landwirtschaft, Viehzucht, Agroindustrie.

Grundlage aller Überlegungen der Regierung ist die Überzeugung, daß Brasilien durch eine umfassende Inwertsetzung des natürlichen Potentials der Programmregion eine bedeutende Steigerung seiner Exporterlöse erzielen wird und damit — selbst bei der Notwendigkeit sehr hoher anfänglicher Investitionen — seine internationalen Zahlungsverpflichtungen erfüllen und seine Auslandsschulden abtragen kann. Andererseits ist das Programm aufgrund seiner finanziellen Dimensionen und der Problematik der sozialen Relevanz der Projekte heftig umstritten.

Zur Einbeziehung privatwirtschaftlicher Aktivitäten wurde ein außergewöhnliches Bündel von steuerlichen Vergünstigungen und Subventionen geschaffen, so z. B. Einkommensteuerbefreiung für alle Unternehmen für 10 Jahre, zollfreie Einfuhr von Ausrüstungsgütern, verbilligter Energiebezug, außerdem staatliche Garantie für die Kreditaufnahme im In- und Ausland.

Nachdem das mehrheitlich staatseigene Bergbauunternehmen Cia. Vale do Rio Doce (CVRD) nach Scheitern des mit U.S. Steel geplanten joint venture auch bei der Suche nach anderen ausländischen Counterparts — vor dem Hintergrund einer weltweiten Rezession auf dem Stahlsektor — erfolglos war, entschloß sich CVRD zur alleinigen Kostenübernahme bzw. Kapitalbeschaffung für die im Eisenerzprojekt Carajás (Bergbau, Erzbahn, Hafen, Siedlungen), dem zentralen Teilprojekt des gesamten PGC, notwendigen Direktinvestitionen von ca. 3 Mrd. US-$. Mit den Finanzierungskosten werden sich die Investitionsmittel auf 4,9 Mrd. US-$ belaufen, von denen Brasilien 62 % stellt und die übrigen Mittel durch Anleihen aus Europa (EG) (15 %), USA (12 %) und Japan (11 %) gedeckt werden.

Die enormen mineralischen Rohstoffvorkommen, die sich auf einer Fläche von nur 3.500 qkm konzentrieren, machen die Serra dos Carajás zu einem der bedeutendsten Bergbaustandorte der Welt (s. Fig. 8).

In der PGC-Planungsregion befinden sich zudem 52 % (2,5 Mrd. t) der Bauxitreserven Brasiliens.

Die 890 km lange, für über 1,4 Mrd. US-$ erbaute Erzbahnlinie von der Carajás-Region zum Tiefwasserhafen (Schiffe bis 280.000 tdw) am Atlantik bildet nicht nur das infrastrukturelle Rückgrat des Eisenerzprojektes, sondern sie übernimmt die Funktion einer Entwicklungsachse für PGC. Mitte 1986 begann der Eisenerztransport in einer Größenordnung von 15 Mio t/Jahr, 1988 sollen 35 Mio t jährlich erreicht werden.

Die Eisenerzvorkommen von Carajás, die allein ca. 18 Mrd. t Reicherze (Hämatite) von durchschnittlich 66,1 % Fe-Gehalt umfassen, werden im Tagebau abgebaut. Der Abbau, der am Erzkörper der Serra Norte beginnt (s. Fig. 8), kann allein dort bei einer

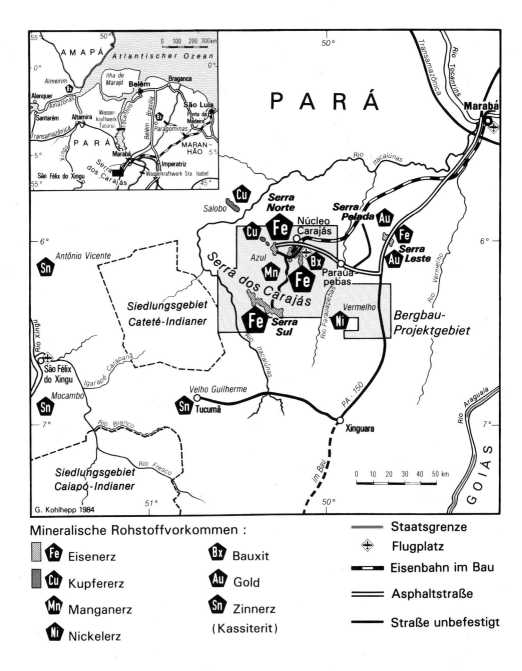

Mineralische Rohstoffvorkommen :

Fe Eisenerz		**Bx** Bauxit	
Cu Kupfererz		**Au** Gold	
Mn Manganerz		**Sn** Zinnerz	
Ni Nickelerz		(Kassiterit)	

Staatsgrenze
Flugplatz
Eisenbahn im Bau
Asphaltstraße
Straße unbefestigt

Fig. 8: Mineralische Rohstoffvorkommen in der Serra dos Carajás
(Quelle Kohlhepp 1984, Fig. 5 nach: Unterlagen Cia. Vale do Rio Doce und Dep. Nacional
de Produção Mineral do Ministério das Minas e Energia).

Tabelle 2
Mineralische Rohstoffvorkommen in der Serra dos Carajás und ihre Bedeutung für Brasilien

Erzvorkommen	Carajás (in Mio t)	Brasilien (in Mio t)	Anteil der Carajás-Vorkommen in %
Eisen	17.885	31.886	56
Kupfer	1.200	1.916	63
Mangan	60	452	13
Bauxit	48	4.700	1
Nickel	47	344	14
Zinn	0,037	0,15	16

Quelle: Kohlhepp 1984, S. 148 nach Angaben der CVRD und des Ministeriums für Bergbau und Energie.

Jahresproduktion von 35 Mio t während eines Zeitraums von 35 Jahren erfolgen. Die Serra dos Carajás ist mit einer 1983 asphaltierten Straße mit dem Regionalzentrum Marabá verbunden. Auf dem Plateau der Serra Norte (640 m über NN) ist eine Stadt für 15.000 Einwohner im Bau. Ebenso wurde ein moderner Flughafen eingerichtet. Die CVRD hat bei ihren Projekten mit Erfolg umfangreiche Maßnahmen zum Umweltschutz vorgenommen (CVRD 1981).
Während ein Teil der geförderten Eisenerze in den brasilianischen Markt fließt, z. T. auch in der Region selbst verhüttet wird, hat die CVRD trotz der internationalen Stahlkrise bereits Lieferverträge für Carajás-Eisenerze abgeschlossen, die für 1986 21 Mio t und 1988 24,7 Mio t für den Export vorsehen, davon u. a. 10 Mio t (40 %) nach Japan und knapp 6 Mio t (24 %) an die BR Deutschland.
Von den übrigen Erzvorkommen werden zunächst die Manganerze mit bis zu 1 Mio t/ Jahr abgebaut, die zu 75 % für den nationalen Markt bestimmt sind. Der Abbau der übrigen Erzreserven ist noch im Planungsstadium, wird später durch private Bergbauunternehmen erfolgen, die aufgrund der staatlichen infrastrukturellen Vorleistungen profitieren werden.
Die Errichtung von Hüttenwerken auf dem Aluminiumsektor wird zügig vorangetrieben. Die verkehrsgeographische Gunst von São Luís, der Hauptstadt des Staates Maranhão, hat den Ausschlag für den Standort eines Industrieparks gegeben, in dem die geplante Stahl- und Sinterproduktion allerdings vorerst zurückgestellt wurde. Das seit Ende 1984 mit der ersten Produktionsstufe in Betrieb befindliche Werk der Alumar (Alcoa/Shell), das z. Z. auf eine Jahresproduktion von 100.000 t Aluminium und 0,5 Mio t Aluminiumoxyd (Tonerde), ein Zwischenprodukt der Aluminiumherstellung, angelegt ist, ist mit Investitionen von 1,5 Mrd. US-$ das größte jemals in Brasilien privat finanzierte Industrieprojekt. Mit dem bis Ende der 80er Jahre geplanten Ausbau auf die dreifache Kapazität würde in São Luís eine der größten Tonerde-Raffinerien der Welt und eine Aluminium-Produktion entstehen, die die heutigen Importnotwendigkeiten Brasiliens weit übertreffen würde. Die Bauxitversorgung erfolgt ausschließlich von Trombetas im Unterlaufgebiet des Amazonas. Die Schaffung von einigen

Tausend Arbeitsplätzen in São Luís hat zu einer starken Zuwanderung aus dem extrem armen Hinterland von Maranhão geführt.

Der Aluminiumhüttenkomplex des brasilianisch-japanischen Konsortiums Alunorte/ Albras wird in Barcarena, 40 km südwestlich Belém am Rio Pará, zur größten Aluminium-Produktion (0,32 Mio t/Jahr) in Südamerika führen, die zu gleichen Teilen für den Binnenmarkt und den Export vorgesehen ist. An der Aluminiumproduktion wird neben staatlichem Kapital der CVRD die Naac (Nippon Amazon Aluminium Co.), ein Konsortium japanischer Firmen, mit 49 % beteiligt sein, das mit sehr günstigen Konditionen, v. a. im Energiebereich, einstieg. Die Werke, die Investitionen von insgesamt 2,5 Mrd US-$ erfordern, werden 4.000 Arbeitsplätze schaffen. In Barcarena ist eine neue Stadt für 60.000 Einwohner im Bau.

Zur Sicherung der Energieversorgung der riesigen Industrievorhaben, v. a. der außerordentlich große Energiemengen benötigenden Aluminiumhütten, ist am Rio Tocantins, ca. 300 km von Belém entfernt, das Wasserkraftwerk Tucuruí im Bau, das in seiner ersten Stufe Investitionen von ca. 5 Mrd. US-$ erfordern und eine Kapazität von 3.960 MW haben wird. Im November 1984 wurden die ersten beiden Turbinen in Betrieb genommen. Der Tucuruí-Stausee mit 2.400 qkm Staufläche steht mit einem Stauvolumen von 45,8 Mrd. cbm weltweit an dritter Stelle.

Außer der Versorgung der Aluminiumindustrie — das Werk der Alunorte/Albras benötigt allein 5 % des heutigen Verbrauchs Brasiliens an elektrischer Energie — wird das Großkraftwerk Tucuruí auch die in Marabá, der Stadt Tucuruí sowie entlang der Eisenbahnlinie entstehenden Industriebetriebe (u. a. Produktion von Roheisen, Gußeisen, Schwammeisen, Eisenlegierungen, metallischem Silizium, Zement) sowie die Metropole Belém versorgen.

Der Aufstau des Rio Tocantins und der entstandene Tucuruí-Stausee haben aber auch zahlreiche sozio-ökonomische, ökologische und tropenhygienische Probleme mit sich gebracht.

Im Rahmen der aufgrund der Überflutung notwendigen Umsiedlung von 19.000 Menschen kam es beim Ablauf der Umsiedlungsmaßnahmen, der Neulandzuteilung und den Entschädigungsleistungen zu heftigen Auseinandersetzungen zwischen Unternehmen und unzufriedenen Betroffenen, die in Protestaktionen gegen die Elektrizitätsgesellschaft mündeten.

Die mit dem Tucuruí-Stausee verbundenen ökologischen und tropenhygienischen Probleme können hier nur angedeutet werden. Hauptproblem ist der Fäulnisprozeß der nicht gerodeten und abgeräumten Biomasse. Hierdurch besteht die begründete Gefahr der Freisetzung toxischer Gase, wie z. B. Schwefelwasserstoff, Methan und Ammoniak, beim Abbau organischer Substanz. Durch geringe Sauerstoffverfügbarkeit im Wasser könnte auch die Fischereiwirtschaft beeinträchtigt werden. Die sehr schnelle Ausbreitung der Wasserhyazinthe (Eichhornia crassipes) gefährdet nicht nur die geplante Schiffahrt auf dem Stausee, sondern führt zu Verunreinigungen und Schäden an den Filtern für den Turbinenschutz. Die Bekämpfung der Eichhornia mittels Herbiziden würde zur Giftstoffanreicherung im Wasser und damit zur Gefährdung der Fischerei führen. Aufgrund des erhöhten Säuregrads des Wassers sind Korrosionsschäden an den Turbinen zu befürchten, wie dies z. B. auch an dem Kraftwerk am relativ kleinen Curuá-Una-Stausee bei Santarém nach bereits zwei Jahren festgestellt wurde.

Äußerst problematisch ist die Tatsache, daß der Tucuruí-Stausee für die Malaria übertragende Anopheles sowie für die als Schistosomiasis-Überträger auftretenden Wasserschneckenarten optimale Lebensbedingungen bietet, so daß mit negativen tropenhygienischen Konsequenzen gerechnet werden muß.

Die massenhafte Abwanderung der ehemals ländlichen Bevölkerung hat die neue Stadt Tucuruí überschwemmt und eine extreme Segregation zwischen der gut ausgestatteten company-town und der alten Siedlung verursacht. Zehntausende nach Fertigstellung der Arbeiten entlassene Bauarbeiter verblieben in Tucuruí, dessen Einwohnerzahl von 800 im Jahre 1974 bis 1985 auf 85.000 emporschnellte.

Die momentan entstehenden Großvorhaben beschäftigen über 50.000 Bauarbeiter. Die Hüttenwerke, der Erzabbau und die Infrastruktureinrichtungen sollen in Zukunft ebenfalls Tausende neuer Arbeitsplätze anbieten. Der Zustrom von Arbeit suchenden Migranten in die städtischen Zentren hat aber um ein Vielfaches zugenommen.

Die „Grande-Carajás"-Konzeption wird für die Planer durch die vorgesehene Anbindung von landwirtschaftlichen Projekten zum integrierten regionalen Entwicklungsplan. Die Planungen auf dem Agrarsektor müssen jedoch bisher noch mit großen Vorbehalten versehen werden. Der landwirtschaftliche Programmteil des Programa Grande Carajás, der nicht zuletzt internationale Finanzierung sichern soll, ist vorerst nur als unkoordinierter „Anhang" ohne vertiefte Ansätze zu integrierten ländlichen Entwicklungsmaßnahmen zu bezeichnen.

So sind weder die positiven Ansätze des POLONOROESTE-Programms in Rondônia, noch die Erkenntnisse aus den dortigen Entwicklungsprozessen der kleinbäuerlichen Landwirtschaft in die Überlegungen der PGC-Agrarplanung eingegangen.

Der auf einer Fläche von 47.000 qkm (!) geplante weltmarktorientierte Anbau von Sojabohnen und Mais, Maniok mit Einrichtung spezieller Anlagen zur Herstellung von Maniok-Pellets als Viehfutter, die geplanten Kautschuk-Plantagen, der energieorientierte Anbau von Zuckerrohr und Maniok auf 24.000 qkm Anbaufläche (Pro-Alkohol-Programm), die Errichtung von 350 Agrovilas und die Hochrechnungen von Dollar-Milliardenbeträgen der zu erwartenden jährlichen Einnahmen bestärken den Eindruck, daß sich der Hang zu Gigantomanie, der sich in den Bergbau-, Industrie- und Infrastrukturprojekten niederschlägt, nun auch auf den Agrarsektor ausgeweitet hat. Sicher vorauszusagen ist nur, daß schon durch einen Teil der Projekte Hunderttausende von Posseiros von ihrem Besitz und auch Indianer aus ihren Stammesgebieten vertrieben würden.

Die ursprünglichen Planungen für die Entwicklung einer exportorientierten modernen Landwirtschaft auf der Basis von „Green revolution"-Ideen und der Großbetriebsstruktur, an denen auch die Japan International Cooperative Agency Anteil hatte, haben inzwischen einer realistischeren Einstellung und Einschätzung der Möglichkeiten landwirtschaftlicher Entwicklung der Programmregion Platz gemacht.

Aber auch in den neuen Planungsgrundlagen (Ministério da Agricultura 1983) wird die kleinbäuerliche Landwirtschaft nicht angemessen berücksichtigt. Die vorgesehenen finanziellen Unterstützungsmaßnahmen für 16.160 Produzenten werden nur zu 65 % Kleinbetriebe mit nur 15 % der gesamten Betriebsfläche betreffen. Allerdings sind außer Projekten zur Verbesserung der landwirtschaftlichen Beratung und zur Unterstützung des Genossenschaftswesens auch Kolonisationsprojekte angelaufen. Die Zahl der zur Ansiedlung vorgesehenen Familien ist mit 7.000 aber äußerst gering, wenn man die Dimension der Problematik bedenkt.

In Maranhão werden nur knapp 17 % der Betriebe vom Eigentümer bewirtschaftet, dagegen 46 % von Pächtern und 37 % der Bewirtschafter sind Squatter, d. h. sie haben keinen Rechtstitel auf ihr Land und können jederzeit vertrieben werden. Insgesamt bedeutet dies, daß allein in Maranhão 410.000 landwirtschaftliche Betriebe ohne solide grundbuchmäßig verbriefte besitzrechtliche Situation wirtschaften. Hinzu kommt, daß wohl etwa 120–140.000 ländliche Familien nicht nur ohne eigenes Land, sondern selbst ohne Zugang zu Pachtmöglichkeiten sind. Hunger und Unterernährung sind weiter verbreitet als im Nordosten.

Die Grundbesitzverhältnisse in Maranhão gehören zu den konfliktträchtigsten in Brasilien. So wundert es nicht, daß die Bundesregierung 1980 eine Sonderbehörde (GETAT) zur Schlichtung der gewaltsamen Auseinandersetzungen schuf, der die Zuständigkeit der Landtitelregulierung in dieser Region übertragen wurde.

Unter den gegebenen Umständen kann das landwirtschaftliche Programm des PGC nicht nur als völlig unzureichend bezeichnet werden, sondern es wird ein völlig anderer entwicklungsstrategischer Ansatz notwendig sein. In Abkehr von der reinen Exportorientierung muß in weiten Teilgebieten der Planungsregion eine grundbedürfnisorientierte Agrarplanung betrieben werden, die sich v. a. der Erzeugung von Grundnahrungsmitteln auf der Basis von Kleinbetrieben widmet.

Das „Programa Grande Carajás" entspricht bisher in seiner inhaltlichen Konsistenz und der erforderlichen Interdependenz der Teilprojekte in keiner Weise den qualitativen Anforderungen, die an eine integrierte Regionalentwicklung gestellt werden müssen.

An den Großprojekten des Grande Carajás-Programms hat sich eine heftige öffentliche Kritik entzündet (Fase 1982, Ibase 1983 u. a.). In Zeiten wirtschaftlicher Rezession wirken die Versuche, mit der auf hohen Investitionen beruhenden Exportsteigerung die Auslandsschulden verringern zu wollen, wie ein circulus vitiosus. Die notwendigen Kreditaufnahmen bei hohen Zinssätzen und nicht langfristig garantierten Export-Produktpreisen werden zu immer stärkerer finanzieller Auslandsabhängigkeit führen.

Schlußbemerkung

Amazonien ist strukturell und räumlich Peripherie der im entwicklungstheoretischen Sinne peripheren Anrainerstaaten. Die bedingungslose zentrumorientierte „Inwertsetzung" dieses innertropischen Tieflandes ohne Rücksicht auf naturräumliche und anthropogene Gegebenheiten der Region hat zu vielschichtigen Problemen geführt.

Die Erschließung des Amazonasgebiets zeigt, daß zu den vieldiskutierten ökologischen Handicaps landwirtschaftlicher Tätigkeit in den inneren Tropen zahlreiche raumwirksame sozioökonomische Probleme kommen. Diese bilden letztlich den gemeinsamen Hintergrund für die Schwierigkeiten und z. T. auch für das Scheitern theoretisch gut konzipierter Entwicklungsplanungen.

Einige der „man-made-problems" scheinen jedoch lösbar, wenn es gelingt, Ursachen der Probleme zu beseitigen, die nicht nur regionalen Ursprungs sind. Dies gilt insbesondere für die Situation im brasilianischen Amazonien, wo sich die Summe agrarpolitisch sensibler und daher ungelöster Probleme – v. a. die überfällige Agrarreform – in ständig eskalierenden Interessenkonflikten niederschlägt, die jegliche Planung erschweren.

Das Raumpotential der peripheren Region Amazonien hat in den letzten Jahrzehnten eine räumlich-zeitliche Verlagerung der zu lösenden grundlegenden agraren Strukturprobleme erleichtert. Die Pionierzonen werden von einer kaum noch überschaubaren

Binnenwanderung marginalisierter Bevölkerung überschwemmt. Für große Teile der ländlichen Bevölkerung ist eine existenzbedrohende Landnahme- und Landnutzungskonkurrenz entstanden, die sich durch die Exportorientierung der Großprojekte, Besitzkonzentration und Verdrängungsprozesse immer weiter zuspitzt.

Dazu kommt die staatliche Planungsideologie, die bisher eher mit den Vertretern großer wirtschaftlicher Interessengruppen koalierte. Andere soziale Gruppen dagegen, die sich von den staatlichen Organen nicht oder nicht ausreichend vertreten fühlten, sind in offenen Widerstand gegen die Maßnahmen offizieller Stellen getreten. Die schwächsten sozialen Gruppen werden dabei in immer stärkerem Maße von kirchlicher Seite in ihrem Existenzkampf unterstützt.

Förderung von Großprojekten und häufiger Prioritätenwechsel in der Agrarpolitik haben den Stellenwert der kleinbäuerlichen Landwirtschaft geschwächt. In Zukunft wird sich die regionale Entwicklungsplanung, v. a. die Agrarplanung, weitaus stärker auf finanziell und räumlich begrenzte zielgruppenorientierte Kleinprojekte konzentrieren müssen, die die Betroffenen am Entscheidungsprozeß beteiligen und damit ein nur langsam und begrenzt realisierbares „development from below" fördern. Nicht Ideen der „Grünen Revolution" sind dabei gefragt, sondern die gleichzeitige Einrichtung vieler kleiner grundbedürfnisorientierter Einzelprojekte. Dabei sollten Agrarkolonisationsprojekten in Zukunft Tragfähigkeitsberechnungen vorausgehen, die auf der Grundlage des natürlichen Potentials, der angepaßten Technologie geeigneter landwirtschaftlicher Betriebssysteme sowie der sozialen Erfordernisse erstellt werden (Kohlhepp 1985 c, 1986 a).

Die Agroforstwirtschaft und die Nutzung der Várzea-Flächen, die in einem Sonderprogramm (Pro-Várzea) bereits angelaufen ist, werden verstärkt gefördert werden müssen. Solche begrenzten und klar definierten Projekte sollten durch intensive Beratung gestützt und in Kleinkreditvergabe und in integrierte kommunale Entwicklungsprogramme einbezogen werden. Dadurch würde die Reproduktion deformierter Agrar-Sozialstrukturen verhindert werden, die aus den Altsiedelgebieten an die jungen Pionierfronten übertragen wurde.

Die besitzrechtlichen Unsicherheiten, die den „Kampf um Land" geradezu provozieren, behindern eine ökologische und sozial orientierte Landnutzung. Das quantitative und qualitative Ausmaß dieser Probleme ist in Amazonien wesentlich gravierender als in den Ländern Tropisch-Afrikas oder in Süd- und Südost-Asien.

Aufgrund der natürlichen Gegebenheiten eignet sich Amazonien weder für eine kleinbäuerliche Massenkolonisation, noch für exportorientierte Monokulturen im land- oder forstwirtschaftlichen Bereich oder für großflächige Weidewirtschaft. Amazonien kann weder die Funktion einer „Kornkammer", noch die eines „Ventils" für den ländlichen und städtischen Bevölkerungsdruck anderer Regionen übernehmen.

Die amazonischen Regenwälder dürfen nicht länger Experimentierfeld ungeeigneter „Entwicklungs"-Modelle und Aktionsraum an die Peripherie abgedrängter Interessenkonflikte sein. Nur durch die Schaffung übergeordneter politischer Rahmenbedingungen, geeignete Kontrolle und zielgerichtete Koordination aller Maßnahmen an der Pionierfront wird es gelingen, die Aktivitäten der unterschiedlichen sozialen Gruppen und deren Raumnutzungsansprüche auf eine den landschaftsökologischen Gegebenheiten und den Bedürfnissen der regionalen Bevölkerung angepaßte Regionalentwicklung zu konzentrieren.

Nicht nur die nationale Planung, sondern auch internationale Finanzierungsorganisationen und ausländische Entwicklungshilfe müssen sich verstärkt mit der praktischen Umsetzung von „small-scale" oder „eco-development" befassen. Diese Zielsetzungen müssen Bestandteile integrierter Raumplanungsstrategien für eine Region werden, die als Lebensraum schutzbedürftiger Indianer sowie als Träger eines Ökosystems mit dem größten Arten- und Genbestand der Erde nicht sinnlos einem fehlgeleiteten, auf kurzfristige Gewinne ausgerichteten Fortschritt geopfert werden darf.

Resumo

Mudanças estruturais do espaço de colonização e do espaço econômico nas zonas pioneiras da América Latina tropical
O exemplo das matas pluviais tropicais da Amazônia

A temática da exploração, da colonização e do desenvolvimento econômico de zonas pioneiras tropicais, especialmente na América Latina, já há muito é campo de ocupação intensiva por parte da pesquisa geográfica alemã. Recentemente a discussão de estratégias apropriadas para o desenvolvimento regional das áreas de matas pluviais tropicais assumiu uma importância prática especial. Isto diz respeito, sobretudo, à área da Amazônia brasileira que é o tema desta exposição.

Nessa região a política de desenvolvimento do Estado seguia desde os anos 60 a diretriz da "integração nacional", isto é, a integração da periferia no espaço de colonização nacional e no espaço econômico. A base da operação do Estado com respeito ao aproveitamento do espaço da Amazônia primeiramente compreendia a criação de uma infra-estrutura apropriada, em que as rodovias ocupavam um lugar de capital importância como eixos diretrizes para a colonização, para o aproveitamento agrícola e para projetos setoriais de desenvolvimento econômico.

Nos últimos 20 anos ocorreram mudanças fundamentais no desenvolvimento e na distribuição da população, no desenvolvimento urbano e na ocupação dos espaços da Amazônia que são apresentados de forma detalhada. O número de habitantes da região central aumentou de 2,6 milhões, em 1960, para mais de 6 milhões em 1980, sobretudo em Rondônia e nos centros urbanos. Já em 1980 a região de planejamento "Amazônia legal" registrava mais de 11 milhões de habitantes.

O avanço da fronteira ocasionou a ocupação de grandes áreas pela colonização agrária e pela economia pastoril, mesmo que estas até agora compreendam apenas 11 % da área dos estabelecimentos agrícolas do Brasil.

Em dois estudos de casos são apresentadas as mudanças estruturais mais recentes no espaço de colonização e no espaço econômico. No caso do Programa Polonoroeste, apoido pelo Banco Mundial, analisa-se uma estratégia de solução do desenvolvimento rural integrado que, apesar de resultados positivos iniciais, é ameaçado pela elevada afluência migratória, pela desestabilização social e pela concentração fundiária provocando a expulsão da população pioneira constituída de pequenos proprietários. No caso do Programa Carajás estuda-se o problema de grandes projetos no desenvolvimento regional que concedem pouco espaço de ação ao desenvolvimento agrário orientado nas necessidades básicas.

A exploração da Região Amazônica evidencia que aos prejuízos ecológicos da atividade agrícola nos trópicos húmidos, já amplamente discutidos, se acrescentam ainda numerosos obstáculos sócio-econômicos e políticos oriundos do aproveitamento do espaço. Estes obstáculos em última análise formam a base comum para as dificuldades e em parte também para o fracasso de planos de desenvolvimento mesmo de boa concepção teórica.

Um elevado número da população sofre consequências de ameaça existencial por parte de uma concorrência de ocupação e aproveitamento da área que se manifesta num recrudescimento gradativo dos conflitos de interesses ocasionados por grandes projetos voltados à exportação, pela concentração fundiária e pelos processos de expulsão.

Devido a uma realidade natural a Amazônia não se presta nem para uma colonização em massa na base da pequena propriedade nem para as monoculturas orientadas para a exportação nas áreas da agricultura ou da silvicultura nem para a economia pastoril em grandes áreas. A Amazônia não pode assumir a função de "celeiro" nem de "válvula de escape" para a pressão demográfica da área rural e urbana de outras regiões.

As matas pluviais amazonicas não devem continuar a ser campo de experimentação para modelos inadequados de "desenvolvimento" e campo de ação de conflitos de interesses desviados para a periferia. Somente mediante a criação de diretrizes políticas básicas superiores, de controle adequado e de coordenação sistemática de todas as medidas adotadas na fronteira pioneira será possível concentrar as atividades dos diferentes grupos sociais e de suas reivindicações de aproveitamento do espaço para um desenvolvimento regional que considere a realidade ecológica regional e esteja adaptado às necessidades da população da região.

Literaturverzeichnis (Auswahl)

Asselin, V., (1982): Grilagem. Corrupção e violência em terras do Carajás. – Petrópolis.

Brücher, W., (1968): Die Erschließung des tropischen Regenwaldes am Ostrand der kolumbianischen Anden. – Tübinger Geogr. Studien, H. 28, Tübingen.

– (1977): Formen und Effizienz staatlicher Agrarkolonisation in den östlichen Regenwaldgebieten der tropischen Andenländer. – Geogr. Zeitschr., 65, S. 3–22, Wiesbaden.

Coy, M., (1986 a): Regionalentwicklung in Rondônia (Brasilien). Integrierte ländliche Entwicklung und politische Rahmenbedingungen. – In: Geogr. Zeitschr. (im Druck).

– (1986 b): Junge Pionierfrontentwicklung in Amazonien. Rondônia: Ursachen und Konsequenzen des neuen „Marcha para Oeste". – In: Kohlhepp, G. (Hrsg.): Brasilien. Beiträge zur regionalen Struktur- und Entwicklungsforschung. Tübinger Geogr. Studien, H. 93 (im Druck).

CVRD (1981): Projeto Ferro Carajás. – Rio de Janeiro.

Czajka, W., (1953): Lebensformen und Pionierarbeit an der Siedlungsgrenze. Hannover.

Davis, S. H., (1977): Victims of the miracle. Development and the indians of Brazil. Cambridge.

Engelhardt, W. und Fittkau, E. J., (Hrsg.) (1984): Tropische Regenwälder – eine globale Herausforderung. – Spixiana. Zeitschrift für Zoologie. Supplement 10, München.

FASE (= Federação de Órgãos para Assistência Social e Educacional – Regional Norte) (Hrsg.) (1982): Carajás – A exploração e a pilhagem na Amazônia. – Belém/Pará.

Hemming, J. (Hrsg.), (1985): Change in the Amazon Basin. Bd. 1: Man's impact on forests and rivers. Bd. 2: The frontier after a decade of colonization. Manchester.

Ianni, O., (1979): Colonização e contra-reforma agrária na Amazônia. – Petrópolis.

IBASE (Instituto Brasileiro de Análises Sociais e Econômicas) (1983): Carajás: O Brasil hipoteca seu futuro. – Rio de Janeiro.

Jülich, V., (1975): Die Agrarkolonisation im Regenwald des mittleren Rio Huallaga (Peru). – Marburger Geogr. Schr., 63, Marburg.

Karp, B., (1986): Agrarkolonisation, Landkonflikte und disparitäre Regionalentwicklung im Spannungsfeld ethnosozialer Gruppen und externer Beeinflussung in West-Paraná (Brasilien). – In: Kohlhepp, G. (Hrsg.): Brasilien. Beiträge zur regionalen Struktur- und Entwicklungsforschung. Tübinger Geogr. Studien, H. 93 (im Druck).

Kohlhepp, G., (1975): Agrarkolonisation in Nord-Paraná. Wirtschafts- und sozialgeographische Entwicklungsprozesse einer randtropischen Pionierzone Brasiliens unter dem Einfluß des Kaffeeanbaus. – Heidelberger Geogr. Arb., 41, Wiesbaden.
– (1976): Planung und heutige Situation kleinbäuerlicher Kolonisationsprojekte an der Transamazônica. – Geogr. Zeitschr., 64, 3, S. 171–211.
– (1978): Erschließung und wirtschaftliche Inwertsetzung Amazoniens. Entwicklungsstrategien brasilianischer Planungspolitik und privater Unternehmer. – Geogr. Rundschau 30, S. 2–13.
– (1979): Brasiliens problematische Antithese zur Agrarreform: Agrarkolonisation in Amazonien. – In: Elsenhans, H. (Hrsg.) (1979): Agrarreform in der Dritten Welt, S. 471–504, Frankfurt/ New York.
– (1983): Strategien zur Raumerschließung und Regionalentwicklung im Amazonasgebiet. Zur Analyse ihrer entwicklungspolitischen Auswirkungen. – In: Buisson, I. und Mols, M. (Hrsg.) (1983): Entwicklungsstrategien in Lateinamerika in Vergangenheit und Gegenwart. (= Internationale Gegenwart, Bd. 5), S. 175–193, Paderborn.
– (1984 a): Der tropische Regenwald als Siedlungs- und Wirtschaftsraum. Am Beispiel jüngster Entwicklungsprozesse im brasilianischen Amazonasgebiet. – In: Engelhardt, W. und Fittkau, E. J. (Hrsg.) (1984): Tropische Regenwälder – eine globale Herausforderung. Spixiana. Supplement 10, S. 131–157, München.
– (1984 b): Räumliche Erschließung und abhängige Entwicklung in Ost-Paraguay. – In: Paraguay, Lateinamerika-Studien 14, S. 203–253, München.
– (1984 c): Strukturwandel und Beharrungsvermögen der Mennoniten im paraguayischen Chaco. Zur wirtschaftlichen Entwicklung religiöser Gruppensiedlungen an der agronomischen Trockengrenze. – In: Paraguay. Lateinamerika-Studien 14, S. 255–286, München.
– (1985 a): Regional development strategies and economic exploitation policies in Amazonia. – In: Misra, R. P., Becker, B. K., Tri Dung, N. (Hrsg.) (1985): Regional development in Brazil. The frontier and its people. – United Nations Centre for Regional Development Monograph, S. 1–34, Nagoya.
– (1985 b): Die tropischen Feuchtwälder Amazoniens als Aktionsraum wirtschaftlicher Entwicklungen. – In: Bundesanstalt für Forst- und Holzwirtschaft (Hrsg.) (1985): Tropische Feuchtwälder: Nutzung – Gefährdung – Erhaltung. Mitteilungsheft 8, S. 23–50, Hamburg.
– (1985 c): Agrarkolonisationsprojekte in tropischen Regenwäldern. Amazonien als Beispiel und Warnung. – In: Erhaltung und Nutzung tropischer Regenwälder. – Entwicklung und ländlicher Raum, 19, 3, S. 13–18.
– (1986 a): Strategies of regional development in the Brazilian Amazonia. With special reference to agricultural projects. – In: Embrapa/Cpatu (Hrsg.): I Simpósio do Trópico Úmido. Anais (= Documentos 36), Bd. 6, Belém. (im Druck).
– (1986 b): Amazonien. Regionalentwicklung im Spannungsfeld ökonomischer Interessen sowie sozialer und ökologischer Notwendigkeiten (= Problemräume der Welt). Köln. (im Druck).
– und Coy, M., (1985): Regional development in Southwestern Amazonia. The Polonoroeste program in Rondônia and the state of colonization in Acre. Tübingen (unveröffentlichtes Gutachten).
– und Coy, M., (1986): Conflicts of interests and regional development planning in colonizing the Brazilian Amazon: The case of Rondônia. – International Congr. of Americanists, Bogotá 1985 (erscheint bei Royal Dutch Geographical Society; im Druck).

Lücker, R., (1986): Agrarräumliche Entwicklungsprozesse im Alto-Uruguay-Gebiet (Südbrasilien). Analyse eines randtropischen Neulandgebiets unter Berücksichtigung von Diffusionsprozessen im Rahmen modernisierender Entwicklung. Tübinger Geogr. Studien 94.

Maass, A., (1969): Entwicklung und Perspektiven der wirtschaftlichen Erschließung des tropischen

Waldlandes von Peru, unter besonderer Berücksichtigung der verkehrsgeographischen Problematik. – Tübinger Geogr. Studien, H. 31, Tübingen.

Mahar, D. F., (1979): Frontier development policy in Brazil: a study of Amazonia. New York.

Martins, J. de Souza, (1982): Expropriação e violência. A questão politíca no campo. São Paulo.
– (1983): Os camponeses e a política no Brasil. As lutas sociais no campo e seu lugar no processo político. – Petrópolis.

Ministério da Agricultura (1983): Programa Grande Carajás Agrícola. Versão preliminar. 6 vol. – Brasília.

Ministério das Minas e Energia (1981): Programa Grande Carajás. o. O.

Monheim, F., (1965): Junge Indianerkolonisation in den Tiefländern Ostboliviens. – Braunschweig.
– (1977): 20 Jahre Indianerkolonisation in Ostbolivien. – Erdkundl. Wissen, 48 (Geogr. Zeitschr., Beihefte), Wiesbaden.

Moran, E. F., (1981): Developing the Amazon. Bloomington.
– (Hrsg.), (1983): The dilemma of Amazonian development. Boulder.

Nitz, H. (Hrsg.), (1976): Landerschließung und Kulturlandschaftswandel an den Siedlungsgrenzen der Erde. – Göttinger Geogr. Abh. 66, Göttingen.

Nuhn, H., (1976): Gelenkte Agrarkolonisation an der Siedlungsgrenze im tropischen Regenwald Zentralamerikas. – In: Nitz, H. (Hrsg.): Landerschließung und Kulturlandschaftswandel an den Siedlungsgrenzen der Erde. – Göttinger Geogr. Abh. 66, S. 25–53.
– (1978): Regionalisierung und Entwicklungsplanung in Costa Rica. – Beiträge zur Geogr. Regionalforschung in Lateinamerika, Bd. 2, Hamburg.

Pfeifer, G., (1966): Observaciones a lo largo de las nuevas fronteras de colonización en Paraná y Mato Grosso. – In: UGI – Conf. Reg. Latinoamericana, T. 1, México.

Sandner, G., (1961): Agrarkolonisation in Costa Rica. – Schriften des Geogr. Instituts der Univ. Kiel, Bd. 19, H. 3, Kiel.
– (1964): Die Entwicklung der karibischen Waldregion im südlichen Zentralamerika. – Die Erde 95, S. 111–131.
– und Nuhn, H., (1971): Das nördliche Tiefland von Costa Rica. – Abhandlungen aus dem Gebiet der Auslandskunde, Bd. 72, Berlin, New York.

Schoop, W., (1970): Vergleichende Untersuchungen zur Agrarkolonisation der Hochlandindianer am Andenabfall und im Tiefland Ostboliviens. – Aachener Geogr. Arbeiten, H. 4, Aachen.

Sioli, H. (Hrsg.), (1984): The Amazon. Limnology and landscape ecology of a mighty tropical river and its basin. Dordrecht. (= Monographiae Biologicae 56).
– (1985): The effects of deforestation in Amazonia. – The Geographical Journal 151, 2, S. 197–203.

Sternberg, H. O'Reilly (1973): Development and conservation. – Erdkunde 27, 4, S. 253–265.
– (1980): Amazonien: Integration und Integrität. – In: Benecke, D., Domitra, M. und Mols, M. (Hrsg.), (1980): Integration in Lateinamerika. Beiträge zur Soziologie und Sozialkunde Lateinamerikas 17, S. 293–322, München.

Valverde, O. et al., (1979): A organização na faixa da Transamazônica. Bd. 1: Sudoeste amazônico. Rio de Janeiro.
– und Freitas, T. L. Reis de, (1980): O problema florestal para a Amazônia Brasileira. – Petrópolis.

Waibel, L., (1955 a): As zonas pioneiras do Brasil. – Rev. Brasileira de Geogr. 17, 4, S. 389–422. (Übers. In: Pfeifer, G. und Kohlhepp, G. (Hrsg.), (1984): Leo Waibel als Forscher und Planer in Brasilien. Erdkundl. Wissen 71 (= Beihefte z. Geogr. Zeitschr.), S. 77–104, Stuttgart.
– (1955 b): Europäische Kolonisation Südbrasiliens. – Colloquium Geographicum 4, Bonn (hrsg. und bearb. von G. Pfeifer).

Wilhelmy, H., (1940): Probleme der Urwaldkolonisation in Südamerika. – Zeitschr. Ges. f. Erdkunde zu Berlin, S. 303–314, Berlin.

– (1949): Siedlungen im südamerikanischen Urwald. – Hamburg.
– (1970): Amazonien als Lebens- und Wirtschaftsraum. – In: Deutsche Geographische Forschung in der Welt von heute. (= Festschrift f. E. Gentz), S. 69–84, Kiel.

The World Bank (1981): Brazil. Integrated development of the Northwest Frontier. Washington, D. C.
– (1983): Staff appraisal report. Brazil. Northwest Region development program. Phase III: New settlements project. Report Nr. 4424 – BR. Washington D. C.

Kompendium deutscher geographischer Lateinamerikaforschung

Die folgenden Angaben wurden von E. Gormsen zusammengestellt und basieren auf Mitteilungen der genannten Personen. Sie sind gegliedert nach

Name, Dienststellung und Adresse
Geburtsjahr
Regionale Arbeitsgebiete
Thematische Schwerpunkte

Einige verstorbene Kollegen, die nach dem Krieg in der Lateinamerika-Forschung aktiv waren, sind ebenfalls in der Aufstellung enthalten.

Eine tabellarische Übersicht sowie eine Auswahlbibliographie finden sich im Anhang des Beitrags von E. Gormsen „Deutsche geographische Lateinamerika-Forschung" im vorliegenden Band.

Prof. Dr. Gerhard Abele
Geographisches Institut
Universität
Postfach 3980
6500 Mainz
1937
Peru, Nordchile
Geomorphologie (insb. kataklysmischer und glazialer Formenschatz)
Klimatische Höhenstufen

Prof. Dr. Jürgen Bähr
Geographisches Institut
Universität
2300 Kiel
1940
Außertropisches Südamerika
Stadt- und Bevölkerungsgeographie
(insb. Wanderungen)

Prof. Dr. Otto Berninger
Würzburger Ring 35
8520 Erlangen
1898
Chile
Anthropogeographie

Prof. Dr. Helmut Blume
Geographisches Institut
Universität
Hölderlinstr. 12
7400 Tübingen
1920
Westindische Inseln
Alle Bereiche der Geographie, Länderkunde

Prof. Dr. Christoph Borcherdt
Geographisches Institut
Universität
Silcherstr. 9
7000 Stuttgart 1
1924
Venezuela
Alle Bereiche der Anthropogeographie, Länderkunde

AR. Dr. Axel Borsdorf
Privatdozent
Geographisches Institut
Universität
Hölderlinstr. 12
7400 Tübingen
1948
Chile
Stadtgeographie
Regionalplanung

Prof. Dr. Hanna Bremer
Geographisches Institut
Universität
5000 Köln 41
1928
Nördliches Südamerika
Relief- und Bodenentwicklung

Prof. Dr. Wolfgang Brücher
Fachrichtung Geographie
Universität
6600 Saarbrücken
1941
Kolumbien
Entwicklungsprobleme, Industrie,
Urbanisierung

Dr. Ernst Brunotte
Privatdozent
Geographisches Institut
Universität
3400 Göttingen
1943
Westargentinien
Geomorphologie, Landschaftskunde

Prof. Dr. Ekkehard Buchhofer
Fachbereich Geographie
Universität
Deutschhausstr. 10
3550 Marburg
1937
Mexico
Stadtentwicklung und -planung

Prof. Dr. Jürgen Bünstorf
Mersmanns Stiege 8
4417 Altenberge
1936
Argentinischer Gran Chaco
Landerschließung, wirtschaftsgeographische
Entwicklung

Prof. Dr. Willi Czajka
Am Schlehdorn 5
3400 Göttingen-Nikolausberg
1898
Subtropische Trockengebiete
Geomorphologie

Dr. Wilfried Endlicher
Hochschulassistent
Institut für Physische Geographie
Universität
Werderring 4
7800 Freiburg i. Br.
1947
Chile, Andenländer
Klimatologie, Geoökologie,
Landschaftsdegradation, Fernerkundung

Prof. Dr. Wolfgang Eriksen
1935–1985
Professor in Hannover 1976–1985
Argentinien, Bolivien
Klimatologie, Forstgeograpie
Fremdenverkehr, Regionale Geographie

Prof. Dr. Hartmut Ern
Direktor am Botanischen Garten und
Botanischen Museum Berlin–Dahlem
Königin-Luise-Str. 6–8
1000 Berlin 33
1935
Mexico
Pflanzengeographie, Floristik, Ökologie

Prof. Dr. Ursula Ewald
Geographisches Institut
Universität
Im Neuenheimer Feld 348
6900 Heidelberg 1
1938
Mexico, Venezuela
Wirtschafts- und Sozialgeographie
Historische Geographie

Prof. Dr. Klaus Fischer
Lehrstuhl für Physische Geographie
Universität
Memminger Str. 6
8900 Augsburg
1937
Zentral- und Südanden
Geomorphologie, Landschaftsökologie

Prof. Dr. Gustav Fochler-Hauke
Adelheidstr. 25 c
8000 München 40
1906
Argentinien, Südamerika als Ganzes
Länderkunde

Dr. Paul Gans
Geographisches Institut
Universität
Olshausenstr. 40
2300 Kiel 1
1951
Argentinien, Uruguay
Stadtgeographie, Bevölkerungsgeographie
Wirtschaftsgeographie, Raumplanung

Prof. Dr. Karsten Garleff
Lehrstuhl II für Geographie
Universität
Postfach 1549
8600 Bamberg
1934
Argentinien, Brasilien
Geomorphologie, Landschaftsökologie

Prof. Dr. Walter Gerling
Geographisches Institut
Universität
Am Hubland
8700 Würzburg
1907
Westindische Inseln
Agrargeographie

Dr. Gerhard Gerold
Hochschulassistent
Geographisches Institut
Universität
Schneiderberg 50
3000 Hannover 1
1949
Bolivien
Vegetationsdegradation, Bodengeographie

Prof. Dr. Armin Gerstenhauer
Geographisches Institut
Universität
4000 Düsseldorf 1
1926
Mittelamerikanischer Raum
Geomorphologie (insb. Karstmorphologie)

Prof. Dr. Hans-Günther Gierloff-Emden
Geographisches Institut
Universität
Luisenstr. 37
8000 München
1923
Mexico, Zentralamerika
Physische Geographie, Fernerkundung,
Länderkunde

Dr. Gisbert Glaser
UNESCO
Place de Fontenoy
75007 Paris, Frankreich
1939
Brasilien
Anthropogeographie

AOR. Dr. Winfried Golte
Geographisches Institut
Universität
Franziskaner Str. 2
5300 Bonn
1940
Chile
Wirtschaftsgeographie

Prof. Dr. Erdmann Gormsen
Geographisches Institut
Universität
Postfach 3980
6500 Mainz
1929
Mexico, Venezuela
Anthropogeographie, insb. Stadt- und
Tourismusforschung,
Regionalstrukturforschung

Prof. Dr. Hans-Dieter Haas
Institut für Wirtschaftsgeographie
Universität
Ludwigstr. 28
8000 München 22
1943
Karibischer Raum
Wirtschaftsentwicklung,
Industriegeographie

Prof. Dr. Karl Albert Habbe
Institut für Geographie
Universität
8520 Erlangen
1928
Südchile
Quartärmorphologie

Dr. Heinz-Dieter Heidemann
Dept. de Geografia
Universidade de Sergipe
Campus Universitaria
49.000 Aracaju – Sergipe
Brasilien
1946
Brasilien
Regionalstruktur

Prof. Dr. Klaus Heine
Institut für Geographie
Universität
8400 Regensburg
1940
Mexico
Eiszeitforschung, Klimageschichte,
Bodenerosion

Dr. Karl Helbig
Bleickenallee 22
2000 Hamburg-Altona
1903
Mexico, Zentralamerika
Länderkunde

Prof. Dr. Karl Hermes
Geographisches Institut
Universität
Postfach 397
8400 Regensburg
1924
NW—Argentinien
Ansiedlung von Banater Deutschen

Prof. Dr. Ekkehard Jordan
Fachbereich 14
Universität, Abt. Vechta
Driverstr. 22
2848 Vechta
1941
Bolivien, Ecuador
Glaziologie, Fernerkundung

Prof. Dr. Albrecht Kessler
Meteorologisches Institut
Universität
Werderring 10
7800 Freiburg
1930
Bolivien, Peru
Hydrologie, Klimatologie, Landeskunde

Prof. Dr. Dieter Klaus
Geographisches Institut
Universität
Franziskaner Str. 2
5300 Bonn
1938
Mexico
Klimatologie, Landschaftsökologie

Prof. Dr. Hans-Jürgen Klink
Geographisches Institut
Ruhr-Universität
Postfach 10 21 48
4630 Bochum 1
1933
Mexico
Vegetationsgeographie, Geoökologie

Dr. Gerrit Köster
Wiss. Assistent
Geographisches Institut
Rhein.-Westf. TH Aachen
Templergraben 55
5100 Aachen
1950
Bolivien
Stadtgeographie, Migrationsforschung,
Stadtplanung, Industrieansiedlung

Prof. Dr. Gerd Kohlhepp
Geographisches Institut
Universität
Hölderlinstr. 12
7400 Tübingen
1940
Brasilien, Amazonien, Paraguay
Wirtschafts- und Sozialgeographie,
Siedlungsgeographie,
Regionale Entwicklungsforschung

Dr. Rüdiger Kreth
Geographisches Institut
Universität
Postfach 3980
6500 Mainz
1941
Mexico
Tourismus- und Stadtforschung

Prof. Dr. Eberhard Kross
Geographisches Institut
Ruhr-Universität
Postfach 10 21 48
4630 Bochum
1938
Lateinamerika
Fremdenverkehrsgeographie,
Geographiedidaktik

AOR. Dr. Klaus Kulinat
Geographisches Institut
Universität
Silcherstr. 9
7000 Stuttgart 1
1935
Venezuela
Wirtschaftsgeographie

Prof. Dr. Wilhelm Lauer
Geographisches Institut
Universität
Franziskaner Str. 2
5300 Bonn
1923
Mexico, Chile, Bolivien,
El Salvador, Ecuador
Klima- und Vegetationshöhenstufen,
Ökosysteme der Agrarlandschaft,
Quartärmorphologie

Dr. Carl-Christoph Liss
Hochschulassistent
Geographisches Institut
Universität
Goldschmidtstr. 5
3400 Göttingen
1937
Argentinien
Agrargeographie, Kolonisation,
Städtische und ländliche Siedlungen

Dr. Lothar Mahnke
Geographisches Institut
Rhein.-Westf. TH Aachen
Templergraben 55
5100 Aachen
1956
Bolivien
Agrargeographie, Ökologie

Prof. Dr. Josef Matznetter
Inst. f. Wirtschafts- u. Sozialgeographie
Universität
Bockenheimer Landstr. 140
6000 Frankfurt/Main
1917
Brasilien
Wirtschaftsgeographie, Stadtgeographie,
Agrargeographie

Prof. Dr. Eberhard Mayer
Geographisches Institut
Universität
Franziskaner Str. 2
5300 Bonn
1933
Venezuela
Anthropogeographie

Prof. Dr. Günter Mertins
Fachbereich Geographie
Universität
Deutschhausstr. 10
3500 Marburg/Lahn
1936
Kolumbien, Ecuador, Brasilien, Uruguay
Argrarstruktur und -planung, Mobilität,
Sozialstruktur, Urbanisierungsprozesse

Prof. Dr. Werner Mikus
Geographisches Institut
Universität
Im Neuenheimer Feld 348
6900 Heidelberg 1
1937
Peru, Südamerika
Wirtschafts- und Sozialgeographie
Arbeitsmarktforschung

AOR. Dr. Bernhard Mohr
Institut f. Kulturgeographie
Universität
7800 Freiburg
1938
Kolumbien
Agrargeographie

Prof. Dr. Felix Monheim
1916–1983
Professor in Aachen 1957–1982
Peru, Bolivien
Klimatologie, Hydrologie,
Agrar- und Siedlungsgeographie

Dr. Bernhard Müller
Wiss. Assistent
Inst. für Landesplanung und
Raumforschung der Universität
3000 Hannover
1952
Mexico, Kolumbien
Fremdenverkehr, Stadtentwicklung und
Freiraumplanung, Regionalplanung

Prof. Dr. Paul Müller
Institut für Biogeographie
Universität
6600 Saarbrücken
1940
Brasilien
Biogeographie, Ökologie

Prof. Dr. Herbert J. Nickel
Regionale Entwicklungsforschung
Universität
Postfach 101252
8580 Bayreuth
1935
Mexico
Sozialgeschichte und Sozialgeographie

Prof. Dr. Helmut Nuhn
Institut für Geographie
Universität
Bundesstr. 55
2000 Hamburg 13
1936
Mittelamerika
Wirtschafts- und Sozialgeographie,
Regionalforschung,
Entwicklungsländerforschung

Prof. Dr. Claudio Ochsenius
Gastprofessor
Institut f. Biogeographie
Universität
6600 Saarbrücken
1948
Bolivien, Chile, Ecuador, Kolumbien,
Brasilien, Venezuela
Jungquartäre Ökologie, Biogeographie

Prof. Dr. Erich Otremba
1910–1984
Professor in Hamburg 1951–1963
und Köln 1963–1976
Venezuela
Kulturgeographie

Dr. Heinrich Pachner
Hochschulassistent
Geographisches Institut
Universität
Silcherstr. 9
7000 Stuttgart 1
1945
Venezuela
Stadtforschung, Sozialgeographie,
Ländlicher Raum

Prof. Dr. Karl-Heinz Paffen
1914–1983
Professor in Kiel 1967–1981
Brasilien
Vegetationsgeographie

Prof. Dr. Karl-Heinz Pfeffer
Geographisches Institut
Universität
Albertus-Magnus-Platz
5000 Köln 41
1939
Karibische Inseln
Karstmorphologie

Prof. Dr. Gottfried Pfeifer
1901–1985
Prof. in Heidelberg 1951–1969
Brasilien, Mexico
Agrargeographie, Wirtschaftsgeographie

Dozent Dr. Kilian Popp
Geographisches Institut
Technische Universität
Arcisstr. 21
8000 München 2
1947
Mexico
Agrargeographie, Stadtgeographie

Prof. Dr. Heinrich Rohdenburg
Institut für Geographie
Technische Universität
Langer Kamp 19c
3300 Braunschweig
1937
Brasilien
Geomorphologie, Bodengeographie

Dr. Volker Rönick
Institut f. Geographie
Universität
4400 Münster
1943
Brasilien
Landwirtschaft, Ökologie,
Entwicklungsplanung,
Luft- und Satellitenbildauswertung

Prof. Dr. Klaus Rother
Lehrstuhl Geographie I
Universität
Schustergasse 21
8390 Passau
1932
Chile
Kulturgeographie (Siedlungen, Agrarreform,
Fremdenverkehr)

Prof. Dr. Hans-Jörg Sander
Seminar für Geographie und
ihre Didaktik
Römerstr. 164
5300 Bonn 1
1941
Mexico, Mittelamerika
Stadt-, Wirtschafts-, Sozialgeographie,
Agrargeographie, Landes- und Länderkunde,
Tragfähigkeitsforschung

Prof. Dr. Gerhard Sandner
Institut f. Geographie und
Wirtschaftsgeographie
Universität
Bundesstr. 55
2000 Hamburg 13
1929
Zentralamerika, Karibischer Raum,
Lateinamerika insgesamt
Wirtschaftsgeographie,
Politische Geographie, Länderkunde

AOR. Dr. Siegfried Schacht
Geographisches Institut
Rhein.-Westf. TH Aachen
Templergraben 55
5100 Aachen
1939
Brasilien
Agrargeographie (insb. Subsistenzwirtschaft
und Agrarkolonisation)

Dr. Georg Scherm
Statistisches Landesamt
Postfach 898
7000 Stuttgart 1
1951
Karibischer Raum
Industriegeographie

Prof. Dr. Oskar Schmieder
1891–1980
Professor in Kiel 1933–1958
Lateinamerika
Länderkunde

Prof. Dr. Josef Schmithüsen
1909–1984
Professor in Karlsruhe 1953–1962
und Saarbrücken 1962–1977
Chile
Vegetationsgeographie

AOR. Dr. Achim Schnütgen
Geographisches Institut
Universität
Albertus-Magnus-Platz
5000 Köln 41
1936
Nördliches Südamerika
Relief- und Bodenentwicklung

Prof. Dr. Wolfgang Schoop
MISEREOR
Referat für Grundsatzfragen
Postfach 1450
5100 Aachen
1940
Bolivien, Anden
Agrarkolonisation, Verstädterung,
Periodische Märkte, Migration,
Minoritäten

Prof. Dr. Ernst Schrimpff
Fakultät für Landwirtschaft u. Gartenbau
der TU München
8050 Freising-Weihenstephan
1939
Kolumbien
Hydrologie, Luftschadstoffbelastung

Prof. Dr. Enno Seele
Fachbereich 14
Universität, Abt. Vechta
Driverstr. 22
2848 Vechta
1931
Mexico
Agrar- und Siedlungsgeographie,
Wochenmärkte

Prof. Dr. Wolf-Dieter Sick
Institut für Kulturgeographie
Universität
Werderring 4
7800 Freiburg i. Br.
1925
Ecuador
Wirtschaftsgeographie
Siedlungsgeographie

Prof. Dr. Hans O. Spielmann
Institut für Geographie und
Wirtschaftsgeographie
Universität
Bundesstr. 5
2000 Hamburg 13
1938
Zentralamerika
Wirtschaftsgeographie

Prof. Dr. Christoph Stadel
Brandon University
Department of Geography
Brandon Manitoba
Canada R7A 6A9
1938
Ecuador, Tropische Anden
Ökologische und landwirtschaftliche
Höhenzonen, Stressfaktoren und
Stimulantien, Urbanisierung

Prof. Dr. Helmut Stingl
Lehrstuhl für Geomorphologie
Universität
Postfach 3008
8580 Bayreuth
1936
Argentinien, Brasilien
Geomorphologie, Landschaftsökologie

Dr. Karl-Ludwig Storck
Wiss. Mitarbeiter
Lehrstuhl für Wirtschaftsgeographie
Lange Gasse 20
8500 Nürnberg
1954
Mexico
Historische Stadt- und
Wirtschaftsforschung

Prof. Dr. Franz Tichy
Spardorfer Str. 51
8520 Erlangen
1921
Mexico
Kulturlandschaftsgeschichte,
Siedlungsforschung

Prof. Dr. Wolfgang Trautmann
Geographisches Seminar
Universität
4300 Essen
1940
Mexico
Agrargeographie,
Historische Geographie

Prof. Dr. Carl Troll
1899–1975
Professor in Berlin 1929–1938
und Bonn 1938–1967
Lateinamerika, insb. Andenländer
Landschaftsökologie, Länderkunde

Dr. Konrad Tyrakowski
Hochschulassistent
Mathem.-Geogr. Fakultät
Kath. Universität
8078 Eichstätt
1945
Mexico
Agrarwirtschaft, Wochenmärkte,
ländliche Siedlungen,
Entwicklungsprobleme des ländlichen
Raumes, Historische Geographie

Dr. Hans-Otto Waldt
Landesamt für Umweltschutz
und Gewerbeaufsicht
Amtsgerichtsplatz 1
6504 Oppenheim
1945
Venezuela
Agrargeographie

Prof. Dr. Wolfgang Weischet
Institut f. Physische Geographie
Universität
Werderring 4
7800 Freiburg i. Br.
1921
Chile, Andenländer
Klimatologie, Ökologie, Länderkunde

Prof. Dr. Gerd Wenzens
Geographisches Institut
Universität
4000 Düsseldorf
1941
Mexico
Reliefentwicklung (insb. Trockengebiete
und Karstformenschatz)

Prof. Dr. Dietrich J. Werner
Geographisches Institut
Universität
Albertus-Magnus-Platz
5000 Köln 41
1935
NW–Argentinien, Puna
Vegetationsgeographie, Trockengebiete,
Landschaftsökologie, Bodengeographie

Prof. Dr. Herbert Wilhelmy
Bohnenberger Str. 6
7400 Tübingen
1910
Lateinamerika
Alle Bereiche der Geographie

„RIMAYKULLAYKI"

Unterrichtsmaterialen zum Quechua Ayacuchano – Peru

zusammengestellt nach Clodoaldo Soto Ruiz
„Quechua – Manual den Enseñanza", Lima 1979
und ergänzt von Sabine Dedenbach-Salazar Saénz, Utta von Gleich,
Roswith Hartmann, Peter Masson
unter Mitwirkung von Carmen Arellano de Iglesias, Regina Boethelt,
Dagmar Fries, Clodoaldo Soto Ruiz
herausgegeben von Roswith Hartmann (im Rahmen der Fachrichtung
Alt-Amerikanistik des Seminars für Völkerkunde der Universität Bonn)

244 Seiten mit zahlreichen Abbildungen
Broschiert DM 25,– / ISBN 3-496-00833-4

Mit „rimaykullayki", der im Quechua üblichen Grußform, wollen die hier zusammengestellten Unterrichtsmaterialien für das „Quechua Ayacuchano" Perus alle ansprechen, die diese oder eine andere Varietät des Quechua erlernen
wollen. Das Verstehen und Erschließen von Quechua-Texten im Rahmen eines
Fachstudiums und die mündliche Verwendung der Sprache bei Aufenthalten im
Anden-Raum sollen mit diesem Lehrbuch ermöglicht werden.

Ursula Zier
DIE GEWALT DER MAGIE

Krankheit und Heilung in der kolumbianischen Volksmedizin

(Krankheit und Kultur, Band 3)

267 Seiten
Broschiert ca. DM 38,– / ISBN 3-496-00890-3

Die traditionelle Rolle der Magie in der Volksmedizin Lateinamerikas ist bislang nicht oder nur unzureichend erforscht worden. Sie hat jedoch auch heute
noch – wie etwa in Kolumbien – gesellschaftliche Relevanz, trotz der Konkurrenz der modernen Medizin, die seit Beginn unseres Jahrhunderts an Boden gewinnt. Welche Grundauffassungen von Krankheit und Gesundheit die kolumbianische Volksmedizin prägen und auf welche Weise Heilung erfolgt, wird in
dieser Studie am Beispiel der Heilerin Nora, ihrer Methoden und ihrer Patienten deutlich und auch für uns nachvollziehbar.

DIETRICH REIMER VERLAG BERLIN

Barbara Beck
MAIS UND ZUCKER

Zur Geschichte eines mexikanischen Konflikts

192 Seiten mit 19 schwarz-weiß Abbildungen
Broschiert DM 29,80 / ISBN 3-496-00864-4

Mais und Zucker: in Mexiko bezeichnet dieses Verhältnis den sozialen Konflikt
zwischen traditionellen Dorfgemeinschaften und spanischen Haciendas (Großgrundbesitz), das heißt zwischen indianischem Gemeineigentum und dem auf
römischem Recht basierenden Privateigentum der spanischen Eroberer. Der
Mais wird seit jeher auf den Gemeinschaftsfeldern des indianischen Dorfes an-
gebaut, Mais ernährt die Bevölkerung. Den Zuckerrohranbau brachten die Ko-
lonialherren nach Mexiko. Zucker begründete den Reichtum der Hacendados,
aber seine landfressende Monokultur bedroht die Ernährungsgrundlage der
Dörfer.

Günther Hartmann
XINGÚ

Unter den Indianern in Zentral-Brasilien

Zur einhundertjährigen Wiederkehr der Erforschung des Rio Xingú
durch Karl von den Steinen

324 Seiten mit 72 vierfarbigen und 247 schwarz-weiß Abbildungen
Format 21,5 × 22,5 cm
Broschiert DM 39,80* / ISBN 3-496-01033-9
Gebunden DM 48,– / ISBN 3-496-01034-7

Hundert Jahre nach der Erforschung des Rio Xingú durch Karl von den Steinen
werden erstmals die materiellen Ergebnisse der ersten deutschen Xingú-Expe-
ditionen zusammen mit Sammlungen der jüngsten Expedition von 1983 präs-
entiert. Insgesamt sieben deutsche Expeditionen erforschten bisher den zen-
tralbrasilianischen Strom und die indianischen Stämme in seinem Einzugsgebiet. Die Forscher kartierten den Haupt-Flußlauf mit den angrenzenden Gebieten und führten dort intensive völkerkundliche Forschungen durch.

Peter Lerche
HÄUPTLINGSTUM JALCA

Bevölkerung und Ressourcen bei den vorspanischen Chachapoya im Häuptlingstum Jalca – Peru

230 Seiten mit 50 Abbildungen
Broschiert DM 38,– / ISBN 3-496-00859-8   * unverbindliche Preisempfehlung

DIETRICH REIMER VERLAG BERLIN